Michael Kämper-van den Boogaart (Hrsg.)

Deutsch-Didaktik

Leitfaden für die Sekundarstufe I und II

Cornelsen

Die in diesem Werk angegebenen Internetadressen haben wir überprüft (Redaktionsschluss 28.07.2008). Dennoch können wir nicht ausschließen, dass unter einer solchen Adresse inzwischen ein ganz anderer Inhalt angeboten wird.

www.cornelsen.de

Bibliografische Information: Die Deutsche Bibliothek verzeichnet diese Publikation in der Deutschen Nationalbibliografie; detaillierte bibliografische Daten sind im Internet über http://dnb.ddb.de abrufbar.

4. Auflage 2011

Redaktion: Annegret Hauser, Berlin
Umschlaggestaltung: Magdalene Krumbeck, Wuppertal
Layout und Satz: Uta Eickworth, Berlin
Druck und Bindearbeiten: fgb · freiburger graphische betriebe
Printed in Germany
ISBN 978-3-589-22728-0

Gedruckt auf säurefreiem Papier, umweltschonend hergestellt aus chlorfrei gebleichten Faserstoffen.

Inhalt

Einführung 08

Teil I Allgemeines

1 **Staatliche Steuerung von Deutschunterricht**
(Michael Kämper-van den Boogaart) 12
1.1 Lehrplan 12
1.2 Streit um den Lehrplan: Historisches zur Entstehung eines Kernfachs höherer Bildung 13
1.3 Funktionen und Wirkungen der Lehrplangenerationen vor PISA 18
1.4 Steuerungspolitik nach PISA 24
Rückkehr der Curricula als Fachkerne 24
Output-Orientierung und Bildungsstandards 27
Kliemes Merkmale guter Standards und die KMK-Standards 29
Von Aufgabenbeispielen lernen 32
Unerwünschte Konsequenzen von Kompetenztests? 37
Schulinterne Lehrpläne 38
Desiderata und Chancen – erstes Beispiel: Inhaltsangaben 40
Desiderata und Chancen – zweites Beispiel: Literaturgeschichte 42

2 **Medienpädagogik, Literaturdidaktik und Deutschunterricht** (Bodo Lecke) 46
2.1 Literatur und Medien im „Verbund“ 46
2.2 Zur Integration von Literaturdidaktik und Medienpädagogik 47
2.3 „Medienkompetenz“ – nur eine medienpädagogische Lieblingsmetapher ? 49
2.4 Positionen – Tendenzen – Reaktionen 50
2.5 *Genera dicendi* – Die Lehre von den „Sende-Formaten“, Textsorten und Literaturgattungen 52
2.6 Medienverbund und Intermedialität 56

3 **Integrativer Deutschunterricht** (Peter Klotz) 58
3.1 Begriffsklärung 58
3.2 Binnenfachliche Integration 60
Binnenfachliche Affinitäten 61
Integration von Sprach- und Literaturunterricht 63
3.3 Fächerübergreifende Integration 67
3.4 Distanzierende Blicke auf Integration 70

4 Deutschunterricht in der multikulturellen Gesellschaft (Ingelore Oomen-Welke) 72
4.1 Fragen und Probleme 72
4.2 Erste Antwort: Alle gleichmachen 74
4.3 Zweite Antwort: Zwei Optionen offenhalten 76
4.4 Dritte Antwort: Interkulturell lernen und handeln 78
4.5 Vierte Antwort: Über die Grenzen blicken 80
4.6 Fünfte Antwort: Europa lehren 82
4.7 Sechste Antwort: Vielsprachiger Deutschunterricht 84

5 Fachdidaktik und Wissenschaft (Michael Kämper-van den Boogaart) 86
5.1 Fachdidaktik Deutsch: Kleine Germanistik für kleine Leute? 86
5.2 Bildungswissenschaften? 88
5.3 Fachdidaktik Deutsch: Zwischenposition(en) 93
Praxisrelevanz in der Geburtsurkunde 93
Kreft: *Literaturwissenschaft wird Literaturdidaktik* 94
Germanistische Teildisziplin oder souveränes Fach? 95
Wissenschaft und/oder Praxis 96
5.4 Fachdidaktische Forschung in jüngster Zeit 98
5.5 Praktischer Nutzen fachdidaktischen Wissens? 103

Teil II Literaturdidaktik

1 Umgang mit Texten in der Sekundarstufe I (Barbara Schubert-Felmy) 105
1.1 Die Schülerinnen und Schüler in der Sekundarstufe I 105
1.2 Der Textbegriff 107
1.3 Umgang mit Texten 107
1.4 Ziele des Umgangs mit literarischen Texten und der Entwicklungsstand der Lernenden 108
1.5 Wege und Inhalte zur Erreichung dieser Ziele 112
Textnahes Lesen: Nacherzählung und Inhaltsangabe 113
An Vorstellungsbilder der Lernenden anknüpfen 117
Die schriftliche Begleitung der Lernprozesse durch ein Lesetagebuch oder ein Portfolio 122
Arbeit mit dem Lesebuch 125
1.6 Schlussbemerkung 126

2 Umgang mit Texten in der Sekundarstufe II (Wilhelm Matthiessen) 127
2.1 Literaturunterricht in der Sekundarstufe II 129
Grundsätzliche Zielsetzungen des Literaturunterrichts 129

Literaturhistorisches Wissen 130
Gattungspoetologisches Wissen 134
Fachwissenschaftliche Methoden im Literaturunterricht 136
2.2 Schreiben über Texte – Schreiben zu Texten 139
Textbezogenes, gestalterisches Schreiben in Abgrenzung zum kreativen Schreiben 140
Schreiben im Internet 141
Textbezogenes informierendes Schreiben: Textzusammenfassungen und propädeutisches Schreiben 142
Analysieren von poetischen und pragmatischen Texten 143
Interpretierendes, heuristisches Schreiben 144
Argumentierendes Schreiben: Erörtern 145
Essayistisches Schreiben 147
Wissenschaftspropädeutisches Schreiben 148
2.3 Sprechen über Texte – Literarische Gespräche führen 151

3 Kanonprobleme (Angelika Buss) 153
3.1 Der Kanon: Definition und Probleme 153
3.2 Funktionen des Kanons 155
3.3 Der Schulkanon in Zeiten der Empirie und Kompetenzorientierung 157
3.4 Der Schulkanon: kleinere und größere Kanonisierungshandlungen 158
Kleinere Kanonisierungshandlungen: der Schulalltag 158
Größere Kanonisierungshandlungen: das Zentralabitur 159
3.5 Zur Zukunft des (Schul-)Kanons 161

4 Lesesozialisation und Leseförderung (Cornelia Rosebrock) 163
4.1 Lesesozialisation, literarische Sozialisation 163
Bedingungen der Lesesozialisation 164
Verlaufsformen der Lesesozialisation 166
4.2 Literarästhetische Rezeptionskompetenz als Ziel des Literaturunterrichts 170
4.3 Leseförderung 174
Die verschiedenen Dimensionen des Leseverstehens 175
Differenzierende und systematische Leseförderung 179

5 Handlungs- und produktionsorientierte Verfahren im Literaturunterricht (Kaspar H. Spinner) 184
5.1 Begriff und Stellenwert 184
5.2 Literaturtheoretische Hintergründe 184
5.3 Pädagogisch-psychologische Hintergründe 186

5.4 Verhältnis zum Schreibunterricht 187
5.5 Wichtigste Vertreter 188
5.6 Kritik 190
5.7 Methoden 191
5.8 Funktionen 193
5.9 Mediendidaktische Aspekte 195
5.10 Beurteilung produktiver Leistungen 197

6 Textnahes Lesen und Rezeptionsdidaktik (Elisabeth K. Paefgen) 199
6.1 Erläuterung der Begriffe 199
6.2 Poststrukturalistische Texttheorie und textnahes Lesen 205
6.3 Von der Rezeptionstheorie zur Rezeptionsdidaktik 207
6.4 Von der Rezeptionsdidaktik zum kompetenzorientierten Leseunterricht 212

Teil III Sprachdidaktik

1 Lernbereich Sprache in der Sekundarstufe I (Angelika Steets) 216
1.1 Zwischen Sprachreflexion und Grammatik 216
1.2 Sprachliche Handlungsfähigkeit und Grammatikunterricht 219
Wozu Grammatik? 219
Konzeptionen von Grammatikunterricht 220
1.3 Grammatische Probleme im Fokus 224
Zur grammatischen Terminologie 224
Wortarten 225
Aspekte des Satzes 227
Vom Satz zum Text 230
1.4 Rechtschreibung im Fokus 232
Zur Rechtschreibdidaktik 232
Groß- und Kleinschreibung 234
Kommasetzung 236

2 Lernbereich Sprache in der Sekundarstufe II (Angelika Steets) 238
2.1 Von der Sekundarstufe I zur Sekundarstufe II 238
2.2 Grammatik: Fortsetzung von Sekundarstufe I 239
Die indirekte Rede und der Konjunktiv 240
Textgrammatische Aspekte 243
2.3 Sprache und Geschichte 245
Sprache im Wandel 245
Sprache als Spiegel der Zeit 247

2.4 Sprachen in der Sprache ... 249
2.5 Sprachtheorie ... 251

3 Schulisches Schreiben (Jürgen Baurmann) ... 254
3.1 Schulisches Schreiben und die Entwicklung der Schreibdidaktik ... 254
3.2 Schulisches Schreiben und Schreibforschung ... 255
Teilprozesse und Prozessmerkmale ... 255
Schreibstrategien als Vorgehensweisen bei der Textproduktion ... 255
Zur Schreibentwicklung ... 257
3.3 Schulisches Schreiben und Bildungsstandards ... 260
3.4 Schreiben in der Sekundarstufe I und II: produkt- und prozessorientiert ... 261
Schreibaufgaben und kompetenzorientierter Unterricht ... 262
Schreiben und Überarbeiten ... 265
Schreiben und Beurteilen ... 267

4 Sprechen und Zuhören, Mündlichkeit (Gisela Beste) ... 270
4.1 Konzeptualisierung von Gesprächskompetenz ... 270
4.2 Mündliche Kommunikation im Unterrichtsgespräch ... 273
4.3 Mündliche Kommunikation als Unterrichtsgegenstand ... 274
Gesprächsformen ... 274
Gesprächsanalyse ... 276
Redeformen ... 277
Vorlesen, Rezitation und mündliches Erzählen ... 278
4.4 Mündliche Kommunikation im Unterricht bewerten ... 279
4.5 Konzeptualisierung von Hörverstehen ... 280

Teil IV Unterricht vorbereiten

Unterrichtsplanung (Michael Kämper-van den Boogaart) ... 281
1 „Feiertagsdidaktik" *vs.* situative Unterrichtsplanung ... 281
Kritik großdidaktischer Planungsmodelle ... 281
Pedagogical Content Knowledge ... 283
Was dennoch für Feiertagsplanungen spricht ... 285
2 Sachanalyse – Didaktische Analyse ... 286
3 Kompetenzorientierung ... 289

Literaturverzeichnis ... 293
Register ... 325

Einführung

Zur Neubearbeitung 2008

Als 2003 der *Leitfaden Deutsch-Didaktik* erschien, konnte man gespannt sein, wie die langfristigen Reaktionen auf das als das Debakel empfundene Abschneiden deutscher Jugendlicher im OECD-Test PISA 2000 ausfallen würden. 2006, zur dritten Auflage, waren wichtige Entscheidungen gefallen. Im Dezember 2003 verabschiedete die Kultusministerkonferenz (KMK) zum ersten Mal Bildungsstandards, die Kompetenzen auflisten, welche Lernende in der Regel beim Abschluss der 10. Jahrgangsstufe (Mittlerer Schulabschluss) erworben haben sollen. Im folgenden Jahr einigte man sich auf weitere so genannte Output-Vorgaben für die Jahrgangsstufen 4 und 9 (Hauptschulabschluss). Diese Beschlüsse führten nicht zuletzt zu teilweise gravierenden Lehrplanrevisionen, was wiederum Konsequenzen für den gesamten Lehrbuchmarkt hatte.

Ende 2004 nahm das von der KMK getragene Institut zur Qualitätsentwicklung im Bildungswesen seine Arbeit auf und entwickelt seitdem in Testreihen Aufgabenbeispiele, die zu einer Normierung der Bildungsstandards führen sollen. Damit nicht genug: Seit 2005 haben mit Ausnahme von Rheinland-Pfalz alle Bundesländer mit dem Zentralabitur eine Schulabschlussform eingeführt, die zuvor in der alten Bundesrepublik nur in Bayern und Baden-Württemberg praktiziert wurde. Bislang unterscheiden sich die Modalitäten der curricularen Vorbereitung und der Leistungsbewertung hier noch erheblich. Zu vermuten ist aber, dass auch der Abschluss der Sekundarstufe II zunehmend normiert werden wird.

Ebenfalls reformiert wurden – und werden – beide Phasen der Ausbildung von Lehrerinnen und Lehrern. Hintergrund dieser Veränderung ist nicht nur der Bologna-Prozess mit der Umstellung auf konsekutive Bachelor- und Masterstudiengänge, sondern auch hier eine Politik der sogenannten Output-Orientierung: Zunächst hatte die KMK Standards für Bildungswissenschaften gesetzt; gegenwärtig wird über fachliche Kompetenzstandards und normierte Studieninhalte diskutiert. In Bewegung geblieben ist selbstverständlich auch die Diskussion über Grundstrukturen des Schulsystems, namentlich in der Frage, wie lange Schülerinnen und Schüler in einer Schule gemeinsam lernen sollen. Und begleitet werden all diese Debatten von weiteren empirischen Untersuchungen, die direkt oder indirekt Auskunft über die Leistung von Schule und Unterricht geben sollen: PISA 2003, DESI, IGLU u.a.m.

Wie nicht anders zu erwarten, haben die hier nur angedeuteten Transformationen auch die Fachdidaktik Deutsch verändert. Verglichen mit den naturwissenschaftlichen Fachdidaktiken setzte in der Deutschdidaktik erst jetzt, nämlich nach

PISA, eine empirische Wende ein. In der Modellierung von Kompetenzen, eine den Fachdidaktiken zugetragene Kernaufgabe, spielen Fragen der Messbarkeit eine wachsende Rolle. Provoziert wird unter diesen Bedingungen fast selbstverständlich auch eine Gegenbewegung: umgetrieben, etwa aus der Perspektive ästhetischer Bildung, von der Sorge, zukünftiger Unterricht werde sich auf das Normierbare reduzieren.

Angesichts dieser Transformationen schien es an der Zeit, den erfolgreichen *Leitfaden* komplett zu überarbeiten, um seinen Leserinnen und Lesern, in erster Linie Lehramtsstudierende sowie Referendarinnen und Referendare im Fach Deutsch, aktuelle Orientierungshilfen zu bieten. Beibehalten wurde dabei die bewährte Grundstruktur des Bandes. Einzig der 2005 hinzugekommene Beitrag zu „Bildungsstandards" ist nun in das erste Kapitel integriert, das auf einer historischen Basis das gesamte Bedingungsgefüge gegenwärtiger staatlicher Steuerungsversuche in den Blick nimmt.

Wichtig ist uns geblieben, auch auf strukturelle Probleme und objektive Schwierigkeiten hinzuweisen. Vielfach nämlich neigen besonders unerfahrene Lehrende dazu, Widersprüche zwischen Planung und Verlauf eigenen Unterrichts einseitig auf persönliche Unzulänglichkeiten zurückzuführen. Dies geschieht besonders, wenn ihre erfahrenen Beobachter – Mentoren, Betreuer, Seminarleiter – auszustrahlen scheinen, dass eigentlich alles doch ganz einfach und klar gewesen wäre. Wer den *Leitfaden* studiert, wird sehen, dass die Deutschdidaktik eine Vielzahl von Vorschlägen bereithält; *den* einen für alle und alles passenden Königsweg jedoch kennt sie nicht. Dies gilt auch für die Neubearbeitung: Sie bleibt dem Prinzip einer Pluralität der Betrachtungsweisen verpflichtet.

Einführend ist der *Leitfaden* auch durch seine Literaturhinweise. Zwar ergibt sich durch diese ein auf den ersten Blick einschüchternd anmutendes Literaturverzeichnis. Wir wissen jedoch von vielen unserer bisherigen Leserinnen und Lesern, dass gerade diese bibliographischen Angaben eine große Hilfe darstellen, wenn es darum geht, sich tiefer in eine Thematik einzuarbeiten.

Wer findet im *Leitfaden* was?

- Studienanfängerinnen und -anfänger finden in der vorliegenden Gesamtbeschreibung deutschdidaktischer Arbeitsfelder eine wichtige Orientierung für ihre didaktischen, aber auch fachwissenschaftlichen Studien. Sie erfahren, welche Wissensgebiete in der Schule von Belang sind und auf welche Bezugstheorien didaktische Entscheidungen in der Unterrichtsplanung zurückgreifen. Nützlich ist eine themenorientierte Lektüre auch für das Unterrichtspraktikum.

- Studierende, die vor dem ersten Staatsexamen stehen, finden im *Leitfaden* einen Überblick über einschlägige fachdidaktische Schwerpunkte, der einen wertvollen Beitrag zur Prüfungsvorbereitung darstellt. Die zahlreichen und auf Aktualität bedachten Literaturhinweise lassen sich als Anregungen zu spezielleren Studien, etwa Staatsexamensarbeiten, nutzen.
- Studienreferendarinnen und -referendare finden in diesem Band eine Grundlage für die fachdidaktische Absicherung ihrer Unterrichtsvorhaben. Stufenbezogene Anregungen für den eigenen Unterricht können den Kapiteln zum Sprach- und Literaturunterricht in den einzelnen Sekundarstufen entnommen werden. Zentrale Kapitel des *Leitfadens* bieten sich zudem als Arbeitsgrundlage für Fachseminarsitzungen an. Die bewusst problemorientiert gefasste und um Realismus bemühte Darstellungsweise des Bandes sollte im Übrigen dazu beitragen, dass seine Nutzerinnen und Nutzer in den mitunter schwierigen Auseinandersetzungen der zweiten Phase mit dem gebührenden Selbstbewusstsein agieren.

Die Konzentration auf die genannten Gruppen bedeutet nun nicht, dass andere Leserinnen und Leser ausgeschlossen wären. Auch an bereits erfahrene Lehrkräfte, die sich, etwa in der Rolle von Fach- oder Seminarleitenden, kundig machen wollen, was der gegenwärtige Stand deutschdidaktischer Forschung ist, wurde gedacht.

Wie ist der *Leitfaden* zustande gekommen?

Zunächst einmal dürfte der folgende Hinweis wichtig sein: Anders als bei vielen anderen Sammelbänden, handelt es sich beim *Leitfaden* nicht um einen Tagungsband oder Ähnliches. Vielmehr wurde das inhaltliche Konzept erst in Gesprächen mit vielen an der Schule und der Hochschule tätigen Kolleginnen und Kollegen entworfen. In diese Gespräche gingen sehr konkrete Fragen ein, wie zum Beispiel:

- Was sind bei Ihnen klassische deutschdidaktische Prüfungsfelder in Staatsexamina?
- Welches fachdidaktische Hintergrundwissen erwarten Sie von Referendarinnen und Referendaren? An welchem Wissen mangelt es zurzeit?
- Wo sehen Sie die Kernfragen fachdidaktischer Arbeit heute? Was werden die fachdidaktischen und bildungspolitischen Entscheidungen sein, die den zukünftigen Deutschunterricht prägen?
- Lässt sich eine Systematik der Gegenstände fachdidaktischer Forschung und Publizistik herausarbeiten?

Erwartungsgemäß deckten sich die Antworten auf die Fragen nicht immer. Oft hing es oft vom Standort (z.B. Hochschule oder Studienseminar) ab, wie einzelne Fragen eingeschätzt wurden. Der *Leitfaden* folgt mit Bedacht dieser Pluralität: Seine Autorinnen und Autoren repräsentieren mit ihren Erfahrungen die unterschiedlichen Standorte. Deutlich wurde in den Diskussionen auch, dass es Bereiche gibt, die am besten für sich, d.h. themenspezifisch abzuhandeln sind. Andererseits ist der Zusammenhang des in den einzelnen Sekundarstufen im Sprach- und Literaturunterricht Gelernten im Blick zu behalten. Und natürlich soll den gegenwärtigen Standards der Didaktik gefolgt werden. Während Vorgänger unseres Versuchs betont stofforientiert verfahren und davon ausgehen, dass es etwa eine Didaktik literarischer Gattungen oder bestimmter grammatischer Sachverhalte geben könne, operiert der *Leitfaden* stärker mit Blick auf die Vorgänge des Lernens. Zudem bezieht er dessen Rahmenbedingungen mit ein. Hierzu gehören die Rolle curricularer Vorgaben, die notwendige Bindung zu den Fachwissenschaften, die Reaktion auf multilingual zusammengesetzte Klassen und Kurse, die veränderte Mediensozialisation der Lernenden oder auch eine realistische Einschätzung der Bedeutung individueller Unterrichtsplanung. Ebenso zählt hierzu, von der Identität des Schulfaches Deutsch auszugehen. Dies bedeutet, dass der *Leitfaden* die Ausdifferenzierung der Lern- und Forschungsbereiche Sprache und Literatur zwar reflektiert, gleichsam jedoch beachtet, dass keine Lehrkraft nur Literatur- oder nur Sprachunterricht betreibt.

Aus diesen und anderen Einsichten resultierten die folgenden Gliederungsprinzipien: In Teil I werden allgemeine Aspekte des Deutschunterrichts thematisiert. Teil II und III setzen jeweils mit Darstellungen zum Unterricht der beiden Sekundarstufen ein, die für II Lernprozesse im Bereich Literatur, für III im Bereich Sprache thematisieren. Auf die Darstellung der Bildungsgänge folgen in diesen Teilen jeweils themenspezifische Abhandlungen. Den Abschluss des Bandes bildet wiederum ein übergreifender und insbesondere an Referendarinnen und Referendare gerichteter Beitrag zu Grundfragen der Unterrichtsplanung und der in diese Planungen eingehenden Kompetenzen. Naturgemäß kommt es auch bei dieser klaren Bandanlage zu Überschneidungen. Hier helfen den Nutzern entsprechende Querverweise im Text und in den Fußnoten sowie das Register im Anhang.

Zum Schluss dieser Einleitung sei – namenlos – den vielen gedankt, die mit ihrem Engagement das Zustandekommen des *Leitfadens* ermöglichten. Ihnen, den Leserinnen und Lesern, wünsche ich, dass Sie auf dem Weg zu einem gelungenen Deutschunterricht Nutzen aus dem Band ziehen.

Berlin, im Juli 2008
Michael Kämper-van den Boogaart

Teil I
Allgemeines

1 Staatliche Steuerung von Deutschunterricht

Michael Kämper-van den Boogaart

1.1 Lehrplan

Unter einem Lehrplan versteht man in Deutschland die Kodifikation von Unterrichtsinhalten und Unterrichtszielen. Im öffentlichen Schulwesen wird diese in Form von Verwaltungsvorschriften durch die Kultusministerien der Länder vorgenommen.[1] Die Strukturen der Kodifikation unterscheiden sich: In der Regel werden Inhalte und Ziele für die einzelnen Unterrichtsfächer vorgegeben, aber auch Angaben zu fach- und fächerübergreifenden Projekten gemacht sowie der Beitrag des Faches für allgemeine Bildungsziele ausgewiesen. Diese Festlegungen können schulartenübergreifend erfolgen: So bezieht sich etwa der Berliner Rahmenplan für die Sekundarstufe I gleichermaßen auf die Hauptschule wie auf das Gymnasium.[2] Alternativ dazu sind auch separate Lehrpläne für die einzelnen Schulformen möglich. So wird etwa in Nordrhein-Westfalen an der Gesamtschule mit anderen Lehrplänen als am Gymnasium gearbeitet.

Ein weiterer Unterschied der Kodifikation betrifft die Differenzierung nach Jahrgangsstufen. Häufig werden die einzelnen Klassenstufen als Einheit betrachtet, zuweilen werden Doppeljahrgangsstufen, also z.B. die Klassen 7 und 8, als Einheiten zusammengefasst.

Ein gravierender didaktischer Unterschied betrifft die Art, Lernziele und Lerninhalte oder Stoffe in Beziehung zueinander zu setzen. Stärker *lernerorientiert*

---

1 Mittlerweile ist dies die Regel.

2 Leitend sind hier bildungspolitische Prämissen über die Einheitlichkeit oder Differenziertheit des Regelschulsystems. Gegenwärtig werden in Berlin innerhalb des gemeinsamen Plans die Standards nach Schulformen gestuft, die Themen und Inhalte aber bezeichnenderweise nicht.

aufgebaute Lehrpläne, wie sie heute anzutreffen sind, akzentuieren die zu entwickelnden Kompetenzen der Schüler, stärker *stofforientierte* Lehrpläne bestehen in einer Abfolge von Lernstoffen, die zumeist einer etablierten Fachsystematik folgen. Die Differenz drückt sich bereits in der sprachlichen Kodierung aus: Während lernerorientierte Pläne bemüht sind, die Ziele und die Praxis des Unterrichts in verbalisierter Form wiederzugeben, tendieren stofforientierte Lehrpläne zu einem knappen Nominalstil. In der einen Variante häufen sich Formulierungen wie die folgende: „Die Schülerinnen und Schüler erfassen im Gespräch über Differenzerfahrungen die je eigenen Lesehaltungen." In der anderen Variante heißt es eher (und knapper): „Kenntnisse einschlägiger Interpretationsverfahren". Man sollte sich allerdings nicht täuschen lassen: Oft genug lässt sich auch eine stofforientierte Lehrplanung durch sprachliche Tricks als lernerorientierte verkaufen. Im Übrigen ist es nicht ausgemacht, ob oder in welchem Maße sich die Fixierung von Kompetenzerwerbsprozessen von Inhalten – im Sinne von Lernstoff – trennen lässt (siehe unten).

Die unterschiedlichen Ausprägungen der Kodifikation, die den Ansatzpunkt kontrastiver Lehrplananalysen bieten können, haben erheblichen Einfluss darauf, welche Rolle der pädagogischen Autonomie von in der Schule Handelnden beigemessen wird. Lehrpläne, die zum Beispiel keine Differenzierung der Schulformen kennen, können naturgemäß nur weiter gefasste Orientierungen geben. Das Maß an Verbindlichkeit ihrer Vorgaben bleibt also recht beschränkt. In diesem Fall spricht man von *Rahmenplänen* und meint damit, dass die Pläne lediglich einen allgemeinen Rahmen setzen, der für weitere Planungsaktivitäten vor Ort Raum lässt.

1.2 Streit um den Lehrplan: Historisches zur Entstehung eines Kernfachs höherer Bildung

Die Praxis, den Unterricht an öffentlichen Schulen mit Lehrplänen zu regulieren, folgt im Grundsatz staatlichem Normierungsbegehren. Auch wenn es Schulpläne und andere Edikte der Obrigkeit zur Organisation des Schulwesens bereits deutlich früher gab, wurden solche Regulationsbestrebungen intensiviert durch die Etablierung des Abiturs in seiner Funktion als allgemeine Hochschulzugangsberechtigung.

Seit 1832 setzte sich das Abitur als notwendige und hinreichende Eintrittskarte zum Besuch einer Universität durch. Im Vorfeld wurden das Gymnasium und sein Fächergefüge über Lehrpläne, die zunächst die Form von Mustervorgaben hatten, mehr oder weniger standardisiert. Zuvor schon sorgten die Ausbildungsvorgaben für Gymnasiallehrer – Universitätsstudium, Staatsprüfungen – und einheitliche

Prüfungsanforderungen (1812 entsprechend ausgearbeitet) für eine Angleichung der Bildungsinstitute. Konnten die staatlichen Mustervorgaben (Preußen) zunächst noch nach Bedingungen vor Ort variiert werden, engte sich der Gestaltungsspielraum für Kollegien und Gymnasialdirektoren nach 1850 erheblich ein.[3] Das Bildungsprofil des Gymnasiums wurde besonders durch die Stundentafel – die Verteilung der in den jeweiligen Klassenstufen zu gebenden Unterrichtsstunden auf die einzelnen Schulfächer – geprägt. 1812 war das Unterrichtsfach Deutsch wenig relevant für dieses gymnasiale Profil. In der 32-Stunden-Woche eines Primaners machte es lediglich vier Stunden aus, während man sich wöchentlich acht Stunden mit dem Lateinischen und sieben Stunden mit dem Griechischen befasste.[4] 1856 blieben den rund 30000 preußischen Gymnasiasten zwei Wochenstunden Oberstufenunterricht erspart, und das Fach Deutsch verringerte sich in den beiden Jahren der Prima auf drei Wochenstunden, während zumindest Latein seine Stundenzahl hielt. Für die männliche Bildungselite (bis 1908 blieb Frauen an Universitäten bestenfalls ein Gästestatus vorbehalten) stand, im Zeichen eines humanistischen Bildungsideals, die Altphilologie an erster Stelle.

Während das Gymnasium als Passage auf dem Weg zur Universität starker staatlicher Regulierung ausgesetzt war, konnten andere Schulen im städtischen Raum vergleichsweise frei operieren. Wer für seinen Nachwuchs kein Universitätsstudium plante, dem boten etwa Realschulen eine Bildungsversorgung, welche den Ansprüchen etwa einer kaufmännischen Karriere durchaus entsprach und überdies Zeit sparte. Die relative Autonomie gegenüber dem Staat verflüchtigte sich allerdings, als auch diese Bürgerschulen[5] darauf drangen, dass ihre Abschlüsse zu weiteren Bildungsgängen – dem Studium bestimmter Fächer – berechtigen sollten. In der Konkurrenz zwischen den auf Realien und den auf humanistische Themen ausgerichteten Schulen entwickelte sich ein lange währender öffentlicher Disput, der auch Lehrplanfragen ins Zentrum weltanschaulicher Kontroversen des Kaiserreichs rückte. Bekannt wurde diese Kontroverse als *Humanismus-Realismus-Streit* oder gar als *Schulkrieg*. Seine mit großer öffentlicher Aufmerksamkeit bedachten Austragungsorte waren drei Schulkonferenzen (1873, 1890, 1900), infolge derer das Gymnasium einer Lehrplanreform unterzogen und die Abiturprüfungen von Gymnasium, Oberrealschule und Realgymnasium als

3 Vgl. Tenorth 2000, 146 ff.

4 Die komplette Stundentafel aus dem Lehrplan des preußischen Gymnasiums von 1812 lässt sich z. B. bei Tenorth 1994, 16 einsehen.

5 1882 hatten sich mit der Oberrealschule und dem Realgymnasium zwei Schultypen mit einer deutlichen Anwartschaft auf weiterführende Bildung profiliert. Besonders die Oberrealschule gab sich mit einer Dominanz der mathematisch-naturwissenschaftlichen Fächer als klare Alternative zum Gymnasium. Diese Umgewichtung wurde als stärkere Praxisorientierung und mithin als Fortschritt verbucht.

Universitätszugangsberechtigungen einander gleichgestellt wurden.[6] Eine prominente Rolle spielte in dieser Entwicklung der Auftritt Kaiser Wilhelms II. auf der Schulkonferenz von 1890. Der Monarch attackierte zum Schrecken vieler Teilnehmer das zeitgenössische Gymnasium wegen seiner Präferenz für die Antike und ihre Sprachen und forderte energisch, Fächern wie Sport, Neuerer Geschichte sowie Deutsch größere Aufmerksamkeit zu widmen. So nahm er einerseits Klagen über eine Verkrustung der höheren Bildung auf und spielte die bis heute populäre Modernisierungskarte aus. Andererseits drang er darauf, das Gymnasium in die weltanschauliche, sprich nationale Pflicht zu nehmen.

■ ***Wilhelm II., Eröffnungsansprache auf der Schulkonferenz von 1890:***
Wer selber auf dem Gymnasium gewesen ist und hinter die Kulissen gesehen hat, der weiß, wo es da fehlt. Und da fehlt es vor allem an der nationalen Basis. Wir müssen als Grundlage für das Gymnasium das Deutsche nehmen; wir sollen nationale junge Deutsche erziehen und nicht junge Griechen und Römer. Wir müssen von der Basis abgehen, die jahrhundertelang bestanden hat, von der alten klösterlichen Erziehung des Mittelalters, wo das Lateinische maßgebend war und ein bißchen Griechisch dazu. Das ist nicht mehr maßgebend, wir müssen das Deutsche Reich zur Basis machen. Der deutsche Aufsatz muß der Mittelpunkt sein, um den sich alles dreht. Wenn einer im Abiturientenexamen einen tadellosen deutschen Aufsatz liefert, so kann man daraus das Maß der Geistesbildung des jungen Mannes erkennen und beurteilen, ob er etwas taugt oder nicht (zit. nach: Frank 1976, II/512). ■

Die kaiserliche Argumentation zielte wesentlich auf eine Aufwertung des Deutschunterrichts im Stundenplan. Inhaltlich stand dieser bereits im Dienst der nationalpädagogischen Aufgabe, vor allem durch die Hineinnahme einer „Geschichte der vaterländischen Literatur" – so das von 1834 bis 1882 gültige preußische Abiturreglement (Frank 1976, I/280). Angesichts der vergleichsweise geringen Stundenzahl führte die verordnete Beschäftigung mit Grundzügen der an der deutschen Klassik justierten Literaturgeschichte bald zur Überfrachtung. Der Kontakt der Schüler mit den einzelnen Texten werde, so die vielfach formulierte Kritik an der Schulpraxis, im Unterricht nahezu unmöglich gemacht.

Auf solche Einwände reagierte der Staat mit Lehrplanrevisionen. 1882 zielten diese zum Beispiel darauf, eine herrschende Tendenz im Umgang mit Literatur zurückzudrängen: Literarische Texte sollten nicht unnötig zergliedert werden. Stattdessen setzte man auf das Auswendiglernen ausgewählter Literatur („Besonderes Werthvolles aus der classischen Dichtung des eigenen Volkes"). Als „nationale Pflicht jedes Gebildeten" sollte es gelten, einen entsprechenden „unverlier-

[6] Der entsprechende Beschluss galt 1900 zunächst nur für Preußen. Die anderen Länder zogen jedoch nach, sodass 1908 von einer formalen Gleichberechtigung der konkurrierenden Abschlüsse gesprochen werden kann. Vgl. Ringer 1987, 53 f.

baren Schatz im Gedächtnis zu bewahren" (FRANK 1976, I/311). Ebenso bewegt gestalteten sich die Debatten um die Beschäftigung mit dem Mittelhochdeutschen. Was zunächst unter dem Aspekt der Nationalerziehung und als Orientierung an einer germanistischen Philologie als schulisch bedeutsam aufgebaut wurde, fiel der preußischen Lehrplanrevison 1882 wieder zum Opfer. Unter Hinweis auf die knappen Zeitressourcen sollte der Unterricht im Mittelhochdeutschen eingestellt und die mittelalterliche Literatur auszugsweise in Übersetzungen studiert werden. 1901 wurde nach heftigem Disput die Revision bereits wieder revidiert: Das Nibelungenlied kehrte unübersetzt zurück in den gymnasialen Deutschunterricht Preußens.

Die Position des Deutschunterrichts auf der Stundentafel, Hintergrundproblem vieler Debatten, änderte sich erst 1925 gravierend. Ausgangspunkt hierfür war eine Denkschrift des preußischen Kultusministeriums zur „Neuordnung des preußischen Schulwesens" von 1924. Für die Zielsetzung des Deutschunterrichts gilt hier die Maxime: „Im deutschen Unterricht sollen die Schüler lernen, deutsch zu reden und zu schreiben, deutsch zu fühlen, zu denken und zu wollen" (HEGELE 1996, 40). In den bereits existierenden Formen höherer Bildungsanstalten gewann der so verstandene Deutschunterricht gegenüber Latein an Terrain. Als weit revolutionärer wurde die Einführung einer weiteren Schulform wahrgenommen: Die sogenannte Deutsche Oberschule, für zukünftige Volksschullehrer gedacht, bot weder Latein noch Griechisch an und stellte Deutsch, Geographie und Moderne Geschichte in den Vordergrund. Dass mit Ausnahme von Bayern alle deutschen Länder den Abschluss an dieser Oberschule als Zugangsberechtigung für ein Universitätsstudium anerkannten, rief die Empörung namentlich des Verbandes der Deutschen Hochschulen hervor. Vehement attackierte diese Interessenvertretung von Universitätsprofessoren jeden Versuch, das Kapital einer klassischen Bildung in seinem Wert zu schmälern.[7]

Die historischen Beispiele sollten zeigen, dass die Diskussionen über die Lehrpläne höherer Bildungsanstalten von Beginn an unterschiedlichen Ansprüchen folgten. Zentral ist wegen der Bedeutung des Abiturs als Hochschulzugangsberechtigung das von den Universitätsprofessoren bis heute eingeforderte Kriterium der Studierfähigkeit. Dass solche *Studierfähigkeit* nicht nur für altphilologische Fächer lange Zeit mit einer klassischen, nämlich durch gründliche Kenntnisse des Griechischen und Lateinischen ausgezeichneten Bildung identifiziert wurde, zeigt, worum es hierbei auch ging (und geht): das eigene Renommee, das Kapital einer spezifischen Form von Gelehrsamkeit. Wie bereits der Disput um das Gymnasium und sein Monopol zeigte, kann ein konkurrierender Maßstab der Lehrplan- und Schulkritik der utilitaristische Anspruch auf *Wirtschaftlichkeit* sein. Lehrpläne

[7] Vgl. RINGER 1987, 71 ff.

und Stundentafeln werden daraufhin gesichtet, ob das durch sie repräsentierte Bildungsprofil den gegenwärtigen und zukünftigen Erfordernissen des qualifizierten Berufslebens bzw. den Rekrutierungsinteressen der Industrie entspricht.

Insbesondere für den Deutschunterricht sind es zudem *politische Interessen*, die auf Lehrpläne einwirken. So war bereits die Entstehung eines höheren Schulfaches Deutsch mit nationalerzieherischen Ansätzen verwoben, die ihre traurige Zuspitzung in der Konstruktion eines deutschkundlichen Unterrichts fanden.[8] *Pädagogische Einlassungen* stehen in den öffentlichen Auseinandersetzungen zumeist im Kontext umfassenderer Diskurse, was sich bereits durch das Problem erklärt, den allgemein beanspruchten Bildungsbegriff semantisch zu laden.

Die heftigste Auseinandersetzung über solche Ladung ereignete sich in der Geschichte der Bundesrepublik 1973 in Hessen. Mit hoher Medienresonanz wurden von konservativer Seite die 1972 vorgelegten Entwürfe für Rahmenrichtlinien der Sekundarstufe I insbesondere in den Fächern Gesellschaftslehre und Deutsch attackiert. Was gab den Anlass zu Veranstaltungstiteln wie „Freiheit oder Kulturrevolution" oder zu einer CDU-Broschüre „Marx statt Rechtschreibung"?[9] 1965 legte der Pädagoge und Theologe Georg Picht seine Schrift „Die deutsche Bildungskatastrophe" vor, in der er den Nachweis führte, dass die Bundesrepublik auf dem besten Weg sei, in der internationalen Konkurrenz der zukunftsichernden Bildungssysteme abzustürzen. Angesichts der drohenden Perspektive, mit zu wenig akademisch ausgebildeten Arbeitskräften Zukunftsaufgaben nicht bewältigen zu können, wurden die Rufe nach grundlegenden Reformen im Bildungssystem lauter. Auch im sozialdemokratisch, dann sozialliberal geführten Hessen geriet eine deutliche Modernisierung des Schulsystems auf die politische Agenda. Gedacht war an die Entwicklung einer Gesamtschule, um Kindern benachteiligter Schichten den Zugang zur Hochschule zu erleichtern – und auch an eine Umstrukturierung der aus dem Jahr 1957 stammenden Lehrpläne, die – lernzielorientiert – den veränderten gesellschaftlichen Bedingungen und wissenschaftlichen Erkenntnissen angepasst werden sollten. Wie so häufig warf die Koordination beider Maßnahmen erhebliche Probleme auf: Das dreigliedrige Schulsystem konnte bestenfalls langfristig verändert werden; eine Lehrplanrevision schien hingegen rasch machbar zu sein. Da der neue Lehrplan aber auch zu der zu entwickelnden Gesamtschule passen sollte, kam nur das Format eines *Rahmen*plans (s.o.) in Frage. Engagiert in dem Bestreben, Kinder aus benachteiligten Schichten zu fördern und ihre Lebenswelt, ihren sprachlichen Habitus zu berücksichtigen, stellte die Lehrplankommission viel von dem zur Disposition, was bislang als zumindest gymnasialer Bildungskanon galt. Negiert wurde zum Beispiel, „dass der Deutschunter-

[8] Vgl. Frank 1976, Bd. 2.
[9] Vgl. Christ u.a. 1974.

richt [...] dem Erwerb spezieller literarischer Kenntnisse oder der Einführung in einen nationalen Kanon wertvoller Dichtung dienen soll".[10] Deutlich relativiert wurde zudem die Bedeutung orthographischer Leistungen. Unter dem Einfluss der kritischen Diskussion um den Soziolinguisten Basil Bernstein, der Ende der 1950er Jahre mit der Distinktion eines schichtabhängigen elaborierten bzw. restringierten Sprachcodes aufwartete, sollte der Zusammenhang zwischen sprachlicher Performanz und Herrschaft problematisiert werden. Neben „Konflikt" und „Kritik" spielte in der Semantik der Rahmenrichtlinien das deutschdidaktische Zauberwort „Kommunikation" eine herausragende Rolle.

Auf Ablehnung stieß der Plan nicht nur bei der CDU und den konservativen Medien; vor allem die gymnasiale Klientel – Eltern- wie Lehrerverbände – beteiligte sich wirkungsvoll an der Kampagne. Studiert man die Dokumente, die die Debatte hinterlassen hat, lässt sich abschätzen, wie massiv ein kulturelles Kapital verteidigt wird, das gymnasial kodifiziert ist. Höchst aufschlussreich ist auch die selbstkritische und detailreiche Innensicht, die die Erinnerungen von Hubert Ivo, dem damaligen Sprecher der Kommission, bieten.[11]

1.3 Funktionen und Wirkung(sschwäch)en der Lehrplangenerationen vor PISA

Die unterschiedlichen Ansprüche der Lehrplan-Diskutanten sind von ihrer Standort- und Interessengebundenheit offensichtlich ebenso geprägt wie von den verschiedenen Funktionen, die Lehrplänen bis heute zugeschrieben werden können. Insbesondere die öffentlichen Debatten zeigen, dass Lehrplänen in starkem Maße Legitimationsfunktionen zukommen. Der Staat benutzt Lehrpläne, um der Öffentlichkeit zu signalisieren, was in seinem Namen in der Schule zu geschehen hat. Unter diesem Aspekt sind Lehrpläne papierner Ausdruck von Bildungspolitik. Bildungspolitische Maßnahmen sind meist gefragt, wenn der öffentliche Eindruck entsteht, dass mit der nachwachsenden Generation etwas verkehrt laufe. Dabei kann es sich um Fragen des Wirtschaftsstandortes (Humankapital), der kulturellen Integration (soziale Identität) oder um Probleme der Volksgesundheit (Drogen, Überernährung) handeln. In einer solchen Situation fragen Kritiker öffentlichkeitswirksam und konservativ: *Lernt man das etwa nicht mehr in der Schule* (z.B.: Gedichte auswendig, Pünktlichkeit)? Oder man erhebt die progressiv klingende

[10] Christ u.a. 1974, 103.

[11] Ivo, Hubert: Nach 1945 Deutsch unterrichten. Ein Bericht lebens-, fach- und politik-geschichtlicher Verschränkungen. (= Beiträge zur Geschichte des Deutschunterrichts 51). Frankfurt a.M. u.a.: Peter Lang 2002, 267 ff.

Klage: *Wieso wird das noch nicht in der Schule gelernt* (z.B.: Web-Design oder synthetische Drogen meiden)? Die verantwortliche Bildungspolitik reagiert, zumal im Vorfeld von Wahlen, auf solche Anwürfe tunlichst problembewusst.[12] Entweder kann sie zeigen, dass eigentlich alles in Ordnung ist, weil die Lehrpläne die vermeintlichen Leerstellen gar nicht aufweisen. Oder die Politik gibt sich energisch und reformbereit. In diesem Fall wird der Unterricht auf dem Papier verändert, indem die Lehrpläne um etwas Neues oder Altes ergänzt werden. In beiden Fällen wirkt die Annahme, dass tatsächlich so etwas wie ein Abbildverhältnis zwischen Lehrplänen und Unterricht bestehe. Mit anderen Worten: Unterstellt wird, man könne mit Lehrplänen Schule und Lehrerhandeln steuern und verändern.

Außenstehenden erscheint diese Auffassung vielleicht unproblematisch, denn schließlich handelt es sich bei Lehrplänen ja um Verwaltungsvorschriften. Und Vorschriften müssen befolgt werden, von Beamten allemal. Insidern stellt sich die Lage anders dar. Vor Ort hat man es zum Beispiel nicht selten mit Vorschriften zu tun, die am Vorbehalt ihrer Umsetzbarkeit kranken. Auf die damit verbundene Frage der Akzeptabilität für die Abnehmer gehe ich unten näher ein. Doch zunächst: Wer macht Lehrpläne und muss dabei was beachten?

Die Lehrplanarbeit organisieren zumeist Landesinstitute im Auftrag der Kultusministerien. Dort wird ein allgemeiner Rahmen entwickelt, der allen Fachplänen ein gemeinsames Profil geben und einen vergleichbaren Aufbau ermöglichen sollte. Auf der Basis dieser Festlegungen werden in für den Außenstehenden eher undurchsichtigen Entscheidungsprozessen Kommissionen gebildet, denen neben den Landesbediensteten in jedem Fall Lehrer der betreffenden Schulform angehören sollten. Hinzu kommen in der Regel noch wissenschaftliche Berater, vorrangig Fachdidaktiker aus der Universität.[13] Während der Rahmenplanarbeit gibt es in der Regel schon Rückmeldungen durch das Ministerium, die zu erheblichen Veränderungen führen können. In Hearings mit Lehrern, Funktionsträgern, Schulbuchverlegern u.a. werden die Pläne in Entwurfsform vorgestellt und kritisiert. Stellungnahmen von Verbänden und Parteien gehen ein und zwingen die Kommissionen über ministeriellen Druck zu Überarbeitungen. Fehlendes wird von Interessengruppen moniert und dann in die immer praller werdenden Listen eingefügt. Besonders anfällig sind hierfür die Literaturlisten der Deutschlehrpläne, obgleich diese in den meisten Bundesländern nur unverbindliche Empfehlungen darstellen.

---

[12] Vgl. hierzu auch den satirischen Beitrag von Martin Spiewak: Der undankbarste Job meines Lebens. In: *Die Zeit* Nr. 12 vom 13.03.2008, 33f.

[13] Zur Zusammensetzung der Deutsch-Kommissionen und zur an der Einbindung produktionsorientierter Methoden diskutierten Frage des Zusammenhangs von Lehrplanqualität und Zusammensetzung vgl. Claudia Vorst 2007.

Für den Erfolg der Lehrplanarbeit entscheidend ist der Prozess der Implementation, der im günstigsten Fall noch während der Erarbeitungsphase einsetzt. Hier kommt es darauf an, Kollegien zu interessieren und zu beteiligen, Fortbildungen zu organisieren und öffentliche Diskussionsforen, etwa im Internet, einzurichten. In diesem Zusammenhang wird häufig moniert, dass in vielen Ländern die Lehrplanautoren anonym bleiben. Dies erwecke den Eindruck, dass die Pläne ohne Lehrerbeteiligung in der Ministerialbürokratie entstanden seien – für viele ein komfortables Argument, um Pläne vorab als praxisferne Vorschriften in der Schublade verschwinden zu lassen.

Insgesamt kursieren in der Bundesrepublik sage und schreibe über 2 000 Lehrpläne.[14] Diese Zahl erklärt sich durch die Menge der Bundesländer, der Schularten und Fächer. Auch wenn die Anzahl der Deutschlehrpläne weit geringer ist, können diese hier unmöglich im Einzelnen kommentiert werden.[15] Stattdessen soll auf einige Gemeinsamkeiten hingewiesen werden. Gemeinsam sind allen Lehrplänen zunächst die Rahmenbedingungen, die durch Beschlüsse der KMK gesetzt werden. Für das Fach am bedeutsamsten dürften die Verständigungen der Kultusminister über die Fachstundenminima in den einzelnen Schulstufen und -arten (Stundentafel) sein. Deutschland ist hier, international betrachtet, in einer besonderen Situation, wie eine Erklärung der KMK verdeutlicht:

> ■ *Schließlich gibt es hinsichtlich der fachlichen Schwerpunkte beträchtliche Unterschiede zwischen den einzelnen Ländern. Charakteristisch für die Verteilung des Unterrichts auf die verschiedenen Fächergruppen in Deutschland ist der hohe Stellenwert des Fremdsprachenunterrichts, der mit 21 % aller Stunden fast doppelt so hoch ausfällt wie im Durchschnitt aller OECD-Staaten mit 11 %. Entsprechend weniger Zeit verbleibt für andere Fächer. Während in Deutschland 14 % des Unterrichts auf die Muttersprache entfallen, nimmt diese in den USA und Frankreich (jeweils 17 %), Finnland und Neuseeland (jeweils 18 %), Spanien (19 %), Dänemark (20 %), Schweden (22 %) sowie Irland und Italien (23 %) einen deutlich höheren Stellenwert ein* (KMK zur OECD-Veröffentlichung „Bildung auf einen Blick“ v. 2000). ■

In den Klassen 7 – 10 liegt die Stundenzahl für das Fach Deutsch zwischen drei und vier Wochenstunden.[16] Dies gilt weitgehend auch für die Einführungsphase der

---

[14] Vgl. David Deissner: Im Land der 2000 Lehrpläne. Welt-Online v. 5. März. 2006, http://www.welt.de/print-wams/article139512/Im_Land_der_2000_Lehrplaene.html

[15] Eine vergleichsweise knappe Synopse, notwendigerweise mit Ungenauigkeiten und mittlerweile veraltet, bietet Almut Hoppe in den Mitteilungen des Deutschen Germanistenverbandes 2/2001. Für die Sekundarstufenlehrpläne 1993/1999 in NRW vgl. Fingerhut 2004a. Karlheinz Fingerhut: Literarisches Wissen, kommunikative und philologische Kompetenzen im Deutschunterricht der Sekundarstufen. In: Lecke, Bodo (Hg.): Fazit Deutsch 2000. Ästhetische Bildung, moralische Entwicklung, kritische Aufklärung? Frankfurt a. M. 2004, 263 – 284.

[16] Die KMK-Vereinbarung über die Schularten und Bildungsgänge in der Sekundarstufe I v. 03.12.1993 i.d.F. vom 02.06.2006 legt für die Klassen 5 – 10 eine Regelstundenzahl von 22

gymnasialen Oberstufe, die Klassenstufe 11. Kompliziert wird es in der sogenannten Qualifikationsphase. Gegenüber früheren Vereinbarungen zu Grund- und Leistungskursen heißt es jetzt nur noch:

■ *Die Fächer Deutsch, Mathematik und Fremdsprache werden mindestens dreistündig unterrichtet. Fächer mit erhöhtem Anforderungsniveau werden mindestens vierstündig unterrichtet. [...] Die Schülerinnen und Schüler müssen mindestens zwei Fächer mit erhöhtem Anforderungsniveau mindestens fünfstündig oder mindestens drei Fächer mit erhöhtem Anforderungsniveau mindestens vierstündig belegen [...]. Davon ist eines entweder Deutsch, eine Fremdsprache, Mathematik oder eine Naturwissenschaft. Das Weitere regeln die Länder in eigener Zuständigkeit.*[17] ■

Diese Veränderung geht darauf zurück, dass einzelne Länder, zunächst Baden-Württemberg, die Option der wählbaren Leistungskurse abgeschafft haben. Weitere gravierende Veränderungen betreffen die im Nachklang der OECD-Studie PISA 2000 getroffene Vereinbarung, die Steuerungspolitik auf Output-Orientierung umzustellen und sich hierbei an Bildungsstandards zu orientieren. Auf diesen wichtigen Komplex gehe ich unten gesondert ein.

Für das Fach Deutsch (und speziell für Sprachbücher) einschlägig ist schließlich ein am 26.02.1982 vorgelegter KMK-Katalog zur grammatischen Terminologie. Auf diesen Katalog verweisen viele Lehrpläne der Sekundarstufe I oder drucken ihn im Anhang ab. Die Bildungsstandards erwähnen das „Verzeichnis grundlegender grammatischer Fachausdrücke" allerdings nicht mehr.

Nun aber zurück zu der oben aufgeworfenen Frage nach der Akzeptabilität und Steuerungsleistung von Lehrplänen:

In einer empirischen Untersuchung haben Vollstädt u.a. im Zeitraum zwischen 1994 und 1997 erforscht, wie an hessischen Schulen in der Sekundarstufe I mit alten und mit frisch revidierten Lehrplänen umgegangen wird (Vollstädt u.a. 1999, 81). Ihre Ergebnisse sprechen eine deutliche Sprache.

So äußerten 1994 in einer Repräsentativbefragung 26% aller befragten Deutschlehrer, seit mehr als zwei Jahren nicht mehr in die zu diesem Zeitpunkt seit 14 Jahren geltenden Rahmenrichtlinien geschaut zu haben. Gleichzeitig beurteilten 24% der Deutschlehrer ihre Kenntnis der Richtlinien als „nicht gut" oder „schlecht" (Vollstädt u.a. 1999, 82).

1997 erschienen neue Rahmenpläne, die zumindest eine Erwartung der 1994 befragten Lehrer einlösten: Im Vergleich zu den Vorgängern waren sie knapp gehalten. 88% der 1997 Befragten hatten sich kurz nach Erscheinen in Fachkonfe-

(der kürzere Bildungsgang Hauptschulabschluss: 19) fest. Die Stundentafeln der Länder sehen für die Klassen 5 und 6 zumeist fünf und vier Wochenstunden vor.

17 Vgl. Vereinbarung zur Gestaltung der gymnasialen Oberstufe in der Sekundarstufe II. Beschluss der KMK vom 07.07.1972 i.d.F.v. 02.06.2006. Die Diskrepanz bei den Leistungskursen beruht darauf, dass die Anzahl der zu belegenden Leistungskurse variiert.

renzen mit dem Plan beschäftigt, und 70 % gaben an, dass bereits die schulinternen Jahrespläne auf den neuen Rahmenplan umgestellt seien (Vollstädt u.a. 1999, 106 f.). 64 % sahen in den neuen Plänen eher eine Verbesserung. Diese Ergebnisse scheinen auf den ersten Blick den Erfolg der hessischen Lehrplanpolitik widerzuspiegeln. Diesem Eindruck widerspricht aber schon die Repräsentativbefragung. Während in Fächern wie Deutsch didaktisch entscheidende Zäsuren bereits durch die Rahmenrichtlinien 1980 gesetzt wurden, fanden gravierende Veränderungen im Fach Chemie erst im Zuge der 1997 in Kraft getretenen Rahmenpläne statt. Offensichtlich vor diesem Hintergrund votierten 55 % der gymnasialen Chemielehrer dafür, lieber mit den bisherigen Rahmenrichtlinien weiterzuarbeiten (Vollstädt u.a. 1999, 122).

Der Eindruck, Lehrpläne stießen besonders dann auf Akzeptanz in den Lehrerzimmern, wenn sie zu keinerlei Veränderungen führen, bestätigte sich in der Tendenz bei parallel durchgeführten Fallstudien an einzelnen Sekundarschulen. Trotz aller Unterschiede zeigte sich hier, dass die Pläne vor allem im Hinblick auf Übereinstimmungen mit bereits existierenden Stoffverteilungsplänen wahrgenommen wurden. Die allgemeineren didaktischen Hinweise dagegen erfuhren eher flüchtige Wahrnehmung und Würdigung – aber nur dann, wenn sie dem Selbstbild von der eigenen Lehrpraxis entsprachen. Bedenkt man, dass sich Stoffverteilungspläne von Deutsch-Fachkonferenzen häufig mit einer Auflistung der auf der jeweiligen Jahrgangsstufe zu lesenden Textsorten begnügen, erkennt man, wie minimal der faktische Einfluss von Lehrplaninnovationen ist.

Wie die Autoren der Studie selbst konstatieren, ist dieser Umstand auch nicht verwunderlich. Lehrer, die über einige Jahre Berufserfahrung verfügen, haben in aller Regel einen Planungsstil gefunden, der ihnen, wenn nicht als gut, so doch vor Ort als einzig realistisch erscheint. Aus dieser Sicht gibt es für sie keinen Grund, dass ein Lehrplan ihre eigene Unterrichtspraxis tangieren sollte. Hilfreich ist der Lehrplan offenkundig vor allem als Lieferant übergreifender Zielformulierungen, die sich gegenüber Eltern und anderen als Legitimation benutzen lassen.

Über die geringe Wirksamkeit von Lehrplänen räsoniert auch der Erziehungswissenschaftler Jürgen Oelkers:

■ *Das faktisch vermittelte Schulwissen kommt eklektisch zustande* (Schwab, 1978)*, es muss sich auf je neue Situationen beziehen lassen, zugleich einen Identitätskern bewahren, ohne allzu große Anforderungen an Erneuerung stellen zu können. Die Aufgabe wird dadurch erleichtert, dass die Lehrkräfte nicht die gesamte Wissenskarriere von Schülern aufbauen, sondern immer nur Ausschnitte. Sie sehen, anders gesagt, immer Anfänger vor sich, die für eine bestimmte Lernperiode begleitet werden. Was Lehrkräfte vermitteln, ist* darauf *zugeschnitten, die Innovationsrate ist begrenzt, bewährte Routinen haben eine hohe Wahrscheinlichkeit, beim nächsten Durchgang ähnlich erfolgreich zu sein wie beim vorhergehenden. Folien werden ausgetauscht, Kopien gewechselt, bestimmte Einstiege er-*

neuert und Abschlüsse variiert, aber der [sic!] Wissenskorpus wird nicht ständig erneuert, auch weil die Lernenden *nicht kontrollfähig sind oder wenigstens nicht dafür gehalten werden. Sie wechseln die Lehrkraft, aber sind an Bilanzen von* Erfolg *oder* Misserfolg *nicht beteiligt. Lehrkräfte unterrichten, wovon sie überzeugt sind. Lehrpläne werden geschrieben, aber nicht genutzt. Was Lehrkräfte überzeugt, ist nicht Lektüre, sondern Wirksamkeit. Routinen sind die Wiederholungen erfolgreicher Versuche, wobei die Kriterien für «Erfolg» oder «Misserfolg» sehr verschieden sein können [...]*[18] ■

Für die Praxis viel gravierender als Lehrpläne selbst sind offensichtlich ihre Sekundäreffekte. Hierzu gehören die Schulbücher, deren Zulassung unter anderem von der Übereinstimmung mit dem Fachlehrplan des betreffenden Landes abhängt. Die Wirkung des Schulbuchs ist beachtlich, berücksichtigt man, dass es nicht nur in vielen Fächern das zentrale Unterrichtsmedium darstellt, sondern auch in der Vorbereitung von Unterricht neben wieder verwendeten Notizen von Lehrern am häufigsten eingesetzt wird.[19]

Gravierend sind selbstverständlich auch die Wirkungen, die von einer Veränderung der Zeitbudgets einzelner Fächer im Zuge veränderter Stundentafeln ausgehen. Dies gilt insbesondere, wenn es stimmt, dass „Stoff" und Zeit die wichtigsten Faktoren der Unterrichtsmodellation vor Ort sind. Nicht zu unterschätzen sind zudem die von den Beschlüssen der KMK ausgehenden Wirkungen. So haben die unter dem Kürzel EPA kursierenden „Einheitlichen Prüfungsanforderungen in der Abiturprüfung" bei aller Inkonsistenz ihrer systembedingten Kompromissformeln eine erhebliche Wirkung auf die praktisch wirksamen Vorstellungen fachlicher Qualifikationsanforderungen (Diederich/Tenorth 1997, 158 f.). Wenn hier Aufgabenarten für das schriftliche Abitur festgeschrieben und exemplifiziert werden, wenn Erwartungshorizonte modellhaft skizziert und mithin erwartete Schülerleistungen am Beispiel konkretisiert werden, berührt dies die Arbeit in der gymnasialen Oberstufe erheblich (s. u.).

Dass Lehrpläne im Vergleich zu den anschaulichen Leistungserwartungen der EPA die Praxis von Lehrpersonen nur unerheblich oder lediglich sekundär beeinflussen, dürfte wesentlich mit der Dialektik von Steuerungs- und Legitimationsfunktion zu tun haben. Wenn die Macher der Hessischen Rahmenrichtlinien von 1972 (s. o.) notierten, dass der Aufwand, der für Orthographieunterricht betrieben würde, übertrieben sei, so agierten sie wahrscheinlich realistisch und unrealistisch zugleich. Realistisch war der Hinweis wahrscheinlich für viele Lehrpersonen, die um den bescheidenen Langzeiterfolg von Rechtschreibtrainings im Peripherie-

---

[18] Oelkers, Jürgen: Lehrpläne als Steuerungsinstrument? In: Criblez, Lucien/Gautschi, Peter/Monico, Pia Hirt/Messner, Helmut (Hg.): Lehrpläne und Bildungsstandards. Was Schülerinnen und Schüler lernen sollen. Bern: h.e.p. verlag 2006, 241–268, 255.

[19] Vgl. Vollstädt u. a. 1999, 86.

bereich der berühmten Ausnahmen wussten. Unrealistisch war aber wohl die Erwartung, dass Bildungspolitik damit durchkomme. Relativ unproblematisch ist es vordergründig, via Lehrplan dem Deutschunterricht neue Aufgaben zuzuweisen. Man wird schon mit Akzeptanz oder Sympathie beim Wahlvolk rechnen können, wenn man per Lehrplan die Behandlung audiovisueller Texte in den Aufgabenbereich des Deutschunterrichts delegiert. Besagte Sympathie verliert man aber rasch, fügt man hinzu, dass dafür natürlich die Klassikerlektüre einzuschränken sei. Folglich liegt es in der Logik der Legitimation von staatlich verantworteter Schule, dass Lehrpläne im Zuge von Revisionen immer umfangreicher und damit für die Praktiker unrealistischer geraten. Um diesen Effekt geht es auch dem bereits zitierten OELKERS an anderer Stelle:

> *Untersucht man staatliche Lehrpläne und dazugehörige Lehrmittel, dann ist vor allem eins ins Auge fallend, die Ästhetik der Spiegelstriche, die mit einem ‚et-cetera'-Hinweis enden, also noch beliebig verlängert werden könnten* (OELKERS 2001, 7).[20]

1.4 Steuerungspolitik nach PISA

1.4.1 Rückkehr der Curricula als Fachkerne

Bereits vor der Publikation der für die Bundesrepublik als verheerend eingeschätzten Resultate der PISA-Studie vor allem zur Erfassung von Lesekompetenz waren auch in der KMK offenkundig Bedenken laut geworden, mit der *Ästhetik der Spiegelstriche* weiterzumachen. Der Verdacht lautete, dass die so evozierte Unverbindlichkeit dazu führen könnte, dass die Diskrepanzen in der Realisierung zu groß geraten würden, dass ein Deutschkurs an einem Gymnasium in Landshut einem ganz anderen Fachverständnis folgen könnte als ein Deutschkurs in Bremen. Folglich gab die KMK[21] ausgewählten Experten den Auftrag, sich einmal zu überlegen, was den Kern ihres Faches in der gymnasialen Oberstufe ausmache. Betrachtet man die Expertisen, fällt – gerade für den Deutschunterricht – auf, dass den bildungspolitischen Erwartungen sehr vorsichtig begegnet wurde. Unter dem Strich wird man sagen dürfen, dass in den deutschdidaktischen Beiträgen mehr über die Schwierigkeiten, einen Fachkern herauszupräparieren, zu erfahren ist, als dass man dem geforderten Unterrichtskern näher kommt.

Natürlich ist die Rede vom Kern nicht zufällig: Gegen die *Ästhetik der Spiegelstriche* der Lehrpläne sollte steuerungspolitisch auf eine Kodifikation von Unter-

---

[20] Vgl. auch OELKERS 1999.

[21] Vgl. TENORTH 2001a.

richtsvorgaben gesetzt werden, die sich mit dem angelsächsischen Begriff *core curriculum* verbindet. Was ist damit gemeint?

Zunächst: das Wort *Curriculum* ist im deutschsprachigen Raum ein Vorläufer des Begriffs *Lehrplan*. Es bezeichnete im frühen 17. Jahrhundert „den Umfang des Wissens, das Heranwachsende angeeignet, d.h. gelernt haben müssen, wenn sie für ihr Leben und Arbeiten in der jeweiligen Gesellschaft vorbereitet sein sollen" (VOLLSTÄDT u.a.1999, 12).

Wie noch in *Curriculum vitae* (Lebenslauf) sichtbar, impliziert der Gedanke an ein solches Wissen auch den Aspekt der Verlaufsform seines Erwerbs, also der zeitlichen Abfolge von Erwerbsschritten – oder mit dem Fachbegriff: den Gedanken der *Sequenzierung*. Anders als in den angelsächsischen Ländern trat in Deutschland seit dem 18. Jahrhundert der Begriff des Curriculums hinter die Rede vom Lehrplan zurück. In den 1960er Jahren erlebte er ein Comeback, das auf den Versuch zurückging, die deutschen Schulen durch Importe US-amerikanischer Bildungspolitik zu reformieren. Curriculum wurde in dieser Diskussion zur missverständlichen Zauberformel einer grundlegenden Lehrplanrevision.[22] Während in den USA Theorien des Curriculums sich an einer vergleichsweise heterogen und pragmatisch strukturierten Schulwirklichkeit abarbeiteten, verband sich in der BRD auf der Basis ganz anderer Voraussetzungen mit Curriculumtheorie die Erwartung einer systemischen Interpretation „von Lernereignissen zur administrativen Schulpolitik mit wissenschaftlichen Mitteln".[23]

„Curriculare Lehrpläne" transformierten *Lehr*pläne zu *Lern*plänen, indem sie etwa auch Unterrichtsverfahren und Lernzielkontrollen „wissenschaftlich" zu normieren suchten. Als Alternative zu diesen sogenannten geschlossenen Curricula, die dem Lehrer alle unterrichtlichen Entscheidungen vorgaben, wurden bald offene Curricula propagiert. Hier werden lediglich die Lernziele, nicht aber die Verfahren, sie zu erreichen, vorgegeben.

Auch wenn, etwa in der Lernzieldiskussion, Impulse entsprechender Curriculumtheorien[24] wirksam geblieben sind, handelt es sich doch um Konzepte aus einer bildungspolitischen Reformphase, deren Scheitern heute als irreversibel gilt. So lässt sich von Curriculum nun wieder reden, ohne die Theorien der späten 1960er Jahre zu implizieren. Entsprechend verwischen sich die semantischen Unterschiede zwischen den Begriffen Lehrplan und Curriculum. Da der Begriff des

---

22 Vgl. den entscheidenden Titel dieser Diskussion bei Robinsohn 1969b.

23 Vgl. KÜNZLI 1991, 180–209, 194 f.

24 Zur Breite der Curriculumforschungen in den USA vgl. PINAR, WILLIAM F./REYNOLDS, WILLIAM M./SLATTERY, PATRICK/TAUBMAN, PETER M.: Understanding Curriculum. An Introduction to the Study of Historical and Contemporary Curriculum Discourses. (=Studies in the Postmodern Theory of Education 17). New York u.a.: PETER LANG 1996. Zur seit den 1940er Jahren veränderten Semantik von core curriculum vgl. hier 697 f.

Curriculums weniger an staatliche Planungen gebunden ist, wird er zuweilen für die Kennzeichnung eher ungeplanter Lernprozesse gebraucht oder für nicht kodifizierte Planungen beansprucht. So sprechen VOLLSTÄDT u.a. 1999 von Curricula mit Blick auf die schulische Ebene, also auf die Praxis, während der Begriff des Lehrplans der staatlichen Ebene vorbehalten bleiben soll (VOLLSTÄDT u.a. 1999, 13).

Das „BELTZ Lexikon Pädagogik"[25] legt beim Lemma ‚Curriculum' Wert auf die Feststellung, dass Curricula im Unterschied zu Lehrplänen nicht nur die „Programmseite" erfassten, sondern auch die „Rahmenbedingungen des Lernens und die intendierten Formen der Realisierung" thematisierten. Im Eintrag wird dann aber auch festgestellt: „Der Begriff C. wurde durch die Praxis seiner Verwendung eher diskreditiert."

Von dieser Diskreditierung ist der Begriff Kerncurriculum allerdings nicht affiziert. Hierzu heißt es:

■ *theoretisch und politisch der Versuch, statt des Totums des Wünschenswerten den für alle Lernenden gesellschaftlich verbindlichen und für das Fach [...] sachlich notwendigen Bestand des Wissens und Könnens im Lehrplan zu fixieren und damit die schulisch zu vermittelnden Basiskompetenzen zu definieren* (ebd.). ■

Dass hier von „Versuch" die Rede ist, mag auch auf die Schwierigkeit verweisen, die es objektiv bereitet, zwischen Ansprüchen des Faches und dem, was gesellschaftlich, etwa als Grundbildung, legitimationsfähig sein soll, zu vermitteln. Trotz solcher in den KMK-Expertisen (TENORTH 2001a) dokumentierten Schwierigkeiten war nach der Publikation der Ergebnisse der OECD-Studie PISA 2000[26] die Blitzkarriere der Kerncurricula nicht mehr zu stoppen. Kerncurricula folgen nämlich der Logik einer neuen Steuerungspolitik, deren Auswirkungen auf die Praxis des Deutschunterrichts sich langsam abzeichnen. Die neue Politik folgt einem Steuerungsmodell, das in den USA 1983 durch die REAGAN-Administration (High Stakes Testing) implementiert und 2002 durch die GEORGE-W.-BUSH-Regierung unter dem Slogan „No Child Left Behind" fortentwickelt wurde. Der zentrale Steuerungsmechanismus besteht in der Festlegung und Messung der durch Unterricht erwarteten Lernerfolge. Dieser Output[27] wird in Form kompetenzorientierter Bildungsstandards formuliert und in zentralen Tests nach psychometrischen Kriterien evaluiert. Um den Schulen größtmöglichen Spielraum für die Optimierung ihrer Output-Ergebnisse durch schulinterne Curricula zu gewähren, wird die Festle-

---

[25] TENORTH/TIPPELT 2007.
[26] Vgl. Deutsches PISA-Konsortium 2001.
[27] Gelegentlich wird auch von Outcome-Orientierung gesprochen. Unter Outcome fasst man dann längerfristige Wirkungen von Bildungsmaßnahmen.

gung des obligatorischen Inputs auf einen die Bildungsstandards reflektierenden Kern – das Kerncurriculum – beschränkt.

Abgesehen davon, dass die Erfahrungen mit solcher Output-Orientierung in den USA keineswegs nur als positiv eingeschätzt werden[28], und abgesehen davon, dass nicht klar ist, was mit Schulen passieren wird, die die Output-Erwartungen nicht erfüllen, führte PISA also offensichtlich zur Intensivierung des Bestrebens, die Steuerungsschwächen bisheriger Lehrpläne zu überwinden.

Betrachtet man den Entwicklungsprozess des neuen Steuerungsmodells, wird allerdings deutlich, dass unter einer veränderten Politik alte Fragen neu aufgeworfen werden.

1.4.2 Output-Orientierung und Bildungsstandards

Als die KMK am 5./6. Dezember 2001 ein sogenanntes Maßnahmepaket (KMK 2002) verabschiedete, gehörte zu diesem auch die Ankündigung, die Qualität von Unterricht und Schule auf der Basis verbindlicher Standards zu verbessern. Im Mai 2002 beschloss die KMK in dieser Sache, dass im Herbst desselben Jahres Fachkommissionen, koordiniert durch eine Steuerungsgruppe, mit der Ausarbeitung solcher Standards beginnen sollten. Im selben Jahr forderte die Bundesministerin für Bildung und Forschung im Bundestag einen „Kanon von nationalen Bildungsstandards und nationale Bildungsvergleiche“ (Rede vom 13.6.2002, 4 f.). Was wirkungsvolle Bildungsstandards indes charakterisiere, sollte zunächst einmal in einer bildungswissenschaftlichen Expertise herausgearbeitet werden. Diese wurde am 18.02.03 mit dem Titel „Zur Entwicklung nationaler Bildungsstandards“ durch die Bundesministerin Bulmahn und die KMK-Präsidentin Wolff vorgestellt. Erstellt hatte die Expertise eine Kommission, die vom Leiter des Deutschen Instituts für Internationale Pädagogische Forschung (DIPF), Eckhard Klieme, koordiniert wurde.

Dass schon vor dem Abschlussbericht der Klieme-Kommission die KMK-Kommissionen an der Formulierung fachspezifischer Bildungsstandards arbeiteten, lässt auf den Zeitdruck schließen, unter den sich die Kultusminister mit ihrer Reformpolitik setzten. Bereits im Juli 2003 wurden Entwürfe zu Standards für den Mittleren Schulabschluss in den Fächern Deutsch, Mathematik und Erste Fremdsprache (Englisch/Französisch) von der KMK öffentlich präsentiert; im Sommer

---

[28] Vgl. Nichols, Sharon L./Glass, Gene V./Berliner, David C.: High-Stakes Testing and Student Achievement: Problems for the No Child Left Behind Act. Arizona State University. September 2005: http://epsl.asu.edu/epru/documents/EPSL-0509-105-EPRU.pdf sowie: Nichols, Sharon L./ Berliner, David C.: The Inevitable Corruption of Indicators and Educators Through High-Stakes Testing. Arizona State University: March 2005: http://epsl.asu.edu/epru/documents/EPSL-0503-101-EPRU.pdf.

und Herbst wurden diese diskutiert, modifiziert und im Dezember 2003 verabschiedet. Am 15. Oktober 2004 folgte die Verabschiedung von Bildungsstandards für den Hauptschulabschluss in Mathematik, Deutsch und Erster Fremdsprache und für den Primarbereich in Deutsch und Mathematik und am 16. Dezember 2004 für den Mittleren Abschluss in Biologie, Physik und Chemie.

Wie beurteilte die Klieme-Kommission diesen Prozess? Deren Mitglieder standen vor einem Dilemma: Einerseits traten ja auch sie für schnelle Reformen ein, und einige von ihnen wirkten auch in der Steuerungsgruppe der KMK mit. Andererseits konnten sie schwerlich die Formulierung von Standards ohne wissenschaftlich fundierte Kompetenzmodelle für einen optimalen Schritt halten. Deshalb erklärte die Kommission die zu erwartenden KMK-Standards für vorläufige Modelle, die überwiegend von Experten für die alten Lehrpläne erstellt würden (Klieme 2003, 136 f.).

„Richtige“ Bildungsstandards könnten erst formuliert werden, wenn es auf wissenschaftlicher Basis zu einer fachdidaktischen Fundierung gestufter Kompetenzmodelle gekommen sei (ebd., 123 ff. u. 141). Diesen Kommentar nahm die KMK-Präsidentin mit gedämpfter Zustimmung auf, indem sie darauf hinwies, dass solche Fragen „leichter zu diskutieren“ seien, „wenn man sich an konkreten Entwürfen von Standards ‚abarbeiten' kann und den Blick für das Machbare im Auge behält“ (ebd., 185). Zudem hielt die KMK in ihrer Vereinbarung über die Bildungsstandards (04.12.2003) fest:

■ *Die Standards und ihre Einhaltung werden unter Berücksichtigung der Entwicklung in den Fachwissenschaften, in der Fachdidaktik und in der Schulpraxis durch eine von den Ländern gemeinsam beauftragte wissenschaftliche Einrichtung überprüft und auf der Basis validierter Tests weiterentwickelt.* ■

Die annoncierte Einrichtung ist im Sommer 2004 als Institut für Qualitätsentwicklung im Bildungswesen (IQB) der Länder an der Humboldt-Universität zu Berlin etabliert worden. Eine der Aufgaben des Instituts ist es, über Tests zu einer empirischen Datenbasis zu gelangen, die eine Skalierung von Kompetenzen erlaubt.

Damit wäre ein Schritt in die Richtung getan, die das Klieme-Gutachten mit einem Plädoyer für gestufte Kompetenzmodelle vorgibt. Doch was verstehen die Gutachter überhaupt unter Kompetenzen? Sie beziehen sich auf eine Definition des Psychologen Franz E. Weinert und bezeichnen als *Kompetenzen*:

- *die bei Individuen verfügbaren oder durch sie erlernbaren kognitiven Fähigkeiten und Fertigkeiten, um bestimmte Probleme zu lösen, sowie die damit verbundenen motivationalen, volitionalen und sozialen Bereitschaften und Fähigkeiten, um die Problemlösungen in variablen Situationen erfolgreich und verantwortungsvoll nutzen zu können.*[29] ■

Zitiert ist hier übrigens Weinerts weiter Kompetenzbegriff, den empirische Bildungsforscher oft notgedrungen verengen, wenn sie sich auf die kognitiven Dimensionen konzentrieren, da sie etwa motivationale Dispositionen für schwer messbar erachten. Um Bildungsstandards für die Schule zu fundieren, muss zudem ergänzt werden, von welcher Art die Probleme sind, für deren Lösung es bestimmter Kompetenzen bedarf. Mit dieser Frage rücken alte Diskussionen um den Kern schulischer Bildung in den Blick. Dass man folglich bei der Konstruktion von Bildungsstandards nicht von der gesellschaftlich kontroversen Diskussion über die Ziele der Schule absehen kann (Klieme 2003, 57 ff.)[30], wurde von der Klieme-Kommission klar als Problem erkannt. Die Wissenschaftler optierten für eine Lösung, die sie als pragmatisch kennzeichneten. Einerseits erklärten sie, sich auf solche Basiskompetenzen beschränken zu wollen, über deren Entwicklung im Unterricht aus ihrer Sicht ein gesellschaftlicher Grundkonsens besteht. Andererseits unterstellten sie, dass jene „basalen Sprach- und Selbstregulationskompetenzen" auf unterschiedliche Modi der Welterfahrung zu beziehen seien. Diesem Sachverhalt entspreche ein in Fächern oder Domänen ausdifferenziertes kanonisches Orientierungswissen (ebd., 62 ff.). Konsequenterweise werden Bildungsstandards dann auch als bereichsspezifische Leistungserwartungen definiert. Diese Argumentation weicht unter Verweis auf die Kompetenzmodelle der Expertiseforschung (ebd. 74) von Positionen ab, die fachübergreifende Kompetenzen betonen, wie es viele Lehrpläne der letzten Generation tun. Stattdessen gilt den Experten als erstes Merkmal guter Bildungsstandards deren Fachlichkeit. Insgesamt skizziert die Expertise sieben solcher Qualitätsmerkmale (ebd., 24f.) und liefert damit auch einen Maßstab zur Überprüfung der im selben Jahr beschlossenen KMK-Standards für das Fach Deutsch (Mittlerer Schulabschluss).

1.4.3 Kliemes Merkmale guter Standards und die KMK-Standards

1 *Fachlichkeit: Bildungsstandards sind jeweils auf einen bestimmten Lernbereich bezogen und arbeiten die Grundprinzipien der Disziplin bzw. des Unterrichtsfachs klar heraus.*

---

[29] Klieme 2003, 72; Franz E. Weinert: Vergleichende Leistungsmessung in Schulen – eine umstrittene Selbstverständlichkeit. In: F. E. Weinert (Hg.), Leistungsmessungen in Schulen. Weinheim und Basel: Beltz Verlag, 17–31, 27.

[30] Vgl. allgemein Tenorth 1994, 21 ff. und 176 ff.

Die Klieme-Kommission geht davon aus, dass in den Standards die „Kernideen der Fächer" besonders klar herausgearbeitet werden müssten. Unter der Prämisse, dass es eine Korrespondenz zwischen einer Wissenschaftsdisziplin und einem Unterrichtsfach gebe, zählen die Experten hierzu grundlegende Begriffsvorstellungen, die damit verbundenen Denkoperationen und Methoden sowie das ihnen zuzuordnende Grundlagenwissen. Nimmt man in den Blick, wie ausdifferenziert die germanistischen Korrespondenzwissenschaften des Unterrichtsfachs Deutsch mittlerweile sind, fällt es allerdings schwer, so etwas wie Kernideen auszumachen, die zum Beispiel Lexikologen und Diskurshistoriker als Grundprinzipien teilen und die auf den Schulunterricht zu applizieren wären.

Die KMK-Kommission hat nicht einmal versucht, den Kern germanistischen Wissens zu beschreiben. Stattdessen unterschied sie – wie die Einteilungen in Lehrplänen:

- Sprache und Sprachgebrauch untersuchen,
- Sprechen und Zuhören,
- Schreiben und
- Lesen – mit Texten und Medien umgehen. (KMK 2003, 11 ff.)

Diese als Kompetenzbereiche bezeichneten Lernfelder mögen den Deutschunterricht sinnvoll strukturieren, mit fachwissenschaftlichen Kernideen haben sie aber kaum etwas gemein. Ihren Überbau liefert in den Bildungsstandards eine Präambel, die, analog zu den meisten Lehrplänen, hoffnungsfroh den Beitrag des Faches zur „Bildung" beschreibt. Auch die weiteren Ausführungen arbeiten keine fachwissenschaftlichen Kerne heraus. So wird etwa für den Umgang mit Texten von einem „Orientierungswissen" (KMK 2003, 10) gesprochen, dieses Wissen wird aber in den Standards kaum und schon gar nicht präzise ausgewiesen. Es heißt z. B. im Hinblick auf das Verstehen literarischer Texte denkbar allgemein, dass die Schüler „Zusammenhänge zwischen Text, Entstehungszeit und Leben des Autors/der Autorin bei der Arbeit an Texten aus der Gegenwart und Vergangenheit herstellen" (ebd., 16). Für solche Allgemeinformeln sollte man Verständnis aufbringen. Dass sich die KMK-Autoren scheuen, Wissensstrukturen disziplinär abzubilden, in Netzen zu modellieren oder auch nur Wissensformen zu gewichten, ist durchaus begründet. Die Fachdidaktik Deutsch vermag nämlich zurzeit viel zu wenig Präzises über den Zusammenhang von Fachwissen und fachlichem Können auszusagen. Zu einem ähnlichen Urteil kommt fachübergreifend auch das Klieme-Gutachten (Klieme 2003, 80ff.). In diesem Zusammenhang wird übrigens ebenfalls deutlich, dass die viel beschworene Output-Orientierung der Bildungsstandards kaum ohne eine Beschäftigung mit Input-Fragen funktionieren kann. Dies ergibt sich aus der Richtung, in der die Klieme-Experten den Zusammenhang von Können und Wissen begreifen wollen (ebd.).

2 *Fokussierung: Die Standards decken nicht die gesamte Breite des Lernbereiches bzw. Faches in allen Verästelungen ab, sondern konzentrieren sich auf einen Kernbereich.*

Eine entsprechende ‚Fokussierung' setzt eigentlich voraus, dass die Binnenstruktur des fachlichen Wissens und Könnens geklärt ist. Da dies nicht der Fall ist, bleibt auch die Fokussierung erfolglos. Was die KMK als erwartete Lernleistungen aufführt, ist eine gewaltige Liste, die kaum beschreiben kann, was im Deutschunterricht bis zur 10. Klasse realistischerweise zu leisten ist. In vielen Bereichen sind die Kompetenzbeschreibungen zudem nicht für Abstufungen ausgelegt. Vergleicht man die Entwurfs- mit der Endfassung, sieht man, dass die Anhörungen den aus der Lehrplanarbeit bekannten Effekt hatten (s. o.): Es wurde beständig erweitert, ausgleichende Kürzungen an anderen Stellen wurden aber vermieden. Diese Überfülle bewirkt, dass die Bedeutung der Bildungsstandards für die Unterrichtspraxis im Vergleich zu den tatsächlichen Lernstandserhebungen gering sein wird.

3 *Kumulativität: Bildungsstandards beziehen sich auf die Kompetenzen, die bis zu einem bestimmten Zeitpunkt im Verlauf der Lerngeschichte aufgebaut worden sind. Damit zielen sie auf kumulatives, systematisch vernetztes Lernen.*

Der stark additive Zuschnitt der KMK-Standards gibt keinen Hinweis auf eine kumulative Lernorganisation. Die Vielzahl der aufgeführten Kompetenzen kann zudem denselben Effekt wie die Stofffülle früherer Lehrpläne haben. Wenn Lehrende das Gefühl bekommen, sehr viele Lernfelder bedienen zu müssen, steigt die Wahrscheinlichkeit, dass die einzelnen Felder nur knapp angesprochen und isoliert werden.

4 *Verbindlichkeit für alle: Sie drücken die Mindestvoraussetzungen aus, die von allen Lernern erwartet werden. Diese Mindeststandards müssen schulformübergreifend für alle Schülerinnen und Schüler gelten.*

Die KMK erklärt, dass sie zu diesem Zeitpunkt die Einführung von Mindeststandards noch nicht für praktikabel hält. Angesichts der unzureichenden Fachstrukturierung und der ausgebliebenen Fokussierung ist in der Tat die Option für Regelstandards realistischer.

5 *Differenzierung: Die Standards legen aber nicht nur eine „Messlatte" an, sondern differenzieren zwischen Kompetenzstufen, die über und unter bzw. vor und nach dem Erreichen des Mindestniveaus liegen. Sie machen so Lernentwicklungen verstehbar und ermöglichen weitere Abstufungen und Profilbildungen, die ergänzende Anforderungen in einem Land, einer Schule, einer Schulform darstellen.*

Eine Differenzierung der Leistungserwartungen sehen auch die Klieme-Gutachter nur als ein Additum im Rahmen einer Qualitätssteigerung des Bildungswesens an. Die Länder entsprechen dieser Einsicht in gewisser Weise, indem sie zusätzlich Bildungsstandards nach Schulformen differenzieren.

6 *Verständlichkeit: Die Bildungsstandards sind klar, knapp und nachvollziehbar formuliert.*
Verständlich formuliert sind die Bildungsstandards vordergründig durchaus. Allerdings sind die Kennzeichnungen der Leistungserwartungen namentlich in den ersten sprachdidaktischen Teilen fast durchgehend ungenau und vor allem selten steigerungsfähig. Wahllos herausgegriffen: „sich konstruktiv an einem Gespräch beteiligen; in gut lesbarer handschriftlicher Form [...] schreiben, Fachbegriffe und Fremdwörter richtig schreiben, stilistisch stimmig zur Aussage schreiben" (vgl. KMK 2003, 15–17).

7 *Realisierbarkeit: Die Anforderungen stellen eine Herausforderung für die Lernenden und die Lehrenden dar, sind aber mit realistischem Aufwand erreichbar.*
Bereits klar erkennbare Probleme bei der Realisierung der KMK-Standards resultieren vornehmlich aus ihrer ungenügenden Fokussierung und Präzision. Diese erschweren auch die Kontrolle durch zentrale Evaluationen, die u.a. die faktische Umsetzung sicherstellen sollen.

1.4.4 Von Aufgabenbeispielen lernen ...

Die Klieme-Expertise erwähnt Aufgabenbeispiele als Möglichkeit, Bildungsstandards zu illustrieren (Klieme 2003, 52). Ähnlich sieht es die KMK-Vereinbarung über Bildungsstandards: „Die Aufgabenbeispiele veranschaulichen die fachlichen Bildungsstandards." Notwendigerweise veranschaulichen die unter diesem Anspruch von der KMK vorgelegten Aufgabenbeispiele aber auch die Probleme, Kompetenzen als Standards auszuweisen.

Für ihre Aufgabenbeispiele wählte die KMK einen Orientierungsmaßstab, den die Schule selbst liefert. Obwohl bestehende Lehrpläne der Sekundarstufe I durchaus Kompetenzen formulieren, die in Handlungssituationen gefordert sind, mit denen es Schulabgänger zu tun haben, nehmen sich die Aufgaben der KMK erklärtermaßen das Abitur und dessen Einheitliche Prüfungsanforderungen (EPA) zum Maßstab, wobei die Beschreibung der sogenannten Anforderungsbereiche „der praktischen Erfahrung in der Schule" (KMK 2003, 4) entsprechen soll.

In den EPA werden drei (Leistungs-)Anforderungsbereiche unterschieden. Der Sinn dieser Unterscheidung liegt namentlich darin, dass zu einseitige, etwa einzig auf Wissensreproduktion abzielende Aufgabenstellungen vermieden und spezielle Leistungen gewichtet werden sollen. Die Anforderungsbereiche sollen ausdrücklich nicht mit Arbeitsschritten (Teil 1, Teil 2, Teil 3) deckungsgleich sein, vielmehr gehen die Autoren der EPA davon aus, dass die drei Anforderungsbereiche wechselseitig voneinander abhängen, also nicht präzise abzugrenzen sind. Dem entspricht die Konsequenz für die Bewertung:

Die Notenbildung erfolgt nicht durch Addition von auf die Anforderungsbereiche bezogenen Teilnoten, sondern auf der Grundlage der Gesamtwürdigung der erbrachten Leistung (EPA, 28 f.).

Psychometriker sind von solchen hermeneutisch inspirierten und holistischen Testformen kaum begeistert. Und auch korrigierenden Lehrern bereitet die Differenzierung der Anforderungsbereiche Probleme. Der Anforderungsbereich I erfasst die „Verfügbarkeit der für die Bearbeitung der Aufgaben notwendigen inhaltlichen und methodischen Kenntnisse". Im Anforderungsbereich II geht es um „Selbständiges Erfassen, Einordnen, Strukturieren und Verarbeiten der aus der Thematik, dem Material und der Aufgabenstellung erwachsenden Fragen/Probleme und deren entsprechende gedankliche und sprachliche Bearbeitung." Im Anforderungsbereich III schließlich schlägt zu Buche: „Eigenständige Reflexion, Bewertung bzw. Beurteilung einer komplexen Problemstellung/Thematik oder entsprechenden Materials und ggf. die Entwicklung eigener Lösungsansätze".

Die allgemeine Unterscheidung der ersten beiden Anforderungsbereiche zielt offensichtlich darauf, verfügbare Kenntnisse von der eigenständigen Anwendung dieser Kenntnisse auf die Aufgabenstellung abzugrenzen. Kenntnisse wären in dieser Sicht erstens je nach Aufgabe weit gefasst und zweitens selten für sich markierbar, da sie in Schreibaufgaben erst durch die „Bearbeitung" sichtbar werden. Mithin sind bei der Aufgabenerstellung und Leistungsbeurteilung die Anforderungsbereiche I und II schwer zu trennen.

Deutlich wird dies auch in den Kommentaren der KMK-Aufgabenbeispiele, nämlich in lapidaren Formulierungen wie „Die Zusammenfassung der Handlung und die Formulierung des Themas erfordern im Wesentlichen Fähigkeiten in den Anforderungsbereichen I und II" (KMK 2003, 33).

Zu vermuten ist, dass die Aufgaben unabhängig von der Modellierung der Standards konzipiert wurden und man sich nachträglich überlegt hat, welche in den Standards aufgeführten Leistungen bei ihrer Lösung zum Tragen kommen. Dass sämtliche Aufgaben eine Anzahl von Standards involvieren, ist angesichts der Vielzahl von Standards ohnehin sehr wahrscheinlich. Testtheoretisch hochproblematisch ist bei diesem Verfahren, dass die Autoren anscheinend der – für Lehrende ja nicht abwegigen – Überzeugung waren, dass es für die Aufgabenqualität spräche, wiese eine Aufgabe einen Bezug zu möglichst vielen Standards auf. Die Problematik lässt sich gut am ersten Aufgabenbeispiel illustrieren. Hier werden den Schülern textsortenvariable Materialien zum Thema Alkoholkonsum vorgelegt (Interview, FAQ, Grafiken). Auf deren Basis sollen die folgenden Aufgaben bearbeitet werden (KMK 2003, 30):

- *Entnehmen Sie den vorgelegten Texten und der Grafik die geeigneten Informationen, Aussagen und Hinweise und schreiben Sie auf dieser Grundlage einen informierenden Artikel für eine Schülerzeitung zum Thema „Alkohol"!*
- *Im „Ratgeber-Kasten" der Schülerzeitung sollen den Leserinnen und Lesern drei Ratschläge zum angemessenen Umgang mit Alkohol gegeben werden. Formulieren Sie diese!*
- *Begründen Sie die Auswahl Ihrer Ratschläge in einem gesonderten Text für die Redaktionskonferenz der Schülerzeitung!*

Dass Schülerzeitungen in solcher Form über Alkohol aufklären, dürfte selten sein. Ebenso praxisfern ist die bürokratische Vorstellung, einen Zeitungsartikel für die Redaktionskonferenz schriftlich zu begründen. Diese Vorbehalte berühren indes noch nicht die Frage, ob die Aufgaben geeignet sind, das Erreichen von Standards zu überprüfen. Die KMK-Kommission geht davon aus, dass ein „Bezug" zu acht Standards (mit Unterpunkten) vorliegt, der im Kommentar zu den detaillierteren Leistungserwartungen aber nicht expliziert wird, was erneut zeigt, dass die Aufgaben nicht eigens für die Überprüfung der Standards entwickelt wurden. Von den genannten Bezügen dürften drei zentral sein (ebd., 31):
(a) Strategien zum Leseverstehen kennen und anwenden,
(b) Sach- und Gebrauchstexte verstehen und nutzen,
(c) einen Schreibprozess eigenverantwortlich gestalten.

Das Produkt, an dem diese Kompetenzen sichtbar werden, ist die Ausführung der drei Schreibaufgaben. Dieses Arrangement entspricht nicht den Geboten präziser Testdiagnostik: Wenn der Schüler den Standard (c) nicht erfüllt, kann der Tester nämlich nicht wissen, in welchem Ausmaß (a) oder (b) beherrscht werden. Selbst wenn die Leistung (c) gelingt, ist angesichts des Themas und der Aufgaben fraglich, ob dies auf der Basis der Kompetenzen (a) und (b) gelang. Dies liegt daran, dass insbesondere die Aufgaben (2) und (3) auch zu bewältigen sind, wenn man die Materialien nicht studiert hat. Zehntklässler verfügen schließlich über hinreichend subjektive Theorien zum Alkoholkonsum (und wissen um die Einstellung der Schule zu diesem Thema). Und selbst wenn Schülertexte durch Zitate oder Paraphrasen dokumentierten, dass die über (c) gezeigte Leistung mit (b) zusammenhängt, muss man unterstellen, (b) impliziere (a), wenn man Aussagen über das Vorliegen von Kompetenz (a) ableiten will. In diesem Fall hätten wir es möglicherweise mit einer gestuften Kompetenz zu tun, sofern die Standards deutlicher formulierten, woran bei (a) gedacht ist.

Zur Überprüfung von Standards sind solche Aufgabentypen ungeeignet, da bei der Lösung zu viele Kompetenzen miteinander verschränkt werden, insbesondere aus den Bereichen Leseverstehen und Schreiben.

Über die Illusion einer einzig richtigen Interpretation poetischer Texte ist schon so viel geschrieben worden, dass sich kaum noch jemand findet, der erklärtermaßen diesem Glauben anhängt. Gleichwohl führten schon vor der Entwicklung von Bildungsstandards die Versuche, die Bewertung von Schülerleistungen zu objektivieren, zu einer gewissen Restituierung dieses Interpretationskonzepts. Wenn bei der Erstellung von Abituraufgaben von den Lehrpersonen gefordert wird, diese mit einem Erwartungshorizont zu versehen, der die Anforderungsbereiche der EPA beachtet, liegt zumindest die Gefahr einer Verengung nahe. Umsichtige Lehrpersonen antizipieren deshalb alternative Interpretationswege, um eine sachlich flexible Bewertung der Aufsätze zu ermöglichen. Geht es indessen um Testverfahren mit hohen Ansprüchen an empirische Reliabilität und Validität, bleibt bei der Kodierung der erwarteten Lösungen für Flexibilität selten Raum. Welche Schwierigkeiten daraus erwachsen, wurde zuletzt an der PISA-Beispielaufgabe zur Kurzgeschichte „Das Geschenk" aufgezeigt. Die Aufgabenbeispiele der KMK-Standards illustrieren das Problem noch aufschlussreicher. Im Set enthalten ist eine – deutlich an Beispielen der EPA orientierte – Aufgabe, in der die Lerner ein Gedicht Heines mit einem Gedicht Frieds vergleichen sollen. In beiden Fällen handelt es sich um Spielarten des Genres Liebesgedicht. Heines Gedicht nun erscheint auf den ersten Blick voll von amourösem Überschwang. Studiert man es als den vierten Teil eines 15-teiligen Zyklus – etwa der Briegleb-Ausgabe von 1976 und der Düsseldorfer Ausgabe von 1983 folgend –, relativiert sich allerdings dieser Eindruck. Im Entwurf der Standards wird der Überschwang als Ironie ausgelegt, eine Interpretationspraxis, die sich deutlich an das gängige Autorschema – *der Ironiker Heine* – anlehnt. Da die Erscheinungsformen von Ironie im Werk Heines als schwer erkennbar gelten, wurde ein entsprechender Befund in der Juli-Fassung als eine mögliche Bonusleistung verbucht. Im Dezember wurde dieser Bonus stillschweigend als Fehlbuchung zurückgenommen. Jetzt heißt es in den Stichworten zur gewünschten Gedichtinterpretation nämlich u.a.: „[...] möglich erscheint es auch, darin eine ironische Übersteigerung zu erkennen; angemessener erscheint eine Deutung, die die Entwicklung zu einer Einheit zwischen Ich, Natur und Liebe erfasst [...]" (KMK 2003, 38).

Wie ist dieser Wandel zu erklären? Nach der Publikation des Entwurfs hat sich ein Heine-Experte eingeschaltet, der stärker auf die pantheistischen Tendenzen des betroffenen Seraphine-Zyklus geachtet hat und der überdies über die Autorität verfügte, die in der ersten Fassung noch prämierte Interpretationsoption als minderwertig ausweisen zu können. Mit anderen Worten: Die Lektüre des ursprünglichen Aufgabenkonstrukteurs gilt nicht mehr als angemessen genug, nachdem sich eine andere Lesart Heines in der Kommission durchsetzen konnte. Das spricht zunächst für die diskursiven Qualitäten der KMK-Gruppe, macht aber ebenso die Problematik ihrer Aufgabe deutlich: Schließlich sind die Adressaten einer Aufgabe, an deren Lösung der erste Konstrukteur, obgleich Philologe, aus der Perspektive der Endfassung selbst scheiterte, Zehntklässler aller Schulformen. Ist von Angemessenheit der Deutung die Rede, bieten gerade die zwei Kommentarvarianten ein Beispiel dafür, wie heikel die Frage nach den Maßstäben für solche Angemessenheit ist. Am Ende des revidierten Kommentars heißt es in einem Klammerzusatz: „(an diesem Beispiel ist auf die Bedeutung, aber auch Schwierigkeit des Verständnisses poetischer Bilder und Motive ohne ein historisches Kontextwissen zu verweisen)" (ebd., 39).

Zu vermuten ist, dass während der Revision deutlich wurde, wie wenig ein *sachangemessenes* Verständnis von Schülern, die in der Sekundarstufe I besagtes Kontextwissen schwerlich erwerben konnten, zu erwarten ist. Interessant ist bei der Revision des Aufgabenkommentars ohnehin, dass Angemessenheit als Deutungsqualität einseitig mit Blick auf den Text bzw. auf seine philologische Erklärung, nicht aber mit Blick auf die Lernenden begriffen wird. Letztes wäre aber die Bedingung einer kompetenzorientierten Aufgabenstellung. Unter diesem Aspekt könnte beispielsweise der Kommentar vertreten werden, dass es für 16-Jährige ohne ausgebildetes Kontextwissen durchaus angemessen sei, die Heine-Bilder schwülstig zu finden. Ähnlich argumentiert Heiner Willenberg, der in seinem Kommentar zu derselben Aufgabe (Entwurfsfassung) verschiedene Leseweisen diskutiert (Willenberg 2003, 26–31). Vor allem weist auch er auf das „zentrale Problem" hin:

■ *Die Kompetenz, literarische Fachbegriffe anzuwenden, ist nicht pur zu haben, sie beruht auf Wissen, das die gefundenen Metaphern umgeben muss und das auch in Form der Fähigkeit zu minimaler historischer Einordnung hilfreich und nötig wird* (Willenberg 2003, 29). ■

Wiederum zeigt sich das Provisorische der Standards: Weder Praktiker noch die Fachdidaktik verfügen, abgesehen vom Erfahrungswissen, über präzise Kategorien, die festlegen, welches Verständnis eines konkreten poetischen Textes für das jeweilige Lernalter als angemessen gelten kann. Wohl nicht nur für den Bereich des Leseverstehens bzw. Interpretierens gilt, dass der Zusammenhang von (Vor-) Wissen und Können noch nicht präzise und allgemein genug bestimmt werden kann. Die stillschweigende Gleichsetzung von Lerner- und von Sachangemessenheit kann dieses Desiderat nur kaschieren. Nimmt man nämlich in curricularer Perspektive den Anspruch ernst, dass nur geprüft werden darf, was gelernt werden konnte, und will, dass die Schüler den Fall Heine im Sinne des gegenstandsorientierten Kommentars angemessen lösen, müsste man konsequenterweise fordern, dass ein Unterrichtsgegenstand wie „Heine in seiner Zeit" für verbindlich erklärt wird.

4.5 Unerwünschte Konsequenzen von Kompetenztests?

Ihre heuristische Funktion erfüllen die KMK-Aufgabenbeispiele gerade durch ihre offensichtlichen Schwächen. Über sie wird deutlich, wie diffizil es nicht nur ist, die vorliegenden Bildungsstandards zu operationalisieren, sondern wie schwierig es überhaupt ist, lernerangemessene Modellierungen etwa von literarischer Rezeptionskompetenz vorzunehmen. Solange die Fachdidaktik keine empirischen Nachweise führen musste, fiel es ihr leicht, den Kontakt zwischen poetischem Text und Lernendem als eine irgendwie bereichernde Begegnung zu beschreiben. Erfahrungsgesättigt ließ sich sagen, worauf es zum Glücken jener Begegnung ankommt: auf ein möglichst großes Vorwissen und auf den Takt, dieses nur passgenau und also flexibel einzusetzen (Kämper-van den Boogaart 2003, vgl. auch 2005, 2006 sowie Kämper-van den Boogart/Pieper 2008). Das sieht zwar auch die Lesepsychologie kaum anders, was aber als Einsicht nur bedingt hilft, will man Kompetenzen modellieren. Zudem zieht die Erwartung einer flexiblen Kontextualisierung bei einem in der Schule nur beschränkt erwerbbaren Kontextwissen eine unterrichtsrelevante Konsequenz nach sich. In den Worten Kammlers:

> ■ *Will man den Erwerb dieser Flexibilität nicht dem Zufall überlassen und will man vor allem ihren Grad messen, so muss man im Grunde das gesamte zu einem literarischen Text zur Verfügung stehende Kontextwissen zuvor im Unterricht erarbeiten. Da ein derartiger Aufwand weder möglich noch didaktisch vertretbar ist, bleibt nur die Reduktion auf vorgegebene Kontexte. Eine solche Auswahl im eigenen Unterricht zu treffen ist das eine – sie von Amts wegen vorzuschreiben und damit den Unterricht in erheblichem Maße zu reglementieren das andere. Angesichts des innerhalb des literaturwissenschaftlichen und -didaktischen Fachdiskurses allgemein anerkannten Theorems von der Deutungsoffenheit des literarischen Kunstwerks ziehen derartige Vorschriften erhebliche Legitimationsprobleme nach sich* (Kammler 2006b, 17). ■

Konkrete Lösungsversuche nehmen die einzelnen Texte zum Ausgangspunkt und fragen dann, wessen es bedarf, um angemessen auf sie zu reagieren (Kammler 2006a). Dieses Vorgehen, am je besonderen poetischen Text die für sein Verständnis notwendigen Kompetenzen zu eruieren, entspricht zwar den Konventionen des literarischen Spiels, führt aber, umgesetzt in bildungspolitisch wirksame Steuerungspolitik, leicht zu weiteren Restriktionen. Dazu Kammler:

> ■ *Viertens wird in einem zentralen Bereich, in dem es um das Erfassen textinterner Zusammenhänge geht [...] das „Niveau", auf dem sich diese Teilkompetenz realisiert, entscheidend von der Komplexität der Gegenstände bestimmt, mit denen sich der Lernende befasst. Das bedeutet, dass sich hier Kompetenzstufen nur auf der Basis eines – nach Schwierigkeitsgraden differenzierten – Textkorpus bestimmen ließen. Dies wiederum ließe sich nur im Rahmen einer entsprechenden curricularen Fixierung „der Literatur", also eines mehr oder weniger starren literarischen Schulkanons bewerkstelligen* (Kammler 2006b, 19). ■

Für die Sekundarstufe II ist das Kanonthema bereits durch die Einführung des Zentralabiturs in allen Bundesländern (mit der Ausnahme von Rheinland-Pfalz)[31] etabliert. Kanonisiert werden durch die obligatorischen Vorgaben übrigens nicht nur längere Texte, sondern auch das vorausgesetzte Kontextwissen. Unter diesen Bedingungen erscheint die Philosophie der Output-Orientierung in einem neuen Licht: Je gegenstandsabhängiger die für die Kompetenzmessungen erforderlichen Testungen geraten, desto größer gerät die Wahrscheinlichkeit, dass die Output-Evaluationen den Input normieren.

Insofern erfüllen auch die neuen – mit den Bildungsstandards koordinierten – Kerncurricula (bzw. Kernlehrpläne oder Kerncurricula in Lehrplänen) nicht wirklich die ihnen zugedachte Rolle. Selbst wenn sie gelegentlich in Sachen Obligatorik stärker selektieren als die KMK-Standards, binden sie aus der Sicht von Praktikern noch zu viel Unterrichtszeit. Zudem lässt sich ihre Offenheit, was Fragen der Umsetzung betrifft, von den Adressaten auch als Strukturierungsschwäche auslegen. In der Tat sollen die Kerncurricula geradezu die Funktion einer Baustelle haben, auf der schulinterne Lehrpläne errichtet werden sollen, in die ihrerseits die anspruchsvolle Strukturierungsarbeit der Kollegien einfließen soll. Angesichts der systemisch bedingten Unfertigkeiten der Kerncurricula gewinnen andere Steuerungsimpulse an Gewicht. Da viele zentrale Tests nicht nur Schulleistungen evaluieren, sondern auch wichtige Übergänge (Grundschule – Gymnasium, gymnasiale Oberstufe, Studium) reglementieren, geht von ihnen eine weit stärkere Steuerung des Unterrichts aus. Dies dürfte nicht zuletzt auch von Eltern erwartet werden, die an einer Hochschulzugangsberechtigung ihrer Kinder interessiert sind.

1.4.6 Schulinterne Lehrpläne

Im Modell der Output-Orientierung spielen schulinterne Lehrpläne eine prominente Rolle. Nach der Papierlage erhofft man hier Dokumente, die das bieten, was die Lehrerinnen und Lehrer vor Ort für richtig halten, was sie aber wegen der Abhängigkeit von zentralen Regularien und Instanzen nie realisieren konnten. Sind schulinterne Curricula das tatsächlich?[32]

Zunächst: Schulinterne Lehrpläne hat es bereits vor der Output-Orientierung gegeben. So verpflichteten Nordrhein-Westfalen und Thüringen bereits 1993 ihre Schulen dazu, schulinterne Lehrpläne vorzulegen. Schaut man sich an, was Schulen unter diesem Namen ins Netz stellen, trifft man allerdings in der Regel auf eher konventionelle Stoffverteilungspläne, die koordinierende Funktionen haben und

---

[31] Vgl. den Beitrag „Kanonprobleme" von ANGELIKA BUSS in diesem Band.

[32] Vgl. hierzu auch: KÄMPER-VAN DEN BOOGAART, MICHAEL (2008): Schulinterne Lehrpläne. In: Handbuch Schule.

die Beteiligten darüber ins Bild setzen mögen, was an Stoff noch „ansteht". Offensiver agieren nun einzelne Länder, wenn sie die schulinternen Lehrpläne als wichtige Instrumente einer bildungspolitischen Qualitätsoffensive darstellen und ihre Entwicklung in Kombination mit neuen Rahmencurricula vorschreiben. Instruktionsbroschüren und Lehrerfortbildungsveranstaltungen bewerben ihre Implementation. Allerdings: Eine nicht repräsentative Pilotstudie zu dieser Frage ergab für Berlin, dass man sich in den Kollegien angesichts rasch revidierter curricularer Vorgaben und namentlich in Konfrontation mit der Einführung des Zentralabiturs überfordert sieht. Dass die Entwicklung schulinterner Curricula tatsächlich eine sowohl fachlich als auch organisatorisch hoch anspruchsvolle Aufgabe ist, vermitteln auch die publizierten Implementationsinstruktionen. Beispiel Mecklenburg-Vorpommern[33] – in der Sekundarstufe II im Verbund mit Brandenburg und Berlin:

> ■ *Die veränderte Steuerung der Schule mit output-orientierten Instrumenten wie zentralen Prüfungen, Vergleichsarbeiten, niveaubestimmenden Aufgaben u. ä. verlangt in besonderer Weise ein differenziertes und ergebnisorientiertes Arbeiten. [...] Die individuelle Planung und Durchführung des Unterrichts wird von gemeinsamen Verabredungen und Entscheidungen in den Teams und Gremien unterstützt und geprägt. Die Verantwortung des Einzelnen für Qualität im Unterricht nimmt zu. Der Einzelschule zunehmend mehr Selbstständigkeit einzuräumen und abzuverlangen beruht auf der Erkenntnis, dass sich die Qualität des Lehrens und Lernens durch die Akteure ‚vor Ort' (Lehrkräfte, Lernende, Eltern) herausbildet. Deshalb setzt der Staat auf eine stärkere Steuerung im Grundlegenden und Verbindlichen, zugleich ermöglicht bzw. fordert er die schulinterne Ausgestaltung der größer gewordenen Handlungsspielräume durch jede einzelne Schule. Bestimmte Planungsentscheidungen verlagern sich so auf die einzelne Schule. Die Verantwortung für Ergebnisse und Prozesse nimmt zu. Der Zwang zur Offenlegung der Konzepte und Ergebnisse wird größer* (S. 5). ■

Die Tonlage der Ansprache ist deutlich. Es wird *eingeräumt* und *abverlangt*. Den Lehrkräften wird deutlich gemacht, dass sie sich nicht mit schlichten Stoffverteilungsplänen aus der Affäre ziehen können. Die eigentliche Aufgabe sei es nämlich, ein „auf die Kompetenzen der Lernenden gerichtetes Verständnis von Unterricht" zu entwickeln.

Korrespondenzbeziehungen sollen die geforderten internen Fachcurricula zu dem ebenfalls neu zu entwickelnden Schulprogramm aufweisen, das nach außen und innen klare Prinzipien und Zielsetzungen der Schule formuliert. Ersichtlich groß ist der Koordinationsaufwand, bedenkt man, dass zudem noch zwischen einem schulinternen Lehrplan für die Gesamtorganisation des Unterrichts und den

[33] Gute Schule. Schulinterner Lehrplan. Ein Leitfaden mit Grundsätzen, Instrumenten und Vorschlägen. http://www.bildung-mv.de/export/sites/lisa/de/schule/selbst_schule/dok_s_schule/GS_Leitfaden.pdf (28.07.08)

einzelnen Fachplänen differenziert wird. Im Gesamtlehrplan soll man sich auf fächerübergreifend Obligatorisches verständigen, wie beispielsweise Maßnahmen zur Förderung der Entwicklung von Schlüsselkompetenzen (z.B. Sozialkompetenz). Übernommen wird für die Fachpläne ein Postulat, das auch das KLIEME-Gutachten aufgreift: Die Aufsichtsbehörden legen Wert darauf, dass die einzelnen Jahrgangsstufenpläne insofern eine vertikale Koordination erkennen lassen, als innerhalb der jeweiligen Fächer wiederholt auf abgestimmte Themen, Modelle oder Verfahren rekurriert wird. Generell gilt es mithin, dem Prinzip kumulativen Lernens zu folgen: Um die Entstehung trägen Wissens zu verhindern, sollen Lernformen und Wissenssegmente sowohl fachspezifisch als auch fächerübergreifend bzw. fächerverbindend kontinuierlich aufgegriffen und zunehmend vernetzt werden.

1.4.7 Desiderata und Chancen – erstes Beispiel: Inhaltsangaben

So wegweisend derlei Forderungen an Lehrerkollegien auch sein mögen, sollte man nicht ignorieren, dass den Lehrpersonen vor Ort eine Praxis abverlangt wird, die nicht nur größtes Kooperationsgeschick erfordert. Auch wird eine planerische Leistung erwartet, die in dieser Qualität zentral bislang nicht erbracht wurde. Dies gilt jedenfalls für den Deutschunterricht. Auch wenn für Bildungsstandards fast beliebig fachspezifische Kompetenzen generiert werden, kann nicht die Rede davon sein, dass die Fachdidaktik bislang in der Lage war, Kompetenzen nach den Ansprüchen der KLIEME-Gruppe zu modellieren. So heißt es im Gutachten etwa:

> *Fachdidaktiken rekonstruieren Lernprozesse in ihrer fachlichen Systematik und zugleich in der je spezifischen, domänenabhängigen Logik des Wissenserwerbs und der Kompetenzentwicklung; beide Aspekte müssen bei der Darstellung von Komponenten und Kompetenzstufen berücksichtigt werden* (KLIEME 2003, 75).

Das ist offenkundig aus komfortabler Lage von außen an die Fachdidaktik herangetragen. Dass Lernprozesse einer fachlichen Systematik folgten und dass es eine domänenabhängige Logik des Wissenserwerbs gebe, lässt sich leicht aufschreiben, für ein Fach wie Deutsch aber zurzeit kaum in der für Unterrichtsprozesse gebotenen Detailliertheit inhaltlich ausführen.[34] Mehr noch: Wenn man dem bildungstheoretischen Pragmatismus folgt und sich an den germanistischen Bezugswissenschaften orientiert, wird man skeptisch fragen müssen, ob die Disziplinierung des germanistischen Wissens überhaupt den unterstellten Zusammenhang mit Lernprozessen und Erwerbslogiken besitzen kann. Damit ist nicht gesagt, dass wir im Unterrichtsfach Deutsch nichts über basale Zusammenhänge wüss-

[34] Vgl. TENORTH 1994, 114, für analoge Logikprobleme im „logischen" Fach Mathematik.

ten. Selbstverständlich setzt die erfolgreiche Lektüre eines Gedichts die Alphabetisierung des Lernenden voraus. Wird das Gedicht indes akustisch präsentiert, ist nicht ausgemacht, ob die Anschlusskommunikation eines alphabetisierten Kindes überzeugender ausfällt als die eines Kindes, das noch nicht in institutionelle Lese- und Schreiberwerbsprozesse verwickelt ist. Der Einwand wirkt konstruiert? Nehmen wir einen Fall, mit dem man auch bei den curricularen Planungen der Fachkollegien zu rechnen hat.

Die Textsorte „Inhaltsangabe" zählt zweifellos zum Kanon der im Deutschunterricht erwarteten Schülertexte.[35] Auch wenn sie in den Bildungsstandards zum Mittleren Schulabschluss nicht erwähnt wird, findet sie sich in Lehrplänen, die sich an den Standards orientieren. Habe ich richtig gezählt, so erwähnt sie zum Beispiel den Berliner Rahmenlehrplan für die Sekundarstufe I gleich sechsmal – und zwar in unterschiedlichen Kompetenzbereichen. Im Rahmenlehrplan für die gymnasiale Oberstufe desselben Bundeslandes wird die Inhaltsangabe kein einziges Mal erwähnt (ebenso nicht für die sechsjährige Grundschule). Dafür wird fünfmal die Interpretation erwähnt, eine Rezeptionsform, die in dem Plan für die untere Sekundarstufe übrigens dreizehnmal genannt wird. Wie lässt sich das curricular deuten? Möglich ist, dass Inhaltsangaben einfach zu jenem Repertoire schulischen Brauchtums zählen, das im weiterführenden Lernen keine Rolle mehr spielt, das Wissen um ihre Textsortenspezifika also zu jenen Kandidaten zählt, die im Verdacht stehen, Objekte trägen Wissens zu sein. In diesem Fall müssten sich Lehrplanmacher überlegen, ob sie den Lerngegenstand nicht besser aussortieren sollten, zumal Inhaltsangaben abgesehen von Opernführern und Ähnlichem außerhalb der Schule so kaum vorkommen. Insistierte man darauf, dass Inhaltsangaben doch immer schon in der Sekundarstufe I geschrieben worden seien, wäre dies kein Argument, das zählt. Man könnte indes argumentieren, die Kompetenzen, die für das Schreiben guter Inhaltsangaben entwickeln würden, spielten bei der Bearbeitung komplexerer Schreibaufgaben, etwa beim Verfassen einer Textinterpretation, noch eine förderliche Rolle. Das wäre leicht zu belegen, erwartete man eine Inhaltsangabe als Bestandteil einer Textinterpretation. Tut man das?

Sondiert man Schülerhilfen oder Online-Angebote, die zum Teil von Lehrpersonen verantwortet sind, ist diese simpel anmutende Frage gar nicht so leicht zu beantworten. Denn in der Tat gibt es Lehrende, die Lernenden raten, vor der eigentlichen Interpretation eine Inhaltsangabe in den Aufsatz zu integrieren. Andere wiederum warnen davor oder notieren, dass es sich keinesfalls um „reine Inhaltsangaben" handeln dürfe. Wie dem auch sei, bei der curricularen Schulplanung sollte man diesbezügliche Einschätzungen wohl abgleichen. Gelangte man zu ei-

[35] Vgl. hierzu die differenziertere Darstellung im Beitrag „Umgang mit Texten in der Sekundarstufe I" von Barbara Schubert-Felmy.

nem Konsens darüber, dass kurze Inhaltsangaben in den Interpretationsaufsatz gehören, hätte man es – zumindest im Gymnasium – leicht, die Behandlung von Inhaltsangaben in der Sekundarstufe I zu rechtfertigen. Rechtfertigen könnte man dies auch subtiler: Legt man den Interpretationsaufsatz eher im Sinne eines wissenschaftspropädeutischen Schreibens aus, müsste man wohl zu der Feststellung gelangen, dass Inhaltsangaben nicht in den Aufsatz gehören. Allerdings könnte man dennoch sagen, es sei außerordentlich wichtig, dass sich der Interpret zunächst davon überzeugte, ob er dem Gelesenen einen kohärent anmutenden Inhalt zuordnen kann. Diese Form der Inhaltsangabe fiele als Teilprozess beim Schreiben eines Interpretationsaufsatzes (für andere) in den Bereich, den man „Schreiben für sich" (hier nämlich auf dem Konzeptpapier) nennt. Und bei diesem Schreiben wäre es gar nicht übel, stieße man auf Schwierigkeiten bei der Entwicklung von Kohärenz, könnte sich so doch ein Ansatzpunkt bieten, über die Thematisierung uneindeutiger Inferenzen zu Ansätzen einer genaueren Analyse zu gelangen. Schätzte man die heuristische Funktion von Inhaltsangaben auf diese Weise ein und folgte man damit dem Konzept, dass die Erarbeitung von Textinhalten zu einem genauen Lesen führt, das seinerseits die Basis einer gelungenen Interpretation darstellt, müsste man allerdings auch rekursive Überlegungen anstellen. Ist die Inhaltsangabe, wie sie in der Sekundarstufe I gegenwärtig gelehrt und auch situiert wird, geeignet, die später erwarteten Teilprozesse interpretierenden Schreibens zu begünstigen? Beim Nachdenken über diese Frage wird einem vielleicht die erwähnte Warnung eines Lehrers auffallen, in den Interpretationsaufsatz bloß keine „reinen Inhaltsangaben" hineinzuschreiben. Wieso kann es überhaupt zu dieser Warnung kommen? Unterstellt dies nicht, dass die Lernenden aufgrund ihrer Vorerfahrungen Inhaltsangaben im Verstehensprozess nicht situierten und für eher funktionslos hielten? Ist man in der Diskussion so weit, so hat man sicher noch kein empirisch abgesichertes Modell gestufter Kompetenzen, welches etwa „Inhaltsbeschreibungen vornehmen" als Teilkompetenz der Großkompetenz, epische Texte interpretieren zu können, ausweist. Aber immerhin wäre man bei der gemeinsamen curricularen Planung, orientiert an den erwarteten Abschlusskompetenzen, dahin gekommen, Lerngegenstände stärker zu vernetzen und in dieser Vernetzung geplante Unterrichtspraxis rekursiv zu verändern.

1.4.8 Desiderata und Chancen – zweites Beispiel: Literaturgeschichte

Ein anderes Beispiel lässt sich für die gymnasiale Oberstufe thematisieren. In der Lehrplantradition der meisten Länder wurde für die letzten drei oder zumindest zwei Jahre ein literarhistorischer Kursus vorgesehen. Schon vor der flächendeckenden Einführung eines Zentralabiturs mit Textobligatorik (s.o.) und vor der G8-Problematik stellte sich hier das Problem, die erhebliche Stofffülle zu bewältigen. Ist vorgesehen, von Mittelalter oder Barock eine Epochenchronologie zu erarbeiten, führt dies leicht zu einem Unterricht, der erstens die falsche Vorstellung einer klaren Sukzession weckt (überspitzt: Die Aufklärer sind dann im Sturm und Drang schon allesamt tot). Zweitens führt der nahe liegende Anspruch, sich die Epoche über die Lektüre von Primärtexten zu erarbeiten, fast zwangsläufig dazu, dass die literarhistorische Typizität im Lektüreprozess von allen Beteiligten überzogen wird, die Texte zu Paradigmen von Epochenmerkmalen funktionalisiert werden. Hinzu kommt, dass die je geltend gemachten Epochenkennzeichen gefälligst klare Abgrenzungen zu der vorher behandelten Epoche zu liefern haben. Das aus solcher Praxis erwachsene Unbehagen motivierte unterschiedliche Alternativansätze der Curricularisierung. Die einfachste Variante besteht in der Eliminierung der mittelalterlichen Literatur[36]: Um Zeit zu gewinnen, reduzieren kursierende Lehrpläne den Kursus auf neuere Literatur. Befriedigend zu rechtfertigen ist diese Praxis nicht, ist doch gerade das Mittelalter von der Romantik bis heute literarische Projektionsfläche und auch der Gegenstand von Gründungsmythen. Eine ambitioniertere Lösung ersetzt die Epochen durch Epochenumbrüche (NRW) und konzentriert sich auf die Jahrhundertwenden 17./18. und 18./19. Jahrhundert. Konzeptionell soll auf diese Weise nicht allein der Stoff reduziert, sondern auch die Gleichzeitigkeit des Ungleichzeitigen fokussiert werden. Allerdings ist die metaphorische Rede vom Umbruch nicht eben günstig für die Ausbildung historischer Topographien, da sich reale Transformationsprozesse ja eher langfristig und gerade nicht bruchartig vollziehen. Insofern verwundert es nicht, wenn man in Internet-Foren künftiger AbiturientInnen Hilfe suchende Fragen wie diese findet:

■ *Ist es richtig, dass zum Epochenumbruch 18./19. Jh. Aufklärung und Sturm und Drang gehört und zum Epochenumbruch 19./20. Jh. Realismus und …?* ■

Eine dritte Variante besteht darin, sich vom Kursus zu lösen und stattdessen mit thematischen Längsschnitten zu arbeiten. Dieses Verfahren wirkt auf den ersten Blick interessant, birgt aber das erhebliche Risiko, dass die Texte einseitig auf einen thematischen Fokus hin rezipiert werden.[37] Moniert wird zudem, dass auf diese Weise bedeutende Werke beiseitegeschoben werden, da sie beim besten Willen nicht in die vorgegebenen Themenzusammenhänge zu pressen sind. Zudem widerstritten die punktuellen Längsschnitte dem Bedürfnis nach breiterer kulturhistorischer Orientierung.

---

36 Vgl. in diesem Zusammenhang: Jörn Brüggemann: Am Beispiel des Mittelalters. Frankfurt a. M. u. a.: Peter Lang 2008. Brüggemann diskutiert auch die fachdidaktische Kritik am Modus literarhistorischer Bildung.

37 Zu den Auswüchsen thematischer Reihungen in Lehrwerken der Sekundarstufe I vgl. Karlheinz Fingerhut 2008.

Wie könnten schulinterne Lehrpläne diese Schwierigkeiten lösen – gesetzt, sie hätten wirklich die Spielräume, die die Philosophie der Output-Orientierung ihnen einräumen will? Zunächst einmal könnten sie im Gymnasium wie beim Beispielfall der Inhaltsangabe beide Sekundarstufen in den Blick nehmen, und die Fachkollegien könnten überlegen, ob nicht bereits in der Sekundarstufe I eine deutlichere kulturhistorische Kontextualisierung möglich wäre. Lösen müsste man sich dann von der in vielerlei Hinsicht problematischen Praxis der Themenkapitel in einschlägigen Lehrwerken (Fingerhut 2008). Evidenter würde dann sicher auch, dass der nach PISA zunehmend geforderte Umgang mit Sachtexten doch besser in der Domäne des Deutschunterrichts zu praktizieren wäre. Bedenkt man die Bedeutung domänespezifischen Vorwissens, böte es sich geradezu an, solche Texte zu präferieren, für die die Deutschlehrkraft über fachliche Expertise verfügt – Texte zu und aus der Kulturgeschichte. Ob die auch in Leistungstests gegenwärtig als problematisch eingeschätzten Jahrgangsstufen 9 und 10 davon profitieren, wäre nach einer Phase des Experiments vor Ort zu evaluieren. Entschärft wäre in jedem Fall das Problem der knappen Zeit auf der gymnasialen Oberstufe.

Gesetzt den Fall, das Fachkollegium präferiert das Modell des historischen Kursus, müsste es überlegen, wie kumulative Effekte erzielt werden können, um erworbenes Wissen zu vernetzen und diachron zu differenzieren. Fast schon eine Binsenweisheit ist in diesem Kontext, dass Prozesse einer Transformation nur beobachtet werden können, wenn es eine sachliche Konstanz der Beobachtungsobjekte gibt. So impliziert etwa die Aussage, dass die menschliche Körpergröße in der Evolutionsgeschichte stets zunimmt, eindeutig den Beobachtungsgegenstand für ihre Verifizierung. Für die Literaturhistoriker gilt solche Eindeutigkeit nicht, da ihre möglichen Beobachtungsobjekte viel zu unterschiedlich sind, ihre Daten häufig ambig ausfallen und teleologische Sätze überdies kaum ohne problematische Anleihen zu haben sind. Das sorgt für unübersichtliche Narrationen, die, wie man sagen könnte, über keine oder über zu viele Isotopien verfügen. Unübersichtlichkeit evoziert Schematismen, die Orientierung suggerieren – etwa die besagten Schemata der Epochentypizitäten. Angesichts dieser Erfahrungen könnte das Fachkollegium sich darauf verständigen, in jeder Periode etwas zu thematisieren, was als Beobachtungsgegenstand – als Frage – stabil oder konstant bleibt, um differenzierte Einblicke in Wandlungsprozesse zu ermöglichen. Ich will diese vielleicht vage anmutende Überlegung durch einen Vorschlag präzisieren: Nimmt man den Kursus vom Mittelalter bis in unsere Tage, so ließe sich in jeder Periode nach den diskursiven Qualitäten von Autorschaftskonzepten und ihren Kontexten fragen. Man hätte so zu Beginn Fragen der mündlichen und schriftlichen Tradierung im Blick, dann den *Poeta doctus* des Barock, die allmähliche Karriere des Geniebegriffs im 18. Jahrhundert, die Dichotomisierung vom „wahren Künstler“ und vom Erfolgsschreiber, Erwartungen an Originalität, gekoppelt mit dem Anspruch auf geistiges Eigentum, Oppositionierungen von Dichtern und Literaten, Inszenierungen der Bohème usw. bis hin zu Images, die die Populärästhetik beherrschen.[38] Natürlich zielt mein Vorschlag nicht darauf, schulische Literaturgeschichte in eine Geschichte des Künstlers zu transformieren, sondern lediglich *einen* systematisch bedeutsamen Aspekt von Literatur zu identifizieren, bei dem sich mit Gewinn fragen lässt: Ändert sich da etwas? Ein solcher Vorschlag könnte in der curricularen Planungsarbeit auf Gegenvorschläge treffen (das habe ich in diversen Lehrerfortbildungen erlebt). In der Tat: Es lassen sich diachron auch Formate des Tragischen vergleichen, stets lässt sich nach der Codierung von Intimität oder Gewalt fragen oder nach der Interpretation dessen, was je Mimesis heißen und ihr Objekt sein soll. Abgesehen davon, dass man bei der Erörterung solcher Möglichkeiten gleich in hochinteressante Fachdiskussionen gerät und die Literaturkonzepte seiner Kolleginnen und Kollegen besser kennenlernt, gilt auch bei dieser Suche nach Möglichkeiten einer kumulativen Gestaltung: Am Ende wird man experimentieren, sich eine Frist setzen und dann Bilanz ziehen. Ganz in diesem Sinne notiert auch OELKERS:

> ■ *Schulprogramme in meiner Optik müssen von den eigenen Fehlern lernen können, also korrekturfähig gehalten werden. Das ist nur möglich, wenn regelmäßige Bilanzen vorgesehen sind, also für eine zeitliche Befristung gesorgt ist. Nur so können sich Schulen auf wechselnde Situationen einstellen, also mit neuen Kindergenerationen rechnen, Veränderungen ihrer Milieus verarbeiten und bildungspolitische Launen überstehen* (OELKERS 2006, 262). ■

[38] Einen konzentrierten Überblick der Geschichte von Autorschaftskonzepten und ihrer Kontexte liefert STEIN 2006, 277–306.

2 Medienpädagogik, Literaturdidaktik und Deutschunterricht

Bodo Lecke

Wohl erstmals wurde in den 1970er Jahren die Medienpädagogik bzw. die Behandlung von Massenmedien in das systematische Konzept einer „Didaktik und Methodik des Deutschunterrichts" – genauer: des sogenannten lernzielorientierten, insbesondere „politisch-kritischen Deutschunterrichts" integriert (LECKE 1974).[1] Es dauerte lange Zeit, bis das Thema einer wechselseitigen Integration und Interdependenz von Medienpädagogik und Literaturdidaktik endgültig auf die Tagesordnung kam.

2.1 Literatur und Medien im „Verbund"

Kommunikationswissenschaftler und Medienpädagogen sind sich weitgehend einig, dass die Buchkultur, das gedruckte Wort, die Literalität, die Printmedien heute keine dominierende Rolle mehr spielen. Insbesondere das Fernsehen dürfte inzwischen das Buch als „Leitmedium" abgelöst haben.[2]

Daher kann die Buchkultur nicht länger separat bzw. exklusiv betrachtet und mit sich selbst verglichen werden, sondern ist relational (nach Produktions-, Vermittlungs- und Rezeptionsweisen, Formen, Arten, Gattungen, Stilen etc.) im intermedialen Bezugssystem zu bestimmen sowie letztlich im – nach Christa Bürger – *trivialen* oder besser *qualitativen* und *quantitativen* „Verbund" mit anderen („neuen", „neueren" und „neuesten") Medien.

Dem entspricht das seit dem Aachener Germanistentag (1994) nahezu einhellig beschworene Selbstverständnis der Germanistik, besonders der Literaturwissenschaft als einer „Kulturwissenschaft", der es auch weiterhin obliege, am „kulturellen Gedächtnis" (JAN ASSMANN) der Gesellschaft mitzuwirken. Dies wird heute jedoch nicht mehr nur durch Bücher, sondern auch durch konkurrierende bzw.

---

1 Zum entstehungszeitlichen Hintergrund vgl. LECKE 1994, 44–68.

2 Vgl. den Beitrag „Lesesozialisation und Leseförderung" v. CORNELIA ROSEBROCK in diesem Band.

komplementäre Medien und sich wandelnde Kommunikationsverhältnisse der sogenannten Informations- oder Dienstleistungs-Gesellschaft bestimmt.[3] In diese Richtung weisen auch die deutlichen Plädoyers für eine integrative Medien- und Kultur- bzw. sogar *Medienkultur*wissenschaft (Jörg Schönert; Knut Hickethier, Siegfried J. Schmidt) im Sammelband „Literatur und Medien in Studium und Deutschunterricht"[4], der ähnliche „integrative" Tendenzen verfolgt, ohne indessen den traditionellen, gewachsenen „Bildungswert" des Literaturunterrichts und der Literaturdidaktik preiszugeben.

2.2 Zur Integration von Literaturdidaktik und Medienpädagogik

In der Frage: Literaturdidaktik (bzw. Literaturunterricht inklusive Leseförderung) und Medienpädagogik – kontrovers oder komplementär? – habe ich mich, wie inzwischen auch zahlreiche andere Fachautoren und -autorinnen (s. u.), für eine „Integration" von Medienpädagogik bzw. Medienerziehung in Literaturdidaktik und Deutschunterricht ausgesprochen.[5]

Als weiteres Beispiel für zahlreiche Versuche einer Zusammenführung von Medienpädagogik und Literaturdidaktik, Mediennutzung und Leseförderung, die nicht länger kontrovers, sondern komplementär – ebenso wie Literatur und Medien im „Verbund" – zu sehen sind, wäre das 1997 erschienene Buch von Jutta Wermke zu nennen. Es belegt das vielseitige Bemühen, Medienpädagogik und Fach-, insbesondere Deutschdidaktik „unter einen Hut zu bringen". Freilich bleibt es eine schwierige Frage, ob man sich mit dem Spatzen in der Hand begnügen solle, wo man doch eigentlich gern die Taube auf dem Dach hätte, m. a.W.: Kann Medienpädagogik überhaupt im notwendig verengten Rahmen der Didaktik eines einzelnen Faches (wie z. B. Deutsch, Sozialkunde oder Kunst), in einem allgemein didaktischen Theoriekonzept oder in der alltäglichen Praxis des Fachunterrichts sinnvoll verankert werden?

Dabei stellt sich die Frage, ob sich der Deutschunterricht immer neue Themen und Inhalte „aufladen" lassen kann – über die verpflichtenden, nicht ohne weiteres aufzugebenden Fachtraditionen und -kulturen hinaus (z. B. „Germanistik", Kultur-, Literatur- und Sprachwissenschaft im Zeichen nationaler Identität und europäischer/internationaler/multi- bzw. interkultureller Integration). Auf der ande-

---

3 Vgl. Frühwald 1991; Jäger/Switalla 1994. Im Fachbereich Sprach- (und Literatur-)wissenschaften der Universität Hamburg z. B. wird ein (Nebenfach-)Studiengang „Medienkultur" angeboten mit dem Schwerpunkt der Analyse und Kritik von Sendungen und Programmen.

4 Vgl. Schönert 1999, 43–64; Schmidt 1999, 64–83; Hickethier 1999, 85–112.

5 Vgl. Lecke 1996a, 19–50 und Lecke 1996b, 151–168.

ren Seite ist das Fach Deutsch (vielleicht neben Kunsterziehung) das einzige, welches sich mit der kritischen Reflexion von Medien (über deren Funktion als Informationsquelle oder Unterhaltungsangebot hinaus) befasst und in dem Sprache als (Unterrichts-)Gegenstand und (Kommunikations-)Medium gleichermaßen fungiert.

Darüber hinaus wäre bedenkenswert, ob sich der Deutschunterricht nur auf bestimmte medienpädagogische Aspekte, die innerhalb seiner „Fachkompetenzen" liegen, konzentrieren sollte, so z.B.:

- Dramaturgie,
- Verhältnis von Text und Bild (z.B. Literaturverfilmungen) im Kontext eines erweiterten Textbegriffs,
- Filmgeschichte und Literaturgeschichte,
- Kenntnis der medien- bzw. gattungsspezifischen Gestaltungs- und Ausdrucksmöglichkeiten und ihrer Funktion im „elektronischen Text",
- Kenntnis der Kunstformen von Film und Fernsehen als Formen der dramatischen und narrativen Präsentation mit jeweils eigenen medialen Traditionen und Konventionen (vom „aristotelischen Drama" zum „epischen Theater"; experimentell-avantgardistische Filmästhetik *vs.* Hollywood-Kino),
- Notwendigkeit, das Instrumentarium medien-, insbesondere film- und fernsehkundlicher Fachbegriffe dosiert auf die Schule zu übertragen.

JUTTA WERMKE geht in ihren grundsätzlichen Überlegungen zum Verhältnis von Medienpädagogik und Fachdidaktik von dem Orientierungsrahmen für „Medienerziehung in der Schule" der Bund-Länder-Kommission für Bildungsplanung und Forschungsförderung aus, der die Medienerziehung dem sogenannten allgemeinen Unterricht zuweist, wenn sie nicht – wie z.B. in Sachsen – als neues eigenes Fach institutionalisiert werden soll, da die Schule nun einmal „weitgehend durch Fächer- und Lernbereichsstrukturen gekennzeichnet sei" (WERMKE 1996, 440–450). Eine neue (didaktische) Standortbestimmung der Medienpädagogik zwischen fächerübergreifender Projektierung („Taube auf dem Dach") und fachdidaktischer Exemplifizierung („Sperling in der Hand")

> ■ *erfordert aber die ‚Erarbeitung eines neuen didaktischen Feldes' (...). Die Erarbeitung besteht einerseits in der inhaltlich-thematischen Suche nach ‚Schnittstellen' zwischen Fach und Kommunikationskultur (...). Sie besteht andererseits in der detaillierten Überprüfung der Lehrpläne auf Fach/Medien-Relationen* (WERMKE 1996, 446). ■

Im Orientierungsrahmen zur „Medienerziehung in der Schule" der Bund-Länder-Kommission für Bildungsplanung und Forschungsförderung vom 12.5.1995 ist eindeutig festgelegt, dass „Medienerziehung" weder als fach- bzw. fächerübergreifendes Prinzip noch als ein neues Einzel- bzw. Spezialfach etabliert bzw. institutionalisiert, sondern in eines oder mehrere der bestehenden traditionellen Schulfächer integriert werden soll. Als „Leitfächer“ einer solchen offensichtlich fachdidaktisch orientierten Medienerziehung gelten vorzugsweise der Deutsch-, Kunst-, Musik- und Sozialkundeunterricht.

Um zu effektivem Umgang mit der von Fernsehen, Computer, Internet etc. angebotenen Informationsflut zu befähigen, muss der Deutschunterricht über den bloßen Wissenserwerb hinaus Fähigkeiten zur sinnorientierten *Wissensverarbeitung* vermitteln, z.B. in Form eines Überblicks- bzw. Orientierungswissens. Für eine „integrierte Medienerziehung“ seien vor allem „drei Perspektiven auf den verschiedenen Ebenen des didaktischen Entscheidungsprozesses relevant“: erstens die *Medien*-, zweitens die *Fach*- und drittens die *Integrationsperspektive* (ebd. 133f.).

2.3 „Medienkompetenz“ – nur eine medienpädagogische Lieblingsmetapher?

Den ursprünglich von Dieter Baacke eingeführten, inzwischen (zu) viel strapazierten Begriff der „Medienkompetenz“[6] versucht Jutta Wermke im Sinne von Gerhard Tulodziecki u.a. auszudifferenzieren, vor allem durch sogenannte trans- bzw. intermediale und kreative Kompetenzen im Umgang mit Medien.

In einem integrativen Konzept könnten D. Baackes Bestimmungsmerkmale einer „Medienkompetenz“ z.B. auf folgende Gegenstandsbereiche des Deutschunterrichts angewandt werden:

1. ***Institutionenkunde:*** Organisation von Sendern, Redaktionen und Verlagen. Mitbestimmungsgremien wie Rundfunkrat und ihre politisch bedingte Zusammensetzung. Rechte der Intendanten, Redakteure, Autoren etc.
2. ***Inhaltsanalyse:*** Programminhalte, Publikumszusammensetzung, Konsumgewohnheiten, gattungstypische und gattungsgeschichtliche Topoi des Mediums, stilistische und inhaltliche Strukturen, Weltbild, Personal; Figurenklischees wie Leitbilder, Vorbilder, Feindbilder; wirkungs- und rezeptionsästhetische Grundkategorien etc.
3. ***Exemplarische ideologiekritische Interpretation*** von Inhalten und Wirkungsmitteln (z.B. Handlungsstrukturen, Figurenkonstellationen, Schauplätze, soziokulturelle Codes, Manipulationstechniken formaler Elemente wie „Großmontage“

[6] Zur kritischen Auseinandersetzung mit diesem Begriff vgl. Kübler 1996, 11–15; Wermke 1997, 134ff.

und „Binnenmontage"), wobei an literaturwissenschaftliche Interpretationsmethoden, besonders literarsoziologische, angeknüpft werden kann.

4 ***Gattungs- und Formenlehre:*** Wie literarische Texte lassen sich auch massenmediale „Texte" nach Kodes, Soziolekten, Stilhöhen, *genera dicendi* unterscheiden. Analog der literarischen Rhetorik empfiehlt sich eine hermeneutische Methode, die nicht nur rein phänomenologisch oder formalästhetisch verfährt, z. B. bei der Analyse der Sprechsituation und Sprechhaltung des Senders (expressiv, appellativ, affirmativ, manipulativ etc.). Anzustreben wäre eine systematische Kennzeichnung und Katalogisierung der sprachlich-bildlichen Wirkungsmittel soziokultureller Codes, eine *Grammatik der Bildersprache*, wie sie vor allem in der Geschichte einer formulierten Filmästhetik seit Eisenstein, Alexandrow, Vertow, Pudowkin, Lukács, Buñuel, Pasolini, Godard u. a. vorbereitet wurde und durch eine *Didaktik des Sehen-Lernens* (Hartwig) zu ergänzen wäre.

5 ***Allgemeine Medientheorie und Kritische Kommunikationstheorie:*** Sie müsste sich, besonders in der Sekundarstufe II (Medienkunde-Kurse), um eine Aufarbeitung, begrifflich-terminologische Klärung, methodische Systematisierung und didaktische Aufbereitung grundlegender Texte zur Medientheorie konzentrieren wie z. B. Brechts „Radiotheorie", Lukács' „Ästhetik des Kinos", Benjamins „Kunstwerk im Zeitalter seiner technischen Reproduzierbarkeit" sowie die o. g. Filmtheorien.

Daraus ergeben sich vor allem vier aufeinander aufbauende „Lernziele":

1 ***Ideologiekritik*** auf der Grundlage modellhaft-exemplarischer Einsichten in dialektische (strukturhomologische) Zusammenhänge,

2 ***Immunisierung*** gegen interessengeleitete Wirkungs- und Manipulationsmechanismen,

3 ***Erkenntnis*** potenziell ***demokratischer, aufklärerischer Tendenzen*** und ihrer formalen (ästhetischen) und inhaltlichen (politischen) Manifestationen,

4 ***Anwendung*** der so gewonnenen sozio-ästhetischen Kategorien auf das eigene politische (Kommunikations-)Verhalten, verstanden als soziales Handeln.

2.4 Positionen – Tendenzen – Reaktionen

Die Frage der fachdidaktischen Integration von Medienpädagogik bzw. Medienerziehung in die Theorie und Praxis des Deutschunterrichts ist zugleich die Frage nach der Parallelität oder den Interdependenzen von Kategorien auf den drei Ebenen Allgemeine Didaktik, Fachdidaktik (Deutsch) und Medienpädagogik.[7]

[7] Vgl. dazu das tabellarische Schema bei Lecke 1987, 129–145 und Lecke 1986, 121–128.

Die allgemeine und fachdidaktische Diskussion mit z.T. kontroversen Positionen und Tendenzen wird von mehreren Einschnitten oder Umschwüngen strukturiert, die mit so bedeutungsschweren Begriffen wie „Wende“ oder „Paradigmenwechsel“ bezeichnet worden sind:

1. die „didaktische Wende“ (Harro Müller-Michaels) noch innerhalb des bildungstheoretischen Paradigmas,
2. die „curriculare Wende“ (so Saul B. Robinsohn vom Berliner Institut für Bildungsforschung) von der Bildungs- zur Lerntheorie,
3. die „kopernikanische“ bzw. „kommunikative“ oder „pragmatische“ Wende (so Malte Dahrendorf) von der germanistischen Bezugswissenschaft zum derzeitigen und künftigen Lebensinteresse des heranwachsenden Schülers,
4. die „kognitivistische“ bzw. „kognitionspsychologische“ Wende, die besonders auf dem Züricher Symposion Deutschdidaktik (1994) Kaspar H. Spinner propagiert hat, auch mit Blick auf Jürgen Kreft und seine Bezugnahme auf die Theorien der kognitiven und moralischen Entwicklungspsychologie (nach Piaget und Kohlberg), sowie Mechthild Dehn mit ihrer konsequenten Zuwendung zur individualbiografischen Entwicklung jedes einzelnen Grundschulkindes beim Lesen- und Schreibenlernen.

Die sich bei allen jeweils „neuen“ Medien (z.B. Buch, Film, Fernsehen, Comic, Computer oder Internet) nahezu stereotyp wiederholende chronologische Abfolge medienpädagogischer Positionen und Reaktionen lässt sich (nach E. Bieger, H. Moser u.a.) wie folgt darstellen:

1. bewahrpädagogische Ablehnung
2. moralpädagogische Missbilligung
3. kulturpessimistischer Vorbehalt
4. kritische/politische/emanzipatorische Auseinandersetzung
5. projekt- und handlungsorientierte Bewältigung
6. produkt(ions)orientierte Anwendung und Applikation.

Im Sinne einer Integration von Medienpädagogik und Literaturunterricht plädieren auch Hans-Dieter Erlinger und Gudrun Marci-Boehncke für einen sinnvollen „Austausch beider Seiten“, d.h. „der von traditioneller Schriftkultur sowie ihrer Repräsentanten und der von Medienkultur und ihren – eben auch vorrangig jugendlichen – Anwendern […]“ (Erlinger/Marci-Boehncke, 2001, 8).

Erlinger sieht „mediale Bildung immer auch eingebettet in kulturelle Diskurse“ und vertritt entschieden

> ■ *eine Fortentwicklung traditioneller Aufgabenfelder und Unterrichtsinhalte des Deutschunterrichts. Medientexte sind als symbolische Formen unserer Gegenwartskultur*

zu verstehen [...]. Dazu ist der Blick auf gegenwärtige Ausdrucksformen dieser Gesellschaftsordnung unerlässlich. Dieser inhaltlichen Aufgabe – und nicht nur der Sorge um den kompetenten Umgang mit neuer Technologie – haben sich die heutigen Bildungsinstitutionen zu stellen. (ERLINGER/MARCI-BOEHNCKE 2001, 13)[8] ■

2.5 *Genera dicendi* – Die Lehre von den „Sende-Formaten", Textsorten und Literaturgattungen

Nach dem begrüßenswerten Perspektivenwechsel von der quantitativ-statistischen Frage „Was machen die Medien mit uns?" (= traditionelle bzw. positivistische Wirkungsforschung) zum qualitativen Forschungsansatz „Was machen wir mit den Medien?" (= Mediennutzungsverhalten; *uses and gratification approach*) möchte ich für einen weiteren Perspektivenwechsel bzw. eine perspektivische Verengung und Präzisierung auf eine „gattungstheoretische" Fragestellung plädieren, die sich auf die Produktionsweise, den „Werkcharakter" und die (insbesondere moralisch-pädagogische) Wirkung auf Kinder und Jugendliche sowie entsprechende medienpädagogische Konsequenzen konzentriert, also z. B. auf epische oder dramatische Formen, Gattungen bzw. Textsorten, die – vom „bürgerlichen Rührstück" bis zur „daily soap opera" – sowohl im Medium Literatur als auch im Medium Fernsehen vorkommen.[9]

Die Lehre von den „Gattungen" (Gattungstheorie in der Tradition der bis auf die Antike zurückgehenden Poetik und Rhetorik) beschäftigt sich vor allem mit der systematischen „Einteilung" der Gattungen – nach allerdings unterschiedlichen und nicht immer universell gültigen Prinzipien.

Nicht nur Literaturverfilmungen, die sich schon seit den frühen 1980er Jahren einen relativ festen Platz im Deutschunterricht erobern konnten, sondern auch weitere „intermediale Vergleiche" auf gattungstheoretischer Basis hält auch J. WERMKE für sinnvoll und praktikabel:

■ *Ansatzpunkte für intermediale Vergleiche in einer integrierten Medienerziehung können parallele Gattungen, Genres, Stile sein [...], aber auch Motive, Typen, Handlungsmuster [...]; Transformationen von Werken aus einem in ein anderes Medium, die Verschiebung von Funktionen aus der Sicht der Rezipienten: z. B. der Unterhaltung oder der Information, des Begleitmediums oder des Medienereignisses; die Rolle des Autors in verschiedenen Mediensystemen usw. Allerdings liegen die Präferenzen deutschdidaktischer Publikationen seit den 70er Jahren bei Verfilmungen [...], die als buchnah eingeschätzt und dem Repertoire eher illustrativ eingegliedert werden können. Die Vielzahl möglicher didaktischer Ansatzpunkte ist damit bei weitem noch nicht erschlossen.*

---

8 Vgl. auch ERLINGER 2001, 155–166, und BLEICHER 2006.

9 Vgl. dazu MARCI-BOEHNCKE/GAST 1997, 293–302, und LECKE 1997, 166–183.

Für die Medienkompetenz als Zieldimension stellt die intermediale Perspektive die notwendige Spezifizierung dar, um auf den verschiedenen Ebenen individuelle und adäquate Auswahlentscheidungen treffen zu können. [...] Das allerdings setzt Kenntnis, Erfahrung und Übung im Umgang mit unterschiedlichen Medien-Ästhetiken, -Qualitätsstufen, -Stilen, -Genres usw. voraus. Wichtig ist dabei das Angebot von Alternativen innerhalb der von den Schülern favorisierten Medien, und zwar in Ausprägungen, die ihnen neue formale Möglichkeiten zeigen. Wichtig ist aber auch der Zugang zur Literatur, der über andere auditive, audiovisuelle, interaktive Medien vorbereitet werden kann, und zwar durch Medientexte, die sich eher an einer audiovisuellen oder interaktiven Ästhetik orientieren als am Buch. (WERMKE 1997, 140) ■

Auf der einen Seite steht das Interesse der Jugendlichen für die z. B. in den „soap operas" und anderen (Familien-)Serien dargestellten Beziehungsprobleme, die „zu Hause" nie oder nur selten thematisiert werden, wie z. B. Schwangerschaftsabbruch, erste sexuelle Erfahrungen oder Konflikte. Auf der anderen Seite stehen die oft minimalen ästhetischen, moralischen, „literarischen" und filmtechnischen Qualitäten solcher Serien, denen der (Deutsch-)Unterricht bewusst höherwertige Standards gegenüberzustellen hat.[10]

Warum sehen sich viele Menschen immer wieder gern Serien an? Je eingängiger bzw. leichter etwas zu verstehen ist (wie eben das „Triviale", „Banale" oder „Soaphafte"), desto schwerer ist es meist zu analysieren und zu erklären. Möglicherweise bietet die spezifische Erzählstruktur der Serie einen Zugang: eine fiktionale Darstellungsstruktur, die auf ein hohes Maß an Vertrautheit setzen kann, die spezifische Konstruktion des seriellen Erzählens, die Thematisierung aktueller Themen unter fiktionalen Bedingungen sowie die Darstellung von Welt in einem solchen, für den Zuschauer „gefahrlosen" Rahmen.

KNUT HICKETHIER und andere Interpreten erklären – in literatur- wie medienwissenschaftlicher Tradition – vor allem den Status der teils erzählerischen (epischen), teils dramatischen Fiktion als verantwortlich für die effektvolle, zur (totalen oder partiellen) Identifikation einladenden Wirkung von „Fernsehspielen" überhaupt und den TV-typischen Serien im Besonderen.

Stereotype sind zwar häufig klassische Gattungsmuster, die sich in der literarischen Tradition von ihrem historisch-sozialen Entstehungszusammenhang gelöst haben und zu Klischees geronnen sind. Positiv gesehen können sie jedoch der Normgebung und Verhaltensmodellierung dienen.

Statt einer grundsätzlichen ideologisch-metaphysischen Polarisierung von hochwertiger Literatur einerseits und minderwertigen audiovisuellen Massenmedien andererseits möchte ich daher abschließend – auf literaturwissenschaftlicher, kommunikationstheoretischer und besonders auch medienpädagogischer

---

[10] Vgl. dazu LECKE 2000, 135–147.

Ebene – für die Wiederaufnahme einer Genre-, Textsorten- oder Gattungstheorie plädieren. Sie ist zwar medienumgreifend bzw. medientranszendierend, aber meint eben nicht umfassende Großformen oder GOETHES sogenannte Naturformen (Lyrik, Epik, Dramatik) oder allein materiale Erscheinungsformen wie Buch, Film, Video, Zeitung, Fernsehen, sondern Gattungen, *genres*, *genera dicendi* i.e.S. des Begriffs, also inhaltlich wie formal eingrenzbare Formen, die in Literatur und Film, Zeitschrift und Fernsehen vorkommen können und die zugleich auch andere kulturelle Erscheinungsweisen wie gesellschaftliche Konventionen oder ästhetisch-moralische Normen bezeichnen – so wie z.B. der Bremer Romanist PETER BÜRGER von der „Institution Literatur“ spricht, die man von der Literatur als „autonomer Kunstform“ unterscheiden müsse. Dies ermöglicht dem Schüler im Sinne des „exemplarischen Prinzips“ (WOLFGANG KLAFKI) statt bewahrpädagogischer Abschreckung und Generalprävention oder unverbindlicher universeller Medienschelte gerade im Deutschunterricht (und im Rahmen seiner nun einmal begrenzten fachspezifischen Kompetenz und Zuständigkeit) eine Anknüpfung z.B. an ideologiekritische Ansätze bei der Analyse von Werbespots, Familienserien, „soap operas“ etc. Damit könnte er an das gesamte, von der erst kritischen, dann handlungs- und rezipientenorientierten Didaktik bereits entworfene Spektrum von Gegenständen, Inhalten, Methoden und Modellen einer in der Praxis wohl eher fachgebundenen (und daher auch fachdidaktisch zu begründenden) Medienerziehung herangeführt werden.

Der traditionelle Begriff „Gattung“ (*genus*) aus der Poetik, Rhetorik oder Literaturwissenschaft meint keineswegs – eben im Unterschied zu Begriffen wie Strophenform, Gedichtform, Metrum – allein äußere Form, sondern eben auch: *inward form*, inhaltliche Details, aber auch Wirkungsweisen und Darbietungsrahmen, Figuren und Konstellationen und nicht zuletzt: soziologisch-psychologische Kontexte.

Der Begriff der Gattung ist – in Bezug auf die existenziellen „Großformen“ – buchstäblich kleiner, auch begrifflich enger gefasst, genauer zu bestimmen und zu beschreiben. Er bezeichnet zugleich deutlichere Konturen und Funktionen, Institutionsweisen und Konventionen, die sich freilich nicht nur perfekt erfüllen (wie in Trinklied, Elegie oder Limerick), sondern auch absichtsvoll transzendieren, durchbrechen, erneuern oder vermischen lassen (z.B. die in Fernsehen wie Literatur und anderen Medien vorkommenden Gattungen: Hörspiel, *feature* oder *faction*). Eine so konzipierte, zugleich integrative und medienüberschreitende wie auf einen beschränkten Gestalt- und Begriffsumfang reduzierte Gattungstheorie kann möglicherweise auch dazu beitragen, den Spagat zwischen der Gesamtorientierung (systematischer Überblick) und Ausdifferenzierung (bzw. Spezialisierung) als wissenschaftstheoretisches und als didaktisches Kardinalproblem zu bewältigen. Lessing hat einst, im Gegensatz zur „hohen“ Gattung der feudal-heroischen

Tragödie, seiner revolutionär neuen „mittleren" Gattung des bürgerlichen Trauerspiels bewusst nur die eine Wirkungsfunktion des „Mitleids" zum Zwecke der allgemeinen „Besserung" seines entstehenden bürgerlichen Publikums zugeschrieben:

> *Bessern sollen uns alle Gattungen der Poesie: es ist kläglich, wenn man dieses erst beweisen muß; noch kläglicher ist es, wenn es Dichter gibt, die selbst daran zweifeln. Aber alle Gattungen können nicht alles bessern; wenigstens nicht jedes so vollkommen, wie das andere, was aber jede am vollkommensten bessern kann, worin es ihr keine andere Gattung gleich zu tun vermag, das allein ist ihre eigentliche Bestimmung.* (Lessing 1968, 10/114)

Die für meinen Vorschlag interessanteste „Einteilung" der Kunstarten, gerade für die modernen, die Literatur transzendierenden Medien, scheint mir die bis auf die antike Rhetorik und Poetik zurückgehende Lehre von den „Stilhöhen" oder *genera dicendi* zu sein. (Stil-)Höhe ist dabei sowohl sozial (bzw. soziologisch) wie auch gemäß einem ästhetischen Werturteil (hohe *vs.* niedere Kunst) zu verstehen – also sozio-ästhetisch.

Ein literarisches wie zugleich literaturdidaktisches System bietet exemplarisch die – auch in den großen Literaturgeschichten des Mittelalters von Ernst Robert Curtius und Karl Heinrich Bertau dargestellte – *rota Vergilii* (das Rad des Vergil) des spätmittelalterlichen englischen Literaturtheoretikers John of Garland (14. Jh.): ein aus drei Sektoren und zehn konzentrischen Kreisen bestehendes systematisches Schema der gesamten Gattungstheorie der Poesie und Rhetorik.[11]

Der römische „Schulautor" Vergil lieferte die Muster dreier Gattungen:

1. das hohe Heldenepos (*Aneis*),
2. die realistisch-didaktische Darstellung bäuerlichen Lebens (*Georgica*),
3. die idyllische Schäferdichtung (*Bucolica*).

Der hohen, mittleren und niederen „Gattung" – *genus grande, medium, humile* – entsprechen die „Stilarten" hoch, mittel, niedrig. Ihnen zugeordnet werden das Personal (Kriegsheld, Bauer, Schäfer), die Requisiten (Schwert, Pflug, Hirtenstab) und sogar ein sozialhierarchisch eingeteiltes Tierreich (Schlachtross, Ochse, Schaf), die „standesgemäßen" Bäume (Lorbeer/Zeder, Buche, Obstbaum) und die dazugehörigen Schauplätze (Burg/Stadt, Weide, Acker).

Auf die speziellen Belange der Pädagogik und Didaktik der Massenmedien übertragen, könnte folgendes Schema hilfreich sein – in Anlehnung an Pierre Bourdieus Theorie von der Distanz zwischen den „Ebenen des Senders" und den „Ebenen des Rezipienten". Die Stilhöhen oder -ebenen sind zugleich ästhetisch

---

[11] Vgl. dazu die Abbildung bei Lecke 1996a, 161.

und soziologisch zu verstehen. Die vom Produzenten in der Regel angestrebte Kongruenz der Emissions- und Rezeptionsniveaus ist potenziell dissonant.

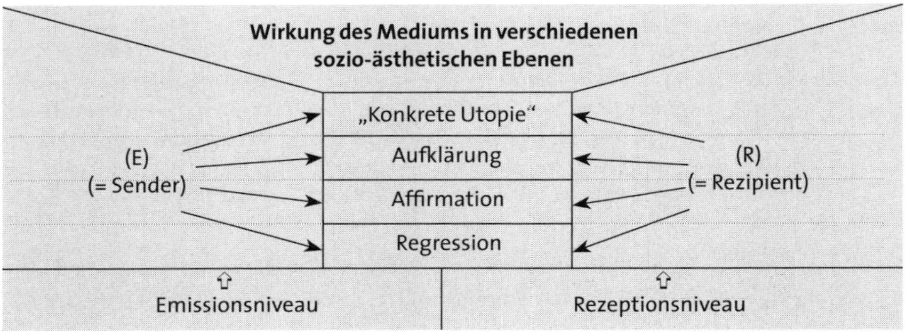

Genau diese Gattungs- und Stilhöhentheorien hat JOSTEIN GRIPSRUD, in Anlehnung an PIERRE BOURDIEU und an die Kritische Gesellschaftstheorie der Frankfurter Schule, aufgegriffen:

■ *Dies kann zu der Position überleiten, die Umberto Eco einmal wie folgt formulierte: ‚Erst wenn man akzeptiert, daß die verschiedenen Niveaus komplementär sind und daß sie von allen Mitgliedern derselben Nutzungsgemeinschaft betreten werden können [sollten], läßt sich ein Weg zur kulturellen Verbesserung der Massenmedien öffnen.' Gemäß dieser Sichtweise muß jeder Text zunächst im Hinblick auf sein Genre betrachtet werden: Leistet er wirklich das, was er für das intendierte Publikum leisten sollte? Wie steht er im Vergleich zu anderen Texten desselben Genres da? Belegt er das Genre oder erschließt er ihm neue Möglichkeiten?* (GRIPSRUD 1994, 121) ■

2.6 Medienverbund und Intermedialität

Nicht zuletzt in den „Medienverbundangeboten" sieht HANS-HEINO EWERS die Mythen und Göttersagen der Gegenwart als die „großen Narrationen unserer Zeit",

■ *[wobei] das bei der Realisierung großer Unterhaltungsangebote zu beobachtende Zusammenwirken verschiedenen Medien [...] bislang nicht als ein einheitlicher Vorgang begriffen [wurde], sondern als eine Kette nachträglich erfolgter separater medialer Adaptionen eines Ausgangsprodukts.* (EWERS 2004, 4) ■

– also ähnlich den in sogenannten Content-Universen verbreiteten Serienprodukten nebst ihren Helden und Heldinnen, die den Vermarktungsketten des rein kommerziellen „merchandising" auch „synergetische Effekte in einem spezifisch produktions-, distributions- und rezeptionsästhetischen Gesamtwirkungsmechanismus hinzufügen – als neue Qualitäten des Zusammenwirkens verschiedener Medien bei der Realisierung einer Narration" (EWERS 2004, 5).

■ *Global vermarktete Medienverbundangebote tendieren [...] zu einer Kombination mehrerer Gattungsmuster – etwa derjenigen von Sciencefiction und Fantasy (Man spricht von Gattungsmixtur oder Genremix).* (Ewers 2004, 8) ■

Für das Verhältnis einer (womöglich eher traditionellen) Literaturdidaktik zu einer (zukunftsoffenen) Medienpädagogik ist es wichtig, dass Literatur wie Buch keinesfalls durch „neue" (audiovisuelle und/oder digitale) außer Kraft gesetzt werden müssen:

■ *Medienverbundangebote [...] sind [...] deshalb von Interesse, weil sie ein Medienarrangement darstellen, in welches prinzipiell auch Traditionsmedien wie das Buch einbezogen werden können. Sie sind ein Beispiel dafür, wie die Literatur sich in neue Medienfelder begeben kann.* (Ewers 2004, 10) ■

Marion Bönnighausen[12] nennt in ihren Betrachtungen über „mediale Kompetenz" vor allem drei Hauptformen von Intermedialität im Anschluss an Irina Rajewski u.a.[13], nämlich 1) Medienkombination, 2) Medienwechsel und 3) intermediale Bezüge.

Dabei bezeichnet „Medienkombination" das mediale „Zusammenspiel", z.B. als „Medien-Fusion, Multi-, Pluri- oder Polymedialität". Der „Medienwechsel" kann auch als „Medientransfer" bzw. „Medientransformation" bezeichnet werden.

Insbesondere die Medien*geschichte* mag dabei als „missing link" zwischen Medienpädagogik und Literaturdidaktik dienen.[14]

Somit kann die synchrone wie historische, besonders gattungsgeschichtliche Intertextualität bzw. Intermedialität zu einem Schlüsselbegriff für die Integration unterschiedlichster Medien-Genres, Textsorten, Formate, Gattungen werden und zugleich auf exemplarische Weise einen Schnittpunkt von Literaturdidaktik, Kulturwissenschaft und Medienpädagogik bilden. Es geht darum, die populär- und hochkulturellen Literatur- und Kunst-Genres in eine nicht abwertend-kulturpessimistische, sondern instruktiv-literaturdidaktische bzw. kulturpädagogische Verbindung zu bringen, die dem in der Medienrealität ohnehin vorhandenen „Verbund" entspricht.

Medienwechsel, Medienwandel und Mediengeschichte selbst zum Gegenstand des Deutschunterrichts zu machen und dabei an die zu vermutenden eher „populärkulturellen" Schüler-Interessen anzuknüpfen, scheint mir mit dem fachwissenschaftlichen wie fachdidaktischen Konzept einer medienübergreifenden Gattungstheorie vorteilhaft integrierbar in die alltägliche Praxis des Deutsch-, besonders des Literaturunterrichts.

---

12 Vgl. dazu Bönnighausen/Rösch 2004.

13 Rajewski 2002.

14 Lecke 2008a.

3 Integrativer Deutschunterricht

Peter Klotz

Den Stoff sieht jedermann vor sich;
Den Gehalt findet nur der, der etwas dazu zu thun hat,
und die Form ist ein Geheimniß den meisten.
(JOHANN WOLFGANG VON GOETHE in den „Maximen und Reflexionen über Kunst")

3.1 Begriffsklärung

Integrativ ist sowohl zu einem sozialen als auch fachlich-pädagogischen Leitbegriff in den letzten beiden Jahrzehnten geworden. „Integrativ" ist insgesamt positiv besetzt, und auf dem Begriff ruhen Hoffnungen, die sich *grosso modo* in Bezug auf Deutschdidaktik und Deutschunterricht auf folgende Ziele richten:

- Gewinnung von Ganzheitlichkeit gegen befürchtete Partikularität
- Funktionalisierung von Teilbereichen, die, wenn sie zusammengefügt werden, zu einem besseren Ganzen führen
- Einbeziehung von Sperrigem, vielleicht Notwendigem, das durch die Funktionalisierung integriert bzw. durch die Integration funktionalisiert werden kann
- Gewinnung genauerer Erkenntnisse, klarerer Operationalisierbarkeit: Ermöglichen von Einsichten in fruchtbare Zusammenhänge
- Nachvollziehbarkeit, wie Ganzes aus Komponenten entsteht bzw. entstanden ist
- Förderung der aktiven Teilnahme der Heranwachsenden, weil Ganzheitlichkeit und Funktionalität die Arbeit im Deutschunterricht nachvollziehbar machen und auf diese Weise sinnvoll motivieren.

Das Schulfach Deutsch – aber sicherlich andere Schulfächer auch – ist durch seine Gegenstandsbereiche hochkomplex, und seine Bezugswissenschaft Germanistik hat in den letzten Jahren eine solche Verselbstständigung ihrer Teildisziplinen erfahren, dass sie faktisch nur noch wenig wissenschaftlich miteinander kooperieren; das alte Band einer gemeinsamen Philologie der deutschen Sprache hat kaum mehr Geltung. Deutschdidaktik und Deutschunterricht führen und fügen die germanistischen Teilbereiche und andere Wissensstände notwendigerweise wieder zusammen, letztlich für die Sozialisation und Enkulturation Heranwachsender in diese Sprache, in diese Kultur und in die deutschunterrichtliche Fachlichkeit. Deutschunterricht ist ohne fachlich integrative Kompetenzen nicht zu bewältigen, weder von Lehrkräften noch von Schülern. Schreibfähigkeiten, Text(-sorten-)kompetenz, Mündlichkeit und Diskurskompetenz (z.B. im literarischen Gespräch), Literaturrezeption und Sprachreflexion, Textverstehen und Textnutzung, Fachsprachlichkeit und freie Rede – sie alle können in funktionale Wechselbeziehungen treten und so zu Ganzheiten führen, wie sie letztlich für Heranwachsende attraktiv und einsichtig, für Lehrkräfte deshalb wünschenswert und handhabbar sind.

Der Begriff des *integrativen Deutschunterrichts* tritt auf folgenden Ebenen in Erscheinung: der des Lehrplans, der Lehrmaterialien, des Deutschunterrichts selbst und der Deutschdidaktik. Die Entstehung des Begriffs ist nicht eindeutig nachvollziehbar, aber sie ist in der Nähe der expliziten Schülerorientierung, der Abwendung vom sogenannten traditionellen Deutschunterricht und nicht zuletzt im Umfeld des handlungsorientierten, kreativen Deutschunterrichts auszumachen. Die Verbreitung einer Vorstellung von *integrativ* findet sich – meines Wissens erstmals – im Zusammenhang von Grammatik und Pragmatik. Diese Verbindung wurde in einem Interview Peter Conradys mit Dieter Wunderlich hergestellt[1] und von Wolf Gewehr unter dem Titel „Zur Konzeption eines integrativen Grammatikunterrichts" thematisiert (Gewehr 1978, 19 ff.). So könnte diese höchst virulente Konzeption zunächst aus dem Begründungszusammenhang und -zwang des Grammatikunterrichts entstanden sein. Gleichzeitig steht sie von Anfang an einem Funktionalisierungsdenken – hier mit Bezug auf die Pragmatik – nahe (Ivo 1975), wobei dieses Denken selbst einer Orientierung auf den Schüler hin entstammt,[2] freilich mit deutlich fachlichem Anspruch, der damals kommunikativ und handlungsbezogen war. Integrativ scheint vor allem Lebens(-welt-)nähe bzw. eine Spiegelung der Lebenswelt im Deutschunterricht zu meinen.

Integriert kann nur das werden, was eigenständig und begrifflich gefasst ist und was unter einer erst festzustellenden bzw. zu definierenden Ganzheitsvorstellung zusammengeordnet werden soll oder zu einem offensichtlich Ganzen gehört. Integration meint die (Wieder-)Herstellung eines Ganzen, einer Einheit in der Top-down-Perspektive. In der Bottom-up-Perspektive steht Integration für die Einbeziehung und/oder Eingliederung von Eigenständigem in ein größeres Ganzes. Dabei kann das Ganze verstanden werden als ein sich entwickelndes, ggf. evolutionäres Ganzes oder als ein vorhandenes, gewissermaßen präfiguriertes Ganzes. Sicherlich gilt neben dem Fachlichen in unterrichtlichen Zusammenhängen ein

1 In: Born/Otto 1978, 307.
2 Zum Beispiel das lange Zeit einflussreiche Buch von Boettcher/Sitta 1978.

pädagogisch-psychologisches Ganzes, das gerade innerhalb dieses Faches entfaltet werden kann.

Die Sicht auf den integrativen Deutschunterricht so zu formulieren heißt, einleitend eine offene Fragehaltung zuzulassen, heißt auch, in dem Sinne zu relativieren, dass es nun einmal nicht das eine, immer und überall stimmige Konzept gibt. Letztlich geht es nicht um Vereinheitlichung oder festzuschreibende Begrifflichkeit, sondern um Konzepte adäquaten Deutschunterrichts, von denen eines der integrative Deutschunterricht ist. Dessen fachliche Möglichkeiten sollen zunächst in der Verbindung und wechselseitigen Funktionalisierung von Sprach- und Literaturunterricht gesichtet und in einem weiteren Schritt ausdifferenziert werden, wobei nicht alles mit allem als integrierbar angesehen werden muss, sondern die Vorstellung von funktionalen Affinitäten[3] leitend sein wird.

Nach dieser Binnensicht auf das Fach Deutsch ist eine weitere Perspektive wenigstens ebenso gewichtig, wenngleich bislang keineswegs ausreichend verfolgt und gestaltet. Dies ist die funktionale (nicht beliebige!) fächerübergreifende Perspektive, die über den Affinitätsgedanken hinaus gewissermaßen die Inpflichtnahme des Deutschunterrichts meint, Schüler und Schülerinnen mit Verstehens- und Äußerungsfähigkeiten auszustatten, die ihnen erlauben, in den anderen Fächern sprachlich kompetent zu agieren. Abschließend sei das Konzept des integrativen Deutschunterrichts selbst einer distanzierenden und relativierenden Perspektive unterworfen.

3.2 Binnenfachliche Integration

Es gab einmal eine Zeit, da wurden Schulwoche für Schulwoche die vier Stunden Deutsch so aufgeteilt, dass eine Stunde für den Aufsatzunterricht vorgesehen war – sagen wir dienstags –, zwei Stunden für den Literaturunterricht – sagen wir mittwochs, wenn es im günstigen Fall eine Doppelstunde war – und eine Stunde für den Sprachlehre- und Sprachkundeunterricht, den Grammatikunterricht – sagen wir freitags. Eine solche Aufteilung erscheint heutigen Studierenden, Referendaren, Kollegen unpädagogisch, stur und mechanistisch; vor allem, so der Generalverdacht, verhindere sie die Wahrnehmung größerer thematischer Zusammenhänge und eine Integration der Teilbereiche des Deutschunterrichts. In einer offenen Diskussion über eine solche Struktur würde mancher Lehrer, manche Lehrerin Bedenken äußern, ob er bzw. sie denn genug Wissen und Stoff „parat" habe, um ein Jahr lang Woche für Woche Grammatikunterricht durchzuführen, und ob

[3] Vgl. z. B. die dezidierte Integration von Grammatikunterricht und Schreiben in Klotz 1996b.

heutige Schüler dazu zu bringen seien, Woche für Woche zu schreiben – wer all dies korrigieren solle etc. Mit einer konstanten Lektüre verhielte es sich ähnlich.

Dass diese bis vor etwa 50 Jahren existente Struktur heute als „antiquiert" wahrgenommen wird, verdeutlicht, wie selbstverständlich Mischungen der Teilbereiche in der nachcurricularen Gegenwart – Lehrpläne der 1970er und 1980er Jahre sprachen von *Lernzielakkumulation* – geworden sind. Noch immer gibt es folgendes Paradox zu bewältigen: Der Literatur- und Medienunterricht hat nach wie vor quantitativ große Bedeutung, während die Note für das Geschriebene, den Aufsatz, wesentlich die Deutschjahresnote bestimmt. – Diese nicht einmal karikierende Skizze macht deutlich, wie notwendig ein bewusster Umgang mit integrativem Deutschunterricht ist. Deshalb sei wiederholt: Integrieren lässt sich nur, was zunächst eigenständig vorhanden ist oder in einer definierten Phase des Unterrichts selbstständig und begrifflich bewusst bearbeitet werden kann. Bezogen auf einen prototypischen, pädagogischen Stundenverlauf, bedeutet dies, dass die Gegenstandsbegegnung für die Schüler in einer, eventuell klug arrangierten, Gemengelage besteht. Dabei dominieren Aspekte aus zwei, maximal drei der Teilbereiche des Deutschunterrichts (mehr ist nicht zu bewältigen, wie man z. B. aus der Sportdidaktik sehr genau weiß). Die Kognitivierungsphase verlangt gewissermaßen nach den Einzelbereichen – hier muss ihre funktionale Bezogenheit auch deutlich thematisiert werden –, während die Phase der Übung und des Transfers die Interaktion selbst funktional wieder aufnimmt. Genau diese Abfolge verspricht auch sichere Lernerfolge – denn ohne Begrifflichkeit ist Kognitivierung nicht möglich, allenfalls Mustererwerb.

3.2.1 Binnenfachliche Affinitäten

Es war und ist gerade die Auseinandersetzung mit Sinn und Funktion des *Grammatikunterrichts*, die die Frage bestimmt, ob denn sprachliches Wissen unmittelbar *mündlichen* und *schriftlichen* Sprachgebrauch fördern könne. Für den *mündlichen Sprachgebrauch* ist dies umfassend meines Wissens nur zum Teil erfolgt[4], obwohl eine Untersuchung von Selbstkorrekturen hier deutliche Hinweise geben sollte. Freilich müssten, wenn die Forschung sich dieses Desiderates annähme, weitere kommunikative Bestimmungs- bzw. Steuerungsfaktoren mit einbezogen werden.

Der *schriftliche Sprachgebrauch*, mit einem älteren Terminus: das *Aufsatzschreiben*, erfährt langfristig recht merkliche Förderung durch *sprachliches Wissen*. Ist die Integration nicht auf ein unmittelbares *Input-Output*-Verhältnis angelegt, sondern auf eine Erweiterung sprachlicher Variation auf allen linguistischen

---

[4] Etwa in Abraham 2008.

Ebenen, dann zeigt sich nicht nur eine Bereicherung an Mustern im syntaktischen Bereich, sondern ebenso in Bezug auf die Deixis, auf den Tempus- und Modusgebrauch; weiterhin werden Thema-Rhema-Inkonsistenzen deutlich verbessert sowie Textkohäsion und somit Textkohärenz. Diese Steigerung von *sprachlicher Kompetenz* aufgrund eines nicht unmittelbar auf *ein* Ziel ausgerichteten Sprachunterrichts wird erst deutlich und nachvollziehbar unter dem Begriff bzw. dem Aspekt des *Sprachangebotsunterrichts*.

Kern dieses Unterrichts ist es, das Denken in sprachlichen Alternativen zu lernen und zu üben. Und genau hier wird *Integration* wirksam. Im Formulierungsprozess tritt in der Folge eine Bereicherung ein, wenn sprachliche Alternativen durch Einübung bewusst zur Verfügung stehen und wenn gleichzeitig (!) die Erfahrung möglich wird, die adäquatere Ausdrucksweise gefunden zu haben. *Integration* bedeutet also hier die *bewusste* Vernetzung zweier oder dreier Bereiche des Deutschunterrichts: die Rechtschreibung bzw. die formale gute Gestaltung sollte als dritter Bereich immer integraler Bestandteil allen Schreibens sein. Dass dies so für die Verbindungen von *Rechtschreiben* mit sprachlichem bzw. grammatischem Wissen und mit Schreiben gilt, insbesondere in den Bereichen der Groß- und Kleinschreibung und der Interpunktion, ist seit langem bekannt. Gute schulische Praxis ist es auch, die Bereiche *Texte verstehen* und *Über Texte sprechen und schreiben* zu verbinden. Nur, so ist deutlich einzuschränken, geschieht diese Verbindung eher unmittelbar bzw. im Zusammenhang mit bestimmten (Prüf-)Aufgabenstellungen als bewusst und funktional aufeinander bezogen. Gemeint ist aber unter der Perspektive der Integration, über die übliche Textinhaltsproblematisierung und Textparaphrase hinaus, eine Systematisierung der Äußerung über Texte:

- *Textbeschreibung* auf den Ebenen des Inhalts und der verwendeten Sprache bzw. des Stils;
- *Textanalyse* als Versuch, sich in begrifflicher Weise des Textes im laufenden Diskurs zu versichern (beispielsweise also eine Lektüre des *Götz* in einem schulischen Rahmenthema von „Macht und Schwäche“, der *Effi Briest* im Genderdiskurs, des *Parfums* im Macht- und Körperlichkeitsdiskurs, politische Reden im Zusammenhang von politischer Werbung und Verführung u. a. m.);
- *Interpretation* und ggf. *Wertung* im Rahmen selbstständiger Auseinandersetzungen der Schüler mit dem Text oder den Texten.

Von Integration kann unter solch klarer Konfiguration deshalb die Rede sein, weil eigenständige Fähigkeiten wiederum bewusst auf einen weiteren Bereich angewandt werden. Zentrales Anliegen im Umgang mit Texten bleibt die Äußerungskompetenz, denn sie macht Textverständnis erst kommunikabel. Diese Möglichkeit ist grundsätzlich auch bei kreativen, handlungsorientierten Formen der

Textbegegnung gegeben, und zwar wenn dies im Sinne MENZELS, SPINNERS, WALDMANNS u.a.[5] unter bewusst rezeptionsästhetischer Perspektive geschieht,[6] die letztlich der Analyse, der Einsicht verpflichtet bleibt.

3.2.2 Integration von Sprach- und Literaturunterricht

Traditionell als besonders weit voneinander entfernt gelten die Bereiche Sprach- bzw. Grammatikunterricht und Literaturunterricht. Die Gründe sind vielfältig und könnten bis zu jenem Punkt hin verfolgt werden, wo sich künftige Lehrer für das Fach Deutsch wegen ihrer Begeisterung für Literatur, aber bestimmt nicht wegen ihres Verhältnisses zum grammatischen Wissen entscheiden. Solche emotionale Vorsteuerung kann anhaltend sein und wirkt sich nicht zuletzt auf die – eben oft negativen – Einstellungen der Schüler aus. Diese besondere Analyse ist hier nicht zu leisten, der Hinweis darauf mag aber erklären, warum diese Integration besonderer Betonung und Beachtung wert ist.

Idealerweise ist/wäre es so, dass nicht nur sprachlich-grammatisches Wissen für das Verstehen, genauer für die Wahrnehmung literarischer Texte in ihrer Ästhetik und Spezifik dienstbar gemacht werden könnte, sondern dass umgekehrt auch vom Umgang mit Literatur der Impuls ausginge, sich genauer mit Sprache zu beschäftigen. Gemeint ist hier natürlich nicht, Grammatikunterricht an literarischen Texten zu exekutieren, also z.B. Hypotaxestrukturen an Thomas-Mann-Texten erkennen zu lassen, um ein allzu häufiges Beispiel zu nennen. Gemeint ist eine Integration dieser in der Tradition des Deutschunterrichts und der Germanistik einander fern gewordenen Bereiche, die z.B. durch den Anstoß von Fragen an einen literarischen Text mitten in sprachliche Zusammenhänge führt und diese in ihrem Eigengewicht fragwürdig macht. Ein besonders gutes Beispiel hierfür wäre, wenn man Integration einmal wie folgt betriebe, etwa mit dem Ziel „textnahen Lesens"[7] von KAFKAS „Auf der Galerie" (KAFKA 1994, 262f.): Ein und derselbe Vorgang wird zweimal erzählt; dies aber sehr verschieden, nicht zuletzt mit Staunen abzulesen an den beiden Reaktionen des Galeriebesuchers. Doch die Verschiedenheiten selbst sind nicht nur äußerlich, sondern bis in Sprachgestus und -struktur unterschiedlich, freilich auf eine höchst funktionale Weise. Während die zweite Darstellung im Indikativ die Welt des schönen Scheins, hier die Zirkuswelt, schildert und die Reihung der Ereignisse durch Parataxe spiegelt, ist die erste Darstellung in einen konditionalen, konjunktivischen Zusammenhang und somit in eine

5 Besonders z.B. MENZEL 2000.
6 Vgl. WARNING (Hg.) 1975.
7 Vgl. den Beitrag „Textnahes Lesen und Rezeptionsdidaktik" von ELISABETH K. PAEFGEN in diesem Band.

Hypotaxe gerückt. Das „Wenn – dann" dieses Zusammenhangs wird spätestens durch den Einschub „die Hände, die eigentlich Dampfhämmer sind" zu einer Fragehaltung der tieferen Einsicht. Die erste Darstellung verlangt das argumentative Denken, das sich das Fabrikhafte der Zirkusshow schließlich klarmacht (wer wäre da nicht an die moderne Medienwelt erinnert), während sich die zweite Darstellung auf das einlässt, was ist – bzw. zu sein scheint. KAFKA kontrastiert die Modi: Der Indikativ ist ja nicht einmal grammatikalisch eine „Wirklichkeitsform", wie eine alte, falsche (Schul-)Grammatik terminologisch behauptete, sondern Indikativ steht für die Sprachhandlung, etwas mit dem Anspruch des So-Seins hinzustellen, zu sagen oder zu schreiben.

Und so geschieht es auch bei KAFKA, nur dass der konjunktivische Teil eben vorausgegangen war und deshalb genau den Schein als Schein entlarvt. – Indikativ ist im Grammatikunterricht, wie jeder Lehrende weiß, schwer thematisierbar; hier käme seine Thematisierung für einen weiten Bereich zu ihrem Recht. Das gilt auch für den konditionalen Konjunktiv: HANS GLINZ hat schon 1952 in seiner grammatischen Neukonzeption „Die innere Form des Deutschen" den Konjunktiv umschrieben „als nur zu denken" (GLINZ 1952, 109). Damit ist das Hypothetische dieses Modus gemeint, das in der KAFKA'schen Parabel auch genau so zum Zuge kommt: Der Vergleich der Hände mit „Dampfhämmern" unterbricht den Konjunktivteil mit einem „eigentlich" und einem Indikativ; er ermöglicht die eventuell „tiefere Wahrheit", dass das Zirkusgeschäft eher eine Fabrikhalle der Show ist. – Über den Konjunktiv lässt sich so im Deutsch-, im Literaturunterricht gut nachdenken, ebenso über das Modalsystem des Deutschen (KLOTZ 1991, 494–508), um so zu der Fähigkeit zu gelangen, die Welt auch sprachlich in – hypothetischen – Alternativen zu reflektieren. Mit etwas Mühe lassen sich weitere Beispiele für die spezifische Thematisierung der Sprache vom Blickpunkt der Literatur aus finden, letztlich mit dem Ziel, Schülern nicht nur Wissen, sondern spezifische (Sprach-)Erfahrungen zu ermöglichen.[8]

Galt es bei der KAFKA-Parabel zu skizzieren, wie die Thematisierung der Sprache zum Text zurückführt und wie von dort die Sprach-Betrachtung zur Reflexion werden kann, so gilt es im Folgenden zu sehen, wie Sprachwissen zur *sprachlichen Sensibilität* werden kann, die dazu befähigt, sich auf einen Text einzulassen und ihn zugleich vergnüglich zu rezipieren. Basis und Hintergrund bildet das Votum *für* einen deutlich akzentuierten Sprach- und auch Grammatikunterricht, damit ein

[8] Weitere Ansatzpunkte, um entsprechende Erfahrungen zu gewinnen und Sprachwissen am poetischen Gegenstand weiter auszubilden, bieten im Übrigen solche lyrischen Texte der Moderne, die mit syntaktischen und lexematischen Mustern spielen, so etwa ein Teil expressionistischer Lyrik. Pragmalinguistische Modelle bieten sich an, um die wirkungsästhetischen Effekte dramatischer Interaktionen zu analysieren (etwa die Komik des Missverständnisses). Dies gilt ebenso für die vielen Fälle eines szenischen Erzählers in epischen Texten.

breites Wissen beständig zur Verfügung stehe, um auf die Spezifik literarischer Texte einzugehen. – Ist eine solche Vorstellung eine Illusion angesichts tagtäglicher Schulrealitäten in diesem Bereich? – Das Konzept der Realisierung dieses Votums folgt der Überzeugung, dass solches Wissen relevant, alters- und anspruchsgemäß sei, nicht zuletzt wenn Äußerungskompetenz über Literatur das Ziel ist.[9] Der Akzent sei aber hier auf „Interpretation" im musikalischen Sinne gelegt: Text verstanden als Notation, die der „Leseaufführung" bedarf, und sei's im Kopf. „Aufführung" meint hierbei auch: eine Quasi-Professionalität, die sich auf Kenntnis diverser Mittel und z.T. auf Hintergrundwissen stützt. So wie ein Schauspieler die theatralen Mittel kennt, so hat der Leser poetologisches und sprachliches Wissen (bzw. sollte es haben), das er adäquat einsetzt. Und genau hier findet sich das Verständnis von Integration, die zusammenfügt, was letztlich wieder getrennt begrifflich zur Verfügung stehen muss, damit es vielfältig anwendbar werde.

Als Beispiel – nicht zuletzt aus unterrichtlichen Gründen[10] – sei KURT SCHWITTERS' „An Anna Blume" gewählt (SCHWITTERS 1973, 58f.). Ein Gedicht, das selbst bei leisem Lesen zu tönen scheint, u.a. seiner vielfältigen sprachlichen Spiele wegen.

An Anna Blume
Oh Du, Geliebte meiner 27 Sinne, ich liebe Dir!
Du, Deiner, Dich Dir, ich Dir, Du mir, – wir?
Das gehört beiläufig nicht hierher!

Wer bist Du, ungezähltes Frauenzimmer, Du bist, bist Du?
Die Leute sagen, Du wärest.
Laß sie sagen, sie wissen nicht, wie der Kirchturm steht.

Du trägst den Hut auf Deinen Füßen und wanderst auf die Hände,
Auf den Händen wanderst Du.

Halloh, Deine roten Kleider, in weiße Falten zersägt,
Rot liebe ich Anne Blume, rot liebe ich Dir.
Du, Deiner, Dich Dir, ich Dir, Du mir, – wir?
Das gehört beiläufig in die kalte Glut!
Anna Blume, rote Anna Blume, wie sagen die Leute?

Preisfrage:
1.) Anna Blume hat ein Vogel,
2.) Anna Blume ist rot.
3.) Welche Farbe hat der Vogel.

---

9 Hier besteht im Übrigen eine große Nähe zum „textnahen Lesen", vgl. Anm. 7.

10 Das folgende Gedicht findet sich z.B. auch in einer klugen und raffinierten Sequenz „Dass du mich liebst ..." des Lesebuchs „Unterwegs", 1994, VIII/28.

Blau ist die Farbe Deines gelben Haares,
Rot ist die Farbe Deines grünen Vogels.
Du schlichtes Mädchen im Alltagskleid,
Du liebes grünes Tier, ich liebe Dir!
Du Deiner Dich Dir, ich Dir, Du mir, – wir!
Das gehört beiläufig in die – Glutenkiste.
Anna Blume, Anna, A – N – N – A!
Ich träufle Deinen Namen.
Dein Name tropft wie weiches Rindertalg.
Weißt Du es Anna, weißt Du es schon,
Man kann Dich auch von hinten lesen.
Und Du, Du Herrlichste von allen,
Du bist von hinten, wie von vorne:
A – N – N – A.
Rindertalg träufelt STREICHELN über meinen Rücken.
Anna Blume,
Du tropfes Tier,
ich – liebe – Dir!

Dieser Text, diese Sprach-Collage spielt mit der ganz und gar verrückten Freude des Frisch-Verliebten, sodass natürlich die bekannten fünf Sinne nicht genug sind. Damit setzt gleichzeitig ein Sprachspiel ein, das keineswegs mit dem „ich liebe Dir!" des ersten Verses auf das Berlinische allein beschränkt werden kann, auch wenn es damit – vielleicht – auf das Dada-Zentrum verweist. Denn der zweite Vers beginnt – die Geliebte umspielend – mit der Deklination des zweiten Personalpronomens Singular und verdreht nach Nominativ und Genitiv die übliche Folge Dativ, Akkusativ in „Dich Dir", kommalos freilich jetzt, so dass ein guter Vorleser daraus ein Reflektieren machen könnte darüber, wie's denn nun richtig heißt: *ich liebe dich* oder *ich liebe dir*. Dass eine solche Vortragsweise sinnvoll wäre, zeigen die Verse 7 und 8. Das Spiel in Vers 2 nimmt aber noch eine weitere Wendung, indem fast alliterierend die nächste Folge auf „Dich Dir/ich Dir" heißt. Wer hier als Vortragender Wärme in die Stimme gäbe, ginge über die Unsicherheit der Kasusfüllung bei der Valenz des Verbs „lieben" hinaus und nützte den Dativ als „Beziehungskasus", wie er bei Verben wie *nützen*, *schaden* und bei dreiwertigen Verben wie *bringen*, *schenken*, *geben* usw. zum Zuge kommt und wie dies auch durch die Wortfolge im Normalfall festgelegt ist. Mit anderen, weniger grammatischen Worten: Assoziationen erhielten Raum für „ich bin Dir gut", „ich will Dir Liebes tun" o.Ä. Dies wohl umso mehr so, als der Liebende sich das Umgekehrte von der Geliebten auch wünscht, also: „Du mir" – und daraus wird nach etlichen Gedankenstrichen = Assoziationen und Phantasien des Liebenden das erwünschte „wir".

Mit solcher Leseweise soll gesagt sein – und ein mit seiner Stimme arbeitender Interpret hätte das ja zu bedenken –, dass hier vielerlei Sprachwissen zu aktivieren und unmittelbar bzw. hörbar zu nutzen wäre.

Und dies wäre dann auch Integration im besten Sinne, führt doch solche sprachliche Wachheit zu der schönen Frage nach dem letzten Vers des Gedichts, ob denn nicht wirklich der Dativ die angemessenere Kasusrelation beim Verb „lieben“ wäre, wenn also das Jemande*m*-liebend-wohl-Tun mit dem „Beziehungskasus“ ausgedrückt würde. Aus solcher Sicht wird/ist Deutschunterricht eben dann doch die kulturelle Stelle, wo die fachwissenschaftlich-germanistische Spezialisierung zusammengefügt werden kann – zum Nutzen der Schüler und ihrer Freude an Sprache und Literatur. Dass hier weitere Integration sinnvoll und auch notwendig wäre, sei betont. Da ist zum einen innerfachlich die Rezeptions- und Wirkungsgeschichte zu erfassen, die nicht zuletzt die Auseinandersetzung SCHWITTERS’ mit „Der Sturm“[11] zu leisten hätte, und die damit einhergehende Instabilität bzw. das Variieren dadaistischer Texte. Und da ist zum anderen die Zusammenführung mit dem Fach „Geschichte“ zu sehen, um den Text bzw. die Texte sowohl in der Sozial- als auch in der Kulturgeschichte zu situieren.[12] So erweist sich die Verbindung von Sprach- und Literaturunterricht als sehr fruchtbar und durchaus im Sinne des Faches Deutsch bzw. Germanistik. ANGELIKA REDDER stellt denn auch fest: „Wissenschaftsgeschichtlich ist die Trennung von Sprach- und Literaturanalyse keineswegs so selbstverständlich. Die philologische Tradition sieht ganz anders aus“ (REDDER 2000, 5), wie man seit ADELUNG und GOTTSCHED weiß und wie es ein „integrativer Deutschunterricht“ in aller Differenziertheit wieder vollziehen kann, wenn *integrativ* nicht irgendein beliebiges Schlagwort für Amorphes sein soll.

3.3 Fächerübergreifende Integration

Die Überschrift dieses Kapitels könnte Verwirrung und Unmut stiften: Fächer sind doch Fächer und können doch nicht in einem größeren Ganzen aufgehen. Aber natürlich sind es die Begrifflichkeiten, die Methoden und Modelle, die ein „Fach“ im Umgang mit (Teilen) der „Welt“ konstituieren. Und sie sind zurückführbar auf (Erkenntnis-)Interessen, Perspektiven oder oft auf Tradition. Als Ausschnitte von Welt bestimmen sie den Kanon unserer Fächer. – Die schulische Sozialisation sorgt nun dafür, dass die Heranwachsenden eine Enkulturation erfahren, die dem Kanon der Zugangsweisen zur Welt ebendieser Kultur entspricht.

Im Gehirn, im Denken, Fühlen und Handeln ergeben sich – aus der Perspektive der Fächer! – natürliche Zusammenführungen der fachlichen Kenntnisse und Fähigkeiten – freilich oft mit Barrieren, die überwindbar sind und deren Überwindung selbst routiniert werden kann, nämlich durch Integration. Das bedeutet

[11] In der erwähnten Werk-Ausgabe folgen die weiteren Texte 60–65.

[12] Vgl. die Studie von HERETH 1996.

auch, dass die Routinen der jeweiligen Fächer z.T. selbst einem integrativen Prozess unterworfen werden können, und dies letztlich mit der Absicht oder auch der Hoffnung, dass solche Integration zu mehr führe als zur Summe der Einzelteile.

Dies sei an zwei Beispielen erläutert, die gleichzeitig verschiedene Relationen der Integration repräsentieren: (A) Die Verbindung z.B. von Physik und Deutsch; (B) die Verbindung von Deutsch und Geographie. Eine dritte Relation (C) Literatur und andere Fächer wird zum Abschluss diskutiert und wurde oben in Zusammenhang mit Kurt Schwitters' „An Anna Blume" angedeutet.

Zu (A): Es gibt m.E. gewissermaßen eine „Verpflichtung" des Faches Deutsch, für alle anderen Schulfächer unterstützend bereitzustehen: Das Fach Deutsch kann bzw. könnte vermitteln, wie und mit welchen textlichen Formen Gegenstände und Zusammenhänge der anderen Fächer versprachlicht, besser sprachlich gestaltet werden können. Dies als unmittelbare Hilfe für die Schüler. Doch diese „Servicefunktion" des Faches Deutsch bedeutet so noch keine Integration; erst wenn diese Darstellungsformen selbst für die Schüler zu routinierten Textsorten werden, findet (natürliche) Integration statt. Eine wesentliche weitere Perspektive ergibt sich daraus, dass die Schüler ja in ihrer Entwicklung zu begleiten sind, auch und gerade da, wo sie bewertet, benotet werden. – Ein schlichtes Beispiel wäre die Darstellung eines physikalischen Versuchs,[13] sagen wir des Nachweises von „Luftdruck", wie ihn Torricelli (1608–1647) mit Hilfe von Quecksilber und Guericke (1602–1686) mit Hilfe des Vakuums bei zwei zusammengefügten Halbkugeln durchgeführt hat. Schon die Folge von: Hypothesenbildung – Vorüberlegungen – Versuchsanordnung – Versuch – Ergebnis und Auswertungsaspekten erweist sich als algorithmische Form für unendlich viele Beschreibungen von Vorgängen, die zu Fakten und Argumenten führen. Die Versprachlichung dieses Komplexes ist alle Anstrengungen im Deutschunterricht wert, zeigt sich doch, wie Wortschatz, spezifische syntaktische Formen, klare Thema-Rhema-Folgen notwendig werden und wie einzelne sprachliche Handlungen, z.B. Beschreiben, Begründen, Anzweifeln usw. in einer Textsorte zusammenlaufen. Mit anderen Worten, daraus kann purer Deutschunterricht werden, der zu klaren physikalischen Kenntnissen führt.

Zu (B): Unendlich viele Informationen, wie sie in den Sachfächern ver- und bearbeitet werden müssen, erscheinen nicht in sprachlicher Form. Am Beispiel des Geographieunterrichts lässt sich schnell erkennen, dass hier nicht nur morphologische und thematische Karten in gerichteter Weise versprachlicht werden müs-

[13] So ausführlich dargestellt und methodisch ausgeführt in dem Sprachbuch „Sprachschlüssel" 1998, 30–42.

sen, sondern ebenso Grafiken, Zahlen in Statistiken, Diagramme usf.[14] Wesentlich ist nun, dass hinter dem Begriff der „Versprachlichung" viele Formen stehen, die als Sprachhandlungen mehr oder weniger bewusst zu leisten sind, deren sprachliche Ausstattung bzw. Realisierung viel textuelle und grammatische Kompetenz erfordern. Gleichermaßen wird eine kontrollierte Mischung von allgemeiner Sprachlichkeit und Fachsprachlichkeit notwendig, die eigentlich nur bei bewusster Zusammenarbeit der Lehrenden entstehen kann. Dass dies etliche organisatorische, rollenspezifische und psychische Fragen aufwirft, versteht sich von selbst.

Anschaulich können diese Zusammenhänge werden, wenn man das Ergebnis eines vollständig integrativen Unterrichtsexperiments betrachtet, bei dem in einer achten Klasse die Wirtschaftsentwicklung Chinas in den 80er Jahren des letzten Jahrhunderts in Kombination mit sprachlichen Konnektoren, Hypotaxe und Adverbialien thematisiert wurde. Die sprachlichen und die auf Geographie bezogenen Leistungen des vierzehnjährigen Schülers waren beachtlich:

■ *Im Nordosten und im Osten wurde 1955 mit dem Wiederaufbau der alten Industrie begonnen,* ***da*** *hier am meisten Industrie war. In der Mitte Süd wurde der Schwerpunkt gelegt und im Nordwesten und Südwesten wurde die Dezentralisierung durchgeführt.* ***Den Erfolg stellt man fest****, wenn man die Brutto-Wertschöpfung 1957 mit dem Wachstum der Brutto-Wertschöpfung 1972 vergleicht. 1957 waren die höchsten Einkommen pro Kopf im Nordosten und Osten zu verbuchen, da dort die Industrie am schnellsten vorankam. 1972 aber war das größte Wachstum der Bruttowertschöpfung im Südwesten festzustellen, wo 1952 das geringste Pro-Kopf-Einkommen verbucht worden war. Im Nordosten und Osten jedoch war das geringste Wachstum.* ***Daraus folgt****, dass sich das Pro-Kopf-Einkommen im Südwesten dem im Nordosten bzw. Osten stark angeglichen hat, d. h. die Bruttowertschöpfung ist in ganz China* ***relativ gleich groß. Das ist als*** *Erfolg des Drei-Stufen-Plans zu werten.* (Klotz 1983, 142 f.) ■

Zu (C): Ein ganz eigener Aspekt auf Literaturunterricht ergibt sich, wenn Literatur auf eine spezifische Weise reflektiert wird, um „Weltwissen" zu „erlesen". Die Herausgeber eines so sich darstellenden Buches formulieren ihren Integrationsmodus folgendermaßen:

■ *Es geht hier nicht um literarische Bildung in gleich welchem Sinn, sondern es geht um ‚literarisches Lernen', also um Lernen in, von und mit Hilfe der Literatur als einem Medium, das – was immer sie sonst ist und tut – jedenfalls Weltwissen transportiert.* (Abraham/Launer 2002) ■

---

[14] Relevant und mit vielen konkreten Beispielen: Lischeid, Thomas (erscheint voraussichtlich 2009): Lesen und Schreiben (non-)linear. Zur Texttheorie, Didaktik und Empirie diskontinuierlicher Darstellungsformen am Beispiel der Infografik im Deutschunterricht der Sekundarstufe.

Unter dieser reflektorischen Maxime finden sich einerseits naheliegende Verbindungen von Deutschunterricht mit Fächern wie „Sachunterricht der Primarstufe" (Kepser 2002), Religions- (Lochner 2002) oder Philosophieunterricht (Gross 2002) u.Ä., andererseits die weniger naheliegende, aber aufschließende Integration von Deutsch und Mathematik (Paule 2002a und Paule 2002b).

Auch solche Formen der Integration verlangen von den Lehrenden viel Engagement, leisten aber für die Heranwachsenden weit mehr als fachliche oder unterrichtliche Motivation, nämlich die Öffnung gegenüber und die Akzeptanz von hoher fachlicher und sprachlicher Komplexität.

3.4 Distanzierende Blicke auf Integration

Integration erweist sich durch die dargestellten Varianten als eine gleichermaßen pädagogische und didaktische Konzeption, die versucht, in den Schulunterricht auf planvolle Weise „Lebenswelt" hereinzuholen und für sie vorzubereiten. In der Begegnung mit Lerngegenständen erweist sie sich im Zusammenhang mit entdeckendem Lernen bei schülerorientiertem Vorgehen als tragend; ebenso dann, wenn es nach einer Kognitivierungsphase um Transfer und Verselbstständigung geht. Aber gerade hier erweisen sich viele Lehrmaterialien im sogenannten Übungsteil als viel zu eng, oft ängstlich (pseudo-)systematisch. Noch fehlen Forschungen, die speziell auf die Möglichkeiten des Transfers und auf produktive, wirksame Anwendungskonstellationen gerichtet sind. So gesehen erscheint Integration wie ein unterrichtlicher Königsweg. Doch ganz ist dem nicht so. Da ist zunächst die Gefahr, in der Praxis zu vergessen, dass gerade Integration nach einer Phase solchen Unterrichts eine besonders deutliche Grenzziehung zwischen den Fächern, den Fachteilen bzw. den einzelnen Bereichen braucht. Gerade eine echte Schülerorientierung kann auf ein übersichtliches Ordnungssystem von Fächern und ihren Teilbereichen nicht verzichten; zum einen nicht, weil Kinder und Heranwachsende sich immer wieder „verorten" wollen, insbesondere um Komplexität zu bewältigen; zum anderen, weil der Umgang mit einer komplexen Welt schließlich auf das fachlich gebundene Begriffliche angewiesen ist, um so differenziert kommunizieren zu können.

Ein m.E. wenig beachteter lernpsychologischer Aspekt ist die Gefahr, dass das über Integration gewonnene Wissen und Können lange an die Lernsituation gebunden bleibt, so dass nur trennende Kognitivierungsphasen und späterer Transfer dies aufzulösen und das Wissen und die Fähigkeiten selbst verfügbar zu machen vermögen. – Das „alte" Entdecken und Lernen in den begrenzten Fachteilen, also die Sonderung in Schreiben, Sprechen, Grammatik, Literatur usf., wäre – oder war bei klugen Lehrkräften – als ein Vorläufer einer „Modularisierung" anzusehen, die von Anfang an auf die beständige Neukombination des Wissens und Könnens ausgerichtet war (vgl. den Anfang von Abschnitt 2).

Es ist und bleibt also der Wechsel der Konzepte, welcher verschiedenen Lernertypen, verschiedenen Sachgebieten und verschiedenen Erfordernissen gerecht zu werden vermag. Das trifft in hohem Maße eben auch auf das komplexe Schulfach Deutsch zu.

4 Deutschunterricht in der multikulturellen Gesellschaft

Ingelore Oomen-Welke

4.1 Fragen und Probleme

Eine französische Anekdote vom Beginn des Zweiten Weltkriegs:[1] *Bei der allgemeinen Mobilmachung 1939 beobachtet er (Gaston Bonheur) ... die Ankunft der künftigen Soldaten, ein kunterbuntes Durcheinander der verschiedensten Typen, und stellt sich die Frage, was ihnen allen als Franzosen gemeinsam sei. Die ironische Antwort lautet: Die Uniform, die sie demnächst tragen werden, wird ihre Gemeinsamkeit schon zeigen.*

Das ist nicht absurd: Nach der französischen Idee besteht die Gemeinsamkeit im Willen zusammenzuleben.[2] Könnte das auch ein Modell für multikulturelle Gesellschaften sein? „Multikulturell ist eine Gesellschaft, in der jedem Einzelnen klar wird, *dass man auch anders leben kann* – und wo dies auch so bleiben kann."[3] „Die Gesellschaft in Deutschland ist als Ganzes über die letzten 150 Jahre multikulturell geworden, allerdings nicht ohne Widerstände.[4]

Ein Blick zurück: Während seit dem Bestehen des Reiches Grenzverschiebungen an den Rändern des deutschen Sprachraumes trotz sesshafter Bevölkerung zu mehr oder weniger breiten Überlappungsbereichen von Sprachen und Kulturen führten, besaßen die Oberschichten und Söldnerheere, Künstler sowie andere Fahrende eine starke regionale Mobilität bis in das Zentrum. Ab dem 19. Jahrhundert entstand in Deutschland massenhafte Arbeitsmigration: Italiener wanderten vor allem nach Südwestdeutschland, Polen ins Ruhrgebiet. Seit den Anwerbeverträgen der Bundesrepublik mit den nördlichen Anrainerstaaten des Mittelmeers 1955–1961 kamen sogenannte Gastarbeiter ins Land, seit den 1980er Jahren vermehrt Flüchtlinge und sogenannte Aussiedler.

Zu Beginn des 21. Jahrhunderts beträgt in Deutschland die Wohnbevölkerung mit ausländischer Staatsangehörigkeit etwa 7,32 Millionen Personen; das entspricht knapp 9 % der Einwohner.[5] Unter den verbleibenden 91 % der Bevölke-

---

1 Die Anekdote stammt von Bonheur; ich zitiere sie nach Firges/Melenk 1985, 107 f.
2 Fiszer 1996, 42 ff., bes. 44.
3 Brumlik/Leggewie 1992, 435.
4 Vgl. Kap. 1 bei Wilkens/Neumann 2002, 78 ff.
5 Daten und Fakten zur Ausländersituation 2002.

rung mit deutscher Staatsangehörigkeit finden sich Gruppen mit vergessenem Migrationshintergrund. Latent vorhanden oder bewusst ist er z. B. bei Flüchtlings- und Aussiedlerfamilien und (allein von 1994–2001 etwa zwei Millionen) Eingebürgerten. Zusammen mit den in Grenznähe lebenden zweisprachigen und bikulturellen Gruppen kann man heute von weit mehr als zehn Millionen Menschen oder weit mehr als 12 % der Bevölkerung ausgehen, die kulturelle Traditionen aus ca. 200 oder mehr Regionen der Welt mitbringen.[6] Die steigende Tendenz zu bikulturellen Partnerschaften und Familien trägt ebenfalls zur Multikulturalität bei.

Die anderen deutschsprachigen Länder, namentlich Österreich und die Schweiz, sind durch ihre Geschichte multikulturell. Österreich definierte sich in der Neuzeit als Vielvölkerstaat. Ungarn, Tschechen u.a. wanderten von der Peripherie ins Kernland ein. Die Schweiz, entstanden durch willentlichen Zusammenschluss verschiedensprachiger Kantone, definiert ihre verschiedenen regionalen Kulturen und Sprachen als gleichrangig. Beide Länder sind in den letzten 50 Jahren das Ziel von Migrationsformen verschiedener Art geworden, sodass die Zahl der Kulturen, die die multikulturelle Gesellschaft konstituieren, sich enorm vergrößert hat.

In den Schulen der deutschsprachigen Länder finden wir heute Kinder und Jugendliche aus all diesen Gruppen: aus altansässigen Familien deutscher und nichtdeutscher Erstsprache und Zweisprachige; aus Familien nach und in der Arbeitsmigration; aus Flüchtlingsfamilien; aus rückgesiedelten Familien; Kinder von Fahrenden; deutsche Kinder, die mit ihrer Familie im Ausland gelebt haben; Kinder aus ausländischen Oberschichtfamilien, die ein paar Jahre in Deutschland verbringen.[7] Durch diese Kinder und Jugendlichen werden die Schulen *multikulturell*, weil hier für jeden erfahrbar wird, „dass man auch anders leben kann". In deutsche Schulen gehen nämlich knapp eine Million Kinder und Jugendliche mit Migrationshintergrund sowie eine unübersichtliche Anzahl mit nicht monokulturellem Hintergrund.

Wie die Politik[8], so müssen auch Schulpolitik, Erziehungswissenschaften und Fachdidaktiken Position gegenüber der multikulturellen Schule beziehen. Wie soll die Schule, soll der Deutschunterricht eine Antwort auf die Vielfalt der multikulturellen Gesellschaft versuchen? Wir können die folgenden sechs Lösungsversuche unterscheiden in solche, die den Erwerb der Zweitsprache Deutsch zur Anglei-

---

6 Vgl. z. B. Daten und Fakten zur Ausländersituation 2002.

7 Vgl. Oomen-Welke 1999, 157.

8 Vgl. Brumlik/Leggewie in Bade 1992, 438 ff. Interventionsweisen des Staates können bestehen (1) entweder in der Ermutigung ethnischer Gruppen, „sich als solche kollektiv zu organisieren und ihr Gewicht im Staat geltend zu machen" (Korporatismus); „kulturelle Differenzen werden dadurch intensiviert und institutionalisiert". (2) „Im andern Fall versucht der Staat, Gruppendifferenzen eher zu verringern, indem er uniforme oder symmetrische Leistungen an seine Mitglieder vergibt" (Integration). Die Probleme, die sich aus jeder Intervention wie auch aus Nichtintervention ergeben, werden dargestellt.

chung bei Differenz als Hauptziel sehen, und in solche, die das Lernen aller Kinder und Jugendlichen voneinander und miteinander als gleichberechtigt betrachten und die dabei die sprachliche und kulturelle Vielfalt für eine eher günstige Bedingung halten.[9]

4.2 Erste Antwort: Alle gleichmachen

Der Schule in demokratischen Gesellschaften wird eine Funktion des Gleichmachens – um nicht zu sagen Uniformierens wie im einleitenden Beispiel – und der Vereinheitlichung der Bildung für alle zugeschrieben. In der Schule sollen möglichst alle Gleiches lernen, zumindest eine Zeitlang. Das gemeinsame Erwerben deutscher Bildungsgüter und die gemeinsame deutsche Sprache erfordern allerdings von den Angehörigen anderer Kulturen große Anpassungsleistungen. Der Erwerb der Sprache wird zum Kriterium der Anpassungswilligkeit und des Anpassungserfolgs. Entsprechend richtet sich ein spezieller Deutschunterricht in der multikulturell werdenden Gesellschaft zunächst auf die Kinder aus immigrierten Familien, die an Deutschland und seine Sprache angepasst werden sollen.

Als Ende der 1960er Jahre mit Erstaunen konstatiert wurde, dass die Migranten nicht „rollierten", sondern ihren Aufenthalt in den Aufnahmeländern verfestigt hatten und ihre Kinder – die *zweite Generation* – hier in die Schulen schickten, sah man darin vor allem eine neue Last. Der Begriff *Submersion* beschreibt anschaulich, wie die Schülerinnen und Schüler „ins Wasser geworfen wurden" und untergingen.

Die erste gezielte Maßnahme der Bildungspolitik bestand in Deutschlernangeboten für Migrantenkinder. Die entstehende *Ausländerpädagogik*[10] verstand sich – ganz im Zeitgeist der defizitorientierten Soziolinguistik – als kompensatorische Erziehung, vor allem als Spracherziehung *Deutsch als Zweitsprache*. Sie wurde aus dem Regelunterricht in internationale Vorbereitungsklassen ausgelagert, in denen auch fachliches Wissen vermittelt wurde. „Richtig Deutsch zu lernen" wurde zum vorrangigen Ziel, unter dem für die bisher erworbenen Sprachen der Schülerinnen und Schüler und ihre anderen kulturellen Wissensbestände kein Platz war. Die pragmatische Ausrichtung dominierte thematisch (*Einkaufen, Post* ...); kreatives und reflektierendes Arbeiten wurde auf den Zeitpunkt ausreichender Deutschkenntnisse verschoben; also oft auf nimmermehr. Nach meist ein bis zwei Jahren wurden die Schülerinnen und Schüler in Regelklassen überführt. Der

[9] Vgl. zur Geschichte des Deutschunterrichts WIELAND/HUNEKE 1998.
[10] Dazu AUERNHEIMER 1990, bes. 4 ff.; NIEKRAWITZ 1990.

Deutschunterricht der Regelklassen blieb konzeptionell zunächst unberührt von der nun faktisch multilingualen Schülerschaft.[11]

Die Mehrheit der Immigrantenkinder zeigte trotz Vorbereitungsklasse und Stützkurs bzw. Förderkurs im Deutschunterricht der Regelklassen schwache Leistungen.[12] Im Sinne von Aufklärung, Sozial- und Ideologiekritik wurde in manchen Sprachbüchern und Vorschlägen für den regulären Deutschunterricht die Benachteiligung der Immigranten gelegentlich zum Thema gemacht, was mehr der Beruhigung des sozialen Gewissens der Lehrenden als der Integration der Lernenden diente. In Überblickswerke zum Deutschunterricht (vor allem für Grundschulen) und zur Fachdidaktik Deutsch wurde seit Mitte der 1970er Jahre vielfach ein eigenes Kapitel „Deutschunterricht mit ausländischen Kindern" aufgenommen.[13]

Das gut gemeinte Ziel, alle gleichzumachen, indem man eine sprachlich homogene Schülerschaft herstellte, erwies sich als unerreichbar, hält sich jedoch bis heute in den Köpfen von Lehrpersonen und Politikern.[14] Seit den 1970er Jahren wurde der Assimilationsdruck kritisiert, 1994 bewertete GOGOLIN das Verhalten der multilingual gewordenen Schule als „monolingualen Habitus", der den Schülern nicht gerecht werde. DIETRICH 1997 belegte Unzufriedenheit von Migranteneltern mit der deutschen Schule, vor allem wegen der von ihren Kindern erwarteten (sprachlichen) Assimilation. Nach wie vor kommen im Vergleich mit Deutschen anteilig weniger als halb so viele nichtdeutsche Kinder in Gymnasien und in Realschulen, hingegen etwa doppelt so viele in Hauptschulen und Sonderschulen. Die Sekundarstufe II schließen von den Jugendlichen mit deutschem Pass gut 25 % erfolgreich ab, von den Jugendlichen mit nichtdeutschem Pass nur gut 8 %. Von allen Abiturienten machen Nichtdeutsche nur 3,4 % aus.[15] (Über Schülerinnen und Schüler aus ausgesiedelten Familien haben wir keine Angaben.) Schulerfolg ist von Sprachleistungen abhängig, darüber hinaus aber auch eine Frage des Mi-

---

[11] Vgl. WILKENS/NEUMANN 2002, 81 f.

[12] Der Länderüberblick „Mehrsprachigkeit an deutschen Schulen" (deutsche Bundesländer) von BAUMANN 2001 auf der Basis des FABER-Projekts listet zweitsprachliche Fördermaßnahmen, sprachliche Bildung und Muttersprache sowie Innovatives auf. Das schafft leicht zugänglich Überblick. Zumindest im dritten Teil ist er allerdings ungenau und unvollständig, wobei die Schwierigkeiten der Erkundung zugutezuhalten sind.

[13] So in ZANDER 1977; VOGEL 1980; LANGE/NEUMANN/ZIESENIS ^{4}1986 (nicht in früheren, von Wolfrum hg. Auflagen); ROSENBUSCH/SCHOBER 1986. – Ohne solche Kapitel und Aspekte z. B. HOHMANN 1994; SCHUSTER 1991, ^{4}1994; SCHOBER 1998.

[14] Vgl. den hessischen Landtagswahlkampf von CDU und FDP 1999, in dem genau dieses Argument eine entscheidende Rolle spielte.

[15] Vgl. die Daten und Fakten zur Ausländersituation, zuletzt Februar 2002. Die Tabellen für den Bereich Schule sind leider weniger und teils unübersichtlich geworden; der prozentuale Anteil von Schülern mit deutscher und nichtdeutscher Staatsangehörigkeit ist nicht im Vergleich dargestellt.

lieus, denn der Anteil deutscher Arbeiterkinder in höheren Schulen hat sich durch Bildungsreformen nicht dauerhaft steigern lassen und ist seit ca. 1980 wieder rückläufig.[16] Daher ist es kaum verwunderlich, dass dem deutschen Bildungssystem und insbesondere dem Deutschunterricht durch PISA[17] bescheinigt wird, sie qualifizierten die Fünfzehnjährigen mit Migrationshintergrund und solche aus sozial schwachen Familien in der Lesekompetenz schlechter als andere Länder mit vergleichbarer wirtschaftlicher und gesellschaftlicher Kapazität.

4.3 Zweite Antwort: Zwei Optionen offenhalten

Wenn man die Herkunftskultur und -sprache der Migrantenfamilien ernst nimmt und ausländische Kinder und Jugendliche zur Handlungsfähigkeit in beiden Gesellschaften befähigen will, kommt man unweigerlich zu Konzepten bikultureller und zweisprachiger Erziehung. Seit den 1970er Jahren wurde von den Konsulaten der Anwerbeländer ausländischen Arbeitern *muttersprachlicher Unterricht* als freiwilliger Zusatzunterricht, inhaltlich freilich nicht mit der deutschen Schule koordiniert, angeboten; er wurde teils unter Druck (z.B. Griechen während des Militärregimes), teils verschwindend gering (z.B. Italiener) frequentiert. Heute ist er in einigen Bundesländern regulär, in einigen Schulen in den Regelstundenplan integriert.[18] Daraus zwei- und mehrsprachige Schulen zu entwickeln war das Ziel verschiedener Initiativen, die sich in der Breite jedoch nicht durchsetzen konnten.[19]

Sowohl für das Leben im Herkunftsland als auch in Deutschland wollte das optionale bayrische Modell zweisprachiger Beschulung ab 1973 qualifizieren,[20] das die Kinder, nach Nationalitäten getrennt, durchgehend in Grund- und Hauptschule in ihren beiden Sprachen unterrichtete. Baden-Württemberg folgte dem Beispiel mit seinem Schulversuch ab 1975.[21] An gemeinsamen zweisprachigen Unterricht zweier oder mehrerer Sprachgruppen, etwa nach dem Modell der gleichzeitig entstehenden Deutsch-Französischen Gymnasien oder der Europäischen Schulen, war dabei nicht gedacht. Der Deutschunterricht war zunächst in der Grundschule Fremdsprachenunterricht; mangels deutscher Sprachkontakte

---

[16] Vgl. das Heft 2/2002 der GEW-Zeitschrift *Erziehung und Wissenschaft* sowie die Studie LAU 9/2001 aus Hamburg, vgl. www.hamburger-bildungsserver.de/welcome.phtml?unten=/schulentwicklung/lau/ (26.07.08)

[17] Vgl. Deutsches PISA-Konsortium (Hg.) 2001.

[18] Vgl. BAGIV 1985 mit Argumenten der Vertreter der Herkunftsländer sowie BAUMANN 2001.

[19] Vgl. „Krefelder Modell" und FTHENAKIS 1985.

[20] Bayerisches „Offenes Modell", vgl. Schulreport 3/1979 und BOOS-NÜNNING 1981.

[21] Vgl. OOMEN-WELKE 1985; CHRYSAKOPOULOS/OOMEN-WELKE 1986; OOMEN-WELKE/SEN 1986.

und Peergroups blieb er es vielfach auch in der Hauptschule, da deutsche Muttersprachler hier kaum zu finden waren. Zu bearbeiten gab es meist Aufgaben, bei denen Wörter eingefügt, Sätze zugeordnet, vervollständigt oder abgeschrieben werden mussten; die Aufgaben waren oft sogar lösbar, wenn der Inhalt nicht verstanden wurde:

- *Ergänze die Reimwörter: Schwamm – K ________ L ________*
- *Ali: „Muss man bei c anfangen?"*

Das kleinschrittige Vorgehen verhinderte, dass die Lernenden selbst Übersicht über ihr Lernen gewannen; so blieben sie auf die Lenkung durch Arbeitsheft oder Lehrperson angewiesen. Das bedeutete, dass kaum inhaltlich und reflektierend gearbeitet werden konnte, weil die Unterrichtszeit mit Fehlerkorrekturen verbraucht wurde. Die eigens für „muttersprachliche Klassen" entwickelten zweisprachigen Unterrichtsmaterialien des FWU München belegen dies (STEINDL/WIMMER 1983). Darin lag und liegt für Lehrpersonen die Gefahr, dieses erzeugt simple Niveau für das erreichbare Niveau der Zweitsprachlernenden zu halten, zu verfestigen und ihm nichts mehr hinzuzufügen. Entsprechend gering bleibt der Schulerfolg. In einer beachtenswerten Kontroverse zwischen Bundesbildungsminister SCHMUDE und dem bayrischen Kultusminister MAIER 1979 bewertete SCHMUDE dieses Modell als weder für Deutschland noch das Herkunftsland qualifizierend.[22] Nach allgemeiner Einschätzung hat sich das Modell trotz des z.T. großen sozialen Engagements von Lehrpersonen nicht bewährt, und die Nachfrage nichtdeutscher Eltern ging in den 1990er Jahren ständig zurück, zumal die Option „Rückkehr" den Schülerinnen und Schülern Probleme in der Schule der Remigrationsländer nicht ersparte.[23]

Dass es auch anders möglich ist, in der Schule zwei Sprachen und Kulturen zu vermitteln, zeigen die Deutsch-Französischen Gymnasien,[24] die Europäischen Schulen und die Staatliche Europaschule Berlin. In den Europäischen Schulen, ursprünglich gedacht für Diplomatenkinder und ähnlich Mobile, werden mehrere Sprachgruppen unterrichtet, wobei meist unter vier Hauptsprachen und mehreren Fremdsprachen gewählt werden kann.[25] Die Staatliche Europaschule Berlin

[22] Kontroverse SCHMUDE – MAIER in Süddeutsche Zeitung Nr. 117/1979 und 230/1979.

[23] SCHWENK 1988; Sprachstandsanalysen in beiden Sprachen zweisprachiger Kinder aus immigrierten Familien liegen vor von SCHWENK 1988, KUHS 1989, BAUR/MEDER 1990 und 1992, ILKHAN/OOMEN-WELKE 1990 u.a.

[24] Die DFG wurden in der Weiterentwicklung des deutsch-französischen Konsenses zwischen ADENAUER und DE GAULLE 1963 ab ca. 1975 in Buc bei Paris, in Freiburg und Saarbrücken eingerichtet. Vgl. dazu und zu weiteren bilingualen Schulen und Zügen KUHS/STEINIG (Hg.) 1998.

[25] Europäische Schule Brüssel, Karlsruhe.

hat im Prinzip alle Kinder, auch die mit Migrationshintergrund, im Visier; ihre Klassen und das Lehrpersonal kommen aus jeweils zwei Kulturen (deutsch – türkisch; deutsch – griechisch; deutsch – englisch usw.), die Lehr- und Lernprogramme werden aufeinander abgestimmt.[26]

Davon zu unterscheiden sind zweisprachige Schulkonzepte in zweisprachigen Gebieten; der Unterschied liegt dabei nicht so sehr in der Unterrichtsorganisation als in der gesellschaftlichen Gruppe, die sich für die zweisprachige Schule entscheidet (sorbisch – deutsch, deutsch – dänisch in Deutschland, das Modell 13 + 13 im Elsass). Manche der zuletzt genannten Modelle sehen sich selbst bereits als die dritte Antwort auf die multikulturelle Gesellschaft. Dass in dieser Richtung weiter nachgedacht werden müsste, ergibt sich auch aus der Tatsache, dass in manchen Ballungsräumen die Mehrheit der Schüler/innen einer Klasse einen Migrationshintergrund und eine nichtdeutsche Familiensprache mitbringen.[27]

4.4 Dritte Antwort: Interkulturell lernen und handeln

Seit den 1980er Jahren wird die Erkenntnis wirksam, dass Gesellschaft und Schule Systeme sind, die sich durch Bewegung an einer Stelle im Gesamtsystem verändern. Die Anwesenheit von Kindern und Jugendlichen aus Migrantenfamilien – die sich selbst mittlerweile durch die Migration und über die Generationen verändert haben – bleibt nicht ohne Auswirkungen auf das Lern- und Handlungsfeld Schule und auf den Deutschunterricht, wo alle miteinander und voneinander lernen sollen. Dazu ist es nötig, etwas von der Kultur des anderen zu erfahren und im Wechsel die Perspektive des jeweils anderen einzunehmen.[28] Auf diese Weise soll die vermeintliche Normalität und Alleingültigkeit des Eigenen in Frage gestellt werden; ein Beitrag übrigens auch zum Erwerb divergenten Denkens. Das gemeinsame Lernen im Dialog der Kulturen wird als *interkulturell* bezeichnet; interkulturelles Lernen wird bewertet als die pädagogische Antwort auf die multikulturelle Gesellschaft.[29] Teilhabe der Zuwanderer an Kultur und Gesellschaft gilt als selbstverständlich; heute gehört es zur *political correctness*, auch Handelnde mit nichtdeutschen Namen in Lehr- und Lernmaterialien erscheinen zu lassen. Gemeint

[26] Vgl. Stotzka 1998. Die SEB hat inzwischen die Sekundarstufe erreicht. Bemerkenswert: Wegen der paritätischen Zusammensetzung der Klassen aus deutschsprachigen und partnersprachlichen Schülern ist die SEB Berlin-Kreuzberg die Grundschule mit dem höchsten Anteil deutscher Schüler in Kreuzberg.

[27] Vgl. Chlosta/Ostermann 2008; Plath u.a. 2002. In Berlin, im Ruhrgebiet und Frankfurt a.M. haben auch manche Gymnasien 90 % Schüler/innen mit Migrationshintergrund.

[28] Vgl. Reich 1993; Belke u.a. 1986.

[29] Vgl. Hohmann 1983; „Interkulturalität“ in: Lexikon der Deutschdidaktik, Kliewer/Pohl 2006.

war das interkulturelle Lernen auch als Beitrag zur Gleichberechtigung aller kulturellen, nationalen, sprachlichen Gruppen in einem Land, das sich mehr und mehr als Einwanderungsland verstehen muss.[30]

Für den Deutschunterricht bedeutet die interkulturelle Orientierung eine Öffnung gegenüber anderen Kulturen, Literaturen und Sprachen einerseits sowie andererseits zu möglichen anderen Lern- und Rezeptionsweisen der traditionellen deutschunterrichtlichen Inhalte – *Umgang mit Fremdem und Verstehen* verschiedener Art (was im Übrigen eine Funktion von Literatur ist). Der Übergang vollzog sich im Deutschunterricht allmählich vom Grüßen und Singen in anderen Sprachen (Grundschule) zu übersetzten Texten aus anderen Kulturen, auch in der Sekundarstufe. Insoweit war das kein bedeutender Umbruch, weil Weltliteratur in der deutschen Tradition und Schule einen hohen Stellenwert besaß. Hier hatte auch die Auseinandersetzung mit fremden soziokulturellen Hintergründen beim Lesen fremder Literatur ihren Platz.[31] In einem weiteren Schritt wurde Literatur einbezogen, die Zweitsprachige selbst auf Deutsch verfasst hatten und die *Ausländer-Literatur, Gastarbeiter-Literatur, Migranten-Literatur* genannt wurde.[32] Sie schaffte es bis in deutschdidaktische Publikationen,[33] weniger bis in den Deutschunterricht selbst. Dass diese Bezeichnungen mit der Entwicklung der multikulturellen Gesellschaft durch die nun mögliche Wahl der eigenen Zugehörigkeiten und durch gemischte Familien überflüssig werden, versteht sich.

Während es verhältnismäßig rasch, wenn auch nicht problemlos gelingt, den Literaturunterricht durch ins Deutsche übersetzte (Parallel-)Texte aus anderen Literaturen zu öffnen, fällt es Lehrpersonen schwer, fremde und ungewohnte Rezeptionsweisen deutscher Texte durch anders Sozialisierte zuzulassen.[34] Konkrete Beispiele: Hat der alte Mann in Peter Bichsels Geschichte „Ein Tisch ist ein Tisch“ selbst Schuld an seiner Einsamkeit, weil er nicht zu seinen Kindern zieht, was doch normal wäre? Ist Ironie unaufrichtig, ja verlogen und daher abzulehnen? Muss Literatur religiöse und sexuelle Tabus unangetastet lassen? – Einfach ist der interkulturelle Perspektivenwechsel mit dem Geltungsanspruch anderer Wertungen auch für Lehrende nicht.[35]

---

30 Vgl. Belke u.a. 1986, 424, die das Bundeskabinett Schmidt zitieren.

31 Zum Beispiel Pohl 1995.

32 Vgl. *LiLi* (Zeitschrift für Literaturwissenschaft und Linguistik) 14, 56/1984. Unter Fremdem werden in didaktischen Vorschlägen allerdings auch oft ungewohnte Perspektiven und Protagonisten, historische Ambientes, neue Erzählweisen oder ästhetische Experimente verstanden (z.B. DDU 4/89), denen der interkulturelle Zug nicht abgesprochen werden sollte, der Bezug zu einer multikulturellen Gesellschaft aber durchaus.

33 Zum Beispiel Diskussion Deutsch 143/1995; Informationen zur Deutschdidaktik 4/2000.

34 Davon handeln die o.g. Publikationen eigentlich nicht.

35 Zu dem ganzen Bereich Luchtenberg 1999, 169–191.

Ein großes Problem stellt der Aufsatzunterricht bzw. das Verfassen von Texten dar, das stark an tradierte Textsorten der Kulturen und erworbene Textschemata gebunden ist; andere als die eigenen Textvorstellungen nehmen Lesende oft als unsinnig wahr. Mit gemeinsamen Schreibprojekten in den Klassen und in Projektgruppen wurde versucht, Zweitsprachlern zu schriftlichem Ausdruck durch Kooperation mit Erstsprachlern und durch Textmodelle zu verhelfen.[36] Dass es ein schwieriges Unterfangen ist, die unterschiedlichen Textschemata und Stile selbst benachbarter Kulturen wirklich zu erwerben, weist die Untersuchung von Riehl 2001 aus. Hier sind viele methodisch gute Bemühungen in Sicht, aber noch kein befriedigendes Konzept.

Die Öffnung zu den anderen Sprachen, die in die deutsche Regelschule mitgebracht wurden, blieb in der ersten Phase der interkulturellen Deutschdidaktik zunächst eher Vision: Bereicherung durch mehrsprachige Kinder – aber wie? Hier bedurfte es erst eines weiteren Anstoßes (vgl. Abschnitt 7).

Beim Überblick über die Fachdidaktiken unterteilen Reich u.a. 2000 die Deutschdidaktik in die für den regulären Deutschunterricht und die für den Zweitsprachenunterricht bei nichtdeutscher Erstsprache, wofür nach wie vor Bedarf besteht. Neue Handbücher berücksichtigen dies: Bredel u.a. 2003; Kliewer/Pohl 2006; Ahrenholz/Oomen-Welke 2008.

4.5 Vierte Antwort: Über die Grenzen blicken

Problemlage und Lösungswege zeichneten sich in anderen westeuropäischen Ländern ähnlich ab.[37] Die Diskussion setzt erst in den frühen 1970er Jahren ein. Neu zuwandernde Gruppen veranlassen zunächst zu kompensatorischen Maßnahmen mit dem Ziel der homogenen Integration, gegenüber denen sich das Doppelziel der zwei Optionen (Richtlinie des Europarats 1970, 1977) und dann interkulturelle Konzepte entwickeln. In Schweden gelang es relativ früh, aus der Erfahrung der Verfestigung von Immigration eine neue Pädagogik zu erarbeiten.[38] Einige Länder, z.B. Spanien und Italien, die zunächst im Wesentlichen Binnenmigration kannten und dann Entsendeländer von Migranten waren, wurden mit Verzögerung zu Aufnahmeländern, vor allem von Flüchtlingen. Die Entwicklung ging auch hier mit zweitsprachlichen Kursen und interkulturellem Lernen vonstatten. Andere Länder in Mittel- und Osteuropa, Island und erstaunlicherweise z.T. auch

---

[36] Zum Beispiel Pommerin 1998.

[37] Auernheimer 1990, 16–28.

[38] Befunde und Konzepte aus Großbritannien und den Niederlanden bei Luchtenberg 1995, 116f., und in den weiteren Anmerkungen zu diesem Kapitel.

das dreisprachige Finnland verstehen sich bis heute als homogen und monokulturell und daher nicht betroffen von interkulturellen Ideen. Erst langsam entwickelt sich Verständnis für die eigene Diversität, teils durch Anstöße aus der Europäischen Union, die z.B. in SOKRATES interkulturelle Begegnungen fördert und ihre Programme bewusst gegen Diskriminierungen konzipiert.

Sprachdidaktiker mehrerer europäischer Gruppierungen haben vergleichende Werke über den Unterricht in der bzw. den jeweiligen Landessprache(n) der Länder als MOTHER TONGUE herausgebracht und dabei die gesellschaftliche Mehrsprachigkeit (*second language*) berücksichtigt.[39] (Daraus entstandene didaktische Konzepte finden sich im Abschnitt 6.)

Stärker als in Deutschland wurde in Großbritannien und den Niederlanden die allgemeine interkulturelle Idee zur schärferen Konzeption der antirassistischen Erziehung weiterentwickelt. In ihr wird die Ungleichheit der (ethnischen und sozialen) Herkunft, die durch pädagogische Konzepte nicht behoben werden kann, zum wichtigsten Kriterium.

Ungleichheit kann sich institutionell oder strukturell bemerkbar machen, etwa wenn im Unterricht die Erstsprachen bestimmter Gruppen verboten werden oder unberücksichtigt bleiben (institutionell) und wenn die rechtlichen Ansprüche z.B. auf Lernchancen von Gruppen unterschiedlich sind (strukturell).[40] Über literarische Texte und Texte von Betroffenen und durch Rollenwechsel werden im Landessprachenunterricht (Englisch, Niederländisch ...) Perspektiven jeweils anderer Gruppen eröffnet; sprachliche Formulierungen werden auf rassistische Indizien untersucht, was gelegentlich etwas (Selbst-)Denunziatorisches an sich hat; gemeinsame Projekte von Schülerinnen und Schülern aller Gruppen vertiefen gemeinsame Interessen. Ein Problem scheint der kontraproduktive Umschlag überdeutlich antirassistischer Unterrichtseinheiten zu sein, weil die pädagogische Absicht durchscheint und Opposition oder Indifferenz hervorruft.

In der Folge rassistischer Gewalttaten der 1990er Jahre gründeten sich auch in Deutschland antirassistische Initiativen, z.B. „Schule ohne Rassismus“, und brachten Lehrmaterialien heraus.[41] Abgesehen von anlassbezogenen antirassistischen Aktionstagen an Schulen, ist die antirassistische Idee in Deutschland jedoch im interkulturellen Lernen aufgegangen. Ein eigener antirassistischer Deutschunterricht (über den ideologiekritischen Ansatz der 70er Jahre hinaus) hat sich nicht durchsetzen können. Ähnliches gilt für den Ansatz der Friedenspädagogik.[42]

---

39 Zum Beispiel die zahlreichen Schriften von IMEN (International Mother Tongue Education Network); HERRLITZ 1987; DDU 2/1987; GAGNÉ/PURVES 1993; TULASIEWICZ/ADAMS 1998.

40 FIGUEROA 1993, zur Beschreibung verborgenen Rassismus; als Klassiker COHEN 1994.

41 Schule ohne Rassismus Handbuch 1995 und viele Materialien; Diskussion Deutsch 137/1994 im Rahmen des Themas Rechtsextremismus; vgl. auch OOMEN-WELKE 1994.

42 Aktuell und der Deutschdidaktik nah WINTERSTEINER 1999 und 1994.

4.6 Fünfte Antwort: Europa lehren

In den 1990er Jahren führte die Kooperation in den europäischen Lehrerbildungsprogrammen zum Vergleich von Schulpolitik und Schulsystemen[43] sowie zu der Idee, eine „europäische Dimension" als Unterrichtsprinzip in den Schulfächern der Länder zu verankern. Während das in Geschichte und Politik/Gemeinschaftskunde[44] leicht gelang, mussten sich die Sprachen dazu erst neu orientieren. In Deutsch – ebenso wie im Muttersprachenunterricht anderer Länder – begann man mit Lesebüchern, deren Kapitel literarische Texte aus jeweils einem europäischen Land (oder irgendeinem Land der Welt) enthielten.[45] Es entstand und besteht allerdings die Gefahr, die Wahrnehmung der umgebenden Multikulturalität durch eine weltumspannende, teils exotische Universalität zu überlagern, in der der nahe Nachbar keine große Rolle spielt. Eine zweite Gefahr ist das assimilierende Verstehen, das Fremdes ohne Rücksicht auf Sperriges angleicht und damit das Fremde entschärft und homogenisiert.

Der Bezug auf Europa war hilfreich bei der Überwindung der Defizitorientierung in Pädagogik und Deutschdidaktik. Die vergleichbaren Ansprüche der europäischen Sprachen unterstützten dies. Es scheint eine banale Feststellung, dass Europa mehrsprachig ist und dass der Blick des Arbeitsbereichs Sprachreflexion sich mit anderen Sprachen auseinandersetzen muss (übrigens nicht nur mit europäischen). Folgen hatte das zunächst für die Intensivierung des Sprachenlernens,[46] welche jedoch die Dominanz des Englischen eher verstärkte, als die Rolle der kleineren Sprachen zu verbessern. Selbst in der mehrsprachigen Schweiz werden trotz des Gesamtsprachenkonzepts häufig sprachenpolitische Entscheidungen zugunsten von Englisch getroffen: Die vermeintliche große Welt verdrängt das Unmittelbare. Immerhin führte der neue Beginn der Fremdsprachen in der Grundschule zu einer veränderten Sprachenwahl in der Sekundarstufe und zur inhaltlichen und methodischen Neuorientierung des fremdsprachlichen Sekundarunterrichts, wodurch teils auch die Sprachen der Immigrierten wählbar wurden. Während nach der sogenannten Mehrsprachigkeitsdidaktik von Meißner 1998 ausgehend vom Französischen andere romanische Sprachen und z.T. sogar Englisch erschlossen werden sollen, setzt das Deutsche europa- und weltweit darauf,

---

[43] Aus der Fülle der Publikationen zur Lehramtsausbildung und Schulsystemen COSTAS I COSTA u.a. 2001, ETXEBERRIA 2000, BROCK/TULASIEWICZ ²2000, SANDER u.a. 1996, ANWEILER u.a. 1996, LIPPKE 1994, BRINKMANN 1994 und andere Bände des DIPF Frankfurt.

[44] Zur historischen und politisch-sozialen Bildung z.B. SCANZIO 2001, LIPÓCZI/OOMEN-WELKE 1999, FRIEBEL 1996, KODRON/OOMEN-WELKE 1995, BELL 1995, BOTERAM 1993. – Schule, Sprachen und multikulturelle Gesellschaft in Interkulturell 4/1998.

[45] Zum Beispiel WITTENBERG 1991.

[46] SIGUAN 2001, Kap. 8 und 9.

sich als zweite Fremdsprache zu behaupten und Englisch als Brückensprache zu nutzen.[47] Für das Schreiben in eigenen und anderen Sprachen sind neue Vorschläge vorhanden.[48] Zur Sprachstandsbestimmung und Selbsteinschätzung und zur Dokumentation von Prüfungen hat der Europarat, Sprachenzentrum in Graz, den Gemeinsamen Europäischen Referenzrahmen entwickelt, der seit 2000 erschienen ist. Ein solches Instrument ist gerade in multikulturellen Gesellschaften von großem Wert, damit neben der (den) offiziellen Landessprache(n) und den Schulsprachen die sozialen Sprachen erscheinen. In diesem Zusammenhang sei auch auf die *Homburger Empfehlungen für eine sprachenteilige Gesellschaft 1980* und auf die *Homburger Empfehlungen zur Förderung der europäischen Hochsprachen 2000* verwiesen.[49]

Ein anderer Aspekt ist die Neubewertung der *Stereotype*, die u.a. mit dem eingangs zitierten Artikel von Melenk & Firges 1985 aufkam. Deutschunterrichtliche Konzepte für die Sekundarstufe beschäftigten sich mit Selbst- und Fremdbildern in Alltag und Literatur[50] und betonen das soziokulturelle Verstehen. Letztlich wird nicht die Typisierung der anderen als Orientierungshilfe kritisiert, sondern das undifferenzierte Wahrnehmen, die Verfestigung und der argumentative Gebrauch.

Eine Fülle inhaltlicher und methodischer Vorschläge für den Sekundarstufenunterricht, die auch in Schulprojekten und Intensivseminaren mit Studierenden genutzt werden können, ist aus europäischen Projekten erwachsen.[51] In ihnen werden zu erwerbende Einstellungen, Wissen, Fertigkeiten berücksichtigt, auch im Hinblick auf die Arbeitsbereiche im Deutschunterricht.

Im Ergebnis hat der Blick über die Grenzen und der Anstoß zu Kooperationen in Europa eine Neuorientierung der Deutschdidaktik bewirkt, die ihre Traditionen in der Auseinandersetzung mit dem Anderen und mit dem Kanon überdenkt. Wenn es eines weiteren Anstoßes bedurfte, so erfolgte er durch PISA, wo aufgezeigt wird, dass diejenigen, die am Reichtum unserer Gesellschaft mitgearbeitet haben, in ihr kaum Chancen erhalten.

---

47 Vgl. Ansätze vom Internationalen Deutschlehrertag Luzern 2001.

48 Zum Beispiel Bräuer 2001.

49 Homburger Empfehlungen 1980 in Christ u. a. 1980; Homburger Empfehlungen 2000 in Ehlich u. a. 2001. Vgl. auch die Grazer Erklärung in Krumm/Portmann-Tselikas 2006.

50 So in Oomen-Welke 1994, Kap. III und dem imagologischen Essay von Stanzel 1997.

51 Kodron/Oomen-Welke 1995, Part C, Artikel 11, 12 können als Einzelvorschläge gesehen werden, geben jedoch auch ein Curriculum ab; Artikel 24, 25 weisen schon auf die sechste Antwort: Language Awareness (vgl. Abschnitt 7).

4.7 Sechste Antwort: Vielsprachiger Deutschunterricht

Ein eigener Stellenwert wird hier der Neuorientierung der Sprachdidaktik Deutsch in der multikulturellen Gesellschaft infolge von Konzepten der *Language Awareness*[52] aus Großbritannien beigemessen. Sie setzen an bei der bislang unberücksichtigten Mehrsprachigkeit vor allem der zugewanderten Gruppen und bei der mangelnden Offenheit der altansässigen Mehrheit für Sprachen. LA-Konzepte wollen über aufmerksame Wahrnehmung der anderen Sprachen und Sprecher die Sprachreflexion in Gang bringen, das Sprachwissen und Sprachenlernen vertiefen sowie Sprach(en)bewusstheit samt Sprachenlernbewusstheit entwickeln. Die Varianten der *Awareness-Konzepte* sind zahlreich; auf dem Kontinent ist aus Großbritannien vor allem HAWKINS 1984 bekannt geworden.[53] Im französischsprachigen Raum sind in den 1990er Jahren für Mehrsprachigkeit und *Eveil aux langues* MICHEL CANDELIER und das *Centre de la Didactique des Langues* in Grenoble zu nennen.[54]

Für den Deutschunterricht wurde der Ansatz doppelt rezipiert: einerseits durch den Bereich Reflexion über Sprache als metasprachliche Reflexion unter Vernachlässigung der ursprünglichen Komponente Mehrsprachigkeit, worauf ich hier nicht eingehe. Andererseits wurde er zu einem umfassenden Sprachenkonzept in der multikulturellen Gesellschaft entwickelt. Für die Sekundarstufe ist das besonders interessant, sowohl weil das Fremdsprachenlernen neue Sprachenfragen aufwirft, aber auch – und das ist von noch größerem Gewicht – weil in den Sekundarstufen, meist in Hauptschulen und hauptschulähnlichen Zügen, viele Mehrsprachige zu finden sind, deren Potenzial an Sprachaufmerksamkeit lange unreflektiert und ungenutzt blieb. Viele Jugendliche aus zugewanderten Familien gewinnen erst aus der vielsprachigen Arbeit (einschließlich ihrer Sprachen) die Überzeugung, dass der Deutschunterricht etwas sei, das sich auch an sie richte und wozu sie etwas beitragen können. Aufmerksamkeit und Interesse an Sprachfragen bedeutet den Anfang von Beteiligung am Unterricht und Leistungssteigerung.[55]

Wie hat man sich den vielsprachigen Deutschunterricht vorzustellen? Er ist differenziell in dem Sinne, dass nicht alle Schülerinnen und Schüler gleichzeitig dasselbe lernen, auch wenn sie gemeinsam unterrichtet werden. Die metasprachliche Verständigung über Sprachthemen erfolgt in einer allen gemeinsamen Sprache, in Deutsch. Der Deutschunterricht kann von spontanen einzelheitlichen Äu-

---

[52] HAWKINS ²1987; LUCHTENBERG 1995; 2008. Materialien und Vorschläge z. B. HAWKINS 1985 ff.

[53] Mehr dazu in LUCHTENBERG 1995, Kap. 2.3; BUDDE 2000, Kap. 1.3, sowie BREDEL u. a. 2002, Kap. 36.

[54] Vgl. den Sammelband BILLIEZ 1998; zum Lingua-Projekt *evlang* CANDELIER 2003.

[55] Beispiele in OOMEN-WELKE 2001 und OOMEN-WELKE 1999.

ßerungen ausgehen, in denen Sprachbeobachtungen enthalten sind („Es gibt ganz viele Wörter in Deutsch/wo so ähnlich sind wie Russisch, wie *Ozean*"), die sofort (oder besser und reflektierter ein paar Tage später) als Thema behandelt werden. Oder er kann Lehrplanthemen sprachvergleichend bearbeiten, indem er den Blick nach außen öffnet und fragt, wie was in welcher Sprache ausgedrückt wird, welche Semantik und welche Konnotationen dahinter stehen, wie die kulturelle Einbettung vonstattengeht usw. Diese Art beeinträchtigt die Systematik des Deutschunterrichts nicht, sondern fügt ihr etwas hinzu. Ohne mehr Zeit in Anspruch zu nehmen (die sonst mit Zähigkeit und Aufforderungshandlungen verbraucht würde), bringt sie vieles zur Sprache und außerdem die Beteiligten ins Gespräch. Methodisch eröffnen sich Text- und Systemvergleiche, die mit den Lernenden gemeinsam und reflexiv, meist ohne Falsch und Richtig, vonstattengehen.

Inzwischen sind auch Arbeitsmaterialien zur Sprachenvielfalt erschienen, entweder als Einzelhefte (z. B. HARTUNG/KUDLINSKA-STANKULOVA) oder als Zeitschriftenhefte (Praxis Deutsch 157/1999; 202/2007; Fremdsprache Deutsch 31/2004) oder als Materialreihe (KIESEL o. J. für Grundschule; Der Sprachenfächer[56] 2006 ff. für die Sek I und evtl. ältere Lernende). Für den offenen vielfältigen Sprachunterricht besonders geeignet erscheinen die Materialien, die die Sprachen und Sprachreflexionen der jeweiligen Lernenden abrufen und integrieren können sowie in offenen Konzepten auch die Methodenkompetenz entwickeln, z. B. „Der Sprachenfächer".

Es ist richtig, dass ein solcher Unterricht Risiken enthält, die Lehrpersonen verunsichern. Es widerstrebt gewissenhaften und selbstbewussten Lehrenden, im Unterricht mit Sprachen (und Sprachelementen daraus) zu tun zu haben, die sie selbst nicht beherrschen. Eine Neubewertung der Rollen und Aufgaben von Lehrenden und Lernenden ist geboten. Da Schülervorschläge und Schülerkompetenzen den Unterricht mitkonstruieren, wird er gestaltet durch das Aufkommen von Fragen und die gemeinsame Suche nach methodischen Lösungen. Alle thematisierten Sprachen, auch die deutschen Dialekte und die nichtdeutschen Sprachen der Lernenden, werden durch die strukturelle oder funktionale Fragestellung gleichrangiger Betrachtungsgegenstand. Wie immer bei Eigenaktivitäten lernen die Schülerinnen und Schüler mehr, aber Verschiedenes, und daraus, dass sie das tun, entwickeln sie Selbstbewusstsein und erfahren Selbstwirksamkeit. Die Sachen werden geklärt und die Menschen gestärkt.

[56] www.sprachenfaecher.de (15.07.2008)

5 Fachdidaktik und Wissenschaft

Michael Kämper-van den Boogaart

5.1 Fachdidaktik Deutsch: Kleine Germanistik für kleine Leute?

Gut streiten lässt sich über die Kontakte, die die Fachdidaktik Deutsch zu den sogenannten Fachwissenschaften unterhalten soll. Während es etwa der Studienrätin Meier wichtig ist, einen Deutschunterricht vorzubereiten, der fachlich auf der Höhe der Zeit sei, betont ihr älterer Kollege Rüstig, dass sich längst schon gezeigt habe, wie fatal es sei, jedem wissenschaftlichen Trend hinterherzulaufen. Beide Positionen können auf jeweils triftige Argumente zurückgreifen.[1] Frau Meier wird etwa auf die Krise der Interpretation verweisen, die sie in drei Universitätsseminaren beschäftigte, die in der Schule aber hartnäckig ignoriert werde. Herr Rüstig hingegen wird abwinken und daran erinnern, mit welchen Hoffnungen in den 1970er Jahren überall von Kommunikation, Kommunikationsmodellen und der linguistischen Wende die Rede gewesen sei. Nach ein paar Jahren sei die Konjunktur dieser Ansätze merklich abgeflacht, nur die Schulbücher hätten ihnen noch jahrelang auf ihren Seiten Asyl geboten.[2]

Hinter solchen und ähnlichen Kontroversen verbergen sich neben schulpädagogischen Lebenserfahrungen prinzipielle Fragen. Und diese berühren natürlich auch das grundsätzliche Verständnis von Fachdidaktik – nämlich das von Fachdidaktik als Forschungszusammenhang, als Bestandteil der universitären und der schulpraktischen Lehrerausbildung sowie als Komponente curricularer Planungen. Noch ein anderes gilt: Wohl jeder Lehrer koppelt sein professionelles Selbstverständnis und Renommee zurück an die Qualifikationen, die er unter Beweis stellen musste, um Lehrkraft einer bestimmten Gehalts- und Laufbahngruppe werden zu können. Entsprechend legitimiert Frau Meier ihre Aussagen und Taten, indem sie zum Beispiel sagt: „Als Pädagogin denke ich …“[3] oder aber: „Als Germanistin würde ich …“ Deutlich wird an diesem kleinen Beispiel der Zwittercha-

---

1 Vgl. Kämper-van den Boogaart 2007.
2 Vgl. zu dieser Argumentation bereits Geissler 1970, 19ff.
3 Vgl. Ivo 1996, 16f.

rakter ihres Expertentums: Einerseits ist Studienrätin Meier Germanistin und weiß so, was fachlich richtig ist. Andererseits gewöhnt sie sich an, sich als Pädagogin zu sehen und zu wissen, was für ihre Schüler *menschlich bedeutsam* ist. Nun ist die Rolle als Pädagogin noch weiter gefasst als die der Didaktikerin. Doch auch hier treffen wir auf die besagten Zwitterprobleme.

Geordnet wäre die Welt, wenn stimmte, was noch heute vielfach behauptet wird und was sich in Prozeduren der Unterrichtsvorbereitung hartnäckig hält. Nach verbreiteter Ansicht wäre Studienrätin Meier in ihrer Eigenschaft als Deutschlehrerin eine Germanistin, die sich auf die Kunst verstünde, die Gegenstände der Germanistik klientengerecht zu vermitteln, also beispielsweise große Probleme der Literaturgeschichte so zu reduzieren, dass kleine Leute sie begreifen. Stillschweigend geht die gängige Annahme davon aus, dass es eine Identität des Schulfachs Deutsch mit der Wissenschaft der Germanistik – dem wissenschaftlichen Fach – gebe oder geben sollte.[4] Das Trügerische einer solchen Prämisse sticht spätestens ins Auge, sobald man die aktuelle Universitätsgermanistik und etwa den Zusammenhang von Sprach- und Literaturwissenschaft ins Visier nimmt.[5] Bereits hier kann von einer Identität, etwa der Forschungsfragen, der Methoden, Terminologien usw., kaum gesprochen werden. Mehr noch: Es ist zu bezweifeln, ob ein solcher Befund außerhalb von Germanistentagen irgendjemandem negativ bewusst wird. Nun kann man gegen die Diagnose von der Ausdifferenzierung der germanistisch genannten Forschungen einwenden, dass es im Studium anders aussehe. Schließlich werde hier noch das alte germanistische Menü gereicht. Doch erstens handelt es sich bei diesem Menü fast immer um ein additives, nicht um ein integriertes oder wenigstens vernetztes Angebot abgestimmter Speisefolgen, und zweitens sind die Lehramtsstudiengänge nicht das Produkt von Wissenschaft und Hochschule, sondern die Folge staatlicher Lehrerprüfungsordnungen bzw. Lehrerbildungsgesetze. Als solche erfahren sie ihre Prägung nicht durch Wissenschaft, sondern durch Vorstellungen von Schule und probater schulischer Bildung. Bei diesem Gegenargument beißt sich die Katze also in ihren ohnehin lädierten Schwanz. Unabhängig von allen didaktischen Erwägungen bliebe demnach festzuhalten: Die Vorstellung, dass der Deutschunterricht via Fachdidaktik „Germanistik" vermittle, ist irrig. Oder in den Worten der Erziehungswissenschaftler Tenorth und Terhart:

---

[4] Zu dieser Vorstellung von Abbilddidaktik vgl. Meyer 1987, 72 ff. Eine eher diffuse Identifikation von Wissenschaftsdisziplin und Schulfach kennzeichnet auch den bildungstheoretischen Pragmatismus der Klieme-Expertise zu nationalen Bildungsstandards. Vgl. Klieme u. a. 2003 sowie den Beitrag „Staatliche Steuerung von Deutschunterricht".

[5] Vgl. Kreft 1977, 285 f.

> *Gegenüber den Fachwissenschaften muss man hervorheben, dass Schulwissen Wissen eigener Art darstellt. Es muss in seinen Ansprüchen wie in seiner sachlichen und zeitlichen Ordnung zwar gerechtfertigt werden gegenüber den Fachwissenschaften, seine Form als schulisches Curriculum gewinnt es dann aber vom Primat der Lehrbarkeit und des Kompetenzaufbaus der Schüler her [...]* [6]

Vergegenwärtigt man sich die Professionalisierungserwartungen des staatlichen Arbeitgebers, dürften übrigens weder unsere Studienrätin Meier noch der Kollege Rüstig so ganz auf der Höhe sein. Hier befindet sich eher die Studienassessorin Mustermann, die keine Miene verzieht, wenn von Rasch-Skalierung gesprochen und über Item-Response-Theorien diskutiert wird. Frau Mustermann hat nämlich in der ersten und zweiten Phase ihrer Ausbildung jene Kompetenzen erworben, die die KMK als Standards für die Bildungswissenschaften in der Lehrerbildung definiert hat.[7] Folglich kennt sie nicht nur die sozialwissenschaftlichen Methoden empirischer Bildungsforschung, um einschätzen zu können, wie verlässlich deren Untersuchungsergebnisse sind. Sie nutzt auch „Verfahren und Instrumente der internen Evaluation von Unterricht und Schule". Wesentliche Teile ihrer professionellen Praxis bestimmt zudem eine Lernprozessdiagnostik, für die sie ebenfalls Expertin ist. Natürlich ist auch Frau Mustermann eine Germanistin, zudem aber kompetent in empirischer und pädagogischer Psychologie – und dies nicht nur, um als erfolgreiche Lehrerin, sondern auch als kooperationsfreudige Schulentwicklerin zu überzeugen.

5.2 Bildungswissenschaften?

Weder der Befund, dass der Deutschunterricht nicht darin aufgeht, Germanistik zu vermitteln, noch die Erwartungen der Kultusminister an kompetente Lehrkräfte können als Einwand gegen eine Praxis der Unterrichtsplanung bestehen, die um die Einhaltung sprach- oder literaturwissenschaftlicher Standards bemüht ist.[8] Zu registrieren bleibt lediglich, dass die Lage komplizierter oder auch reizvoller ist. Das zeigt bereits der Begriff, den die Kultusminister wählen, um die professionsspezifischen Qualifikationserwartungen an Lehrkräfte zu fundieren: *Bildungswissenschaften*. Gemeint sind ausdrücklich „die wissenschaftlichen Disziplinen, die sich mit Bildungs- und Erziehungsprozessen, mit Bildungssystemen sowie mit

[6] Sekretariat der Ständigen Konferenz der Kultusminister der Länder in der Bundesrepublik Deutschland: Standards für die Lehrerbildung: Bericht der Arbeitsgruppe, 12.

[7] Standards für die Lehrerbildung: Bildungswissenschaften. Beschluss der Kultusministerkonferenz vom 16.12.2004.

[8] Vgl. hierzu den Passus „Wissenschaftsorientierung" in Meyer [12]1993, 259.

deren Rahmenbedingungen auseinandersetzen."[9] Als Sammelbezeichnung wird hier ein Begriff gewählt, der sich zuvor als Alternativbegriff zu Erziehungswissenschaften nicht durchsetzen konnte (TENORTH/TIPPELT 2007). Was durch Gewöhnung eher unauffällig daherkommt, ist die Einführung eines problematischen Gegenstandsbereichs von Wissenschaften: *Bildung*. Hier kommt ein deutsches Konzept ins Spiel, das deutlich normativ ist, wie auch Tenorth und Terhart konstatieren, wenn sie die Differenzen zwischen Fachwissenschaften und -didaktiken kennzeichnen:

> ■ *[G]egenüber der reinen Beobachterperspektive des nur forschenden Interesses und gegenüber der politischen Orientierung an Leistungs- und Erfolgsmessung erweitern sie [die Fachdidaktiken; MK] schließlich den Blick auf Unterricht um die normative Dimension, d. h. um die Frage nach der Legitimität und Notwendigkeit von Zielen und Themen schulischen Lernens im Kontext der modernen Reflexion eines Curriculums allgemeiner Bildung und der schulischen Konstruktion von Kultur.*[10] ■

Diese Aufgabenbeschreibung aus erziehungswissenschaftlicher Sicht ist ebenso zweischneidig wie verständlich. Verständlich wird sie nicht zuletzt aus der Tradition einer geisteswissenschaftlichen Pädagogik, die mit ERICH WENIGER Didaktik als „Theorie der Bildungsinhalte und des Lehrplans" definierte und mit WOLFGANG KLAFKI auf dem „Primat der didaktischen Intentionalität im Verhältnis zu allen anderen didaktischen Entscheidungsfeldern" beharrte – Letzteres ein Verständnis, das häufig als Primat der Didaktik gegenüber der Methodik auf den Punkt gebracht wird. Dieses Verständnis, das der Didaktik, verstanden als Bildungslehre, gegenüber der Methodik einen höheren Rang einräumt, entwickelte sich bereits gegen Ende der ersten Hälfte des 19. Jahrhunderts, wie NIKLAS LUHMANN und KARL EBERHARD SCHORR in ihrer systemtheoretischen Provokation der Pädagogik zeigen konnten (LUHMANN/SCHORR 1988, 199 ff.). Um aus einer zunächst untergeordneten Stellung Steuerungsfunktion zu erlangen, muss dabei Didaktik „eine Gesinnungskomponente in sich aufnehmen" (ebd. 207), was wiederum bereits im 19. Jahrhundert dazu beiträgt, dass kontroverse Ideologien in didaktische Konzepte eingehen. Insofern gelingt auch über die „Beförderung" der Didaktik durch Wissenschaftsautorität keine Anästhesie politischer Konflikte um die Ziele von Schule und Unterricht. Gleichwohl kann das bildungstheoretische Konzept von Didaktik bis in unsere Tage seine Geltung behaupten. Dies geschieht beispielsweise nach Argumentationsmustern, in denen dem Stoff selbst kein bildender Wert zugesprochen wird. Erst durch die kognitive Bearbeitung – die Selektion, die Strukturierung, die Aktualisierung oder Exemplifizierung – seitens der Lehrperson gewinne der Stoff eine bildende Kraft. Mit der Zielformel Bildung, von LUHMANN und SCHORR als

---

9 Standards für die Lehrerbildung, 4.

10 Standards für die Lehrerbildung: Bericht der Arbeitsgruppe, 12.

Spezialfall einer Kontingenzformel begriffen, gelingt über weite Strecken das eher unwahrscheinlich Anmutende, „dass nur Pädagogen sagen und bewirken können, was Bildung ist" (ebd., 366).[11] Pädagogen taten und tun dies im problematischen Status einer Wissenschaft, die auch innerhalb des Wissenschaftssystems das Problem hat, nicht wirklich als Wissenschaft zu gelten. Dies liegt wesentlich daran, dass Pädagogen, wenn Sie qua Instruktion und Zielvorgaben Erziehung leisten oder ermöglichen wollen, nicht wie andere Wissenschaftler jenseits ihres Gegenstands agieren. Zwar kompensiert Pädagogik das Problem der Involviertheit durch gesteigerte Reflexion, jedoch bleiben z. B. Schorr und Luhmann bei dem Verdikt:

> ■ *[...] daß bei einem Regime funktionaler Differenzierung des Gesellschaftssystems Erziehung nie Wissenschaft sein kann und daher auch die eigene Reflexion nicht als Wissenschaft betreiben kann. Das Erziehungssystem und das Wissenschaftssystem führen entsprechend ganz unterschiedliche Realitätskonstruktionen auf. Damit ist überhaupt nicht bestritten, dass die Erziehung wie jedes andere Funktionssystem auch auf wissenschaftlich produziertes Wissen angewiesen ist und daß sie von hier mit laufend wechselnden Themen sowie mit Kritikmöglichkeiten versorgt wird. Das ist und bleibt aber eine zweischneidige Sache: Ressource und Belastung. Deshalb ist die Pädagogik, gerade wenn sie sich als Reflexionstheorie des Erziehungssystems versteht und gerade wenn sie dies gut macht, keine Wissenschaft. Ein akademisches Fach – nun gut. Das betrifft die Organisation der Universitäten und die Gehälter der Professoren. Aber keine wissenschaftliche Disziplin wie Physik, Chemie, Biologie, Psychologie, Soziologie* (Luhmann/Schorr 1979, 378). ■

Für das systemtheoretische Konzept von Wissenschaft in der Gesellschaft ist in diesem Kontext eine Differenz bedeutsam. Während andere Funktionssysteme der Gesellschaft soziale Asymmetrien ausgebildet haben, so Ärzte und Patienten im Medizinsystem, besitzen Wissenschaft und ihre Theorien kein anderes Publikum als die Wissenschaft selbst. Oder wie Oevermann es professionstheoretisch fasst: Klient der Wissenschaft ist in analytischer Abstraktion die ganze Gesellschaft samt ihrer ungewissen Zukunft.[12] Luhmanns Erklärung dafür, dass Wissenschaft nur parasitär an Asymmetrien des Erziehungssystems anschließt, aber diesbezüglich keine eigene Struktur aufbaut, lautet:

> ■ *Man kann plausibel vermuten, dass dies mit der Eigenart des Mediums der Wissenschaft zusammenhängt. Wahrheit darf sich nicht als handlungsabhängig geben* (Luhmann 1992, 625). ■

Auch Luhmann konzediert selbstverständlich, dass es anwendungsbezogene Forschungen innerhalb des Wissenschaftssystems gibt, hält aber fest, dass die Anwen-

[11] Zum Problem dieser Kontigenzformel unter der Bedingung einer nachlassenden Autorität des Bildungskanons vgl. die amüsante Darstellung in: Luhmann 2002, 186 ff.

[12] Vgl. Luhmann 1992, 624 ff.; vgl. Oevermann 1996, 70–182.

der hier eher wie Kunden agieren, die sich aus dem angebotenen Wissen nach eigenen Zwecksetzungen bedienen – oder nicht bedienen können, weil das Passende nicht zu finden ist. Interessant ist in diesem Kontext der Gedanke, dass auf der Anwendungsseite – der Umwelt des Wissenschaftssystems – nicht jene disziplinäre Differenzierung gilt, die das System Wissenschaft intern strukturiert. In anwendungsbezogener Forschung komme es deshalb häufiger zu interdisziplinärer Forschungskooperation. Allerdings – und das machte einen Unterscheid zu den „Bildungswissenschaften" aus – bleibe diese Entdifferenzierung projektbezogen und mithin temporär.

Noch einen anderen Aspekt der Überlegungen LUHMANNS lohnt es meines Erachtens, ins Kalkül zu ziehen. Nicht zuletzt für das Erziehungssystem war der Autoritätsgewinn von Wissenschaftswissen namentlich in der zweiten Hälfte des 19. Jahrhunderts von großer Bedeutung. Ihm verdankt es nicht nur seine Expansion, sondern wesentlich auch die eigene Autorität. Ob das aktuelle Wissenschaftswissen seitens der Gesellschaft auf dieselbe Weise auf höchste Anerkennung rechnen kann, ist für Luhmann mehr als fraglich. Die zunehmende Ausdifferenzierung seiner Wahrheiten, die Vervielfältigung von Rationalitäten, der konstruktivistische Schub, das damit verbundene Problem des Relativismus, das Verfallstempo von Wahrheiten, die systemische Indifferenz gegenüber ethisch relevanten Folgeerscheinungen – all dies führe dazu, dass anderswo klarere Orientierungen gesucht würden. Dass dies auch ein Problem für das Erziehungssystem in seinem Selbstverständnis als Vermittlungsorgan wissenschaftlicher Wahrheiten darstellt, registriert Luhmann an einem Beispiel aus der Geometrie, das mühelos auf den Deutschunterricht zu übertragen wäre.

> ■ *Besonders auffällig ist das gleiche Phänomen im Bereich des Erziehungssystems, das um 1800, besonders in Deutschland, noch einmal ganz entschieden auf Wissenschaft gesetzt hatte, um sich aus der Bevormundung durch Religion und Politik zu lösen. Bald darauf wird aber das Risiko auch dieser Anlehnung deutlich: Nach über zweitausend Jahren Schulgeometrie plötzlich Zweifel an Euklid – und ohne pädagogisch brauchbaren Ersatzvorschlag! Die Figuren haben kein Wirklichkeitskorrelat, die Beweise stimmen nicht oder arbeiten mit unakzeptablen Annahmen, nur noch in der Schule »gilt« diese Geometrie. [...] Offenbar ist die Autorität des Wissenden für den Lehrer unentbehrlich, sie wird gleichsam durch Nachfrage konstituiert, wie immer er sich verhält und wie immer er schmerzlich erfahren muß, daß die Wissenschaft diese Autorität gar nicht deckt. Er muß so tun als ob* (LUHMANN 1992, 630 f.)[13]. ■

Inwiefern ist nun Fachdidaktik als wissenschaftliche Disziplin von den skizzierten Problemen der Verschränkung von Bildungsformel und Wissenschaftsautorität betroffen? Betrachtet man die jüngeren Entwicklungen – etwa die Diskussion um

---

13 Vgl. hierzu HEYTING 2004 und KRAFT 2004.

Kompetenzmodelle und Bildungsstandards –, lässt sich registrieren, dass die Funktionserwartungen an die Fachdidaktiken deutlich gestiegen sind. Von einer allgemeinen oder pädagogischen Didaktik im Sinne einer allgemeinen Bildungslehre ist kaum mehr die Rede. Vielmehr zeigt sich ein großer Konsens, wonach schulische Bildungsziele domänenspezifisch formuliert sein müssten. Unter dem Erwartungsdruck, solche Zielformulierungen zu liefern, erbt die Fachdidaktik all jene Probleme der Zielformel Bildung aus der Pädagogik. Das Setzen von Zielen verletzt die Beobachterrolle, führt zu den bekannten Konflikten zwischen wissenschaftlicher Wertabstinenz (Weber 1991) und normativen Praktiken mit dem Dauerrisiko, durch Systemüberschreitungen an wissenschaftlicher Reputation inner- und außerhalb des Wissenschaftssystems einzubüßen.

Betrachtet man, wie Erziehungswissenschaftler mit der Schwierigkeit umgehen, lassen sich verschiedene Varianten erkennen: Man kann bewusst die politische Karte ziehen, d. h. die eigene Reputation für politische Zwecke einsetzen und dadurch auf Praxis einwirken.[14] Man kann die Aporien der Bildungstheorie zum Anlass nehmen und bildungstheoretisch über die Unmöglichkeit des Lehrberufs philosophieren. Man kann die Formulierung allgemeiner Bildungsziele den Politikern überlassen und sich aufs Lernen konzentrieren (Lehr-Lern-Forschung). Oder man kann Pädagogik zur empirischen Erziehungswissenschaft werden lassen und „die Konfliktzonen der beruflichen Praxis als politisches Problem" belassen, „ohne ihnen [...] die Weihe der Wissenschaft zu geben" (Tenorth 1986, 317). Auch hier hat man sich dann allerdings mit dem Problem herumzuschlagen, dass die Erwartungen an Theorie und Wissenschaft trotz alledem auf Einflussnahme und Hilfe ausgerichtet sind.[15] In allen Fällen verzichtete man jedoch darauf, auf Wissenschaft zu setzen, um Praxis durch die Entfaltung dessen, was Bildung sein soll, zu orientieren.[16] Dieser Anspruch, Wissenschaft und Praxisorientierung zu vereinen, prägte allerdings bereits den Gründungsgeist der universitären Deutschdidaktik.

14 In diesem Sinne etwa Beck 1994. Zu den Skrupeln von Hentig 1982, 297 ff. Grundsätzlich z. B. Bourdieu 2002.

15 „Weil der Sachverhalt pädagogischer Theorie, die Erziehung und der Unterricht, schon immer ein Element des Praktischen aufweist, verfällt man allzu leicht einem kurzschlüssigen Praktizismus, allzumal die Theorie der Erziehung und des Unterrichts stets einem Druck durch die Erwartungen der Praktiker ausgesetzt ist" (Winkler 1995, 52).

16 Der Erziehungswissenschaftler Thomas Ziehe plädiert für die Aufgabe des Anspruchs, „wirkliche" Erziehungswirklichkeit beschreiben zu können. Alternativ schlägt er die Zielsetzung vor, Verwendungsformen und -folgen pädagogischer Konstruktionen (Theorien, Deutungsmuster, Alltagstopoi) zu reflektieren. Erziehungswissenschaftliche Theorien wären demzufolge Konstruktionen zweiter Ordnung, nämlich Konstruktionen über das Zustandekommen alltäglicher Konstruktionen. Die Trendwende zur Selbstbezüglichkeit ist kaum verkennbar (vgl. Ziehe 1996, 927 f.).

5.3 Fachdidaktik Deutsch: Zwischenposition(en)

5.3.1 Praxisrelevanz in der Geburtsurkunde

Als Disziplin sieht sich die Deutschdidaktik, wie bereits gesehen, mit der Erwartung konfrontiert, zwischen den akademischen Bezugswissenschaften (germanistische Sprach- und Literaturwissenschaften) und den politisch gesetzten, allgemein pädagogisch ausgewiesenen Bildungszielen zu vermitteln.[17] Gesucht werden so ihre Antworten auf die Frage nach den Leistungen des Schulfaches Deutsch für die Grundbildungen der einzelnen Schulstufen. In ihrer Funktion für das Erziehungssystem wird die Fachdidaktik seit ihrem Beginn vornehmlich als „Berufswissenschaft"[18] gehandelt, die neben der Ausbildung in speziellen unterrichtsmethodischen Fragen fachliches Wissenschaftswissen auf unterrichtliches Fachwissen transferieren soll. Stärker als die philologischen Disziplinen, die, abgesehen von interventionistischen oder politisierten Phasen[19], ihre Indifferenz gegenüber dem Erziehungssystem als Merkmal ihrer Autonomie und weltanschaulichen Unabhängigkeit kultivieren,[20] ist die universitäre Fachdidaktik in ihrer Existenz an ihre Funktion für das Erziehungssystem – Lehrerbildung – gebunden. Dieser Tatbestand stellt die Fachdidaktik in besonderem Maße vor das Problem, sich nach außen und innen als Wissenschaft zu präsentieren. Zudem ist sie als „Berufswissenschaft" in ihrer Existenz und Ausstattung von den Einstellungszyklen des Lehrerarbeitsmarktes abhängig. Dies erklärt im Wesentlichen auch ihre ungünstige Stellung im Streit um Reputation bzw. symbolisches Kapital im universitären Feld.[21]

Unter diesen Bedingungen und angesichts der aufkommenden Vorbehalte gegenüber abbilddidaktischen Konzepten hat sich die Disziplin in den 1970er Jahren als Handlungs- oder praktische Wissenschaft deklariert.[22] Diese selbstbewusste

---

[17] Eine ebenso engagierte wie anschauliche Revue zur Beziehungsgeschichte von germanistischen Fachwissenschaften und Fachdidaktik liefert FINGERHUT 1995. Der Band eignet sich auch zum Studium der Identitätsprobleme jüngerer Germanistik. Vgl. auch EICHLER/HENZE 1994 sowie HASSENSTEIN 1994.

[18] Vgl. HELMERS [10]1979, 19.

[19] Vgl. von einem deutlichen Standpunkt HERMAND 1994.

[20] Interessant sind hier aber die Ausnahmen. 1969 – in einem Jahr von Aufbrüchen und Krisen – verfasste eine hochkarätige Gruppe von Fachwissenschaftlern ein Memorandum, das dafür warb, die nationalphilologische Orientierung in Schule und Universität zugunsten der allgemeinen Disziplinen Linguistik und Literaturwissenschaft aufzugeben. Vgl: LÄMMERT 1991, 41 ff., außerdem: KÄMPER-VAN DEN BOOGAART 2004.

[21] Vgl. KÄMPER-VAN DEN BOOGAART 1996.

[22] Vgl. MÜLLER-MICHAELS 1972; IVO 1975; HOPSTER 1979a. Über einen Exkurs zur antiken Abwertung praktischer Wissenschaft (Techne) konturiert JAKOB OSSNER 1993 noch einmal die Vorstellung von Fachdidaktik als „praktische Wissenschaft" (OSSNER 1993).

Deklaration wurde erleichtert durch grassierende Vorbehalte gegenüber den Elfenbeinturm-Wissenschaften. Derartige Vorbehalte bedienten ebenso technokratische (Effizienz) wie kritische (soziale Verantwortung) Muster. Die Akzentuierung eigener Praxisrelevanz folgte mithin jenen Strömungen im Universitätsbetrieb, die auch in den Geisteswissenschaften die Erkenntnisinteressen von statischen Gegenständen (Texte, Bilder, Zeugnisse) auf Handlungen und ihre Empirie umzustellen suchten. In der Germanistik lässt sich dieser Wandel etwa am Interesse an der Rezeptionsästhetik und an Pragmalinguistik nachweisen.

5.3.2 KREFT: Literaturwissenschaft wird Literaturdidaktik

Wie stark die veränderten Fragestellungen in der Literaturwissenschaft für Optimismus sorgten, was die Perspektiven der Fachdidaktik betrifft, macht etwa ein Blick in die seinerzeit einflussreiche Literaturdidaktik JÜRGEN KREFTS[23] deutlich. In seiner ehrgeizigen Studie, die Literaturdidaktik in einem umfassenden, transdisziplinären Theorierahmen fundiert, spricht er 1977 davon, dass eine rezeptionsorientierte Literaturwissenschaft auf dem Wege sei, in Literaturdidaktik „überzugehen" (KREFT 1982, 215). Mit der Entdeckung des Lesers allgemein sei die Literaturwissenschaft nämlich im Begriff, sich auch für den Schüler und die Bedingungen seiner schulischen Lektüre zu interessieren. Konvergenzen sieht er auch im Hinblick auf eine fachbezogene Erziehungswissenschaft: Diese werde sich zur Literaturwissenschaft und mithin zur Literaturdidaktik entwickeln müssen. Tatsächlich haben sich derartige Konvergenztheorien unter dem Anspruch einer *Empirischen Literaturwissenschaft* in Ansätzen verwirklicht[24], KREFT aber beließ es nicht bei einer empirisch-deskriptiven Version von Literaturdidaktik. Zu einer Handlungswissenschaft werde diese nämlich erst, wenn sie Theorie und Praxis vermittle, indem sie Teil jenes praktischen Diskurses werde, in dem normative Regelungen in ihrer Geltung legitimiert werden könnten. Schlichter gesagt: Literaturdidaktische Forschung sollte zu einer Veränderung der Erziehungsziele beitragen und im Namen von Emanzipation und Humanisierung normbildend wirken. Dieses Bekenntnis zu einer durchaus politisch gemeinten Praxisrelevanz literaturdidaktischer Forschung erscheint, zumal in heutiger Blickrichtung, anrüchig: Sollen Literatur und Wissenschaft für politische Zwecke instrumentalisiert werden? Diesen Verdacht unterläuft Kreft durch zwei schwer beweisbare Prämissen: Sie beziehen sich auf die Behauptung, Kunstliteratur habe per se ein emanzipatives Potenzial (KREFT 1982, 361), und auf die an Habermas' Diskursethik gewonnene Vorstellung von einer Entsprechung wissenschaftlicher und postkon-

[23] Vgl. KREFT 1977.
[24] Vgl. z.B. BARSCH/RUSCH u.a. 1994.

ventioneller Kommunikation (KREFT 1982, 264 ff.), die ihrerseits auf einen prozeduralen Wahrheitsbegriff zurückgeht.

5.3.3 Germanistische Teildisziplin oder souveränes Fach?

Wie KREFT optierte bereits KÜGLER 1971 für ein enges Zusammenspiel von Fachwissenschaft und -didaktik (KÜGLER 1971).[25] Dies traf zuvor ebenfalls für Ivo zu, der 1969 geltend machte, dass Literaturwissenschaft und -didaktik „im Grundsatz identisch" seien bzw. Didaktik nur als Teildisziplin der Literaturwissenschaft Bestand haben könne (Ivo 1969).[26] Andere Töne finden sich bei GEISSLER[27] und WILKENDING, die 1972 die strukturellen Diskrepanzen zwischen den Entscheidungsfeldern von Literaturwissenschaft und -didaktik akzentuierten (WILKENDING 1972, 38).

Für DAHRENDORF war die Bindung der Didaktik an die Fachwissenschaft ein Ärgernis, da so ein elitaristischer Literatur- und Bildungsbegriff für die Schule und die Lehrerausbildung absolut gesetzt werde. Seine 1969 in diesem Zusammenhang gestellte Frage „Leseerziehung oder literarästhetische Bildung?" (DAHRENDORF 1975) hat im Übrigen, wenn auch unter veränderten Bedingungen, bis heute ihr Konfliktpotenzial konserviert.[28] Auch HELMERS warnte in seinem vielfach aufgelegten und einige Male revidierten Band „Didaktik des Deutschunterrichts", der 1966 erstmalig erschien und nebenbei die „Methodik" eines ROBERT ULSHÖFER (1953 ff.) durch „Didaktik" ablöste, vor einer fachwissenschaftlichen Hegemonie. Stattdessen forderte er eine interdisziplinär operierende Didaktik der deutschen Sprache als eine Wissenschaft, die gegenüber den Erziehungswissenschaften einerseits sowie den Sprach- und Literaturwissenschaften andererseits eine „Bindegliedfunktion" übernehmen sollte (HELMERS 1979, 25).

Eine adäquate Theorie der literarischen Bildung sehe das Gedicht, das von der Literaturtheorie als „ruhendes Geistesobjekt" betrachtet werde, stets als Lerninhalt, als Phänomen im Lernprozess. Obgleich HELMERS „das Hinzutreten des Schülers" als entscheidende Differenz zu den Textwissenschaften ausmacht (HELMERS 1979, 25), bleibt seine Didaktik jedoch gegenstands- und fachwissenschaftsorientiert. Charakteristisch für die ungeklärte Ambivalenz seiner Positionsnahme ist, was er als ein Prinzip der Lehrplanherstellung unter dem Stichwort „Wissenschaftlichkeit" aufführt: Einerseits postuliert er rigide eine ständige Revision der Bildungsinhalte, um auf „dem neuesten Stand der Sprach- und Literaturwissen-

[25] Vgl. auch RÖTTGER 1974.
[26] Vgl. auch ARENDT 1974.
[27] Vgl. GEISSLER 1970.
[28] Vgl. KÄMPER-VAN DEN BOOGAART 2000.

schaften“ zu sein. Andererseits entspricht er landläufigen Sorgen und fordert ein „didaktisches Regulativ“, um zu verhindern, dass der Deutschunterricht „zum Tummelplatz ungesicherter sprach- und literaturwissenschaftlicher Theorien“ (Helmers 1979, 39) werde.

Die Unsicherheit in der Frage, wo sich eine Fachdidaktik Deutsch wissenschaftlich institutionalisieren soll, kommt nicht von ungefähr. Ein wichtiger Aspekt ist sicher die in den 1970er Jahren einsetzende und von germanistischen „Fachkollegen“ mit Skepsis betrachtete Einrichtung fachdidaktischer Lehrstühle an den Universitäten. Gestaltete sich an den Pädagogischen Hochschulen fachdidaktische und -wissenschaftliche Lehre mehr oder weniger in Personalunion (dies gilt auch heute noch), wurde an den meisten Universitäten Fachdidaktik als eigener Bereich in den germanistischen oder (seltener) erziehungswissenschaftlichen Instituten spezifiziert. Der Preis für die universitätsprofessoralen Würden bestand in einer festgeschriebenen Minderheitenposition vor allem gegenüber den „ordentlichen“ Germanisten. Dies führte unter anderem dazu, dass Didaktiklehrstühle in Zeiten knapper werdender Ressourcen unter der Hand für andere Interessen eingesetzt wurden. Ähnlich problematisch verlief die Integration der Pädagogischen Hochschulen in die Universitäten.[29] Hier bildeten sich vielfach innerhalb der Universität PH-Restbestände, die in didaktischen Zentren oder als Erziehungswissenschaften mit Fachseminaren so etwas wie eine Hochschule innerhalb der Universität darstellten.

5.3.4 Wissenschaft und/oder Praxis

Aufschlussreich ist, dass die Frage, wie Wissenschaftlichkeit mit Praxisorientierung zu verbinden sei, relativ selten systematisch gestellt wurde. Dies ist wohl darin begründet, dass sich im Zeichen einer sogenannten Kritischen Germanistik so etwas wie ein antipositivistischer Grundkonsens abzeichnete, der die Wertaffinität der eigenen Wissenschaft in einer politisch aufgeladenen Rhetorik („Emanzipation“, „Aufklärung“, „Ideologiekritik“) beteuerte und gesellschaftsverändernd auslegte.[30] Mit technokratischen Vorstellungen lief das politische Bestreben zusammen, Praxis über die Einspeisung von Theorien instruieren zu können und auf diese Weise eine demokratischere, in jedem Fall bessere Schule zu ermöglichen. Die politische Naivität, die die Vorstellungen einer Arbeitsteilung zwischen universitärer (praxisloser) Theorie und (theorieloser) Praxis prägte, kritisierte Hopster (1979b), indem er für ein dialektisches Verständnis des Theorie-Praxis-Verhältnis-

[29] Ausnahme: Baden-Württemberg. Hier wurde das PH-Modell bis heute beibehalten. Die Studienratsausbildung verläuft aber auch hier universitär.

[30] In der Rückschau: Kämper-van den Boogaart 2003.

ses warb und in der Sache auf das zielte, was heute etwa unter dem Begriff „subjektive Theorien" gehandelt wird. Sein Rat an eine handlungswissenschaftlich ausgelegte Didaktik geht dahin, die reflektierten und unreflektierten Richtigkeitsvorstellungen bzw. den Habitus der Unterrichtenden als Ansatzpunkt einer auf Veränderung zielenden Ausbildung zu erforschen (Hopster 1979a, 61). Eines der wenigen Beispiele für eine solche empirische Untersuchung lieferten, bis heute aufschlussreich, Nündel/Schlotthaus 1978. Im selben Band wie Hopster schlug Hoppe vor, zwischen Wissenschaft und didaktischem Journalismus zu unterscheiden. Den Begriff des Journalistischen wollte er dabei nicht als Abwertung verstanden wissen. Die Publikation von Vorschlägen für eine bessere Praxis müsse auch für Wissenschaftler ein legitimes Unterfangen darstellen. Als Vorreiter einer konstruktivistischen Wende monierte er jedoch:

> ■ *Kritisiert werden muß ..., wenn dabei wissenschaftliche Theorie zu einer Legitimation benutzt wird, die dem Praktiker stark imponiert, ihm aber nicht hilft, das Postulat in eine praktische Theorie zu integrieren und festzustellen, was es taugt* (Hoppe 1979, 107). ■

Hoppes Kategorien folgend, muss man wohl bis heute den Großteil der didaktischen Publikationen als journalistisch bezeichnen. Dass dies so ist, liegt – neben der miserablen und forschungshemmenden Ausstattung didaktischer Lehrstühle[31] – schon daran, dass die publizistische Nachfrage sich neben Lehrwerken nach wie vor auf ein rezeptologisches Schrifttum richtet, in etwa auf „schlüsselfertige" Unterrichtsmodelle. Angesichts der Dominanz solcher Publizistik wurde 1996 mit „Didaktik Deutsch" eine Halbjahresschrift gegründet, die ausdrücklich als Organ für eine wissenschaftliche Fachdidaktik ausgewiesen wurde. Sie ist gleichzeitig Mitgliederzeitschrift und Forum des 1975 zum Zweck des wissenschaftlichen Austauschs gegründeten Fachverbandes Symposion Deutschdidaktik.

Kennzeichnend für die anhaltende Unsicherheit, zwischen Praxisinstruktion und Wissenschaft zu kreuzen und einen Platz im Gefüge der Disziplinen zu finden, ist das Editorial der ersten Ausgabe von „Didaktik Deutsch". Hier ist die Rede von einer „Selbstverständigung diesseits der praktischen Umsetzung, der sich die Fachdidaktik selbstverständlich verpflichtet weiß". Und über den Status der Fachdidaktik wird – wieder einmal – ausgeführt:

> ■ *Als praktische Wissenschaft hat die Deutschdidaktik einen besonderen Spagat zu leisten. Gibt sie sich praktisch, wird sie von manch einem Vertreter der etablierten Universitätsdisziplin skeptisch betrachtet; gibt sie sich theoretisch, so wird ihr der gesellschaftliche Nutzen abgesprochen und damit ihre Existenzberechtigung, denn es war der Bildungsaufbruch der späten 60er Jahre, dem sie ihre Geburt verdankt. Sie ist also auch eine junge Wissenschaft, die ihren Standort als eigenständige Disziplin zwischen den Disziplinen su-*

[31] Vgl. Terhart 2000; Baurmann/Haueis u. a. 2000.

chen und das Selbstverständnis in ihrem Denken, Handeln, Analysieren, Forschen und Bewerten weiter entwickeln muss (KLOTZ/MÜLLER-MICHAELS u.a. 1996, 4). ■

Wenn hier ein weiteres Mal die Differenz von „theoretisch" und „praktisch" als Beschreibung eines didaktischen Spagats aufgemacht wird, mag das Außensicht auf die Fachdidaktik zutreffend abbilden. Betrachtet man hingegen jüngere Forschungsarbeiten und -programme, darf man sagen, dass HOPSTERS *Monitum* von 1979 insofern hinfällig geworden ist, als nunmehr Praxisorientierung seitens der „Theorie" das Interesse für die subjektiven Theorien, für implizites Wissen, kognitive Schemata oder Weltkonstruktionen der an Lernprozessen Beteiligten einschließt.

5.4 Fachdidaktische Forschung in jüngster Zeit[32]

Gerade mit Blick auf die Lernenden wird der von SPINNER u.a. postulierten kognitiven Wende in der Fachdidaktik eine große Bedeutung beigemessen. SPINNER entwickelte sein Postulat 1994 auf der Folie einer periodisierten kleinen Wissenschaftsgeschichte der Disziplin (SPINNER 1994). Diese setzt ein mit einem wissenschaftspropädeutisch ausgelegten Lernkonzept in der ersten Phase der Deutschdidaktik, das gegenstands- und lernzielorientiert ausgerichtet ist. In den 1980er Jahren wird vor allem das Handeln mit Sprache thematisiert. Ab den 1990er Jahren stehen dann (im Zeichen von Konstruktivismus, Individualpsychologie und Neurobiologie) die kognitiven Strukturen und Konstruktionen des Kindes als individuelle Korrelate jedweder Handlungen im Vordergrund[33], und in der Unterrichtsdidaktik wendet sich das Interesse vom Produkt ab und den Prozessen zu; Fehler werden als Zugänge zu individuellen Konstruktionen und Verarbeitungsweisen betrachtet.[34] Die Rolle des Lehrers modifiziert sich vom Stoffvermittler der ersten Phase zum Arrangeur oder Moderator individualisierter und offener Lernprozesse. Dass diese Veränderungen auch „ein Reflex der Zeitgeschichte" sind, sich etwa dem allgemeinen gesellschaftstheoretischen Paradigma der Individualisierung von Lebensverhältnissen anschließen, macht FEILKE 2001 deutlich (FEILKE 2001, 6).[35] Doch welche Ansätze und Forschungsbereiche stellten von den 1990er Jahren bis heute zentrale Anliegen didaktischer Forschungen dar?

---

[32] In diesem Abschnitt können nur einige Forschungsbereiche exemplarisch angeschnitten werden. Vernachlässigt sind insbesondere solche Gebiete, die – wie z.B. die Mediendidaktik – in besonderen Kapiteln des vorliegenden Bandes aufgegriffen werden.

[33] Vgl. WILLENBERG 1999.

[34] Vgl. etwa SIEBER 2000.

[35] FEILKE beobachtet im Übrigen ein erneutes Interesse an kulturellen Prägungen.

In der Sprachdidaktik richtete sich etwa das Interesse auf die Funktion und die Art eines „inoffiziellen Sprachbewusstseins“, das von der offiziellen Sprachlehre abweicht, gleichsam in Prozessen des Schriftspracherwerbs in Anspruch genommen wird. So gibt HAUEIS bereits 1988 in durchaus praxisrelevanter Perspektive zu bedenken:

■ *Wer etwas über das Verhältnis der offiziell etablierten Wissensstruktur in unseren Schulgrammatiken zu den potentiell vorhandenen Lernstrukturen aussagen will, tut gut daran, auch diese ‚inoffiziellen' Formen von Sprachbewußtsein zu berücksichtigen* (HAUEIS 1988, 70).[36] ■

Vor allem amerikanische Forschungen zur metalinguistic awareness wurden in der Folge rezipiert und gaben Modelle für empirische Beobachtungen[37] bzw. Einzelfalluntersuchungen ab.[38]

Einen anderen – gleichwohl über verschiedene Prämissen mit der Frage nach dem empirischen Sprachbewusstsein und nach der Beziehung zwischen Lesen und Schreiben verbundenen – Forschungsschwerpunkt bilden in den letzten Jahren die Schreibdidaktik bzw. das schulische Schreiben.[39] Dass sich gerade in diesem Bereich sprachdidaktische Forschung konzentriert, dürfte auch darauf zurückzuführen sein, dass das Schreiben ein „Arbeitsfeld im muttersprachlichen Unterricht“ ist, „welches keine Entsprechung in einer Wissenschaft hat“, wie DEHN bereits 1981 konstatierte.[40] Analoges gilt auch für andere Bereiche, etwa für einen Grammatikunterricht, der funktional auf den Ausbau schriftsprachlicher Kompetenzen gerichtet ist. Wenn hier etwa der empirische Befund thematisiert wird, „dass die Korrelation zwischen Kommakompetenz und deklarativem Grammatikwissen nur schwach positiv ist“[41], wird mit dem Hinweis auf die Bedeutung indirekter Wege zur Kommasetzung eine Frage thematisiert, die für Sprachwissenschaftler außerhalb der Didaktik wohl eher von peripherer Bedeutung sein dürfte. EISENBERG allerdings weist in dieser Hinsicht auf ein Desiderat hin: Da er offensichtlich Fachdidaktik stark als Lehrerbildungsdisziplin begreift, fällt ihm auf, dass in der Fachdidaktik zu wenig unterschieden wird zwischen dem, was den Lernenden an expliziten Modellen angeboten wird, und dem Sprachwissen, über

---

36 Vgl. auch das Editorial in OBSt und im selben Heft OSSNER, 82–104; vgl. außerdem ANDRESEN 1985.

37 Vgl. für das Spektrum jüngerer empirischer Forschung KAMMLER/KNAPP 2002.

38 Vgl. HOLLE 1997.

39 Siehe hierzu den Beitrag „Schulisches Schreiben ...“ von JÜRGEN BAURMANN sowie BECKER-MROTZEK/BÖTTCHER (Hgg.) 2006 und 2003.

40 Vgl. DEHN 1981.

41 Vgl. AUGST 2001. Zum defizitären Dialog zwischen Schule und Hochschule v. a. in der Frage des gymnasialen Grammatikunterrichts vgl. im selben Band HOPPE/SCHÜTZ 2001. Vgl. auch MELENK 1998 und jüngst VOSS/BLATT/KOWALSKI 2007 sowie MÜLLER 2007.

das eine Lehrperson verfügen sollte, um einen flexiblen und zuverlässigen Sprachunterricht zu gestalten.[42]

Ein anderes Beispiel für die Zugänge einer angewandten Linguistik stellt der Einsatz von Verfahren der empirischen Diskurs- und Konversationsanalyse für die Kommunikation im Sozialsystem Schule dar.[43]

Angesichts der stärkeren Fachorientierung im gymnasialen Unterricht und des hier vor allem dominanten Literaturanteils in der Sekundarstufe II ist erklärlich, dass eigenständige didaktische Forschungen, die über generalisierte Erfahrungsberichte hinausgehen,[44] für diese Bereiche in geringem Umfang vorliegen. Nimmt man den Forschungsschwerpunkt *Literarische Sozialisation*[45] aus, so geht noch in den 1990er Jahren der Großteil literaturdidaktischer Studien in dem – nach HOPPE: journalistischen – Anspruch auf, literaturwissenschaftlich neue Sichtweisen für kanonische Texte oder neue Literatur für die Unterrichtspraxis „aufzubereiten“[46] oder Unterrichtsmethoden zum Umgang mit Texten vorzuschlagen.

Belastet wird der wissenschaftliche Austausch bereits seit den frühen 1970er Jahren dadurch, dass gerade der Umgang mit Literatur im Schnittpunkt allgemeiner Bildungsvorstellungen liegt. Die Affinität zur Bildungsformel, die normative Prägung des Literaturbegriffs überhaupt und die resultierenden sozialen Legitimationsprobleme des Literaturunterrichts wirken sich insbesondere in zwei andauernden Kontroversen aus, die vielleicht zu vermitteln, aber kaum aufzuheben sind, solange „Literatur“ ihren Platz in der Stundentafel behauptet. Dabei handelt es sich um die Kanonfrage[47] und die hiervon abhängige Frage nach den je gegenstandsadäquaten Rezeptionskompetenzen. Die letzte lässt sich in der allgemeineren Fragestellung zuspitzen, was es eigentlich heißt, einen literarischen Text zu verstehen. Dass es einen literaturtheoretischen Konsens in dieser Frage gäbe, wird man kaum behaupten können.[48] Ebenso wenig kann man sagen, dass ein Einvernehmen darüber existierte, was die Form sei, in dem sich das Verständnis literarischer Texte angemessen artikuliere. Um nur zwei Extreme aufzuführen: Auf der Basis strukturalistischer Literaturtheorien werden Lehrer auf bestimmte Prozeduren einer strukturalen bzw. objektivierenden Textanalyse bestehen wollen, für Anhänger des Radikalkonstruktivismus wäre hingegen der subjektive Duktus des Essays der Königsweg.[49] Das Terrain dieser Auseinandersetzungen ist erkennbar

---

[42] EISENBERG: 2004.
[43] Vgl. REDDER 1994; BECKER-MROTZEK 1997, 2002; WIELER 2000 samt jeweiligen Bibliographien.
[44] Vgl. hierzu auch programmatisch MÜLLER-MICHAELS 1994.
[45] Siehe den Beitrag „Lesesozialisation und Leseförderung …“ von CORNELIA ROSEBROCK.
[46] Vgl. die Kritik an dieser Stoßrichtung in FINGERHUT 1998, 53–75.
[47] Siehe den Beitrag „Kanonprobleme“ von ANGELIKA BUSS.
[48] Vgl. z. B. GUMBRECHT 2003.
[49] Vgl. SCHEFFER 1992 und 1995; ABRAHAM 1994.

weiter gefasst als das der Literaturdidaktik. Was dieser allerdings übrigbliebe, wäre statt einer normativen Orientierung die Übernahme einer kultursoziologischen Perspektive, in der zu beobachten ist, was in der Gesellschaft und im Sozialsystem der Kunst als probate Rezeptionsform gehandelt wird.[50] Von diesen Befunden wäre an jenen Versachlichungsversuch anzuschließen, den Ivo frühzeitig mit der Orientierung auf die (empirische) Kategorie des literarischen Lebens unternahm.[51] Solange solche Bezugnahmen aufs Soziale außerhalb der Schule ausbleiben, droht die Auseinandersetzung über die notwendig grundlegenden und bildungspolitisch aufgeladenen Probleme des Literaturunterrichts in dem paralysierten Zustand zu verharren, den Bremerich-Vos als ein Setzen auf bloße Postulate kritisierte (Bremerich-Vos 2002, 24 f.).[52] Wie die Diskussion um die empirischen Ergebnisse der von Christ u.a. vorgelegten Studie zu literarischen Gesprächen in der Schule[53] zeigt, bestimmen normative und letztlich subjektive Setzungen ansonsten auch die Analyse der in der Unterrichtsforschung erhobenen empirischen Daten. Während für die eine Fraktion die dokumentierten Gespräche „das Literarische" konsequent verfehlen, deutet die andere dieselben Daten positiv im Sinne literarischer Aneignungsprozesse. Eine Rolle spielt in diesem Zusammenhang noch ein weiterer kritischer Einwand von Bremerich-Vos: Auch wenn man konzediert, dass Literaturdidaktik stets auf einer normativen Basis operiert, insofern sie sich mit Blick auf die Schule schwerlich jenseits eines Konstrukts von „Allgemeinbildung" bewegen kann, bleibt festzuhalten, dass die Operationalisierung der in die Debatte geworfenen Wertbegriffe sehr zu wünschen übrig lässt. Was zum Beispiel können Indikatoren für Fremdverstehen, Formbewusstsein, Imagination[54] usw. sein? Erst wenn diese und andere Fragen präziser geklärt wären, ließen sich Modelle zur ontogenetischen Entwicklung literarischer Kompetenzen genauer fassen, empirisch erforschen und Verstehenserwartungen über elementare Stufen hinaus rechtfertigen.[55] Die Schwierigkeit einer solchen Klärung bedingen nicht allein zentrale Lernziele, die sich auf latente Dispositionen wie soziale Sensibilität richten (Spinner 2001a, 152), sondern auch die den Aktionen im System Kunst eigene Offenheit. Zu erwarten ist allerdings, dass die systemaffine Wertschätzung von Offenheit im Literaturunterricht nachlassen

[50] Vorschläge und Untersuchungen hierzu in Kämper-van den Boogaart 1997.

[51] Vgl. Kämper-van den Boogaart 1998.

[52] Vgl. auch ders.: Zur Entwicklung der Qualität des Deutschunterrichts in der Sekundarstufe I – Anmerkungen in fachdidaktischer Perspektive. http://www.learn-line.nrw.de/angebote/qualitaetsentwicklung/download/bremerich_vos.pdf.

[53] Vgl. Christ/Fischer u.a. 1995. Vgl. auch die Diskussionsbeiträge in Didaktik Deutsch 3/1997 und 4/1998 sowie Wieler 1989, Paefgen 1996 und Ivo 1996 sowie Härle/Steinbrenner (Hgg.): 2004.

[54] Imagination vgl. Schubert-Felmy 2001, Empathie Schneider/ Bertschi-Kaufmann: 2006.

[55] Vgl. Spinner 1995 sowie Witte/Garbe u.a. 2000.

wird. Dies zum einen, weil die Resultate des PISA-Lesekompetenztests den Verdacht nähren, dass der Deutschunterricht, anders als der Fremdsprachenunterricht, die Sicherung basalen Leseverstehens zu stark vernachlässigt. Analysiert man Aufgabenstellungen in verbreiteten Lehrwerken, fällt auf, wie früh Lernende zur Erörterung von Themen aufgefordert sind, die von den Primärtexten nur angestoßen werden. Erst unter dem (zugegeben: problematischen) Druck, auf zentrale Lernstandserhebungen vorzubereiten, liegt das Augenmerk stärker auf der Herstellung und Überprüfung lokalen und globaleren Leseverstehens. Derartige Aufgabenstellungen können zwar leicht als kleinschrittige Gängelei diskreditiert werden, sie zwingen die Aufgabenkonstrukteure aber auch zu philologischer Akkuratesse. Beispielsweise müssen sie präzise lokalisieren, wo lokale und globale Inferenzen erforderlich sind, um zu einer kohärent anmutenden mentalen Repräsentation des Gelesenen zu gelangen. Herauszupräparieren ist, welche intra- und extratextuellen Bezüge ein idealer Leser als Textfunktion(en) herstellen sollte. Boten in der älteren Rezeptionsdidaktik die berühmten Leerstellen poetischer Texte häufig die Legitimation dafür, phantasievolle Bedeutungszuschreibungen zu prämieren, wird nun genauer geprüft, welche Rezeptionsaktivitäten der Text instruiert.[56]

Löst der empirische Trend das angesprochene Wissenschaftsproblem der Fachdidaktik? Mit Luhmann/Schoor fällt die Prognose verhalten aus:

■ *Es gibt durchaus Daten und Datenaggregationen, deren Kenntnis jeden besonnenen Lehrer stutzig machen und in der Richtung seiner Aufmerksamkeit beeinflussen müßte – etwa Daten über den Zusammenhang von Schichtung und Selektion oder Daten, die den extrem hohen Anteil des Lehrers im Verhältnis zum einzelnen Schüler oder auch zur gesamten Klasse am Kommunikationsprozeß, an Initiativen, am Fragenstellen belegen. Aber solche Erkenntnisse bleiben rein deskriptiv. Ihnen läßt sich nicht entnehmen, was die beschriebenen Sachverhalte bewirken, wie sie geändert werden könnten und was es bewirken würde, wenn sie geändert werden würden. Sie werden, [...], nicht oder nur über höchst ungesicherte Annahmen in eine Kausalkonstellation eingebracht. Sie werden durch Kontrastierung zu heimlichen Gleichverteilungserwartungen „interessant gemacht", zu Gleichverteilungserwartungen, die auf ideologisch fundierte Gleichheitspostulate gestützt sein können. Insofern verhilft eine Ideologie der Empirie [...], zu rasch zu interessanten Ergebnissen. Aber zunächst ist ja keineswegs ausgemacht und vor allem empirisch keineswegs geklärt, ob eine starke Bevorzugung von Kindern höherer Schichten im Erziehungsprozeß oder eine starke Begünstigung der vom Lehrer ausgehenden Kommunikation im Unterrichtsprozeß nicht auch pädagogisch die besten Ergebnisse verspricht. Jedenfalls können aus quantitativen Verteilungen noch keine Schlüsse auf Annehmbarkeit oder Verwerfbarkeit oder Änderungsbedürftigkeit von Sachlagen gezogen werden* (Luhmann/Schoor 1988, 216). ■

[56] Vgl. den Beitrag Elisabeth K. Paefgens („Textnahes Lesen und Rezeptionsdidaktik") sowie Kämper-van den Boogaart/Pieper 2008.

Diese Warnungen mögen überzogen und vielleicht auch veraltet sein. Gleichwohl zeigen vorliegende Untersuchungen, wie heikel es angesichts der enormen Komplexität von Unterricht ist, mit empirisch zuverlässigen Mitteln Aufschlüsse über die Wirkung didaktischer Praktiken zu gewinnen, zumal jene Praktiken ja personengebunden und häufig schwer zu isolieren sind. Ein Beispiel: In einem „Kompetenzhandbuch", das beansprucht, auf der empirischen Basis des DESI-Projekts entstanden zu sein, diskutiert Steffen GAILBERGER die Transskripte zweier Unterrichtsstunden, die unterschiedliche Lehrpersonen zu einer Zeitungsreportage abgehalten haben (GAILBERGER 2007). Gilt die eine Stunde wegen eines unstrukturierten und ideologisierenden Textzugriffs als Exempel einer *bad practice*, bietet die andere Stunde mit ihren zunächst kleinschrittigen Verfahren und ihrer deutlichen Führung der Lernenden viele Eigenschaften einer *good practice*. Dieser Analyse möchte ich hier nicht widersprechen. Problematisch sind aber die abgeleiteten Lektionen, wenn GAILBERGER u.a. die folgende Direktive an die Praxis generiert:

> ■ *Der Lehrer sollte zielführend v.a. die hierarchiehöheren Leseteilanforderungen im Blick behalten und auf die zweifache Anwendung von Wissen bestehen.* ■

Lässt man die problematische Rede von einer zweifachen Anwendung von Wissen beiseite, kann dieses Rezept sicher nicht falsch sein. In ihm würde sich aber wahrscheinlich jene Lehrperson positiv wiedererkennen, die hier die *bad practice* verantwortet, ist doch auch ihr einseitiges Top-down-Verständnis, das sie den Schülern aufdrängt, formal hierarchiehoch. Wie GAILBERGERS Materialdarbietung selbst zeigt, besteht die wesentliche Differenz nicht darin, dass nur in einem Fall ein globales Textverstehen angezielt wird. Schlecht ist die eine Praxis vielmehr deshalb, weil bereits auf lokaler Ebene offenkundig auch durch die Lehrperson nur ein schludriges Textverstehen erreicht wird. Diese Feststellung ist allerdings wie nicht wenige empirische Befunde recht trivial, insofern sie lediglich ohnehin Erwartbares an einem Einzelbeispiel illustriert.

5.5 Praktischer Nutzen fachdidaktischen Wissens?

Wie anderes Wissenschaftswissen auch, können „fachdidaktische Aussagen, sofern sie in Wissenschaft gründen, nicht unmittelbar handlungsanleitend sein" (Ivo 1996, 18). Ivo folgend impliziert diese Selbsterkenntnis auch, dass der „Blick aus der Beletage der Wissenschaft auf das Handlungsfeld" nie besserwisserisch sein kann. Nicht von Hierarchie, sondern von Differenz seien die beiden Formen sprachdidaktischer Reflexion bestimmt, die sich im Handlungsfeld Unterricht und in der wissenschaftlichen Disziplin ausbildeten. Eine zentrale Unterscheidung liefert für Ivo die Kategorie des Aktualitätsdrucks, wie er aus der Einnahme einer Handlungsperspektive und aus der Rolle erwächst, über Bildungspolitik auf vordringliche Probleme der Gegenwart reagieren zu müssen. Diesen Druck könne Fachdidaktik nicht einfach negieren, vielmehr sei er für sie konstitutiv, da ihrem Thema ein Bezug zur Aktualität inhärent sei. Auf den derart konstitutiven Druck solle, so Ivos Postulat, Didaktik differenzierend reagieren, etwa mit der kategorialen Unterscheidung von Diskursen, die vor Ort mit dem Ziel praktischer Ergebnisse (Handeln) geführt werden,[57] und von allgemeinen Diskursen, die das Handlungsfeld in historisch-systematischer Perspektive reflektieren.

Was also in der „Beletage" zu leisten wäre, liefe stärker auf Beobachtung und auf die Konstruktion von Beobachtungsinstrumenten (z.B. einer geeigneten Terminologie) hinaus. Hierbei wäre darauf zu achten, die historischen Kontexte des Beobachteten und der Beobachtungsoperationen reflexiv zu sichern. Den praktischen Diskursen diente beides zur Orientierung: Erleichtert wäre die verständigungsorientierte Lokalisierung eines Problems vor Ort in einem allgemeinen Rahmen, der „über den Tag" hinausreicht. Diskurse, die einen solchen Rahmen sicherten, optierten nicht für handlungsleitende Werte und Rezepte, bildeten aber etwa ein Wissen von der Geschichte solcher Werte aus. Wer sich auf dieses Wissen auch „vor Ort" reflexiv beziehen könnte, wüsste immerhin besser, was er tut, wenn er Entscheidungen fällt, die ihm die aktuelle Situation „ganz real" abfordert.

Eine der Schwächen didaktischen Brauchtums besteht in der Weise seiner Tradierung. Irgendetwas hat sich einmal der Intuition verdankt und für den Unterricht (scheinbar) bewährt, ist dann als Folge praktischer Diskurse im Lehrplan festgeschrieben und von späteren Lehrplanmachern aus Gründen der Vergleichbarkeit zwischen den Ländern immer wieder abgeschrieben worden. Für den späteren Praktiker wurde es ein Problem seines Handelns, etwa ein Stoff oder eine Fertigkeit, die er glaubt vermitteln zu müssen. Der Sinn des Ganzen – die Inhaltsangabe einer Ballade im 7. Schuljahr zum Beispiel – bleibt im historischen Dunkel; präsent ist einzig das ernst zu nehmende Problem: Wie motiviere ich die Schüler hierzu? Auf welche Weise erläutere ich und lasse üben, wie eine Inhaltsangabe zu schreiben ist? Das Wissen um die Hintergründe des Ganzen harrt derweil im Rücken des Brauchtums: Warum Balladen in diesem Alter? Weshalb die Koppelung mit der Inhaltsangabe? Eine praktische Funktion fachdidaktischen Wissens bestünde darin, die ehedem hierfür geltend gemachten Gründe in systematischer Form aufzubewahren. Und sei es, um sie in der aktuellen Praxis beruhigten Gewissens umzuwerfen.

[57] Vgl. in diesem Zusammenhang die amerikanischen Studien zum Pedagogical Content Knowledge (PCK), skizziert im Beitrag „Unterrichtsplanung".

Teil II
Literaturdidaktik

1 Umgang mit Texten in der Sekundarstufe I

Barbara Schubert-Felmy

1.1 Die Schülerinnen und Schüler in der Sekundarstufe I

In den Kernlehrplänen der Sekundarstufe I werden in Anlehnung an Bildungsstandards der KMK Kompetenzen, Inhalte und Methoden vorgegeben, die für den Umgang mit literarischen Texten maßgeblich sind.[1]

Derartige Vorgaben sind schon allein wegen der Vorbereitung auf den Mittleren Schulabschluss wichtig und hilfreich, doch ehe sich die Lehrperson die Frage stellt, wie die mit ihnen verbundenen Anforderungen zu erreichen sind, muss sie sich ein Bild von den Schülerinnen und Schülern machen, auf die sich Kompetenzen, Inhalte und Methoden beziehen.

Besonders in der Sekundarstufe I trifft man auf äußerst heterogene Lerngruppen. Ihren Lernvoraussetzungen, -bedürfnissen und -möglichkeiten zu entsprechen ist wichtiges Anliegen eines Unterrichts, der dem Schüler als Subjekt von Lernprozessen Bedeutung beimisst. Standards können hier nur als Richtwerte verstanden werden, die vor Ort auf die Lernenden abzustimmen sind. Es kommt auf die einzelne Person an, folgt man der Erkenntnis, dass Lernprozesse effektiv sind, wenn der Lernende sie selbst konstruiert.[2] Besonders bei der Erschließung

---

1 Vgl. Ständige Konferenz der Kultusminister 2003, 2004, 2005.

2 Vgl. zu konstruktivistischen Begründungen des Literaturunterrichts Wangerin 2007, 75ff., zu unterschiedlichen Lerntypen sowie Arten von Textlektüre und literarischer Rezeption: Haas 1995, 222. Meyer fordert, dass die Ermittlung der subjektiven Interessen der Lernenden „so weit wie möglich in den Unterrichtsprozess integriert" wird. Das schließe zwar nicht aus, dass bei der Planung Vermutungen angestellt werden, verlange aber im Unterrichtsverlauf eine Ausrichtung auf die Lernenden, ein konzentriertes Zuhören, eine Zurücknahme der Lehrerdominanz. Meyer 1993, 306f.

von Literatur muss der Unterricht so abgestimmt sein, dass jeder Einzelne sich in die Textbegegnung einbringen kann, denkend, genießend, abwägend. Diese Forderung verdient besonders im gegenwärtigen Literaturunterricht Beachtung, denn es besteht die Gefahr, dass Lehrpersonen angesichts der Kompetenzorientierung in eine ähnliche kleinschrittige Vorgehensweise zurückfallen, wie sie zur Zeit der Lernzielorientierung üblich war.

Der Wechsel in die Sekundarstufe I ist in den meisten Bundesländern mit dem Übergang an weiterführende Schulen verbunden. Manche Schüler sind am Ende der Erprobungsstufe noch kindlich verspielt, ihrem Heute verhaftet, dennoch offen für alles Neue. Der Deutschunterricht kommt ihren Leseinteressen manchmal mit der Lektüre beliebter Kinder- und Jugendbücher entgegen.[3] In der weiterführenden Schule werden die Lernenden aber zunehmend mit anspruchsvolleren literarischen Texten konfrontiert, die am Geschmack und an Vorstellungen der Lehrperson über literarische Bildung orientiert sind. Nicht selten stoßen diese Texte bei Schülern auf Desinteresse oder Verstehensschwierigkeiten.[4]

In der Pubertät nimmt das Interesse an der Schullektüre ab, auch privat wird weniger gelesen.[5] Die Aufmerksamkeit richtet sich nun vor allem auf den komplexen Prozess des Erwachsenwerdens, auf schwankende seelische Gestimmtheiten und körperliche Entwicklungsprozesse. Was Schule, Lernen und auch Lesen betrifft, herrscht häufig Lustlosigkeit vor.[6] Wie heterogen die Entwicklungsprozesse verlaufen, zeigt das äußere Erscheinungsbild von Lerngruppen der siebten oder achten Jahrgangsstufen; vor allem das unterschiedliche Entwicklungstempo von Jungen und Mädchen fällt hier ins Gewicht. Auch ihre Interessen und Lesegewohnheiten divergieren.[7]

Grundsätzlich ist in diesem Zusammenhang auch zu bedenken, dass viele Schüler und Schülerinnen in der Sekundarstufe I noch nicht über ausgeprägte Lesekompetenzen verfügen, die auf Subjektebene ausreichende Reflexion und innere Beteiligung ermöglichen, geschweige denn Möglichkeiten der Anschlusskommunikation auf sozialer Ebene.[8]

---

3 Vgl. Eisenbeiss 1993, 94.

4 Haas beklagt das angestammte Fehlverhalten von Lehrern. Sie missachten „die subjektiven Interessenslagen der Schüler“ und setzen sie grundsätzlich [...] mit [denen] der Erwachsenen gleich“. Haas 2001, 727.

5 Vgl. Payrhuber 1999, 590f.; Köcher 1993, 250.

6 Zur Dichotomie von Freizeit- und Schullektüre vgl. Eggert/Garbe 2003, 136.

7 Zu unterschiedlichen Lesegewohnheiten und Vorlieben bei Jungen und Mädchen vgl. Eggert/Garbe 2003, 77ff., Payrhuber 1999, 590, Josting/ Hoppe 2006, Schubert-Felmy 2006.

8 Vgl. Rosebrock/ Nex 2007, 17ff.

1.2 Der Textbegriff

Das Buch stellt heute nur noch eines unter vielen Medien dar, die Jugendlichen literarische Erfahrungen und Kenntnisse vermitteln. Auch mit Hilfe des Computers und audiovisueller Medien erleben sie fiktionalisierte Wirklichkeit, das heißt, sie nutzen die Medienangebote zur Unterhaltung, als Möglichkeiten des Rückzugs aus der Welt der Erwachsenen und der Flucht in Illusionen; sie sammeln mit ihnen Erfahrungen, erwerben Kenntnisse, eignen sich „Wahrnehmungs- und Deutungsraster für die Orientierung in der Welt" an (Abraham 1998, 142). Für manche von ihnen sind außerhalb der Schule Hörkassetten, Filme und Videos die einzige Möglichkeit, mit Literatur in Berührung zu kommen. Berücksichtigt man diese Vorerfahrungen, dann sind literarische Texte in unterschiedlichsten medialen Erscheinungsformen als Unterrichtsgegenstand vorzusehen. Jugendliche begegnen Literatur nicht nur mit Hilfe *eines* Mediums, sondern im Medienverbund.[9] Deshalb muss „Deutschunterricht in einer Medienkultur [...] integrativer Deutschunterricht sein", verlangt Wermke. „sein traditioneller Gegenstandsbereich – das Buch bzw. die Buchkultur" kann – „nur noch bedingt isoliert betrachtet werden". (Wermke 1997, 46).[10]

1.3 Umgang mit Texten

Unter dem Umgang mit literarischen Texten versteht man unterschiedliche Formen der „Auseinandersetzung" mit deren „Inhalt, Sinn und Form" (Abraham u.a. 2000, 33), also das Lesen und Vorlesen, das Nacherzählen und Zusammenfassen, das künstlerische Gestalten, die vielen Verfahren produktionsorientierten Arbeitens, das Analysieren und Interpretieren und auch den Rückgriff auf erläuternde, das Verständnis vertiefende, lineare und nichtlineare Sachtexte.[11]

Der *Umgang mit Texten* im Unterricht wird in der Fachliteratur als ein kommunikativer Prozess auf zwei Ebenen verstanden, auf der Ebene der Begegnung zwi-

---

[9] Vgl. dazu Josting/ Maiwald 2007, 7.

[10] Siehe auch den Beitrag „Medienpädagogik, Literaturdidaktik und Deutschunterricht" von Bodo Lecke. Dass der Umgang mit Texten in unterschiedlicher medialer und ästhetischer Ausprägung differenzierte Methoden bedingt, stellt Deutschlehrer vor Aufgaben, für die sie in ihrer Ausbildung wenig vorbereitet wurden. Dieses Defizit könnte zur Vernachlässigung der Multimedialität führen. Es dürfte aber, solange sich ihr die Ausbildung nicht dezidierter öffnet, immer noch besser sein, zusammen mit den Lernenden und auch unter deren kompetenter Anleitung moderne Medien in den Literaturunterricht einzubeziehen und die jeweilige formalästhetische Ausprägung zu untersuchen, als sie – und damit die Erfahrungswelt der Schüler – zu missachten.

[11] Vgl. die Tabelle zu den Rezeptionshandlungen mit Texten: Abraham u.a. 2000, 38; zur Bedeutung der die Interpretation stützenden Kontexte vgl. Hallet 2007, 103 ff.

schen Text und Leser und auf der mehrerer Leser, die über den Text sprechen. „Der Text macht Angebote zur Begriffs- und Vorstellungsbildung, und die Leserinnen und Leser bringen das, was sie schon wissen, denken oder fühlen, sozusagen zum Text hinzu“ (ABRAHAM u.a. ebd., 34). Diese Begriffsbestimmung wird der Schulsituation gerecht, in der es sich um einen ständigen Wechsel zwischen dem Lernen des Einzelnen und dem Lernen in der Lerngruppe sowie um einen Austausch der Lernergebnisse handelt.

Der Umgang mit literarischen Texten stellt für den Interpreten eine besondere Herausforderung dar. Denn hier geht es darum, die Aussagen des Textes auf die eigene Lebenswirklichkeit zu beziehen, sich auf das Spiel der Phantasie einzulassen, Ungesagtes mitzudenken, kurz, sich als Koproduzent des Textes zu betätigen und dabei Kompetenzen zu erwerben, die dem zukünftigen Umgang mit Literatur dienen. Innerhalb der Lerngruppe ergibt sich aus dem gemeinsamen Umgang mit Texten die Chance, die jeweils eigenen, oft eigenwilligen Interpretationsergebnisse zu überprüfen. „Interpretation bleibt [...] ein auf andere gerichtetes, teilweise sogar um sie werbendes Handeln, bleibt ein vorwiegend soziales Phänomen“ gemäß den individuellen Voraussetzungen (SCHEFFER 1995, 80). Die affektive und die kognitive Dimension der Texte potenzieren sich, wenn der einzelne Schüler sein eigenes Textverständnis im Gespräch mit den Mitschülern überprüfen und anreichern kann.

1.4 Ziele des Umgangs mit literarischen Texten und der Entwicklungsstand der Lernenden

Wozu beschäftigt man sich in der Schule mit Literatur? Bahnbrechendes zur Beantwortung dieser Frage stammt von KREFT. Er sprach Literatur großen Einfluss auf die Ich-Entwicklung zu, welche er über die Entfaltung der kognitiven, der interaktiven, der linguistischen und der ästhetischen Kompetenz gewährleistet sah.[12] Dass Literatur diese Kompetenzen vermitteln kann, „Grundfähigkeiten, die für das Menschsein konstitutiv sind“[13], ist die übereinstimmende Ansicht vieler Fachdidaktiker. Literatur ermöglicht ein „Probehandeln“ in der Bewältigung fiktiver Situationen, das nicht mit dem Risiko persönlichen Scheiterns verbunden ist. Sie bietet Entwürfe sozialen Handelns, vermittelt sozusagen Erfahrungen aus zweiter Hand, doch in einer Weise, dass der Rezipient meint, er habe sie selbst gemacht.[14] In der Begegnung mit Literatur lernt er sich und die Welt, seine Kultur

[12] Vgl. KREFT 1977, 84ff

[13] ABRAHAM übernimmt diese Definition von FRITZSCHE, vgl. ABRAHAM 1998, 213.

[14] Vgl. KREJCI 1993, 69f.

und die anderer, Gegenwart und Vergangenheit kennen.[15] *Identitätsfindung*, Fremdverstehen und Empathie[16], moralische Urteilsfähigkeit und kritische Weltsicht, *Imaginationskraft* und *Kreativität* und nicht zuletzt seine ästhetische Kompetenz werden gefördert. Ästhetik gehört „zur Grundausstattung des Menschen" (Josting 2001, 180), und Literatur trägt dazu bei, dass diese Grundausstattung erweitert wird. Das verdeutlichen schon die „Kernbegriffe" Klafkis zur Kennzeichnung ästhetischer Bildung:

■ *Bildung der ‚Empfindsamkeit' (i.S. der Verfeinerung des Empfindungsvermögens) gegenüber Naturphänomenen und menschlichem Ausdruck, Entwicklung der Einbildungskraft und Phantasie, des Geschmacks, der Genussfähigkeit und der ästhetischen Urteilskraft, Befähigung zum Spiel und zur Geselligkeit* (Klafki 1991, 33). ■

Müller-Michaels sieht die besondere Leistung von Literatur in ihrer Bildungsfunktion. Durch Literatur werden Jugendliche mit Denkbildern bekannt gemacht, literarischen „Bildern", in denen sich „wie in einem Hohlspiegel" die Erfahrungen sammeln.[17] Diesen Bildern schreibt Müller-Michaels ein energetisches Potenzial zu[18], denn sie fordern Jugendliche zur Auseinandersetzung heraus und sind eine Hilfe bei der Ich-Entwicklung.

Die genannten Zielsetzungen lassen sich auf jene zurückführen, die Horaz für Dichter als maßgeblich erachtet. Dichter wollen nach seiner Ansicht mit ihrer Dichtung nützen, sie wollen erfreuen oder beides zugleich.[19] Anders als bei Horaz wird die Freude dem Nutzen in der modernen Literaturdidaktik häufig nicht bei-, sondern vorgeordnet. Sie wird als Voraussetzung für jede wirksame Literaturbegegnung erachtet. Bei dieser Freude handelt es sich jedoch keineswegs um eine automatische Reaktion auf Literatur. Freude stellt sich manchmal erst mit Hilfe bestimmter methodischer Schritte ein, z.B. über die Aufforderung, sowohl Einzelheiten als auch übergreifende Zusammenhänge zu beachten (Lesetests) und durch den Versuch, über ganzheitliche, intensive Textbegegnungen die Imaginationskraft und Kreativität zu mobilisieren.[20]

---

15 Vgl. die Forderung eines interkulturellen Literaturunterrichts bei Rösch 2007, 57 ff.

16 Vgl. Spinner 1999a, 597 ff.

17 Vgl. Müller-Michaels 1993, 5 f.

18 Vgl. Müller-Michaels 1999, 173.

19 Vgl. Horaz' Ausspruch in der *Ars poetica* (333 f.): „Aut prodesse volunt aut delectare poetae / aut simul et iucunda et idonea dicere vitae."

20 Graf spricht vom „Primat" der Lesemotivation. Ist die Lust zu lesen geweckt, dann wird seiner Ansicht nach auch der Weg gefunden, Bücher zu verstehen. Vgl. Graf 1995, 123. Der Zusammenhang von Freude am Lesen und Intensität der Textbegegnung oder der von Imaginationsfähigkeit und Fremdverstehen zeigt, dass Zielsetzungen für den Umgang mit Literatur vielfältig miteinander vernetzt sind.

Lesefreude und „Texterschließungskompetenzen" (PAEFGEN 1998, 14 ff.) befähigen dazu, „mit einem Text Kontakt aufzunehmen und eine [...] emotional-affektive oder kognitive Verbindung mit ihm einzugehen" (HAAS 1997, 35), aber auch seine ästhetische Gestaltung zu genießen. Damit die Lernenden Literatur verstehen, damit sie sich schließlich selbstständig mit ihr auseinandersetzen können, müssen sie in der Lage sein:[21]

- Thema und Problemstellung eines Textes zu akzentuieren,
- Handlungsabläufe und Figurenkonstellationen aufzuspüren, Raum- und Zeitdarstellung zu erfassen,
- ästhetische Gestaltungsmittel und Merkmale einer Textsorte zu erkennen,
- den Realitätsbezug eines Textes zu überprüfen und
- Formen uneigentlicher Rede wie Metaphorik und Ironie aufzudecken.

Aber auch im Zusammenhang mit dem, was so einleuchtend, plan- und prüfbar erscheint, müssen die Interessen und Fähigkeiten der Schüler berücksichtigt werden.[22] Denn nur dann können Texte und Methoden ausgewählt werden, die dem Entwicklungsstand der Lerngruppe in etwa entsprechen.

Die Lehrperson, die sich von den literarischen Kompetenzen ihrer Schüler ein Bild machen will, findet auf die Frage nach ihrem Entwicklungsstand Orientierungshilfe in der Literaturdidaktik. SPINNER zum Beispiel zeigt in Anlehnung an Ergebnisse der Kognitionspsychologie altersspezifische Tendenzen bei der Entwicklung literarischen Verstehens von der Grundschule zur Sekundarstufe I und innerhalb der Sekundarstufe I auf:[23]

Altersspezifische Tendenzen der Entwicklung literarischen Verstehens (nach SPINNER)

Das *Fiktionsbewusstsein* der Lernenden entwickelt sich allmählich. Noch Siebtklässler überprüfen die Aussagen eines literarischen Textes auf Übereinstimmungen und Abweichungen mit und von der Wirklichkeit und bewerten Literatur und die Aussagekraft eines Textes dementsprechend. Erst ab dem 14. bis 16. Lebensjahr wird dem literarischen Text ein „Eigenrecht" zugestanden.[24]

---

[21] Vgl. HAAS 1995, 223 f.; ders. 2001, 734. Zu den hier aufgelisteten Kompetenzen vgl. Ständige Konferenz der Kultusminister 2003.

[22] Bedenkt man im Rückgriff auf ROSEBROCKS und NIX' Forschungsergebnisse (s. o.), dass mit nicht wenigen Schülern der Sekundarstufe I Literaturunterricht im gängigen Sinne auch wegen fehlender Lesekompetenz kaum möglich ist, und führt man sich dazu noch die vielerorts zu beklagende hohe Klassenstärke vor Augen, erscheint der pädagogische Anspruch an die Unterrichtenden über die Maßen hoch. Die Anforderungen der Bildungsstandards für den Mittleren Schulabschluss und die realen Bedingungen stehen sich diametral gegenüber.

[23] Vgl. SPINNER 1993, 55 ff. Schon 1984 verwiesen SPINNER/SPINNER (362 ff.) auf die Entwicklung im Textverständnis von Schülern der Klassen 1-4 und der Sek. I.

[24] SPINNER stützt sich hier, ausgehend von Überlegungen Piagets und Applebees, vor allem auf Untersuchungen, die KREFT 1984 auf mehreren Klassenstufen durchführte. Vgl. SPINNER 1993, 57; vgl. ferner EGGERT/GARBE 2003, 22 ff.

Die *Fähigkeit zur Verallgemeinerung und Abstraktion* ist zu Beginn der Sekundarstufe nur im Ansatz vorhanden. Der Blick fällt auf das Einzelne. Erst im Verlauf der Sekundarstufe I sind Lernende zu Verallgemeinerungen und vom Text abstrahierenden Betrachtungsweisen in der Lage und bedürfen auf diesem Wege gezielter methodischer Unterstützung – teilweise bis in die Oberstufe.
Das *Verständnis des indirekten Sprachgebrauchs* ist nicht allgemein vorauszusetzen. Schüler und Schülerinnen verstehen in der Regel *Metaphern*, haben aber gelegentlich noch Schwierigkeiten, sie zu erklären, vor allem, wenn abstrakte Sachverhalte auf der Bildebene zum Ausdruck gebracht werden.[25]
Parabolische Texte werden zu Beginn der Sekundarstufe I zwar kaum noch wörtlich genommen, aber auch noch nicht so gedeutet, dass allgemeingültige Übertragungen oder Lehren aus der fiktiven Darstellung abgeleitet werden. Stattdessen werden „Analogien hergestellt", „etwa in der Art, dass Parallelgeschichten aus dem erlebten Alltag erzählt werden" (SPINNER 1993, 59).
Die Fähigkeit, *Symbole* zu entschlüsseln, wird später ausgebildet als die, den Bedeutungsgehalt von Metaphern zu erschließen. In Anlehnung an SVENSSON hebt SPINNER hervor, dass Elf- bis Vierzehnjährige lyrische Texte meistens wörtlich verstehen. Erst nach der Sekundarstufe I kann man von einem entwickelten Symbolverständnis ausgehen.[26]

Besondere Schwierigkeiten ergeben sich bei *Texten mit ironischem oder satirischem Unterton*.[27] Lernende bemerken zum Beispiel bei der Lektüre einer Erzählung von Tucholsky nicht, mit welcher Unerbittlichkeit gesellschaftliche Missstände angeprangert werden und Fehlverhalten der Lächerlichkeit preisgegeben wird. Noch in der zehnten Jahrgangsstufe lesen sie manchmal Texte mit ironischem oder satirischem Gehalt wie einen Tatsachenbericht aus der Zeitung. Selbst das Gespür für leisere komische Effekte ist nicht immer vorauszusetzen. Es entwickelt sich, wenn die Lernenden für Normabweichungen sensibilisiert werden, wenn ihnen Brüche im sprachlichen Ausdruck wie auch im Verhalten der Protagonisten auffallen.[28]

Große Bedeutung für die Erschließung eines literarischen Textes kommt der *Identifikation mit den Protagonisten* zu. SCHÖN unterscheidet zwischen dreierlei Weisen der *Anteilnahme*, die ein Licht auf die Bedürfnisse des Rezipienten werfen, auf seine spezifische Art, mit dem Text umzugehen. Da die Art der Anteilnahme des Schülers seine Interpretationsergebnisse beeinflusst, gilt es, sich auch von ihr ein Bild zu machen und entsprechende Folgerungen für den Unterricht zu ziehen.

---

25 Vgl. SPINNER 1993, 58.

26 SPINNER gibt allerdings auch zu bedenken, dass Kinder, die symbolische Aussagen wörtlich nehmen, z.B. bei der Interpretation lyrischer Texte, ein ganzheitliches Textverständnis entwickeln, das eine hohe Sensibilität gegenüber seinen wörtlichen Aussagen bezeugt. Ebd., 64; vgl. ferner SPINNER 1995, 81 ff.; ABRAHAM 1998, 31 f.

27 Vgl. GERTH 1977, 8 ff.

28 „Alles Komische, so scheint es, beruht zunächst auf einem Kontrast, einem Widersinn oder einem Konflikt mit einer Norm oder Regel." GERTH 1992, 21.

SCHÖN spricht von *Projektion*, wenn der Leser eigene Eigenschaften auf den literarischen Helden überträgt und dadurch an Distanz zum Text verliert. Projektion ist ein „typisches Rezeptionsmuster der Pubertät und Nachpubertät". In dieser Zeit scheint die „Diskrepanz zwischen Handlungsbedürfnissen und realen Handlungsmöglichkeiten am größten" zu sein (SCHÖN 1990, 258). *Substitution* bezeichnet einen Textumgang, bei dem die fiktionale Welt fast als real erlebt wird, der Leser sich in sie hineinversetzt und der Illusion erliegt, er sei am fiktionalen Geschehen beteiligt. Projektion und Substitution werden oft als Zeichen unreifen Textumgangs gewertet. Diese Einschätzung verkennt, wie wichtig emotionale Prozesse beim Lesen sind. Sie öffnen für die Wirksamkeit von Literatur.[29] Von *Empathie* ist die Rede, wenn das fiktive Geschehen mit Anteilnahme, aber aus einer gewissen Distanz zum Beispiel durch probeweise Perspektivenübernahme beobachtet wird. Der Rezipient setzt sich mit einer anderen Welt als seiner eigenen auseinander; er versucht Fremdes zu verstehen und erweitert dadurch seinen Gesichtskreis.[30] Oft beurteilt er dabei zugleich das Geschehen auf der Basis seiner jeweiligen Moralstufe.[31]

Das Wissen über entwicklungsbedingte Tendenzen der Textrezeption Lernender bietet eine gewisse Orientierungshilfe. Darüber hinaus bleibt die Frage nach den Kompetenzen der einzelnen Schüler, welche sich nicht in ein altersspezifisches Gesamtbild fügen.[32] Antworten auf diese Frage sind maßgeblich für didaktisch-methodische Entscheidungen und bedingen binnendifferenzierten Unterricht viel stärker, als er bislang in der Sekundarstufe I üblich ist.

1.5 Wege und Inhalte zur Erreichung dieser Ziele

In der Fachdidaktik trifft man seit Jahren auf eine Fülle von Überlegungen, die der Steigerung der Leselust, der Intensivierung des Lese- und Interpretationsprozesses und der Selbstständigkeit der Lernenden gelten. Aber angesichts der Vorberei-

[29] „Während rationales Lernen immer eine gewisse Distanziertheit schafft und aufrechterhält, sieht sich das Subjekt bei emotionalen und imaginativen Lernprozessen viel direkter betroffen und der Einflußnahme ausgesetzt." SPINNER 1995, 7.

[30] Vgl. SPINNER 1995, 62.

[31] Obwohl diese Wirkungen nur schwer zu fassen sind, geht man davon aus, dass Perspektivenübernahme, Fremdverstehen und Erweiterung moralischer Urteilsfähigkeit Auswirkungen auf die realen sozialen Bezüge haben. Vgl. dazu FREDERKING 1995, 189. Zum Zusammenhang von literarischem Verstehen und Entwicklung der Moralstufen nach KOHLBERG vgl. KREFT 1977, 91 ff.

[32] ABRAHAM fordert von Literaturlehrern „Zweiäugigkeit": „Mit dem einen Auge müssten sie Ziele einer planvollen Leseerziehung und -förderung sehen und mit dem andern das, was die Kinder selbst können oder alleine lernen wollen" (ABRAHAM 1998, 34).

tung auf den Mittleren Schulabschluss und auf das Zentralabitur erscheint es mancher Lehrperson nicht mehr vertretbar, den Schülern Spielräume bei der Textbegegnung zu gewähren. Sie erkennen in Bildungsstandards und Kompetenzorientierung Forderungen nach Wissensvermittlung sowie eindeutigen Interpretationsergebnissen[33] und richten ihren Literaturunterricht darauf aus. Dieses Verhalten muss als Rückschritt gelten, wenn es hinter grundlegende hermeneutische und rezeptionsästhetische Erkenntnisse aus der fachdidaktischen Diskussion zurückfällt. Andererseits ist es als Fortschritt zu werten, wenn mehr als bisher auch abfragbares literaturwissenschaftliches Wissen, das die Teilnahme am kulturellen Leben erleichtert, gefordert und überprüft wird und der Literaturunterricht dadurch den Charakter der Beiläufigkeit ablegt. Nur darf das nicht zu Lasten der eigenständigen Textbegegnung und Interpretation gehen.

Auf drei didaktische Ansätze soll im Folgenden die Aufmerksamkeit gerichtet werden: auf das *textnahe Lesen*, auf die *Aktualisierung von Vorstellungsbildern* und auf die schriftliche Begleitung der Lernprozesse durch ein *Lesetagebuch* oder ein *Portfolio*. Bei jedem dieser Ansätze ist zu überprüfen, ob sowohl Schülerorientierung als auch Wissensvermittlung gewährleistet ist.

1.5.1 Textnahes Lesen: Nacherzählung und Inhaltsangabe

Paefgen beklagt, dass Lernende zum flüchtigen Lesen neigen und die Mühe scheuen, dem Sinngehalt schwerer Texte auf die Spur zu kommen.[34] Die Ergebnisse der PISA-Studie zeigen, wie berechtigt diese Klage ist: 20 % der 15-Jährigen gehören in Deutschland zu den Gruppen der schwachen oder schwächsten Leser, welche nicht in der Lage sind, „den Hauptgedanken eines Textes zu erkennen", „Verbindungen zwischen Informationen" oder „zwischen Informationen aus dem Text und allgemeinem Alltagswissen herzustellen" sowie Informationen zu vergleichen.[35] Die Forderungen moderner Literaturdidaktiker, der Leseunlust der Jugendlichen durch ansprechende Texte und motivierende Methoden der Texterschließung zu begegnen, sind angesichts dieser Ergebnisse zwar nicht obsolet, aber sie sind nur haltbar, wenn die Texte gründlich gelesen, das heißt auch erarbeitet werden.[36] Paefgens Anregung, textnahes Lesen durch Reduktion der Textmenge, durch „ein Lesen mit Stiften, mit Papier, mit Zeit und Geduld für den Satz, den Absatz, die

---

33 Diese Einschätzung ist nicht zuletzt auf wenig überzeugende Beispielaufgaben zurückzuführen. Vgl. den Beitrag „Staatliche Steuerung im Deutschunterricht von Michael Kämper-van den Boogaart.

34 Vgl. Paefgen 1998, 14 ff.; siehe auch ihren Beitrag „Textnahes Lesen und Rezeptionsdidaktik".

35 Vgl. OECD PISA, 11 ff.

36 Gegen die Dichotomie von leichtem lustbetonten und schwerem analytischen Lesen argumentiert Kämper-van den Boogaart 2000, 12 f., mit Nachdruck.

Seite“ (PAEFGEN 1998, 14f.)[37] und, so muss man ergänzen, durch eine genaue Beachtung sprachlicher Gestaltungsmittel und ihrer Funktion zu gewährleisten, kann als Weg verstanden werden, die Kompetenz des sinnerfassenden Lesens zu fördern. Diese ist Voraussetzung für jede Art des Textumgangs, für den analytischen und den produktionsorientierten, für den mündlichen und den schriftlichen.

Lyrische Texte werden wegen ihrer Kürze, aber auch wegen ihrer Hermetik häufig „textnah“ gelesen.[38] Aber auch bei *Epischen Kurzformen* wie Fabeln, Parabeln, Märchen, Sagen, Legenden, Schwänken, Satiren und Kurzgeschichten bietet sich die Methode des textnahen Lesens an. Jede der erwähnten Kurzformen verlangt neben der genauen Textkenntnis einen textsortengemäßen Zugriff. Texte mit parabolischem Gehalt zum Beispiel sind auf ihren „Verweisungscharakter“[39] hin zu untersuchen, Texte mit satirischer Ausrichtung auf die Tendenz, mit spöttischer Schärfe Missstände zu entlarven. Noch Schüler der Oberstufe stehen Formen uneigentlichen Sprechens mitunter hilflos gegenüber. Versionen uneigentlicher Rede müssten im Unterricht stärker als bisher durch textnahes Lesen, durch Vorlesen, durch Umstellungen und Veränderungen analysiert und erprobt werden.[40]

Zu den Maßnahmen, die PAEFGEN für die genaue Textarbeit empfiehlt, lässt sich ein Textumgang rechnen, den man lange Zeit nur in der Grundschule oder bestenfalls noch in der Erprobungsstufe pflegte, die *Nacherzählung*. Sie wird in letzter Zeit auch in den Sekundarstufen I und II favorisiert und eignet sich als Vorform der Interpretation dazu, wirkungsvolles Reden oder Schreiben auf der Basis genauen Lesens, sorgfältiger Klärung unverständlicher Begriffe mit Hilfe von Nachschlagewerken und Rekonstruktion des Textsinns zu üben.[41] Damit diese Wirkung erreicht wird, bedarf die Aufgabe, einen Text mündlich nachzuerzählen, einer Erklärung. Die Lernenden müssen erfahren, dass in ihrem privaten Umfeld Nacherzählungen

---

[37] Auch die Lehrpläne bieten vereinzelt Hinweise, die auf einen solchen Textumgang zielen.

[38] Vgl. PAEFGEN 1998, 19f.

[39] SEIFERT 1975, 240. Dieses Kennzeichen teilen sie mit dem Gleichnis, der Allegorie, der Metapher und dem Bild.

[40] Bei Untersuchungen zum Verständnis von Metapher und Ironie wurden Kindern schriftliche Äußerungen mit Formen uneigentlichen Sprachgebrauchs vorgelegt. Es handelte sich um Äußerungen zu einer alltäglichen Situation: Ein Mädchen soll sein Zimmer aufräumen, aber es gelingt nicht. Die Unordnung nimmt zu. Das veranlasst seine Schwester zu Bemerkungen. Fünf Versionen wurden Probanden vorgelegt. Sie sollten erklären, was die Äußerungen bedeuten. Die Versionen lauten: "Your room looks like it's totally clean now. (*sarcasm*) You have been growing a garden full of weeds. (*metaphor*) Your room still needs a few things straightened up. (*understatement*) Your room is so messy I can't even see you in it. (*hyperbole*) Your room is a mess now after all that cleaning. (*irony*) Your room is very messy. (*literal statement*)." WINNER 1988, 137. Hilfreich wäre es, Schüler selbst entsprechende Beispiele für eine vorgegebene Situation finden zu lassen.

[41] Vgl. FROMMER 1984, 24; ders. 1992; ferner ABRAHAM u.a. 2000, 185ff.

durchaus alltäglich sind. Man erzählt sich im Freundeskreis oder in der Familie von spannenden Büchern und Filmen, weil man andere unterhalten und Anteil an dem nehmen lassen möchte, was einen fasziniert. Sie haben jetzt in der Schule Gelegenheit, ihre Erzählfähigkeit zu verbessern, indem sie üben, flüssig (z.B. ohne ständiges „äh" als Verlegenheitslaut) und anschaulich zu erzählen, ihre Stimme wirkungsvoll einzusetzen, die Erzählung durch Gesten zu begleiten und dabei auf die Reaktion der Zuhörer zu achten.[42]

Nacherzählen im kommunikativen Zusammenhang ist mehr als treue Textwiedergabe. Es ist „aneignendes Nacherzählen, vom Interesse (...) des Erzählers geprägt" und es ist „partnergerichtetes, den Bedürfnissen eines Adressaten angepasstes Nacherzählen" (ABRAHAM u.a. 2000, 186). Gegebenenfalls versteht der Adressat das Erzählte nicht und ist auf Erläuterungen angewiesen. Bestünde die anspruchsvolle Aufgabe in einer neunten oder zehnten Jahrgangsstufe zum Beispiel darin, Mitschülern Reiner Kunzes Satire „Fünfzehn"[43] nachzuerzählen, dann hätte die erzählende Person wahrscheinlich Schwierigkeiten, den satirischen Charakter des Textes, der sich durchgehend in seiner semantischen Struktur spiegelt, zum Ausdruck zu bringen, und die Zuhörenden erfassten den bissigkritischen und dennoch teilweise liebevollen Charakter des Textes nicht. Um dies aber zu gewährleisten, wird den Erzählenden empfohlen, sich in die Rolle des Vaters zu versetzen und einem Zuhörer Eindrücke und Erlebnisse zu schildern. (Sie könnten sich auf einem Zettel einige Formulierungen des Textes notieren, die die Einschätzung der Tochter durch den Vater besonders gut zum Ausdruck bringen. Dieser Zettel setzt sorgsame Lesearbeit voraus und stützt die Nacherzählung.) Der Vorschlag des perspektivischen Nacherzählens mutet den Lernenden zu, in das Geschehen einzutreten und Fremderfahrungen probeweise zu eigenen zu machen.[44]

Das *ausschmückende Nacherzählen* ist ein Vorgang, der dem mündlichen Weiter-Erzählen eigen ist. Das zeigen unterschiedliche Erzählstränge in Märchen oder biblischen Gleichnissen. Lernende, zu solchen Ausschmückungen ermuntert, sollten in diesem Zusammenhang Gelegenheit bekommen, grundsätzlich über den Wahrheitsgehalt von Alltagserzählungen und die Neigung des Erzählenden zum „Hinzudichten" und Übertreiben nachzudenken. Die Metareflexion trägt zur genauen Beachtung der Textaussagen bei und hilft, das Hinzugefügte vom Primär-

---

[42] Dass freies Erzählen vor der Klasse viel stärker als bislang geübt werden muss, erfordern auch die Präsentationsprüfungen beim Mittleren Schulabschluss und Abitur. Zur Bedeutung der Körpersprache als Mittel der Verständigung und als wichtiger Aspekt für die Analyse einer Gesprächssituation vgl. SCHUSTER 1998, 58f.

[43] Vgl. KUNZE 1976, 131f. Zur Einführung in die Textsorte Satire vgl. BLEISSEN 1995.

[44] Vgl. ABRAHAM u.a., 2000, 187. Das perspektivische und dabei auch ausgestaltende Nacherzählen stellt bei Fabeln die je eigene Sicht der Streitenden in den Vordergrund.

text zu unterscheiden. Gemalte Bilder oder auch nur Skizzen zu den Protagonisten und bestimmten Erzähleinheiten begleiten den Erzählvorgang wirksam.

Wenn die Versuche der Nacherzählung auf Video oder Audiokassetten aufgezeichnet und reflektiert werden, wenn auch die Lehrperson sich daran beteiligt und auch ihre Fehler und Unsicherheiten thematisierbar werden, dann verstehen die Lernenden diese Form des Textumgangs durchaus als eine Herausforderung, der sie sich stellen.

Die *schriftliche Nacherzählung*, wie die Inhaltsangabe eine Form heuristischen Schreibens, erhebt neben der Forderung nach Texttreue den Anspruch stilistischen Geformtseins. FROMMER legt den Lernenden divergierende Nacherzählungen (sie wurden mit der Vorgabe, sich an einen bestimmten Adressaten zu wenden, verfasst) zur Korrektur vor, auch um sie für die jeweilige ästhetische Gestaltung und Wirkung zu sensibilisieren.[45]

Die Nacherzählung steht auf der Schwelle zwischen Textaneignung und Interpretation.[46] Sie setzt zwar sorgfältige Textarbeit voraus, aber sie verlangt keine distanzierte Textbeschreibung, die bei Lernenden der Sekundarstufen oft Abneigung hervorruft. Im besten Falle trägt sie dazu bei, lustvolles Lesen – das heißt den Anspruch der Schüler – mit dem Erwerb von Wissen – also mit dem Anspruch des Textes – zu verbinden.

Auch die *Inhaltsangabe* setzt textnahes Lesen und genaues Durchdringen des Textsinns voraus. Sie erfordert eine höhere Abstraktionsleistung als die Nacherzählung. Der Rezipient verschafft sich Klarheit über die für ihn wesentlichen Aussagen des Textes und stellt sich diese mit Hilfe seiner Imaginationskraft vor.[47] Welche Aussagen wesentlich sind, lässt sich nicht allgemeingültig feststellen. Die Behauptung, dass die Inhaltsangabe einem objektiven Zugriff entspricht, ist von daher zu bestreiten. Die schriftliche Inhaltsangabe wird mit folgenden Vorgaben verlangt: Knappe Wiedergabe der Hauptaussagen, Zeitform Präsens, Vermeidung der direkten Rede sowie Genauigkeit und Sachlichkeit im Ausdruck. Der Verfasser einer Inhaltsangabe weiß, dass er als Beurteilender nicht gefragt ist, sondern dass er sich um Objektivität und Sachlichkeit bemühen muss. Wegen der unterschiedlich ausgeprägten Abstraktionsfähigkeit der Lernenden verdient die Methodenschulung bei der Inhaltsangabe große Beachtung. Die Arbeit an sehr kurzen Tex-

45 FROMMER 1984, 28 ff.

46 Vgl. ABRAHAM u. a. 2000, 185 ff.

47 „Für Inhaltsangaben (...) ist eine propositionale Repräsentation mit daran ansetzenden reduktiven Verarbeitungsoperationen wie das Generalisieren oder das ‚Auf-den-Begriff-Bringen' Grundlage. Für das genussvolle Lesen literarischer Texte wird diese Verarbeitungsweise nicht ausreichen. Hier muss die Fähigkeit hinzukommen, durch unterschiedliche Ausweitungsoperationen beim Lesen ein möglichst differenziertes und elaboriertes mentales Modell aufzubauen, das die sprachlich begrifflichen Informationen des literarischen Textes in ein gegenständliches, anschauliches Medium überführt (...)." HÖLSKEN, 1993, 53.

ten, verbunden mit den Aufgaben, das Wichtige zu unterstreichen, es knapp gefasst an den Rand zu schreiben und so den Text zu gliedern, hat zunächst Vorrang. Gemeinsame Formulierungsversuche, Transparentmachen des Vorgehens durch den Einsatz des Tageslichtprojektors, Korrektur bereits vorliegender Inhaltsangaben sind hier hilfreiche methodische Schritte.[48]

Bei der Inhaltsangabe literarischer Texte bieten sich Textsorten an, die den Lernenden im Alltag begegnen: Rezensionen, Programmhefte, Theaterzettel, Klappentexte. Lernende, die in der Schule regelmäßig über ihre privaten Leseerfahrungen sprechen, indem sie Bücher vorstellen und empfehlen, flechten in ihre Buchvorstellungen Elemente der Inhaltsangabe ein. In der neunten und zehnten Jahrgangsstufe gehören Filmbesprechungen, Buchrezensionen oder Passagen aus Nachschlagewerken zu den wichtigen Textsorten.[49]

1.5.2 An Vorstellungsbilder der Lernenden anknüpfen

Abraham behauptet, dass ein literarischer Text „immer als Türöffner für weitere" literarische Texte dient.[50] Er hat bei dieser Aussage Lesewege mit *Übergängen* [51] in den Entwicklungsphasen des Lesers und damit verbunden im sich ändernden Zugriff auf den Text im Auge.

> ■ *Das Bilderbuch fungiert, was Fiktionsbewusstsein, ästhetische Wahrnehmung und Empathiefähigkeit angeht, als Türöffner für die Kinderliteratur, und diese wiederum wird, was vertiefte Empathiefähigkeit, kognitive Rollenübernahme und kritische (Wertungs-)Kompetenz betrifft, gebraucht als Türhüter für die ‚hohe Literatur'* (Abraham 1998, 180). ■

Solche Übergänge sind nachweisbar, wenn man nach den *Vorstellungsbildern* fragt, die Literatur in ihrer vielfältigen Ausprägung hervorruft, und wenn man versucht, mit einer neuen Lektüre an sie anzuknüpfen. Märchen, die Kindern erzählt oder vorgelesen wurden, Bilderbücher, die sie betrachteten, Kassetten und Jugendbücher, die sie liebten und mehrfach hörten oder lasen, Literaturverfilmungen und -software, die beeindruckten, hinterlassen innere Bilder. Vorstellungsbilder im Zusammenhang mit Kenntnissen sind nachhaltig; manchmal tragen Vorstellungsbilder sogar dazu bei, dass man sich an die Situation erinnert, in

[48] Allein die Anforderung, sich selbst und die eigenen Emotionen zurückzunehmen, den Text zu gliedern und sich bei seiner Wiedergabe um einen knappen und treffenden Ausdruck zu bemühen, rechtfertigt meines Erachtens, dass diese häufig auf schulische und nicht auf kommunikative Belange ausgerichtete Textsorte trotz mancher Einwände weiterhin geübt wird.

[49] Vgl. Abraham u. a. 2000, 154.

[50] Vgl. Abraham 1998, 180

[51] Zu der Übergangsfunktion vgl. die Ausführungen im Kapitel „Ziele beim Umgang mit literarischen Texten und der Entwicklungsstand der Lernenden".

der literarische Inhalte wichtig wurden.[52] Wird Jugendlichen in der Sekundarstufe I Gelegenheit gegeben, ihre literarischen Vorstellungsbilder zu aktualisieren, sie beim nochmaligen Lesen, Hören oder Sehen ehemals rezipierter Texte zu überprüfen und sie zu neuer, ähnlich gelagerter Lektüre in Beziehung zu setzen, dann wird für sie die Vergangenheitsbedeutung von Literatur evident und sie bemerken ihre veränderten Wahrnehmungsweisen. Zu einer solchen Besinnung gaben BERTSCHI-KAUFMANN und KUNZ Studierenden, SCHUBERT-FELMY Schülern und Schülerinnen Gelegenheit. Sie legten ihnen Lesestoffe aus ihrer Kindheit vor und baten sie, sich an die vergangenen Leseeindrücke zu erinnern, denn „Rückkehr zum scheinbar Bekannten eröffnet neue Sichtweisen". (BERTSCHI-KAUFMANN/KUNZ 1996, 62ff.) Im Unterschied zur Primar- und Erprobungsstufe wird in der Sekundarstufe I zu wenig nach der Lektüre gefragt, die Jugendliche privat bevorzugen.[53] In einer Zeit, in der bei vielen Jugendlichen die Leselust ohnehin abnimmt, ist diese Missachtung verhängnisvoll, denn sie trägt dazu bei, dass das Interesse an Literatur erlischt. Wird aber private Lektüre berücksichtigt, dann gewinnen Schülerinnen und Schüler vielleicht Klarheit über ihre literarische Sozialisation, über den eigenen sich wandelnden Umgang mit Literatur und dadurch über sich selbst. Sie lernen, ihre „persönliche[n] Vorlieben und die eigenen, subjektiven Leseweisen" einzuschätzen.[54] Sie können ermessen, was literarische Bildung für sie selbst bedeutet. Sie fühlen sich ernst genommen im Gespräch über Literatur.[55] Die Lehrperson, die den Leseerfahrungen und Vorstellungsbildern der Schülerinnen und Schüler Raum gibt, sieht sich in der Lage, den Unterricht auf sie auszurichten, Interessen und Kompetenzen auch des Einzelnen, der aus der Gruppe herausragt, zu berücksichtigen und an die Vorstellungsbilder und Vorkenntnisse wiederholt anzuknüpfen.

Wie der Prozess des Aufdeckens von Vorstellungen und des Anknüpfens an sie verlaufen kann und welche Bedeutung einzelnen Schritten beizumessen ist, soll an einem Beispiel erklärt werden: In einer siebten Jahrgangsstufe ist die Lektüre des Jugendbuches *Allein in der Wildnis* von GARY PAULSEN geplant (PAULSEN 1995). Es handelt sich bei diesem Jugendbuch um eine Robinsonade mit dem 13-jährigen

---

[52] Vgl. SCHUBERT-FELMY 2001.

[53] Vgl. GANSEL 1997, 84f.; RUNGE 1997b, 8f.

[54] Vgl. BERTSCHI-KAUFMANN/KUNZ 1996, 62f.

[55] In einem Leistungskurs der Jahrgangsstufe 12 wurde die Aufgabe gestellt, eine Rede zu halten. Es sollte über literarische Figuren gesprochen werden, die von der Kindheit her beeindruckten. Die Aufgabe wurde mit großem Engagement gelöst. Vgl. SCHUBERT-FELMY 2001, 71 ff. Das Thema einer aktuellen Facharbeit „Lektüre von Bilderbüchern – verlorene Zeit oder eine Hilfe für die literarische Sozialisation? Am Beispiel von Swen Norqvists ‚Petersson und Findus'" interessierte, wie ein Fragebogen belegte, die gesamte Lerngruppe.

Brian Robeson (!) als Protagonisten.[56] Auf Brians Weg zu seinem im Norden von Kanada lebenden Vater erleidet der Pilot des Einmannflugzeuges einen tödlichen Herzinfarkt. Das Flugzeug stürzt über einem See ab. Brian überlebt den Absturz und verbringt fast zwei Monate in der Wildnis. Im täglichen Kampf um seine Nahrung und bei der Begegnung mit Tieren erlebt er viele Abenteuer. Sie tragen dazu bei, dass er sich von einem Großstädter, der die Annehmlichkeiten des Alltags wie selbstverständlich hinnahm, zu einem nachdenklichen Menschen wandelt. Er verinnerlicht die Schönheiten und Gefahren der Wildnis. Das Erlebnis der Einsamkeit in der Natur angesichts vielfältiger Gefahren, aber auch vielfältiger Schönheit gehört zu den zentralen Aspekten des Buches. Um die Aufmerksamkeit auf diesen Aspekt zu lenken und die Imaginationskraft zu wecken, werden die Lernenden vor der Lektüre aufgefordert, Vorstellungsbilder zu aktualisieren, die sich auf herausragende Erlebnisse eines Einzelnen in der Natur beziehen, auf Ängste und Begeisterung. Es soll sich um solche handeln, die sie aus bisher gelesenen Büchern, aus Hörspielen, Filmen und mündlichen Erzählungen gewonnen haben.[57]

Zur Konkretisierung der Vorstellungsbilder eignen sich das Malen eines Bildes, die Anfertigung einer Bildergeschichte, eine Buchvorstellung, in die die Beschreibung der Vorstellungsbilder integriert ist, oder auch eine mündliche Erzählung nach Stichpunkten. Scheller nennt die formalen Vorgaben oder Muster, die es Lernenden ermöglichen, ihre literarischen Erfahrungen auszubreiten, *Symbolisierungsformen*. Sie sollen helfen, das, was mit Hilfe der Imaginationskraft bei der Textlektüre und -erschließung vor dem inneren Auge gesehen wurde, konkret zu machen.[58] Die vorgegebenen „Muster", welche auch dazu beitragen, einer Entsinnlichung des Unterrichts entgegenzuwirken, bewahren vor bloßer Wiedergabe des einst Gelesenen. Sie zwingen zu einer Verarbeitung und damit auch zu einer gewissen Distanzierung von der eigenen Person. Mit Hilfe der Symbolisierungsformen wird es möglich, über sich selbst zu sprechen, eigene Vorstellungen zu konkretisieren, ohne sich zu entblößen.[59]

---

[56] Auf dem Buchcover findet sich eine unzutreffende Altersangabe. Hier ist von einem 12-Jährigen die Rede.

[57] Der Rückgriff auf fiktional gestaltete Erlebnisse und nicht auf solche in der eigenen Wirklichkeit soll die Vergangenheitsbedeutung von Literatur bewusst werden lassen. Dazu kommt, dass manche der Schülerinnen und Schüler selbst nicht auf eigene entsprechende Erlebnisse zurückgreifen können.

[58] Scheller fragt allerdings nicht nach der Wirkung einst rezipierter Literatur, sondern nach der Wirkung der gerade im Unterricht präsentierten. Er möchte, dass die Lernenden ihre Erfahrungen und Erlebnisse in die Textbegegnung einbringen. Vor allem die unterschiedlichsten Möglichkeiten des szenischen Spiels erscheinen ihm geeignet, das sinnliche Gedächtnis zu aktivieren und vergangene eigene Erlebnisse zu aktualisieren. Vgl. Scheller 1980, 121 ff., 169.

[59] Bei thematisch anders gelagerten Büchern eignen sich auch kleine Spielszenen, Pantomime, Tanz, Verkleidung als Symbolisierungsformen, oder den Schülern wird ein Fragebogen vorgelegt. Vgl. Schubert-Felmy 2001, 103 ff., 176 ff., 229 ff., 280 ff.

Dem Austausch der Ergebnisse wird hinreichend Zeit gewidmet (wie ja der Umgang mit inneren Bildern ohnehin Zeit und Ruhe verlangt). Es ist nicht voraussagbar, über welche literarischen Vorstellungen die Lernenden verfügen. Vielleicht erinnern sie sich an *Hänsel und Gretel*, die sich im Wald verirrten, oder an *Schneewittchen*, die dort ausgesetzt wurde. Vielleicht kennen sie das Buch *Insel der blauen Delphine* und die zahlreichen Szenen, in denen Won-a-pa-lei den Naturgewalten zu unterliegen droht. Auch von *Ronja Räubertochter*, die Nebel und Schnee trotzt, mag die Rede sein.

Die Schüler erklären, was sie gemalt oder geschrieben haben, und warten auf Nachfragen.[60] Die Zuhörer aktivieren ihre Vorstellungskraft, wenn sie das, was die anderen vielleicht fragmentarisch präsentieren, verstehen wollen. Im Hin und Her des Ausbreitens, Erklärens, Imaginierens entstehen neue innere Bilder, im besten Falle eine dichte Erzählsituation. Sie belegt, dass Lernende, die Gelegenheit erhalten, ihre inneren Bilder auszubreiten und die der anderen kennenzulernen, ein besseres Verhältnis zu ihren Mitschülern entwickeln. Das beeinflusst auch die spätere Interpretationsarbeit am Buch günstig.

Der Rückgriff auf Imaginationen, die einem Leser im Gedächtnis haften, weil sie in irgendeiner Phase des Lebens besonders wichtig waren, lässt sich intensivieren, wenn entsprechende Texte ausschnitthaft noch einmal rezipiert werden. Die Schüler führen sich ihre Imaginationen von einst vor das innere Auge, wandeln sie entsprechend ihrem jetzigen Textverständnis und erkennen oder ahnen dabei, wie sehr sie sich verändert haben.

Bei der Frage nach Vorstellungsbildern über einen Menschen in einer herausragenden Begegnung mit der Natur könnte man Ausschnitte aus dem Buch *Ronja Räubertochter*, alternativ auch aus dem Hörspiel, dem Film oder zugehöriger Software präsentieren, gleichzeitig die medienspezifische Gestaltung und Wirkung bedenken und ein Lernen im Medienverbund gewährleisten.[61]

Auf die Aktualisierung der Vorstellungsbilder folgen Lektüre und Erschließung des Buches (je nach Klassenstufe und Eigenarten der Lerngruppe methodisch arrangiert). Sie stehen jetzt im Zusammenhang mit den aktualisierten inneren Bildern, an die die Lernenden selbstständig anknüpfen. Wann immer sich die Möglichkeit bietet, wird Gelegenheit eingeräumt, auf die zuvor geäußerten Vorstel-

---

[60] Sollte sich herausstellen, dass die Antworten auf die Frage nach Vorstellungsbildern, welche in der Begegnung mit Literatur gewonnen wurden, nicht ergiebig sind, besteht die Möglichkeit, dass die Lehrperson selbst Texte aus Kinder- und Jugendbüchern zusammenstellt, die von der Begegnung eines Menschen mit der Natur oder mit Naturgewalten handeln. Die Lernenden lesen diese Stellen, beraten, woher sie stammen, und entwickeln zu der einen oder anderen Textstelle innere Bilder bzw. breiten jetzt Erinnerungen an frühere Vorstellungen und Erlebnisse bei der Textbegegnung aus. Auch der Einsatz von thematisch verwandten Gemälden oder von Fotografien kann in diesem Zusammenhang Erinnerungen und Vorstellungen wecken.

[61] Vgl. Schubert-Felmy/ Schubert 2005.

lungsbilder Bezug zu nehmen: vergleichend oder kontrastierend. Sie bilden die Folie für das Verständnis, und das heißt auch für die Imagination des Neuen; sie erleichtern den Zugang zu den Fremdheiten des neuen Textes und dienen damit dem Wissenserwerb.

Folgende *Ziele* des Umgangs mit literarischen Texten werden mit diesem Unterrichtskonzept erreicht:

Die Aktualisierung innerer Bilder intensiviert die Begegnung mit neuer Literatur. Immer dann, wenn Lernende ihre Erfahrungen mit Literatur – privater und schulischer in unterschiedlicher medialer Gestaltung – einbringen und entsprechende Vorstellungsbilder aktualisieren, besteht die Möglichkeit des Anknüpfens. Wird im Laufe der Schulzeit zum Beispiel das Naturverständnis in epochalen Zusammenhängen reflektiert, dann dient das, was mit Hilfe des Jugendbuches erarbeitet wurde, wiederum als Folie für entsprechende Textbegegnungen. Lesewege werden beschritten, intertextuelle Bezüge erkannt[62] und literaturgeschichtliches Wissen wird erworben.

Die Intensität der Arbeit mit einer Robinsonade (und auch mit anderen Jugendbüchern) wird erhöht, wenn der Lerngruppe eine *Bücherbox* zur Verfügung steht.[63] Dabei handelt es sich um einen kleinen Handapparat mit Jugend- und Sachbüchern, die zum thematischen Zusammenhang passen und als ergänzende Lektüre herangezogen werden.[64] Die Bücherbox ist ein geeignetes Instrumentarium für literarische Bildung. Denn im Rückgriff auf andere Bücher und Medien zum selben oder zu ähnlichen Themen wird das Augenmerk auf unterschiedliche Formen der ästhetischen Gestaltung gerichtet und eine diesbezügliche Sensibilisierung angebahnt. Beim Aufdecken intertextueller Bezüge zwischen DEFOES *Robinson Crusoe* und PAULSENS *Allein in der Wildnis* sowie anderen Robinsonaden erkennen die Lernenden Korrespondenzen und Verflochtenheit literarischer Werke. Sie eignen sich überprüfbares Wissen an, ohne dass die Lehrperson die Begegnung mit Literatur ständig dominiert. Wie bisherige Versuche ergaben, steigert eine solche Bücherbox, welche die Einrichtung von *Lesestunden* nahelegt[65], den Anreiz zum Le-

---

[62] Vgl. BUSS 2006.

[63] Vgl. PAYRHUBER 1999, 617 f. Bei manchen Themenkreisen kommen durch private Leihgaben der Schüler und solche aus der schuleigenen Bibliothek schon hinreichend viele Titel für die Bücherbox zusammen. Sie kann im besten Fall in Zusammenarbeit mit der Stadtbücherei erstellt werden. Ein von der Lehrperson angefertigtes Bücherverzeichnis und Listen, die auf Buchempfehlungen einzelner Leser oder Lesergruppen beruhen, dienen zur Orientierung.

[64] Aufgaben des Lesetagebuches (s. u.) können auf sie Bezug nehmen.

[65] Zur Organisation und Bedeutung von längeren, konzentrierten Lesephasen vgl. KNOBLOCH 1992, HAAS 1997, 198. Da diese Lesephasen auch immer wieder in Stillarbeit erfolgen, geben sie der Lehrperson die Gelegenheit, sich einzelnen Schülern und Schülerinnen zuzuwenden und zum Beispiel auch flüssiges Lesen zu üben.

sen und zur selbstständigen und vertiefenden Auseinandersetzung mit der gerade behandelten Thematik beträchtlich.

Um genaues Lesen zu gewährleisten, werden die Lernenden aufgefordert, den Leseakt im Lesetagebuch oder Portfolio durch Leseprotokolle zu begleiten, in denen sie ihre Eindrücke und Kommentare vermerken.[66]

1.5.3 Die schriftliche Begleitung der Lernprozesse durch ein Lesetagebuch oder ein Portfolio

Das Bemühen, die Selbstständigkeit und Schreibkompetenz des Schülers beim Umgang mit literarischen Texten zu fördern, ihm behilflich zu sein, seinen eigenen Lernstil und sein eigenes Lerntempo zu finden, wird durch ein *Lesetagebuch* oder ein *Portfolio* unterstützt.[67] Beide enthalten Elemente der *Freiarbeit* und spiegeln eine „veränderte Auffassung vom Lernen", eine „Verlagerung vom Belehren und Vermitteln zur Initiierung von Lernprozessen".[68] Die Arbeit mit dem Lesetagebuch gehört am Ende der Primarstufe und in der Erprobungsstufe beim Umgang mit einem Jugendbuch bei vielen Lehrpersonen schon zum methodischen, die Mitarbeit fördernden Repertoire. In der Sekundarstufe I wird es zu selten eingesetzt, obwohl besonders in der achten und neunten Jahrgangsstufe bei vielen Jugendlichen die Tendenz besteht, sich in Phasen der mündlichen Texterschließung auszublenden. Das Portfolio erfordert im hohen Maße eigenständige Arbeit, die man Lernenden etwa von der Jahrgangstufe 8 an zumuten kann.

Das folgende Aufgabenbeispiel eines Lesetagebuches geht auf die Arbeit mit einer 8. Jahrgangsstufe eines Gymnasiums zurück.[69]

---

[66] Wenn man meint, hier werde zu Lasten anderer wichtiger Lernstoffe kostbare Zeit verschenkt, ist zu bedenken, dass bei dieser Art von Textrezeption Lese- und Lernprozesse eine „Verlangsamung" erfahren, die „heilsam" ist. (Vgl. BAURMANN/FEILKE, 1997, 19.) Jeder Rezipient begegnet dem Text allein und ist gefordert, Inhalte für sich zu imaginieren, auch solche Schüler, die in ritualisierten Unterrichtsgesprächen schweigen. Auf der Basis solch konzentrierter eigenständiger Textarbeit sind nachfolgende literarische Gespräche ergiebig. Vgl. dazu CHRIST u.a. 1995.

[67] Zum Lesetagebuch vgl. LANGEMACK 1989; IGL/POLLINGER 1999; HINTZ 2000, 2002" Zum Portfolio vgl. WINTERSTEINER 2002.

[68] Vgl. BAURMANN/FEILKE 1997. Die Zitate aus dem Jahre 1997 beziehen sich nur auf das Lesetagebuch. Sie gelten m.E. auch für das Portfolio.

[69] Dieses Lesetagebuch orientiert sich an Empfehlungen LANGEMACKS (LANGEMACK 1989). Für Anregungen danke ich KRISTINA SCHUBERT.

LESETAGEBUCH ZU INGEBORG BAYERS ROMAN „DER TEUFELSKREIS“ [70]

Dein Lesetagebuch soll dich während der Lektüre des Romans begleiten und deine Eindrücke von der Handlung, den Personen und ihren Erlebnissen festhalten. Außerdem gilt es, die Pflichtaufgaben und vier der sieben Wahlaufgaben zu lösen.

Etwa zwei Stunden in der Woche arbeitest du in der Schule eigenständig mit dem Lesetagebuch, in den anderen zwei Stunden verläuft der Unterricht in gemeinsamer Arbeit. Am Ende der Unterrichtsreihe werden die Lesetagebücher eingesammelt und ausgetauscht. [71]

Die ersten Seiten des nicht ganz leicht zu verstehenden Buches werden wir gemeinsam lesen und besprechen. Bis zum [...] solltest du den Roman dann fertig gelesen haben. Das bedeutet, dass du jede Woche [...] Seiten schaffen musst, wenn die Lektüre ohne Hektik verlaufen soll.

Beachte beim Führen des Lesetagebuches Folgendes:

1. Schreibe so, dass jeder es gut lesen kann. Wenn du willst, benutze den Computer dafür.
2. Notiere das Datum deiner jeweiligen Eintragung oben rechts.
3. Wenn du etwas zitierst, nimm dafür eine besondere Farbe. Gib genau an, woher das Zitat stammt.
4. Nummeriere die Seitenzahlen des Lesetagebuches und erstelle ein Inhaltsverzeichnis.

I Pflichtaufgaben

1. Gestalte ein Titelblatt im Format DIN A4 für dein Lesetagebuch mit Bild und Schrift.
2. Erstelle ein Personenregister. Gib in Stichpunkten Informationen zum Äußeren, zu Wesen und Verhalten der Personen.
3. Beschreibe eine Person genauer (wie sieht sie aus, wie sind ihre Eigenarten, was hat sie erlebt, welche Fragen bewegen sie?), gib Textbelege!
4. Notiere die Schauplätze und erkläre ihre Bedeutung für den Verlauf der Handlung.
5. Informiere dich mit Hilfe des Buchanhangs, mit Hilfe von Sachbüchern und Internet über die Hexenverfolgungen im 15. bis 17. Jahrhundert und notiere Stichpunkte für ein kurzes Referat. Übe den Vortrag mit Hilfe deiner Notizen.
6. Nenne und erkläre fünf „Ordnungen“, die das Leben in Straßburg regeln.
7. Schreib auf, was Hieronymus durch den Kopf geht, nachdem er das klärende Gespräch über seine Mutter mit Barb geführt hat.
8. Schreib auf, was dir an diesem Buch gefallen bzw. nicht gefallen hat, und begründe deine Meinung.

II Wahlaufgaben

1. Formuliere eine Passage des Textes, deren Sprache dir besonders fremd war, in heutiges Hochdeutsch um (etwa eine halbe Seite).

---

[70] Das Jugendbuch *Der Teufelskreis* erhebt einen hohen Anspruch an seine Leser. Die Aufgaben des Lesetagebuches lassen sich in gewandelter Form auch auf leichtere Bücher übertragen. Nicht nur für die Erschließung von Jugendbüchern eignet sich ein Lesetagebuch, sondern auch für Werke des literarischen Kanons wie SCHILLERS Drama *Die Räuber*.

[71] Im Unterschied zu HINTZ halte ich Lesetagebücher trotz des „Prozesshafte(n) des Schreibens“ (HINTZ 2000, 39) für bewertbar, wenn in der Lerngruppe Kriterien der Beurteilung offengelegt werden, zum Beispiel der Textbezug, der Ideenreichtum, die kreative Gestaltung, Sorgfalt und Ordnung.

2. Stell dir vor, du wärst ein Mitschüler des Hieronymus. Wie würdest du dich verhalten? Konzentriere dich bei deinen Ausführungen auf eine Situation deiner Wahl.
3. Schreibe einen Brief, den Hieronymus nach einigen Wochen Aufenthalt in Straßburg an seine Freunde in Syrakus richtet.
4. Erstelle ein Wortverzeichnis mit etwa zehn Begriffen, die schwer zu verstehen sind, erkläre sie mit Hilfe eines Lexikons oder des Internets (gib die jeweilige Fundstelle für deine Erklärungen an).
5. Stell dir vor, Barb findet die Eintragungen der als Hexe verbrannten Mutter. Schreib auf, was ihr durch den Kopf geht.
6. Verfasse drei geheime Botschaften, Tipps oder Warnungen, die an Personen des Buches gerichtet sind, und erkläre, was diese Botschaften bewirken sollen.
7. Gestalte einen Dialog zwischen Hieronymus und seinem Onkel, in dem Hieronymus erklärt, warum er in Straßburg bleiben möchte. Lies diesen Dialog mit deinem Nachbarn vor oder spielt ihn.

Dieses Lesetagebuch gewährt der Rezeption des Schülers Raum, fördert Imagination und Kreativität (vgl. Aufgaben I, 7, 8, II, 2, 3 ,5 ,7) und dient zugleich dem Wissenserwerb z. B. religions- und kulturgeschichtlich, (vgl. Aufgaben I,5, II,4) sowie dem Erwerb literarischer Kompetenzen (vgl. o., S. 6 f. und Aufgaben I, 2, 3, 4).

Das *Portfolio* ist eine Art Sammelmappe für alle im Unterricht verwendeten Arbeitsblätter, für die Lösungen der Hausaufgaben, die sich aus dem Umgang mit Lese- und Arbeitsbuch ergeben, für die vorbereitende und nachbereitende Erschließung von Ganzschriften, für Zusatzmaterialien aller Art, für häusliche Recherchen im Internet oder in Bibliotheken, für die Auswertung von Hörbüchern und Filmen. Es dient dazu, den Lernprozess schriftlich zu begleiten, Interpretationsergebnisse zu sichern, zu überarbeiten und Schwierigkeiten zu kennzeichnen. Die kontinuierliche schriftliche Mitarbeit garantiert, wenn sie denn kontrolliert wird, eine Leistungssteigerung. Sie erlaubt eine Reflexion der eigenen Annäherung an Texte, auch der Ergiebigkeit methodischer Schritte. Alle Eintragungen werden mit Datum versehen, sodass der Unterrichtsverlauf nachvollziehbar wird. Am Ende einer Unterrichtsreihe gewährleistet ein Inhaltsverzeichnis mit Seitenangaben die Übersicht.

Was spricht für den Einsatz von Lesetagebüchern und Portfolios?

- Sie gewähren Spielräume für die eigene Rezeption – das heißt für Heterogenität, Differenzierung und Individualisierung –, sie fordern zur Textarbeit auf, sie folgen also hermeneutischer Tradition.
- Die Beteiligung an literarischen Gesprächen wird allen ermöglicht. Die Beiträge sind fundierter; sie spiegeln die vorausgehende Arbeit am Text.
- Schreiben und Reden korrespondieren. Die bei Interpretationen häufig vorherrschenden mündlichen Unterrichtsphasen werden um schriftliche Fixierungen erweitert, wodurch auch die Ergebnissicherung Raum erhält.

- Die eigene Auseinandersetzung Lernender mit Literatur erhält angesichts möglicher Akzentuierungen und Wertungen größere Bedeutung.
- Die Lehrperson fungiert bei Schreibphasen während des Unterrichts als beratendes Gegenüber. Sie verfolgt die Arbeit des einzelnen genauer. Prozessorientiertes Arbeiten wird gefördert. Die Notengebung kann gerechter gestaltet werden.
- Internetrecherchen, Rückgriffe auf Sachtexte und thematisch ähnliche Werke, auf Bilder und andere Medien fördern intertextuelles Arbeiten und vermitteln Wissen. Diese stärker sachliche Orientierung bindet auch Jungen intensiver in die Auseinandersetzung mit Literatur ein.
- Das Portfolio hilft bei der Wiederholung des Gelernten vor Klausuren oder den Prüfungen für den Mittleren Schulabschluss.

1.5.4 Arbeit mit dem Lesebuch

Der Umgang mit Texten in der Sekundarstufe I wird auch durch das in der Schule eingeführte Lesebuch und seine jeweilige Konzeption bestimmt. Es ist sozusagen ein „Leitmedium" des Deutschunterrichts (Ehlers 2003). Da Schulbücher einem Genehmigungsverfahren unterliegen, dessen wichtigstes Kriterium die Übereinstimmung mit Lehrplänen ist, wähnen manche Lehrer, sie stünden bei der Benutzung des Lesebuches auf sicherem Boden. Sie vertrauen auf die Erfahrungen der ‚Lesebuchmacher' und nutzen Anlage sowie Aufgabenstellung für ihren Unterricht. Ein solches Verhalten orientiert sich selten am Niveau und Interesse der Lerngruppe oder gar an dem einzelner Schüler.

Handelt es sich um ein Werk, dessen Struktur durch problemorientierte Textsequenzen gebildet wird, so erfährt der Einzeltext seine Bedeutung bereits durch diesen vorgegebenen Zusammenhang. Fingerhut äußert Vorbehalte gegenüber einer solchen Sequenzbildung vor allem in „kompetenzorientierten Unterrichtseinheiten integrierter Deutschbücher" (Fingerhut 2004, 2008). Sie führe dazu, dass der Einzeltext zu wenig beachtet wird, sie schmälere mit kompetenzorientierten Arbeitsaufträgen die „Lesemündigkeit", sie gewähre Sachtexten zu großen Raum und „behinder(e) die ästhetische Wahrnehmung". (Fingerhut 2008, 14f., 23) Haas bemängelt den „Lehrgangscharakter" von integrierten Lesebüchern.[72] Bei ihnen wird der Umgang mit Texten durch die Arbeit an grammatischen Problemen oder Fragen der Rechtschreibung begleitet. Die vorgegebenen Arbeitsanregungen sind zwar bei manchen Lehrern beliebt, weil sie die Vorbereitung erleichtern, gehören aber, zumindest wenn sie ausführlich sind, in den Buchanhang oder in das Lehrerbegleitheft. So wird die Lesefreude der Lernenden nicht gestört

[72] Vgl. Haas 1995, 225.

und die Lehrperson kann didaktisch-methodische Entscheidungen treffen, die auf die konkrete Lerngruppe ausgerichtet sind.[73]

Positiv zu beurteilen sind Lesebücher mit einem breiten, vielfältigen Textangebot, das es Lehrenden erlaubt, eine geeignete Auswahl zu treffen. Nicht nur kürzere Texte, sondern auch Auszüge aus Jugendbüchern mit Bildmaterial, Informationen über Autoren und historische Kontexte werden präsentiert. Textsequenzen, die motivierend gestaltet und mit produktionsorientierten Aufgaben oder gar mit Hilfen für die Freiarbeit verbunden sind, fordern Imaginationskraft und Initiative heraus[74] und wecken Leselust, das wichtigste Kriterium für den Umgang mit dem Lesebuch.

1.6 Schlussbemerkung

Das Nachdenken über den Umgang mit literarischen Texten kreist um diejenigen, die den Umgang pflegen, die Lernenden. Von ihren Vorkenntnissen, literarischen Erfahrungen, Interessen, von ihren individuellen Lernfähigkeiten und -vorlieben muss als Erstes die Rede sein. Ihre vermuteten und ausgesprochenen Bedürfnisse sind im Rückgriff auf fachdidaktische Ansätze zu berücksichtigen. Prozesse der Texterschließung sollten möglichst von ihnen ausgehen.

Das Nachdenken kreist um die Texte, mit denen umgegangen wird, und die Ziele, die sich mit ihrem Umgang verbinden, Ziele, die sich auf vielfältige fachdidaktische Überlegungen gründen und unterschiedliche Wege zu ihrer Erreichung nahelegen: Wege, die erfreuen, auf denen man Literatur genießen kann, aber auch Wege, die Arbeit machen, weil es auf ihnen um nachprüfbaren Kompetenz- und Wissenserwerb geht.

Das Nachdenken – und davon war bislang noch nicht die Rede – kreist auch um die Lehrperson, um ihre Art, mit Texten umzugehen, um ihre Schwierigkeiten, den wechselnden Vorgaben, Vorschriften und Einengungen zu folgen und ihnen zum Trotz Schülerinnen und Schüler dennoch für Literatur zu gewinnen. Für diese Überlegungen bedürfte es freilich eines neuen Kapitels.

---

[73] Dem Anspruch, die Bereiche des Faches Umgang mit Texten, Reflexion über Sprache, Sprechen und Schreiben zu integrieren, entsprechen einige Verlage durch eine Koordination von Lese- und Sprachbuch.

[74] Schober nennt als Beispiel für eine motivierende, die Lernenden nicht gängelnde Gestaltung eine problemorientierte Lesebucheinheit zum Thema Wald. Sie wird durch Bilder optisch eindrücklich, enthält „schöne[n] Texte der Tradition" und Sachtexte der Gegenwart, die ohne gängelnde Arbeitsaufträge für sich sprechen und den Leser zur kritischen Auseinandersetzung motivieren. Vgl. Schober 2001, 526.

2 Umgang mit Texten in der Sekundarstufe II

Wilhelm Matthiessen

Manche Beobachter des gegenwärtigen Deutschunterrichts sind der Auffassung, dass mit Texten häufig falsch umgegangen wird. Deren Erschließung und Deutung sei kaum mehr möglich, da sich Analyse und Interpretation in einer permanenten Sinnkrise befänden[1] und jegliche herkömmliche Schreibform – *Aufsatz* wird als Terminus vermieden – im Schema zu erstarren drohe. Traditionelles Schreiben zum Beispiel stelle die Schüler vor fast unüberwindbare Schwierigkeiten[2], überfordere sie[3], enge sie zu sehr ein[4], schicke sie auf ausgetretene Wege[5]. So blieben schließlich nur das kreative, in der Qualität kaum bewertbare Schreiben und die szenische Inszenierung als didaktische Alternative.[6] Die vorliegende Darstellung des Umgehens mit Texten bezieht die Ergebnisse der neueren Didaktik kritisch ein und versucht den Nachweis der realistischen Möglichkeit sinnhaften didaktischen Tuns zu führen.

Das Umgehen mit Texten in der Sekundarstufe II[7], im Folgenden vorrangig beschränkt auf die printmedialen Texte, betrifft alle zentralen Bereiche des Deutschunterrichts: Für den mündlichen Sprachgebrauch, das schriftliche Arbeiten, die Sprachbetrachtung, den Literaturunterricht und den thematischen Unterricht stellen poetische (literarische) und pragmatische (nichtliterarische) Texte eine wesentliche Voraussetzung dar und fordern Auseinandersetzung. Als ureigenstes Medium des Deutschunterrichts sind sie ebenso Vermittler von Wissen wie Lerngegenstand. Der Umgang mit ihnen ist aus dem analysebezogenen, problemorientierten Unterricht nicht wegzudenken, ebenso wenig aus seiner handlungs- und

---

1 Vgl. Nutz 1995, 70–82. Vgl. dazu auch Abraham/Beisbart u.a. 1998, 157.
2 Vgl. Ludwig/Spinner 2000, 16–22; Skepsis bei Abraham/Kesper 2006, 116; als Alternativen werden Arbeitsjournal, Portfolio, Lesetagebuch und journalistische Schreibformen wie Essay genannt.
3 Vgl. ebd., 22.
4 Dazu Abraham 1998, 93; Nutz, 1995, 71.
5 Vgl. Abraham 1998, 94; Nutz, 1995.
6 Vgl. Abraham 1998, 94, 158.
7 Zum Textbegriff: Bussmann, 2002, 283; Abraham/Kepser 2006, 25 skizzieren in Anlehnung an die moderne Semiotik einen weiten Textbegriff, der „verbale, nonverbale, visuelle und auditive Mitteilungen" gleichermaßen umfasst.

produktions-[8] oder auch der kompetenzorientierten[9] Ausrichtung. Texte bilden die Grundlage für Wissenserwerb und -verarbeitung sowie für methodische Operationen; mit ihrer Hilfe entwickeln Lernende Werthaltungen sowie kognitive, sprachliche, ästhetische, interaktive und moralische Kompetenzen (ABRAHAM 2001, 21–24), die auch als berufliche Schlüsselqualifikationen[10] fungieren können. Gerade in der Begegnung mit Texten entwickeln Lernende Identitäten[11], bauen Empathie auf und gewinnen Distanz. Texte unterstützen Prozesse der Persönlichkeitsentwicklung, Enkulturation und Lebensgestaltung. Daneben befriedigen sie das Bedürfnis nach Unterhaltung und ästhetischem Erleben.

So grundsätzlich, wie die Bedeutung von Texten ist, so umfassend sind auch die Tätigkeiten im Umgang mit ihnen. Dieser beschränkt sich nicht nur auf funktionales Entnehmen von Wissen, sondern impliziert auch Verstehen und die Vermittlung von Handlungskompetenz (bezogen auf jegliche Art von Sprachhandlung) sowie die Aufforderung zu weiterem Handeln, z.B. zur Produktion in schriftlicher, darstellender oder dramatischer Form. Umgang mit Texten setzt bei den Beteiligten die Bereitschaft und den Willen zur Verbesserung ihrer Kommunikationsfähigkeit gleichermaßen voraus. Nicht zuletzt ist die Bedeutung von Texten etwa in Hinsicht auf die Lesekompetenz und die Evaluation von Leistung zu nennen.[12] Die aus dem BÜHLER'schen Organon-Modell[13] ableitbaren Funktionen von Texten (*Darstellung, Ausdruck, Appell*) bewirken komplexe Kommunikationsmechanismen zwischen dem Rezipienten und dem Text. Dabei setzt dieser in seiner „Andersheit" (GADAMER 1975, 252 f.) und Autonomie ein Faktum; andererseits kommt dem Vorverständnis, der Einstellung und den Meinungen des Lesers eine kaum zu überschätzende Bedeutung beim Rezeptionsvorgang zu (PAEFGEN 1996a). Diese Konstellation schlägt sich im unterrichtlichen Agieren nieder. Bei Handlungsaufgaben wie der szenischen Gestaltung von Literatur oder der Auseinandersetzung mit Textinhalten in verschiedenen Schreibformen sind die Subjektivität des Handelnden und sein Verhältnis zur scheinbar objektiven Welt des Textes[14] immer zu berücksichtigen. So wird das Verstehen sprachlicher Texte weithin übereinstimmend

---

[8] Die Grenzen und Probleme der Handlungsorientierung zeigt sehr überzeugend KÜGLER 1996, 10–24.

[9] KÄMPER-VAN DEN BOOGART, Deutschunterricht nach PISA (2004); zum Kompetenzbegriff ABRAHAM/KEPSER 2006, 47.

[10] Vgl. Mitteilungen des Deutschen Germanistenverbandes. Kompetenzen und Schlüsselqualifikationen, 1997; HURRELMANN 1994, 17–26; SPINNER 1989a, 13–19.

[11] Zum Identitätsbegriff: ZIBERTZ, 2001; zur Ästhetischen Bildung: KIRCHNER/SCHIEFER/FERRARI/SPINNER 2006; Hanns-Seidel-Stiftung 2002; zum Begriff Ästhetik im Sinne der Postmoderne: MATTHIESSEN 2006, 8.

[12] Vgl. den Beitrag von CORNELIA ROSEBROCK zur „Lesesozialisation und Leseförderung".

[13] Liegt vielen didaktischen Ansätzen zugrunde; z.B. COHN 1992.

[14] Diese stellt jedoch nur ein Konstrukt dar, vgl. SUCHAROWSKI/WACHWITZ 2001; FINGERHUT 1993a, 26–48; SPINNER 1999b, 5–9; SCHEFFER 1993, 147.

als konstruktiver Prozess aufgefasst, der „intentional und holistisch abläuft" (Sucharowski/Wachwitz 2001, 25) und auf die Gesamtheit des Textes in seiner Mehrdimensionalität bezogen ist. Wenn auch die konstruktivistischen Ansätze vor dem Hintergrund der modernen Lerntheorien zu überzeugen vermögen – es bleibt problematisch, die Relation zwischen den beiden „geschlossenen, autonomen Systemen" (ebd.) Text und Rezipient als Verstehensmöglichkeit zu bestimmen.[15]

2.1 Literaturunterricht in der Sekundarstufe II

2.1.1 Grundsätzliche Zielsetzungen des Literaturunterrichts

Welchen Zielvorstellungen soll der gegenwärtige Literaturunterricht der gymnasialen Oberstufe folgen? Wichtig ist sein Beitrag für den Aufbau von Wissen. Darüber hinaus soll er den Schülern helfen, ihre Persönlichkeit zu entfalten, Erkenntniskategorien und Werthaltungen anzulegen, am kulturellen Leben teilzuhaben und es mitzugestalten. Nicht zuletzt wird von ihm erwartet, dass er an der Ausbildung ästhetischer Urteilskraft und am Erwerb grundlegender Kompetenzen teilhat.[16] Literaturunterricht vermittelt zudem Einsichten in historische Bewusstseinsphasen, auch in unsere gegenwärtige. Übersichten über literaturhistorisches Wissen von der Antike bis zu den verschiedenen Strömungen der Gegenwart geben jedoch letztendlich nur funktionale Intentionen des Literaturunterrichts wieder.

Ein Problem des Literaturunterrichts besteht darin, dass die Begrifflichkeit nur dann der Erkenntnis dient, wenn sie für die Rezipienten überschaubar und annähernd einsichtig ist. Mehrdimensionale, unübersichtliche Abhängigkeitsgefüge erschweren dies eher. Betroffen sind zudem Phänomene, die gleichermaßen Subjekt- und Objektcharakter aufweisen und in polyfunktionalen Beziehungen zu anderen Objekten stehen. Gleichwohl gewinnt z.B. die Bewegung des *Pietismus* in ihrer begrifflichen Konkretisierung für den Lernenden keine Bedeutung, wenn er nicht begreift, was der Terminus konkret bezeichnet, welche mannigfaltigen Beziehungen zu *Empfindsamkeit*, *Sentiment* sowie *Sturm und Drang* bestehen. Ohne anhand von Texten wie MORITZ' „Anton Reiser" und GOETHES „Werther" *induktiv* das eigentlich Gemeinte, das jenseits der Begrifflichkeit liegt, aufzuzeigen und in das Bewusstsein zu rufen, kann kein literarisches Lernen erfolgen. NUTZ weist auf den Konstruktionscharakter der Literaturgeschichte hin und leitet daraus ab, dass

[15] Zum Zusammenhang von subjektiver Rezeption und textzentrierten Lektüreverfahren siehe den Beitrag „Textnahes Lesen und Rezeptionsdidaktik" von ELISABETH PAEFGEN.

[16] KIRCHNER/SCHIEFER/FERRARI/SPINNER (2006) führen fächerverbindende Vorschläge zur ästhetischen Bildung an; zum Kompetenzbegriff KÄMPER-VAN DEN BOOGAART, 2004; Kap. 4.4; ABRAHAM/KEPSER 2006, 46–63; ABRAHAM/BAUMANN/FEILKE/KAMMLER/MÜLLER 2007, 6–14.

„über ein museales Orientierungswissen hinaus ein Feld von Differenzerfahrungen, die über das historische Verständnis einzelner Texte hinausführen" (Nutz 1999, 27), gewonnen werden kann. Zum Erfahren von Alterität dienen kulturgeschichtliches und entdeckendes Lernen beziehungsweise reflektierte Erinnerungsarbeit, wobei „Schneisen" und „Erkundungsrouten" zu wählen sind, anhand derer wichtige Diskurse und Themen zur Arbeit am kulturellen Gedächtnis (Nutz 1999, 32) entwickelt werden. Ausschließlich solche finiten, letztwertlichen Ziele vermögen den Literaturunterricht zu begründen (vgl. das Schema S. 133). Auch ein effizienzbezogener, empirisch überprüfbarer Literaturunterricht muss den skizzierten Zielsetzungen verpflichtet sein, gerade wenn er die Qualität des Vermittelten überprüft. *Teilnahme am kulturellen Leben* und *Persönlichkeitsentwicklung* formuliert die EPA als Zielsetzungen des Deutschunterrichts, aber auch die Kenntnis der deutschsprachigen Literatur, ihrer Gattungen und Epochen.[17]

Besonders vielschichtig ist der im Mittelpunkt von Bildungsdiskussionen stehende Kompetenzbegriff. Abraham/Kesper (2006) unterscheiden literarische Kompetenzen, welchen sie die Lesekompetenz zuordnen, und leiten, in Anlehnung an Noam Chomsky, Habermas' ästhetische Kompetenz, literaturästhetische Produktions- und Rezeptionskompetenz[18] ab.

Kompetenzen dienen der präzisen Formulierung erforderlicher kultureller und sozialbezogener Fähigkeiten, unterstützen ihre Evaluierung und leisten somit den Nachweis ihrer individuellen und gesellschaftlichen Relevanz. Dahinter steht deutlich das bildungspolitische Bemühen um die Legitimation von Kompetenzen im Sinne ihrer Funktionalität innerhalb einer modernen Industriegesellschaft, nicht zuletzt über den Anspruch ihrer wissenschaftlichen Messbarkeit. Von solchen (Mess-)Ergebnissen leitet man Anforderungen an methodisches und bildungspolitisches Vorgehen und die Entwicklung neuer Ziele ab, setzt Bildungssysteme zueinander in Vergleich und führt bildungspolitische Entscheidungen herbei. Dies bedeutet, dass an vermittelte Kompetenzen häufig der Anspruch ihrer Evaluierbarkeit[19] gestellt wird.

2.1.2 Literaturhistorisches Wissen

Die produktiven Verfahren des Literaturunterrichts sind in der Praxis der Sekundarstufe II angekommen; kritische Stimmen gegen eine „Bevormundung der Literatur durch die Literaturdidaktik"[20] erheben sich trotzdem. Dahinter steht die

---

[17] EPA Deutsch; Beschluss vom 01.12.1989 i.d.F. vom 24.05.2002

[18] Abraham/Kepser (2006, 55–63)

[19] Vgl. das Themenheft Evaluation, Deutschmagazin 3/06 2006.

[20] Kügler 1996, 10f.; Bremerich-Vos 1996, 25–49; Heinz 1996, 116–133. Ähnlich auch Bönsch 98; er bringt eine Beziehungs- und subjektive Didaktik in die Diskussion.

Auseinandersetzung um den Vorrang von Gegenstands- oder Schülerorientierung.[21] FINGERHUT (1996b, 50–72) dagegen wertet die Entwicklung der Literaturdidaktik seit den 60er Jahren als Versuch, den verschiedenen gesellschaftlichen Anforderungen gerecht zu werden. Er unterscheidet folgende Phasen: 1960–1965 Phase der Methodik und Abbilddidaktik, welche als hermeneutische Textinterpretation mit Hilfe des Unterrichtsgesprächs den „Vorgang der Lektüre abbildete". Die Jahre von 1968–1975 waren geprägt von der „Übertragung der werkimmanenten Textinterpretation in den Literaturunterricht" (FINGERHUT 1996b, 57), die Jahre 1975–1985 standen unter dem Einfluss der Rezeptionstheorie, 1985–1995 unter dem der „Fachunterrichtsforschung". Die Zukunft des Faches sieht FINGERHUT in einer Integration innerhalb der Kulturwissenschaften. ABRAHAM/KEPSER verorten den gegenwärtigen Literaturunterricht in einer schulischen und außerschulischen Praxis, die sich auf alle Medien bezieht.[22] Im Zuge von internen und externen Evaluationsverfahren[23] und Outputsteuerung der Schulen vermittels Tests spricht man auch von der empirischen Wende, die in der kompetenzorientierten Fachdidaktik[24] nach PISA 2003 ihre Zuspitzung fand. Dabei stehen Individualisierung, Pluralisierung und Medialisierung im Fokus der Forschung.[25]

Während immer wieder über einen schulischen Pflichtkanon gestritten wird[26], spielt die Frage nach dem *didaktischen* Stellenwert literaturgeschichtlicher Orientierung derzeit keine zentrale Rolle in der Einführungsliteratur zur Fachdidaktik.[27]

Das didaktisch-methodische Vorgehen in der Erarbeitung von literarhistorischen Zusammenhängen ist in der Praxis *epochen-*, *form-* oder *motivgeschichtlich* bestimmt. Hierbei kann man sich an Kommunikations- oder Verstehensprozessen, an grundlegenden Problemlagen sowie an historischen Zusammenhängen orientieren. Eng verbunden mit solchen Orientierungen ist die Frage der *Textauswahl*: Diese hat die Interessen und Kompetenzen von Schülern auch unter entwicklungspsychologischen Gesichtspunkten und die literarisch-pädagogische Bedeutung eines Textes zu berücksichtigen. Zu beachten sind der vorangegangene Unterricht und die jeweils erreichten Fortschritte oder die beobachteten Defizite.

---

[21] Die Antithetik von Handlungsorientierung und analytischem Unterricht bezweifelt BELGRAD 1996, 83–98.

[22] ABRAHAM/KEPSER 2006.

[23] Vgl. das Themenheft Evaluation, Deutschmagazin 3/06.

[24] KÄMPER-VAN DEN BOOGART, 2004; ABRAHAM,/BREMERICH-VOS/FREDERKING/WIELER 2003.

[25] Siehe Internetseite des Lehrstuhls für Didaktik der deutschen Sprache der Friedrich-Alexander Universität Erlangen Nürnberg; Forschungsschwerpunkte VOLKER FREDERKING, vgl. auch deutschdidaktik.ewf.uni-erlangen.de/home/index,id,76.html.

[26] Siehe den Beitrag „Kanonprobleme" von ANGELIKA BUSS.

[27] Allerdings FINGERHUT 2002, 147–166.

Die Frage nach der Legitimation von *literaturgeschichtlich* ausgerichteten Unterrichtssequenzen soll an dieser Stelle ausdrücklich gestellt werden. Ist Literaturunterricht noch erforderlich, degeneriert unsere Kultur nicht schon längst zu einer des „Trashs“? Es geht nicht darum, einer Alltagskultur ein rückwärtsgerichtetes Rettungsmodell entgegenzustellen, sondern um ein Enkulturationsangebot, das historisch tradiert, immer wieder auch selektiert und überprüft worden ist – trotz seiner gewissen Beliebigkeit, denn um Vollständigkeit kann es nicht gehen. Es gehört zur Aufgabe des Deutschunterrichts, gerade auch Orientierung in einer Kultur zu bieten, die geprägt ist durch Trash – im Sinne schnell überlebter, in der Menge fast unüberschaubarer trivialer Trends, doch sollte dies nicht das Aufgeben der Verpflichtungen gegenüber dem kulturellen Gedächtnis bedingen. Hier liegt auch die Verantwortung einer umfassenden Medienerziehung. Dass zum Erreichen dieser Ziele im Unterricht Texte unterschiedlichster Qualität zum Einsatz kommen können und müssen, sei ausdrücklich betont.

Ein literaturgeschichtlich vorgehender Unterricht wird anhand von Texten das Wesentliche einer Epoche, deren Leitideen, zentrale Begriffe, Autoren und wichtige Werke vor dem historischen Hintergrund verdeutlichen. Dazu lassen sich Reihen bilden, die in Einzelstunden das Wichtigste vermitteln. Dieses Vorgehen ist insofern zu kritisieren, als das literaturgeschichtliche Wissen wenig anwendungsbezogen ist. Fragwürdig ist auch der nominalistische Gebrauch von literaturgeschichtlichen Begriffen. Nur wenn die hinter der Begrifflichkeit verborgenen Vorstellungen für Schüler geklärt sind, können sie auf Verständnis basierendes und anwendungsorientiertes Wissen erwerben. Waldmann weist auf die Differenzerfahrungen der Schüler hin, die auf Diskrepanzen zwischen Mitteilungs- und Literatursprache, der Schülerwelt und der literarisch-fiktionalen Welt bestehen und die es zu überwinden und für Lernprozesse zu nutzen gilt (WALDMANN 1992)[28]. Genau auf ihre Leistung hin ausgewählte handlungs- und produktionsorientierte Verfahren eignen sich wie andere analytische Methoden zur Erfahrung von Diskrepanz und Alterität, aber auch zum kulturellen Verstehen.

Motiv- und formgeschichtliches Vorgehen besteht beispielsweise im kontrastiven, vergleichenden Untersuchen von Werken auf repräsentative, textimmanente Erscheinungen, auf politisch-gesellschaftliche Umstände oder auf das Verhältnis von Werk und Autor. Problemorientierte Querschnitte können die diskursive Auseinandersetzung mit zentralen Themen eines Zeitraums zum Gegenstand haben. Neben Literatur, Wissenschaft, Philosophie, Religion und Wirtschaft wäre hier zu denken an die Autonomie des Individuums, das Verhältnis und die Stellung der Geschlechter, die Frage der Determination, an Schuld-und-Sühne-Relationen oder Fragen von Kunst und Künstlertum. *Literaturdidaktik* könnte im Zusammenhang

---

[28] Vgl. auch NUTZ 1999, 27.

Sich mit poetischen und pragmatischen Texten auseinandersetzen

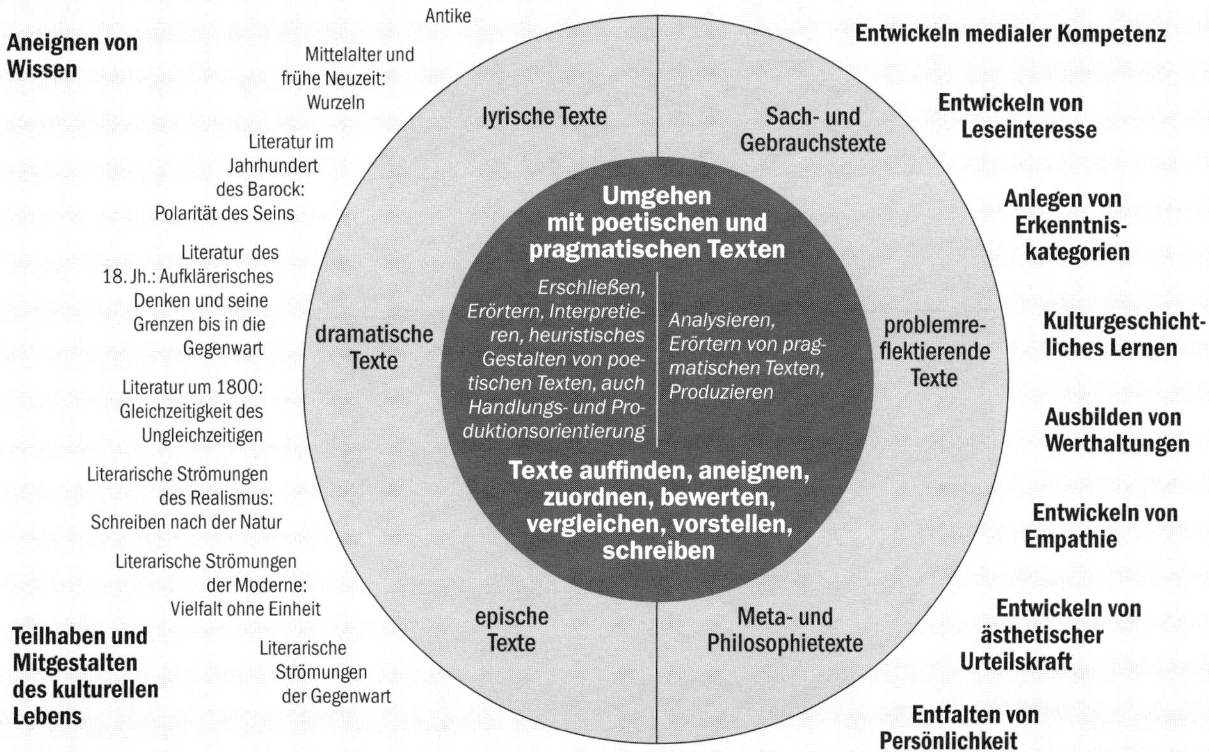

mit fächerübergreifenden Zielsetzungen so zu einer *Kulturdidaktik* werden, ohne die Texte zu verraten.[29] Auch mentalitäts-, sozial- und kulturgeschichtliche Konstellationen, wie sie im Umkreis von markanten Zeitereignissen – beispielsweise der Französischen Revolution, des Ersten oder Zweiten Weltkriegs – zu finden sind, eröffnen Möglichkeiten zu einer interaktiven Auseinandersetzung mit Literatur. Dies gilt ebenso für literarische Topographien, wie sie im Zuge der Erkundung[30] literarischer Zentren wie Berlin, München, Weimar, Prag oder Wien sowie beim Besuch von Stätten der Literaturvermittlung entstehen können.

Der Stellenwert des handlungsorientierten Vorgehens ist – auch in Anbetracht der vorliegenden Menge fachwissenschaftlicher Publikationen – unbestritten.[31] Die Einwände KÜGLERS, der in einem berühmten Aufsatz davor warnte, die Autonomie des Textes durch Zerstören der Kohärenzstrukturen, wie sie Zerschneiden und unvollständiges Präsentieren mit sich bringen, zu verletzen und den Rezipienten durch die Zielsetzung der Literaturdidaktik zu bevormunden (KÜGLER 1996, 21 f.), sind mittlerweile historisch.[32] Die von WALDMANN (1984, 98–141) beschriebenen 81 Handlungs- und Produktionsformen, für KÜGLER (KÜGLER 1996, 21 f.) „ein Gruselkabinett" schulbezogener Leseweisen, gehören zum methodischen Standard. BÖNSCH[33] proklamiert ein offenes System, spricht von der Orchestrierung der Vielfalt und unterscheidet die Kategorien Lehrgang, Such- und Findewege, Kreativ- und Konstruktionswege und Speicher- und Verarbeitungswege. BÖNSCH versachlicht Gegensätze und zeigt sich ergänzende Wege verschiedener Methodik auf. In vielen Konzepten gehen Handlungsorientierung und kognitive Analyse symbiotisch und funktional zusammen.[34] Grundlegend zur Erschließung von Texten sind die Methoden der Integration verschiedener Lernbereiche, die Handlungsorientierung, auch in ihrer funktionalen Ausrichtung (das textnahe Lesen oder die neuropsychologische Fundierung des Lesens).

2.1.3 Gattungspoetologisches Wissen

Das Umgehen mit Texten muss die spezifischen Eigenheiten der verschiedenen Gattungen berücksichtigen. Dramatik, Lyrik und Epik und auch pragmatische Texte eröffnen und fordern jeweils andere Zugehensweisen, selbst wenn die Gattungsfrage im Unterricht außer Acht gelassen werden sollte.

---

[29] Vgl. FINGERHUT 1996a, 52.
[30] Vgl. Die literarische Exkursion 1998, 249–272.
[31] Vgl. dazu BELGRAD/MELNEK 1996, 10–115; Beiträge von KÜGLER; BREMERICH-VOS; FINGERHUT; WILLENBERG; BELGRAD; HINZ.
[32] Auflistung von Kritik bei SPINNER 1999c, 35 f.
[33] BÖNSCH 2006, 170–175.
[34] Vgl .zum Beispiel Deutschmagazin, Jahrgänge 2007 und 2008.

Die Auseinandersetzung mit *dramatischen Texten* (ZIESENIS 1993; PFISTER 1984; BOGDAL/KAMMLER 2002; MATTHIESSEN 2006, 8) bezieht sich auf den Lesetext und auf dessen Realisierung in Form der Aufführung. Beide Gegenstandsbereiche korrespondieren miteinander, weisen Gemeinsamkeiten und Unterschiede auf, ermöglichen unterschiedliche Rezeptionsformen und eignen sich zum Vergleich.[35] Dass Sprechen immer auch Handeln bedeutet, wird gerade im Drama evident und hat seine Auswirkungen im Unterricht, weil nicht nur das Sprechen in seiner pragmatischen, semantischen und syntaktischen Struktur Gegenstand ist, sondern auch die Rezeption durch den Schüler. Schließlich geht es um dessen Verständnis und um eine daraus resultierende Produktion, beispielsweise als szenische Improvisationsinszenierung, als Unterrichts- oder Klassenspiel, als Fach „Dramatisches Gestalten" oder als Schulspiel. Der Spielcharakter ist gekennzeichnet durch Freiheit und Scheinhaftigkeit.[36]

Auch die Auseinandersetzung mit *Lyrik* bedient sich eigener didaktischer Vorgehensformen. Eine Herausforderung stellt der hohe Dekodierungsaufwand der Rezipienten dar. Er ist bedingt durch Momente der Überstrukturierung (WALDMANN 1992, 224), durch die Strukturen gebundener Formen oder ihrer Negation, durch Merkmale wie Konzentration, Sinnverdichtung und Bedeutungsintensität, die ein dichtes Konnotations- und Denotationsgefüge schaffen. Lyrik stellt den Rezipienten so vor die Aufgabe, als „kreativer Textbearbeiter" (FINGERHUT 1993a, 27) schöpferisch zu agieren. Hier heißt es ganz besonders von der Verkürzung auf eine einzige Lesart oder auf bloße hermeneutische Analogiebildungen Abschied zu nehmen. Dies bedingt offene Unterrichtsgespräche und setzt bei den an Lyrik anknüpfenden Schreibformen wie Interpretation oder Schreiben von Gedichten substanzielles gattungspoetologisches Wissen voraus.

Das Verstehen *epischer* Texte erfordert ebenso den Einbezug struktureller Elemente. Damit ist keineswegs eine Verkürzung der Untersuchung auf erzählstrukturelle Merkmale gemeint, sondern die Berücksichtigung von Wesensmerkmalen des Erzählens im Literaturunterricht.

Die Erschließung *pragmatischer* Texte bedarf der Rekonstruktion von Aussage und intendierten Absichten ebenso wie der Auseinandersetzung damit. Die Spannbreite reicht von einfachen, aber in ihrer Struktur keinesfalls unkomplizierten informativen und appellativen Texten aus Werbung und Zeitung bis zu anspruchsvollen journalistischen Schreibformen und zu Texten soziologischen, poetologischen, metasprachlichen, ethischen oder philosophischen Inhalts. In der Folge der

[35] Zur Unterrichtspraxis vgl. NEUGEBAUER/STEINBER/BREUCH/FIECHTNER/FUCHSBERGER-ZIRBS/JOGSCHIES 2006, 25–30, 31–36, 37–42, 55–60. Anregungen auch im Themenheft Zeitgenössisches Theater, Deutschmagazin 03/08 2008.

[36] Nach SCHEUERL 1990.

PISA-Studie entdeckte man die Bedeutung der Sachtexte erneut; an ihnen wird bei zentralen Tests, die mittlerweile in verschiedenen Bundesländern ein externes Evaluations- und Steuerungsmittel darstellen, Leseverständnis und Lesekompetenz[37] überprüft.

2.1.4 Fachwissenschaftliche Methoden im Literaturunterricht

Die Frage nach den wissenschaftlichen Methoden, die der Textarbeit zugrunde liegen, ist zunächst keinesfalls dominant. Die methodische Art und Weise der Texterschließung (z.B. unter thematischen oder historischen Aspekten, psychoanalytisch, diskursanalytisch, rezeptionsorientiert, dekonstruktivistisch oder durch die Untersuchung von Themen, Motiven und Strukturen) kann sich ausschließlich aus den angestrebten Lernzielen ableiten. Diese sollten auf einer intensiven wissenschaftlichen, didaktischen und methodischen Analyse basieren.[38]

Da Literaturunterricht meist in integrativer Form[39] abläuft und einzelne Sequenzen verschiedene Bereiche des Faches einbeziehen, beansprucht ein literarisches Thema meist mehrere Stunden und korrespondiert mit anderen Unterrichtsstunden oder Unterrichtsreihen – unabhängig von den methodischen Verfahren. Fachwissenschaftlicher Methodenpurismus ist weder erforderlich noch wünschenswert. Verschiedene erfolgversprechende didaktische sowie methodische Wege sind denkbar; so kann gleichermaßen mit dem Rezeptionsdiskurs als Problemstellung begonnen werden wie mit einer handlungsorientierten Inszenierung, die dann textimmanent hermeneutisch und strukturell analysierend weitergeführt wird und in einer Schreibaufgabe endet. So wenig wie das noch häufig praktizierte Herangehen aus historisch-sozialer Perspektive kann die Inszenierung eines Textes in allen Fällen ungeprüft zum Grundsatz erklärt werden. Die gewählten fachwissenschaftlichen, didaktisch-methodischen Vorgehensweisen müssen sich auf Lernziele richten, die sich an Interessen, Bedürfnissen und Einstellungen der Jugendlichen sowie an gesellschaftlichen Erziehungszielen orientieren. Fachwissenschaftliche Methoden stellen Hilfsmittel in einem auf die Schüler bezogenen Unterricht dar, in dessen Mittelpunkt ebendiese stehen und nicht etwa Fachwissen oder Inhalte.

---

[37] Vgl. Themenheft Das Lesen fördern, Deutschmagazin 1/07.

[38] Zur Frage der Wissenschaftlichkeit in Didaktik und Unterricht siehe den Beitrag „Fachdidaktik und Wissenschaft“ von Michael Kämper-van den Boogaart.

[39] Siehe den Beitrag „Integrativer Deutschunterricht“ von Peter Klotz sowie Werlen, 1996, 3–9.

Beispiele für Schreibaufgaben in der Sekundarstufe II

Heuristisches Schreiben *(Die folgenden Aufgabenbeispiele sind entnommen aus: Landesinstitut für Erziehung und Unterricht 2000)*

Thomas Bernhard, Umgekehrt. Als sich die beiden einige Zeit später wieder treffen, kommen sie (Theologieprofessor und Ich-Erzähler) auf ihren Besuch im Zoo zu sprechen. Sie versuchen dabei, ihr damaliges Verhalten zu klären. Gestalten Sie den Dialog.

Peter Bichsel, Die Tochter. Auf der Rückfahrt schreibt die Tochter einen Brief an eine Freundin. Darin denkt sie über ihre Eltern nach und versucht, sich über ihre Situation klar zu werden. Gestalten Sie diesen Brief.

Silvio Blatter, Der Fremde. An einem anderen Ort, wieder an einem Tisch sitzend und umgeben von anderen Leuten, vertraut der Fremde seine Erinnerung an den ersten Ort seinem Tagebuch an. Schreiben Sie diesen Tagebucheintrag.

Analysieren von poetischen und pragmatischen Texten – Interpretieren

Bertolt Brecht, Gedanken über das Ende des Exils; Max Herrmann-Neiße, Ein deutscher Dichter bin ich einst gewesen. Erschließen und interpretieren Sie die Gedichte von Bertolt Brecht und Max Herrmann-Neiße vergleichend unter Berücksichtigung des zeit- und literaturhistorischen Hintergrundes.

Elias Canetti, Der Beruf des Dichters. (Münchner Rede, Januar 1976, 94 Zeilen). Analysieren Sie den folgenden Text von Elias Canetti unter besonderer Berücksichtigung von Aufbau und Rhetorik. Erläutern Sie, worin die Verantwortung des Schriftstellers in der heutigen Gesellschaft besteht.

Döblin, Berlin Alexanderplatz. Erschließen und interpretieren Sie den Schluss von Alfred Döblins Roman. Beziehen Sie dabei auch ihre Kenntnisse über den gesamten Roman ein.

Chaim Noll, Dritte Nacht: Volk ohne Sprache (aus: *Nachtgedanken über Deutschland*, 1992). Analysieren Sie den folgenden Text nach Inhalt und Aufbau und setzen Sie sich mit den sprachkritischen Überlegungen des Autors auseinander.

Hugo von Hofmannsthal, Brief des Lord Chandos in Auszügen

a) Fassen Sie den Inhalt des Textes zusammen.
b) Stellen Sie vom Text ausgehend dar, welche Sprachauffassung der Erzähler vertritt und worin die Gründe dafür zu suchen sind.
c) Überprüfen Sie die Thesen des Autors ausgehend von einer sprachlichen Analyse dieses Textes unter Berücksichtigung zeitgenössischer Sprachkritik.

Erörtern von literarischen und allgemeinen, anhand von Texten erarbeiteten Fragen

1 Literarische Fragen

1a Autoren und Werke

Georg Büchner, Woyzeck. „...Woyzeck, Er hat keine Moral! Moral das ist, wenn man moralisch ist, versteht Er." Nehmen Sie zu dieser Charakterisierung Woyzecks durch den Hauptmann unter Einbeziehung anderer Dramenfiguren kritisch Stellung.

Jakob R. M. Lenz, Der Hofmeister; Gotthold E. Lessing, Nathan der Weise. Vergleichen Sie die unterschiedliche literarische Behandlung die „Familie". Beziehen Sie die Dramenhandlung ein.

Franz Kafka, Der Prozess. „Nein", sagte der Geistliche, „man muss nicht alles für wahr halten, man muss es nur für notwendig halten" (Kafka, *Der Prozess*). Erörtern Sie ausgehend von diesem Zitat, inwieweit Kafkas Roman der Weltsicht der Moderne entspricht.

Erich Kästner, *Fabian*; Franz Kafka, *Der Prozess*. Erschließen Sie den folgenden Ausschnitt aus Erich Kästners Roman *Fabian*. Erläutern Sie das in diesem Ausschnitt zum Ausdruck kommende Menschenbild, und vergleichen Sie es mit dem in Franz Kafkas Roman *Der Prozess*. Lenz, *Der Hofmeister*. Vergleichen Sie, wie die Frauenfiguren in Lessings *Nathan der Weise* und Lenz' *Der Hofmeister* gestaltet werden.

1b Literarische Themen

Frankfurter Buchmesse. Die Frankfurter Buchmesse ist die größte Veranstaltung ihrer Art auf der Welt. Zeigen Sie die Funktion der Messe auf und beurteilen Sie erörternd den Stellenwert, der der „Literatur im engeren Sinn" dort zukommt.

Jugend. Die Jugend von heute ist voller Mängel: Mangel an Werten und Zielen, Mangel an Leistungsbereitschaft und Durchhaltevermögen, Mangel an Respekt und Höflichkeit. Erörtern Sie kritisch und differenziert, ob und inwieweit dieses von einem Soziologen entworfene Bild von der Jugend zutreffend ist.

Nobelpreis. Anlässlich der Verleihung des Nobelpreises an Günther Grass wurde Kritik laut: „Natürlich war Grass der falsche." (FAZ, 1999) Erörtern Sie, ausgehend vom Nobelpreis für Literatur 1999, generell die mit dieser Preisvergabe verbundenen Probleme.

2 Erörtern von allgemeinen Fragen, auch ausgehend von Texten und Zitaten – Problemerörterung

Kultur. Günther Kunert, Die Abschaffung der Kultur durch die Zivilisation (85 Zeilen; DIE ZEIT; 4. Februar 1994). Arbeiten Sie die zentralen Thesen des nachfolgenden Textes heraus und überprüfen Sie, unter Berücksichtigung Ihrer eigenen Leseerfahrungen, die Behauptung Günter Kunerts, die Literatur habe „als Sinnvermittlerin ausgespielt". (Aufgabe aus dem Bayerischen Zentralabitur Leistungskurs 2002).

Naturverständnis und Technologieanwendung. „Man kann der Natur nur gebieten, wenn man ihr gehorcht!" (Francis Bacon, 1620). Erörtern Sie, inwieweit Bacons oben zitierte Auffassung in unserer Zeit eine Orientierung für die Naturwissenschaft und unseren Umgang mit moderner Technologie sein kann. (Aufgabe aus dem Bayerischen Zentralabitur Leistungskurs 1999).

Privatbereich und Öffentlichkeit. Gertrud Lehnert, Mit dem Handy in der Peepshow (76 Zeilen; Vorwort zu einem 1999 erschienenen Essay von G. Lehnert, ohne Fundstelle).

Analysieren Sie den gedanklichen Aufbau des folgenden Textes. Setzen Sie sich mit den Ansichten der Autorin zu gegenwärtigen Tendenzen im Bereich von Medien und Kommunikation auseinander und erörtern Sie davon ausgehend, inwieweit „private Räume" für den Einzelnen notwendig sind. (Aufgabe aus dem Bayerischen Zentralabitur Leistungskurs 2001).

Schule. Werden Fächerkanon und Lehrmethoden des Gymnasiums den gegenwärtigen gesellschaftlichen Anforderungen noch gerecht?

Verfolgung. Zeigen Sie an Beispielen Ihrer Wahl, gegebenenfalls auch an literarischen, die Auswirkungen von Vertreibung und Verfolgung auf die betroffenen Menschen auf sowie deren Weise, sich mit dieser Ungeheuerlichkeit des Geschehens auseinanderzusetzen.

Mischformen von Textanalyse, Interpretation und Erörterung

Paul Celan, Espenbaum. Erschließen und interpretieren Sie das Gedicht „Espenbaum" von Paul Celan, indem Sie auch auf den zeit- und literaturgeschichtlichen Hintergrund eingehen. Erörtern Sie anschließend, ausgehend von Ihren Ergebnissen, die These Theodor Adornos, es sei unmöglich, nach Auschwitz Gedichte zu schreiben.

Döblin, Berlin Alexanderplatz. Erschließen Sie folgenden Romananfang. Charakterisieren Sie anschließend den Helden und vergleichen Sie ihn mit einem anderen literarischen Helden der Moderne. Erörtern Sie, inwieweit Franz Biberkopf einem modernen Helden-Typus entspricht.

Kästner, Fabian. Ordnen Sie anhand einer inhaltlichen und sprachlich-erzähltechnischen Analyse Kästners Roman *Fabian* zeit- und literaturgeschichtlich ein. Beziehen Sie dann Stellung zu der Frage, inwieweit die Romanfigur und ihre Vorstellungen in unserer Zeit noch Aktualität aufweisen.

2.2 Schreiben über Texte – Schreiben zu Texten

Formen des Schreibens in der Sekundarstufe II

Einnehmen von Rollen

Umsetzen von Formen: Anwenden von Mustern und Konventionen

- Gestalterisches Schreiben, ausgehend von Texten
  - Erzählen und Schildern
  - Aufgreifen literarischer und pragmatischer Schreibformen
  - Orientieren an literarischen Vorbildern
- Arbeiten mit poetischen und pragmatischen Texten
  - Exzerpieren
  - Zusammenfassen
  - Précis schreiben
  - Analysieren
  - Erschließen
  - Auswerten und Reflektieren
  - Vergleichen
  - Zusammenstellen und Neufassen
  - gestalterisches Erschließen und Interpretieren
  - Interpretieren
- Erörtern von ethischen, philosophischen, ästhetischen, gesellschaftlichen und literarischen Fragestellungen
- Propädeutisches Schreiben in Form der Facharbeit

Gestaltendes Schreiben: Vorlagen variieren und individuelles Formulieren

Schreiben für implizite sowie explizite Leser

Das Arbeiten mit Texten in der Sekundarstufe II schließt seit der Hinwendung zum gestalterischen Schreiben, das breite praktische Anwendung und großen Rückhalt in der Didaktik findet, unterschiedliche Schreibformen ein, darunter auch nicht spezifisch oberstufenrelevante. Die nachstehende Kategorisierung umfasst folgende Formen des Schreibens:

- gestalterisches Schreiben (nicht an strenge Konventionen gebunden, häufig heuristischen Intentionen[40] folgend),
- Umgang mit poetischen und pragmatischen Texten,
- erörterndes Schreiben und
- wissenschaftspropädeutisches Schreiben.

2.2.1 Textbezogenes, gestalterisches Schreiben in Abgrenzung zum kreativen Schreiben

Wird vom *literarischen, poetischen, gestalterischen Schreiben* oder zuweilen vom *Produzieren von Texten*[41] gesprochen, sind alle Formen des poetischen und gehobenen journalistischen Schreibens gemeint.[42] Diese Termini beziehen sich weniger auf etwaige literarische Qualitäten des Produkts als auf dessen Struktur, Semantik und die verfolgten Intentionen. Literarisches Schreiben verfolgt den Anspruch, heuristisch dem Verstehen „als integraler Bestandteil des Literaturunterrichts" (Paefgen 1999, 95)[43] zu dienen.

Zu den gestalterischen oder literarischen Schreibformen gehören zum Beispiel das Verfassen von Phantasie- und Erlebnisgeschichten auch in Anlehnung an Textvorlagen, des Weiteren das Ausgestalten von Erzählkernen, das Fortführen von poetischen Texten, das Schreiben nach literarischen Vorbildern, das Umschreiben und das Korrespondieren in Briefform. Gestalterisches Schreiben umfasst weiterhin das Schildern von Erlebnissen, Eindrücken, Empfindungen, das Schreiben in literarischen und journalistischen Stilformen sowie das Entwerfen von inneren Monologen. Ebenso zählen hierzu das assoziative Schreiben nach optischen und akustischen Impulsen, die Textmontage, -collage und auch die gestaltende Interpretation – beispielsweise analoge Texte oder Gegentexte schreiben –, Texte weiterführen und Perspektive oder Stilebene verändern. Hinzu kommen Essay und Kritik als ungebundene pragmatische Schreibformen sowie freie Versuche, Stilübungen, Bearbeitungen literarischer Vorlagen, Übungen zur Logik der Argumentation und Textkohärenz. Alle diese Formen des Schreibens nehmen subjektiv auf Texte Bezug, interpretieren und werten sie. Unbewusstes freisetzend, stellen sie ichbezogene Formen des Schreibens dar. Dieses kann sich auf Cluster-Methoden, Tagebuch-Skizzen, Lesetagebücher, Portfolios[44] und assoziative Verfahren stützen und orientiert sich auch an literarischen bzw. musikalischen Mustern. Bei aller

---

[40] Darstellung bei Fingerhut 1996a; Erläuterung des Begriffs auch bei Paefgen 1999, 98.
[41] Vgl. Melenk 1996, 193–216.
[42] Terminus nach Fritzsche 1994, 159.
[43] Siehe auch die Beiträge von Elisabeth K. Paefgen, Kaspar H. Spinner sowie Jürgen Baurmann im vorliegenden Band.
[44] Siehe auch den Beitrag von Barbara Schubert-Felmy im vorliegenden Band.

Individualität kann gerade diese Art des Schreibens in verschiedensten Sozialformen ablaufen: in Teams, in Schreibwerkstätten und Literaturgruppen. Der literarische Text rückt scheinbar in den Hintergrund, wird zum Stimulus, stellt aber trotzdem den zentralen Gegenstand dar, mit dem sich der Schreiber auf der Basis komplexen Verständnisses produktiv auseinandersetzt. Die Prozesshaftigkeit des Schreibens und die daraus resultierende Notwendigkeit zur Überarbeitung gehört zur jüngeren Entwicklung der Schreibdidaktik.

2.2.2 Schreiben im Internet

Internetbezogenes und *computergestütztes Schreiben* [45] birgt eine noch unausgeschöpfte Zahl von Möglichkeiten freien, aber auch textanalytischen oder sachbezogenen Gestaltens. Texte im Internet weisen spezifische Eigenheiten [46] auf, z.B. das Fehlen einer festgelegten Abfolge von Textsequenzen. Sie stellen häufig Hypertexte dar, deren Informationen als „autonome Module […] nach thematischen und funktionalen Gesichtspunkten zu größeren Clustern zusammengefasst werden können" (Storrer 1999, 35) und sich durch *Nichtlinearität* und *Multimedialität* auszeichnen [47]. Digitale Texte laden auf direkte oder indirekte Weise zur Kommunikation ein, indem sie beispielsweise in beigefügten Diskussionsräumen oder über die bereitgestellten E-Mail-Adressen Kontakt zu anderen Lesern oder den Autoren anbieten. Über Links gelangt der User zu weiterführenden Texten [48], Grafiken, Bildern, die auf mehreren Textebenen verbunden und rhizomartig vernetzt sind [49]. Texte im Internet verändern sich ständig und fordern daher die Kreativität ihrer Leser; der Lesevorgang ist sehr individuell; jeder Leser kann eigene Verknüpfungswege über die diversen Ebenen wählen. So bietet das Internet zahlreiche Rezeptionsmöglichkeiten, aber auch Gelegenheiten zur Textproduktion: Sie reichen vom Gestalten eigener Websites über Schreibkonferenzen und -werkstätten bis hin zur Produktion von Netzliteratur. Diese umfasst alle Formen von der Lyrik bis zum Internet-Roman [50]. Mit „Dr. Usus rettet das Universum" [51] wurde z.B. die vorgegebene Science-Fiction-Story von Harald Parigger zur Grundlage eines Internet-Schreib-Projekts, in dem konkurrierende Schülerteams ausschließlich über das Netz den Roman in verschiedenen Versionen fortschreiben.

---

45 Vgl. Runkehl 2000, 33–44; Schlobinski/Siever 2000, 54–65; Abraham/Kepser 2006, 173.

46 Vgl. Vogel 2000, 62–63. Wagner 2000, 6–11.

47 Vgl. Schlobinski 2001, 58–67, besonders 58; Runkehl 2000, 42 f.

48 Vgl. Vogel 2000, 63.

49 Vgl. Runkehl 2000, 36 f.

50 Vgl. DU, 52.2/2001, u.a. die Beiträge von Suter und Simanowski.

51 CD-ROM, Hg. Bayerisches Staatsministerium für Unterricht und Kultus, Unterbrunn 2000; weitere Möglichkeiten in: DU 2/2001; 2/2002; Hinweise u.a. zu Links und Projekten bei Suter/Auer 2002, 75–82.

2.2.3 Textbezogenes informierendes Schreiben: Textzusammenfassungen und propädeutisches Schreiben

Der Fähigkeit, Texte auszuwerten, kommt große Wichtigkeit zu: „Verstehen des Textinhalts, Rekonstruieren der argumentativen Textstruktur, Abstrahieren und Reformulieren" [52] sind Schlüsselqualifikationen. STEETS weist darauf hin, dass das Exzerpt wohl zu Unrecht als Arbeitstechnik, nicht als Schreibform betrachtet wird, und plädiert für das Einüben anhand von Sachtexten.

Informierendes Schreiben, bezogen auf den Umgang mit Texten, erscheint als singuläre, nicht kombinierte Schreibform im Deutschunterricht der Oberstufe hauptsächlich in den Formen Zusammenfassung, Textanalyse, Protokoll oder Facharbeit zu einem Thema. Im Rahmen komplexer Aufsatzformen, zum Beispiel beim Analysieren, Erschließen, Interpretieren, gehört die Textzusammenfassung zu einer zentralen Qualifikation, die den Ausgangspunkt für so verschiedene Operationen wie Auswertung, Vergleich und Beurteilung bildet.

Informierendes Schreiben zielt auf das Erfassen des Inhalts, die Rekonstruktion der Zusammenhänge und auf Objektivierung. In der Sekundarstufe II bereitet es Analyse und Interpretation vor. Es schult die Fähigkeit, Textinhalte zu abstrahieren und sachlich distanziert darzustellen.

Beachtung sollte einer informierenden Schreibform zukommen, die sich aus den heutigen Erfordernissen der Textarbeit ergibt: Das *vergleichende Auswerten* von Texten unter bestimmten Aufgabenstellungen ist mit Blick auf die allgegenwärtige Informationsfülle eine wichtige Voraussetzung für anschließende Denk- und Schreibprozesse. Die Fähigkeit, Texte zu benutzen, sie auf Inhalt, Informationswert, Stil und Textgattung zu untersuchen sowie unter gewissen Aspekten zu kompilieren, ihre Aussagen reflektierend zu ordnen und der eigenen Argumentation zuzuführen, bildet das methodische Fundament für die Erarbeitung von Diskussionsbeiträgen, Vorträgen und Referaten. Das methodische Vorgehen gliedert sich in zwei Schritte: Dem allgemeinen Vergleich der zu analysierenden Texte folgt die Fokussierung auf *eine* Fragestellung, die etwa in die Darstellung eines Sachauftrags münden, aber auch auf erörterndes Schreiben abzielen kann. Die Verwendung mehrerer Texte beugt einem rein textimmanenten Vorgehen bei der Analyse vor, da zwischen den Texten klärende Referenzbezüge bestehen.

Beim *Précis* soll der Schreibende Stilelemente und Handlungsstruktur der Vorlage möglichst beibehalten, während er den Text auf etwa ein Drittel des ursprünglichen Umfangs kürzt. Diese Aufsatzart stellt hohe Anforderungen an die stilistische Präzision des Schreibenden. Die Aufforderung, den Text gleichmäßig und sinnerhaltend zu kürzen, unterstützt das Verständnis für das Geschehen, fördert

[52] Vgl. STEETS 1999, 399–420.

die Stilsicherheit, birgt aber auch das Risiko formaler Rigorosität. So erscheinen Hoffnungen, dieses Modell wäre eine Alternative zu schematischen Inhaltsangaben und Textanalysen (ABRAHAM 1998, 34), zumindest fragwürdig.

2.2.4 Analysieren von poetischen und pragmatischen Texten

Poetische Texte (SCHMIDT 1975, 66 ff.) zeigen in ihrer Organisation Leerstellen und Polyfunktionalität; ihr Bezugssystem ist eine fiktionale, konstruierte Welt. Diese kann vom Leser nicht auf eine einzige Bedeutungsebene reduziert werden. *Pragmatische* Texte zielen eher auf Eindeutigkeit. Nach SPINNER ist die *Textanalyse*[53] ein methodischer Zugang zu Texten, der durch systematische Aussonderung und Herausarbeitung funktionaler Zusammenhänge gekennzeichnet ist" (SPINNER 1989b, 20). Analysieren ist in dieser Sichtweise eine wichtige Grundlage des Interpretierens[54], obwohl es als Schreibform umstritten ist. Der Didaktik der 70er Jahre entsprungen, steht diese Methode unter dem Verdacht der einseitigen kommunikationstheoretischen Ausrichtung, mangelnder Systematik und ausschließlich aufklärerischer Intention. Ein derart objektivierter Textumgang ende in der gegenwärtigen „defizitäre(n) Praxis" (NUTZ 1995, 72)[55] von Ritualisierung und Gängelung. Das in der Praxis zu beobachtende standardisierte Vorgehen berge[56] die Gefahr der kognitiven Sterilität und werde unter dem Trugschluss praktiziert, Analyse und Schreibvorgang[57] seien voneinander zu trennen.

Die Analyse setzt eine intensive Auseinandersetzung mit dem Text, Kreativität und Gestaltungswillen voraus. Sie bezieht sich auf Prozesse der Erfassung des Aufbaus, der Konstruktion gedanklicher Zusammenhänge und der sprachlich-stilistischen Untersuchung bedeutungskonstituierender Elemente. Das grammatische Wissen wird einerseits durch das Textverständnis des Lesers organisiert, wirft in seiner autonomen Bedeutung aber auch Fragen auf: Warum findet sich hier diese Konstruktion oder aus welchem Grund fehlen Adjektive? NUTZ verweist auf die Notwendigkeit anwendungsbezogenen grammatischen Wissens, welches nicht nur „ein Beschreibungsinstrumentarium ergänzt, das aus einem Konglomerat stiltypologischer und rhetorischer Kategorien besteht" (NUTZ 1995, 72), sondern das auf die Erzählstrukturen und Strategien eines Textes abzielt und damit Verstehen intensiviert.

53 Vgl. Diskussion Deutsch, Heft 4, 1971.
54 Zur Unterscheidung der Begriffe Analysieren und Interpretieren vgl. Staatsinstitut für Schulpädagogik und Bildungsforschung München 1997, 66 f.
55 Vgl. dazu auch ABRAHAM 1998, 94; ABRAHAM 1994, 76.
56 Vgl. ABRAHAM 1994, 76 ff.
57 Vgl. ABRAHAM 1998, 93.

Bei all den in Anspruch genommenen Wissensmomenten, so z. B. der Gattungspoetologie, geht es nicht um die möglichst umfangreiche Ansammlung singulärer Elemente, sondern darum, textdominante Merkmale zu erkennen, Einzelbeobachtungen zuzuordnen und die Bildung von Entscheidungs- und Wertungskompetenzen zu ermöglichen. Vorgegebene Lesarten und Interpretationserwartungen sind nicht alleiniger Maßstab zur Bewertung des Schreibens. Zu berücksichtigen ist die gesamte Leistung eines Schülers, der weder Germanist ist noch einer zu werden braucht.

Die Analyse impliziert nicht unbedingt eine umfassende Interpretation, auch wenn eine Untersuchung im Verlauf des Erarbeitens und Schreibens das Verstehen fordert und fördert. Die Ursache missglückter Analysen ist weniger der Schreibform als vielmehr didaktisch-methodischen Fehlern zuzuschreiben, die häufig in zu engen Aufgabenstellungen, in der Nichtbeachtung des Schreibprozesses und in der mangelnden Arbeitszeit zu sehen sind. Während des Schreibens entwickelt der Lernende nach umfangreichen Vorarbeiten, die genaues Lesen, Beobachten, Erfassen, Strukturieren, Verbessern, Umstellen und Neubeginnen beinhalten, weitere Erkenntnisse, und er nimmt Änderungen gegenüber früheren Planungen vor – oft ohne dabei inhaltliche oder formale Stimmigkeit zu erreichen.

Die Realität des Schreibens konterkariert unrealistische Erwartungshaltungen an den perfekten Aufsatz: Der fehlerfreie Abituraufsatz war und ist Fiktion. Altersstufe, Wissen und Erfahrungsbereich der Schüler müssen bei der Initiierung von Schreibprozessen und bei ihrer Beurteilung Beachtung finden.

2.2.5 Interpretierendes, heuristisches Schreiben

Das *Interpretieren*[58] reicht in der Sprachregelung vieler Unterrichtskommentare über die Textanalyse hinaus, insofern der Interpret darstellt, wie er den Text in seiner Gesamtheit auffasst. Die Verfertigung einer Interpretation ist eine komplexe, voraussetzungsintensive Aufgabe. Gefordert sind unter anderem eine dem Fachgegenstand angemessene Fachterminologie und anwendungsfähiges Grundwissen aus verschiedenen Bereichen. Wichtig ist es ebenso, dass der interpretierende Schüler eine Vorstellung davon gewonnen hat, dass sein Schreiben ein gestalterischer Prozess ist. Lehrende haben darauf zu achten, dass die von den Schülern zu lösenden komplexen Gesamtaufgaben weder stereotyp noch überfordernd gestellt sind. Gegebenenfalls empfiehlt sich die Vorgabe von Einzelschritten der Interpretation.

Interpretationen verfolgen im Unterricht der Sekundarstufe II weniger Ziele, die um das Subjekt des Schreibenden kreisen, als vielmehr die Intention, eine

[58] Vgl. Darstellung verschiedener Interpretationsverfahren Abraham/Kepser 2006, 202–212.

„möglichst intensive ästhetische, nämlich produktionsästhetische Erfahrung von literarischen Texten einzurichten" (Waldmann 1984, 115). So wird Schreiben zu einem Mittel des Literaturunterrichts, das der Autonomie des Textes gerecht wird, ohne dabei die Sichtweisen und Intentionen des Schreibenden zu verleugnen. In einigen Bundesländern[59] hat sich das gestaltende Interpretieren als Aufsatzform etabliert. Es erlaubt, in den Text einzugreifen, und eröffnet subjektive Spielräume. Mit dieser Aufsatzart wird der produktive Umgang mit Literatur auf seine Klausurtauglichkeit geprüft. Gefordert wird von den Schülern z.B., epische Texte zu dialogisieren, innere Monologe zu entwerfen und Briefe zu verfassen.

2.2.6 Argumentierendes Schreiben: Erörtern

Als schwierige Aufsatzart gilt die *Erörterung*.[60] Fritzsche (1994a, 116) unterscheidet die Sach- von der Problemerörterung, wobei er jener die Sachverhaltsdarstellung in Form von Referat, Abhandlung und Facharbeit und der Problemerörterung die „Auseinandersetzung mit unterschiedlichen, ja gegensätzlichen Auffassungen" zuordnet. Der *Besinnungsaufsatz* als nicht textbezogene Aufsatzform wird wegen der darin bearbeiteten allgemeinen Wertfragen als Sonderform angesehen. Eine solche Unterscheidung berücksichtigt nicht, dass viele Sachfragen, gerade im Rahmen komplexer Arbeiten, sich rasch als Entscheidungsfragen erweisen, da unterschiedliche Standpunkte in die Darstellung einbezogen werden müssen.

Die Erörterung setzt Eigenorganisation voraus: Inhalte sind zu sammeln, zu gliedern, eine Präsentationsstrategie ist zu entwerfen und ein Standpunkt zu erarbeiten. Keine der Schreibformen wird in der Praxis so missverstanden und zum Formalismus deklassiert wie das erörternde Schreiben. Dazu trägt eine vage und schablonisierte Terminologie bei: Pro- und Kontra-Argumente gilt es gegeneinander in einer Stellungnahme (Synthese)[61] „abzuwägen", von objektiver Darstellung ist gegen alle Erkenntnistheorie die Rede. Erst zum Schluss gelte es, die „eigene Meinung" zu präsentieren. Aus solcher Schematisierung des erörternden Schreibens, deren Basis meist der Unterricht in der Sekundarstufe I legt, resultiert die Ablehnung dieser Schreibform. Hinter dieser verbirgt sich m.E. nichts anderes als die Übermacht des subjektivistischen Denkens, die Abneigung gegenüber umfangreichen Aufgaben und die Angst, Erwartungshaltungen zu enttäuschen.

[59] Die aufgeführten Beispiele stammen aus Baden-Württemberg: Landesinstitut für Erziehung und Unterricht 2000.
[60] Siehe auch den Beitrag „Schulisches Schreiben" von Jürgen Baurmann.
[61] Vgl. Wagner/Pelster 1992, 145; Krywalsky/Markgraf/Roedig 1992, 240.

Gegenüber freien Aufgabenarten fehlen solche Vorbehalte, da sich dieses Schreiben einer Bewertung entzieht und häufig das Tun als solches das Ziel darstellt. Der vielerorts betriebene Schematismus bestärkt manche Zweifel der Didaktik. Das mitunter vorgeschlagene Nachschreiben von journalistischen Artikeln aus Magazinen kann keine Alternative zum erörternden Schreiben darstellen, da die Muster manipulativ verkürzte Argumentationsstrategien und Sprachmuster benutzen, logische Operationen travestieren oder artifiziell nutzen, also Produkte routinierten Schreibens sind und im bewussten Vernachlässigen logischer Regeln kognitiv sowie ethisch bedenklich erscheinen.

Brinker (1992, 67) erläutert drei methodische Wege zur Entfaltung eines Themas: demonstratives Aufzeigen sowie explikatives und argumentatives Arbeiten. Ausgangspunkte des Schreibens stellen Sach- oder kontroverse Entscheidungsfragen dar. Abzulehnen sind Suggestivfragen oder allgemeine Aufgaben, die in ihrer Unüberschaubarkeit für Schüler kaum zu bearbeiten sind: Themen(-monster) wie „Fluch und Segen der modernen Technik" verhindern überzeugende Lösungen.

Mit der Fähigkeit, ein bearbeitbares und gesellschaftlich relevantes Thema zu erörtern, verfügt der Lernende über ein existenziell bedeutendes Instrument der subjektiven Äußerung, welche durch die Berücksichtigung der einzubindenden oder zu entkräftenden Gegenstandpunkte objektiviert wird. Der Schüler nimmt mit seinem Schreiben an einem öffentlichen Diskurs teil – auch wenn er nur für einen Korrektor schreibt – und erarbeitet sich die Kompetenz zur Teilnahme am öffentlichen Leben. Über die Aneinanderreihung von Einzelargumenten hinausgehend, ist eine Argumentationsstrategie für die Präsentation eines Standpunktes zu entwickeln. Eine Variante ist das themenbezogene Vorgehen, welches jeweils nach konträren, in dialogischer Beziehung stehenden Meinungen unterscheidet, kontroverse Auffassungen diskutiert und die verschiedenen Ansichten in einem Syllogismus oder in einer polarisierenden Meinungsäußerung enden lässt.

Eine weitere Möglichkeit eröffnet die Zuordnung von unterschiedlichen Standpunkten nach jeweiligen Sachaspekten. Auch hier hat die Erörterung das Erarbeiten einer Position zum Ziel, indem gegenteilige Meinungen entkräftet und die das Schlussergebnis stützenden Argumente abstrahierend zusammengefasst, neu geordnet und gewichtet werden. Der Aufbau eines Einzelarguments beinhaltet eine These oder Behauptung, eine Begründung und Schlussfolgerung bzw. ein Beispiel.

Weiterhin bietet sich eine Erörterung anhand von Texten an, aus denen die zu diskutierenden Thesen herauszuarbeiten sind. Zu leisten ist hier sowohl die Auseinandersetzung mit diesen Thesen als auch die Entwicklung eigener Vorstellungen. Diese Schreibform ist insofern sehr sinnvoll, als die zentralen Aussagen des Textes zu erfassen, in thesenhafter Form zu formulieren und zu diskutieren sind.

Eine große Schwierigkeit besteht darin, mit einem kompetenten Autor konfrontiert zu werden, dessen faktischer oder unterstellter Wissensvorsprung u.U. einschüchternd wirkt. Dies kann dazu führen, dass selbst im Falle provokanter Thesen die Bereitschaft zur Auseinandersetzung versiegt. Häufig vermögen Schüler die Argumentation des Autors nur zu bestätigen; Distanzierung fällt ihnen schwer. Inhaltlich angreifbare Thesen und Themen aus dem weiteren Erfahrungsbereich der Lernenden, denen sie auch eigenes Wissen entgegenzusetzen haben, ermöglichen eine innovative Auseinandersetzung. Diese Form der Erörterung kann sich an eine sprachliche Analyse anschließen oder Argumentationsstrategien zum Gegenstand haben.

Von den genannten Formen der Erörterung weicht die literarische ab: Hier sind Texte auf literarische Fragestellungen hin zu beschreiben, zu untersuchen und zu diskutieren. Die Beurteilung von Schreibleistungen sollte Vorzüge und Mängel nicht allein konstatieren, sondern auch auf Verbesserungen abzielen. Unbedingt zu berücksichtigen sind Ausbildungsziele und die Schreibbedingungen in der Sekundarstufe II. Es schreiben keine professionellen Autoren; insofern sind die Maßstäbe zur Einschätzung von Schülerarbeiten zwar in Analogie zu poetischen und pragmatischen Texten zu entwickeln, Perfektion im Sinne eines literarisch Erwachsenen ist jedoch nicht voraussetzbar und auch nicht in jedem Fall wünschenswert.

Die bisher genannten Schreibformen legen jeweils Schwerpunkte auf verschiedene Bereiche von Verarbeitungs- und Denkprozessen. GERTH[62] unterscheidet Beobachten, Kommentieren, Analysieren und Interpretieren. Die verschiedenen Prozeduren laufen häufig simultan, keinesfalls immer geordnet und chronologisch ab. Schreibformen, die methodische Fähigkeiten trainieren, sind auf bestimmte Schwerpunkte fokussiert und verringern so die Möglichkeiten der Auseinandersetzung mit einem Text. Sie reichen vom subjekt- über das themenbezogene bis zum adressatenorientierten Schreiben. Der Orientierung an standardisierten Mustern einerseits steht andererseits die freie Verfügung über Vorbilder in Formen der eigenen Expression gegenüber.

2.2.7 Essayistisches Schreiben

Der *Essay*[63] stellt eine „offene Form des Schreibens“ im „Schwebezustand zwischen Wissen und Zweifel“ (v. WILPERT 1969, 236) dar. In Frankreich wird er eher als zielgerichtetes, deduktives, lineares und argumentatives Schreiben aufgefasst. In England interpretiert man ihn als induktiv, weitgehend subjektiv und weniger

[62] Vgl. GERTH 1989, 58–63, besonders 58.
[63] Dazu FRITZSCHE 1994, 117; ISB, 1997, 196f.

gebunden. Er unterscheidet sich von der Problemerörterung dadurch, dass er den Gedankengang freier entwickelt und die Subjektivität des Schreibenden nicht nur duldet, sondern stilistische Kompetenz, gestalterische Souveränität und ästhetische Sensibilität geradezu fordert. Da selbst Oberstufenschüler über diese Fähigkeiten nicht in vollem Umfang verfügen, bilden der Erwerb und die Erweiterung der Sprachkompetenz Schwerpunkte dieser Schreibform. Eine der Schwierigkeiten (Fritzsche 1994, 119) für den Schreibenden besteht darin, dass er über umfangreiches Wissen und über Lebenserfahrung verfügen müsste, welche ihm aber in der unterrichtlichen Schreibsituation nicht zur Verfügung stehen. Damit kommt es auch zu keiner wirklichen Wissenserweiterung für den Schreibenden. Der Essay sei „weder Lernmedium noch Lerngegenstand, sondern ... Lernkontrolle“ (Fritzsche 1994, 220).

Nach Braak (1972, 158) sind der berichtende, der kritische, der meditative und der ironische Essay zu unterscheiden. Ein Essay kann themengebunden oder in Anlehnung an Erörterungsfragen gestellt werden. Vorgegebene Einleitungen ermöglichen gedankliche Spaziergänge.

Der Essay kann in Anlehnung an Vorbilder nachahmend, mit Hilfe des Cluster-Verfahrens von einem Aphorismus oder von einem Zitat ausgehend eingeübt werden. Sprachliche Gestaltungsmittel wie Vergleich, Bilder, Wortspiele, Ironie, Anspielungen, aussagekräftige Details, Ironie und Satire, Polemik und Provokation gehören zum Repertoire des Essays.

2.2.8 Wissenschaftspropädeutisches Schreiben

Das wissenschaftspropädeutische Schreiben auf der Oberstufe, vor allem die Facharbeit und als wichtige Vorstufe das Exzerpt, wird, wie Steets (1999, 405 f.) feststellt, in der Literatur häufig vernachlässigt.[64] Eine Auseinandersetzung mit Texten stellt die Facharbeit dar, die in verschiedenen Bundesländern Schüler vor die Aufgabe stellt, auf 10–20 Seiten einen kohärenten Text zu verfassen. Dabei handelt es sich um keine vorgegebene Schreibform, jedoch um das fachbezogene Schreiben zu einem Thema, das im engeren Sinn an die Fachwissenschaft angelehnt ist, aber bis zu freien gestalterischen Aufgaben reichen kann. Eine Subsumierung unter Formen der Erörterung[65] wäre zu einseitig.

[64] Praktische Orientierung (v. a. für Schüler) bietet jedoch Braukmann 2001.
[65] Vgl. Fritzsche 1994, 114.

Beispiele für Reihenplanungen und Sequenzbildungen

Die Beispiele zeigen verschiedene Ansätze zur Planung von Stundeneinheiten. Sie können für den eigenen Gebrauch modifiziert werden. Die Einheiten sind handlungsorientiert oder lehrerzentriert realisierbar.

Fächerübergreifende, thematisch und kontrastiv ausgerichtete Reihenbildung
Schwerpunkte: Romanstruktur; geschichtliche und historische Bezüge
Umberto Eco: Der Name der Rose

Die Kriminal-Handlung I: (1) Recherche als Ausgangspunkt der Handlung (2) Struktur des Kriminalromans (3) Aufklärung der Verbrechen (oder: die Grenzen des induktiven Vorgehens)
Geschichtlicher Hintergrund: (4) ausgehendes Mittelalter: Papst kontra Kaiser (5) Volksfrömmigkeit und innerkirchliche Kritik (6) monastische Krise und Machtverlust der Kirche (7) ein historischer Roman?
Kriminalhandlung II und literarische Referenzen: (8) Spiele der Postmoderne: „verlorene" Werke des Aristoteles (9) Labyrinthstrukturen (Bibliothek) – literarische Referenzen (10) Fiktion und Wirklichkeit: Bösewicht Jorges und der argentinische Autor Borges
Romanstruktur: (11) monastischer Lebensrhythmus – erzählerisches Strukturprinzip (12) Rahmenhandlung als Legitimation des Erzählten (13) die Eigengesetzlichkeit des Romans (14) Merkmale postmodernen Erzählens
Philosophie: (15) Methodik Williams von Baskerville: Neuzeitliches Denken (16) Grenzen der Methodik Williams: vom Nominalismusstreit zu Wittgenstein und zur Chaostheorie
Literaturbetrieb: (17) Erkundung eines Geheimnisses – Wann hat ein Roman Erfolg?

Thematische Reihenbildung
Schwerpunkte: Erzählstruktur, Motivik, literaturhistorische Einordnung
Uwe Timm: Johannisnacht

Johannisnacht als Beispiel postmodernen Erzählens: (1) narratives Muster: detektivischer Ich-Erzähler sucht (unauffindbare) Wahrheit (2) *Mis-en-abyme:* Spiegelung des Erzählens auf verschiedenen Ebenen (3) Johannisnacht als zeitgenössischer Großstadtroman (4) deutsche Vergangenheit im Spiegel deutscher Gegenwart (5) Kulturgeschichte – *Motiv der Kartoffel* (6) Personenkarussell – die Gesellschaft (7) Ironisierung als narratives Prinzip (8) Uwe Timm – ein Autor der deutschen Postmoderne (9) Sexualität als (einzige) Möglichkeit des Individuellen und Humanen (10) postmoderne Sprache (11) literarische Motive und Zitate: von Frischs *Homo Faber* zu Rosendorfers *Briefe aus der chinesischen Vergangenheit* (12) Ambivalenz und Semantik des Titels: Johannisnacht als Wendepunkt

Diachron-kontrastive, analoge Reihenbildung
Schwerpunkt: Aufzeigen von Grundzügen literarischer Epochen (Lyrik)
Klassik und Gegenwart: Goethes Nähe des Geliebten vs. Enzenbergers Call it Love:

(1) Kontroverse Naturerfahrungen als Bedingung unterschiedlicher Liebesauffassungen (2) vergleichende Analyse: Sprache in Klassik und Moderne (3) vergleichende Analyse: Zusammenhang von Form und Inhalt

Subjektive Liebeserfahrung des „Sturm und Drang“: (4) Liebe als konkrete Erfahrung und ihr poetischer Ausdruck: GOETHES *Mailied* (5) GOETHE in Sesenheim – biographischer Hintergrund

Minnelyrik des Mittelalters: (6) Liebe als Konstruktion: mittelalterliche Rollenlyrik (z. B. WALTHERS VON DER VOGELWEIDE *Unter der Linden* ...) (7) Minnekonzeption: „hohe“ vs. „nidere“ Minne

Schüler schreiben Lyrik: (8) Schüler schreiben Liebes-Lyrik: von der Idee zur Gestaltung (9) Gedichte „verbessern“? – Problematik: Bewertung und Kritik des Subjektiven

Die Liebe als Chiffre: (10) CLEMENS VON BRENTANO *Die Abendwinde wehen* – die romantische Chiffre (11) Traum Universalpoesie (12) Ironisierung eines Gefühls – HEINRICH HEINES Gedichte *Die Lotusblüte* und *Sie saßen und tranken am Teetisch*

Liebe in der Moderne – Sagen des Unsagbaren: (13) INGEBORG BACHMANN *Dunkles zu sagen* – Chiffrierung der Moderne (14) ERICH FRIED: *Als ich mich nach dir verzehrte* – Verwirrung im Sprachspiel (15) Banalisierung der Gefühle in URSULA KRECHELS *Episode am Ende* (16) Frauensicht – ULLA HAHN: *Mit Haut und Haar*

Induktiv vorgehende, gattungsausgerichtete, „Schneisen bildende“ Reihe

Schwerpunkte: Vom Text ausgehende Einblicke in eine Epoche, aber auch in die literarische Gattung des Dramas. Die Auseinandersetzung mit dem Drama eröffnet als „Schneise“ den Weg zu Antikenrezeption, zum Welt- und Menschenbild, zur Gattung, zur Theaterpraxis und zu den für Schüler relevanten Teilen der Biographie GOETHES.

(1) Iphigenies Verlangen nach Heimat und kultureller Identität (2) Familiengeschichte Iphigenies I: Determinismus des Tantalidenfluches (3) Iphigenie – Heldin ohne Makel? (4) Familiengeschichte Iphigenies II: Tragödie der Eltern (5) weibliches und männliches Prinzip – Thoas und Iphigenie (6) Orestes' Plan – antikes Missverständnis des Orakelspruches (7) das neue Menschenbild – selbstverantwortliches Handeln (8) Glaube an die Allmacht der Sprache (9) das Humanitätsideal der Iphigenie – Utopie? (10) EURIPIDES' *Iphigenie im Taurerland* als antike Tragödie: Struktur und Aufführungspraxis (11) Adaption der antiken Tragödie: Vergleich mit Euripides (12) Goethes Auseinandersetzung mit der Antike – Verklärung? (13) Kontraste: Schaffung der *Iphigenie* als Sublimation gesellschaftlicher Zustände? (14) Liebhabertheater am Weimarer Hof – die Aufführungspraxis (15) GOETHE als Direktor des Weimarer Theaters: zwischen Pragmatik und nationaler Stilisierung (16) Biographische Bezüge: Iphigenie, FRAU VON STEIN und GOETHE (17) Weimarer *Klassik* ohne SCHILLER? Zum Begriff der Klassik (18) ewig junge Iphigenie – Inszenierungen heute

Gattungstypologisch ausgerichtete Reihe zu epischen Kurzformen

(1) Aphorismus oder die Schwierigkeit, sich geistreich zu äußern (2) Fabeln von Lamm und Wolf nach Phädron, Luther und La Fontaine – Medium von Kritik und Didaktik (3) Bauprinzipien der Fabel (4) Fabeln von Lamm und Wolf nach Lessing, Arntzen, Kunze – Bedeutungsverlust einer Gattung? (5) Widersprüchlichkeit des biblischen Gleichnisses vom verlorenen Sohn (6) die didaktische Parabel: *Andorra* (MAX FRISCH) (7) die gewaltsam verrätselte Parabel bei KAFKA (8) auf KAFKAS Spuren: *Der Skorpion* von CHRISTINE REINIG (9) die Anekdote als ursprüngliche Geheim- und Skandalgeschichte (10) KLEISTS *Anekdote aus dem letzten preußischen Krieg* als Instrument der Mobilisierung des preußischen Nationalismus (11) Funktion und Aufgabe der Gegenwarts-Anekdote (12) Kalendergeschichten – Geschichten, die im Kalender stehen?

Ein wesentlicher Sinn der Facharbeit wird in ihrer wissenschaftspropädeutischen Funktion hinsichtlich der Entwicklung von Methodenkompetenz gesehen. Materialien zu recherchieren, auf ihre Bedeutung hin auszuwählen und in ihrer Qualität zu beurteilen ist gerade in Anbetracht der Möglichkeiten, die das Internet bietet, von großer Wichtigkeit. Da im Internet zu findende Beiträge selten lektoriert sind, ergibt sich für die Schüler das Problem, in kurzer Zeit aus einer kaum noch überschaubaren Materialfülle auswählen zu müssen, ohne über Auswahlkriterien zu verfügen. Ähnlich verhält es sich mit Fach- und Wissenschaftsliteratur. Die Anfertigung der Fach- oder Seminararbeit fördert neben dem bewussten Lernen auch die Einübung von Stoffordnungs- und -gliederungsverfahren sowie fachmethodische Kompetenzen. Übungsbedarf besteht hinsichtlich der angesprochenen Materialrecherche, aber auch dahingehend, eine folgerichtige wissenschaftliche Struktur zu entwerfen, das Material auf seinen Aussagewert hin verstehend zu exzerpieren, das Thema einzugrenzen, sachorientiert darzustellen und Argumentationsstrategien zu entwerfen. Die Schüler tun sich schwer, gleichzeitig quellenkritisch, literaturkritisch und rezipientenbezogen zu schreiben. Daraus ist die Forderung abzuleiten, die Lernenden an wissenschaftliches Schreiben durch die Verdeutlichung von Sinn und Ziel wissenschaftlicher Arbeit heranzuführen.

2.3 Sprechen über Texte – Literarische Gespräche führen

Texte bilden in jedem Fall den Impuls zu verschiedenen Gesprächs- und Kommunikationsformen und können produktive Tätigkeiten stimulieren. Die Sprachhandlung im Gespräch schließt das gelenkte Unterrichtsgespräch ein, welches oft als zu lehrer- und themenzentriert kritisiert wird: Da es kognitions-, fakten- und ergebnisorientiert sei, eigne es sich nach Meinung vieler nicht dazu, die Teilhabe an einer Gesprächskultur vorzubereiten. In diesem Zusammenhang wird empfohlen, das *gelenkte Unterrichtsgespräch* durch freiere, ungebundene Formen zu erweitern, die offene Gesprächssituationen fördern, so zum Beispiel in der Brainstorming-Phase oder in einer Diskussionsrunde. Wichtig sei dabei, die Künstlichkeit des Gesprächsanlasses vergessen zu lassen.

Der heftigen Kritik am gelenkten Unterrichtsgespräch[66] ist allerdings durchaus zu begegnen, wenn Fehler vermieden und diese Gespräche als Diskurse aufgefasst werden, die nicht allein auf Lehrerdominanz zielen, sondern in abgestufter Form zu offenen Diskussionen, zu literarischen Gesprächen, aber auch wieder zurück zu einer deutlichen Lenkung führen. Vor allem sollte das Unterrichtsgespräch nicht nur bestimmt sein von verschiedenen Frageformen, von Aufträgen,

[66] Vgl. dazu Abraham 1998, 174 f.; Paefgen 1999a, 16–113.

Aufforderungen und Impulsinformationen, sondern gleichberechtigte Kommunikation innerhalb der Lerngruppe (einschließlich des Lehrenden) zulassen.

Didaktische Intention *literarischer Gespräche* ist es, standardisierte Verfahren des Deutschunterrichts in ihrer Schematik und Monotonie aufzubrechen. Als Gefahr gelenkter Gespräche wird im Allgemeinen angesehen, dass die Ergebnisse durch das Fachwissen des Lehrers, durch Unterrichtshilfen und die Literaturwissenschaft stark vorbestimmt sind. Neben der Forderung nach Demokratisierung[67] wird gemäß konstruktivistischer Lern- und Lehrtheorien die Forderung erhoben, den Unterricht nicht zur Demonstration von Textstrukturen oder Gattungsmerkmalen verkommen zu lassen, sondern im Gespräch über Literatur sinnstiftendes Verständnis zu schaffen und die subjektiven Absichten der Rezipienten ernst zu nehmen. Das Gespräch über einen Text wird so zu einem Sprechen über Ansichten, Meinungen und Vorstellungen der Beteiligten, deren Erkenntnisse sich in diesem Prozess formen und weiten. Die Beschäftigung mit dem Text nutzt diesen als Impuls, führt aber auch über ihn hinaus. Sie kann somit die verschiedensten Richtungen einschlagen und wird Gedanken, Bilder, Meinungen freilegen und zu neuen Einsichten sowie erweiterter Handlungskompetenz führen.

Der Wert literarischer Gespräche liegt in der Subjektbezogenheit und mithin motivierenden Wirkung und im Austausch verschiedener Vorstellungs- und Bilderwelten. Die Vorteile implizieren aber auch Gefahren. Ein ausschließlich subjektiver Textzugang kann die Bedingungskonstellationen des Textes vernachlässigen und so eine Naivität fördern, die weder dem Text noch dem Niveau der Lernenden angemessen ist.

Die Rolle des Lehrers ist zuerst auf die des Moderators oder Gesprächsteilnehmers beschränkt, der lediglich Wissen zuführt, Anstöße gibt, Standpunkte unterstützt oder auch Gegenpositionen einnimmt. Alle Beiträge sind ernst zu nehmen und zu diskutieren. Alle Teilnehmer sollten den Gesprächsgegenstand, d. h. zumindest den Basistext, kennen.

Gegenstand des literarischen Gesprächs können alle Textarten sein; sicherlich eignen sich Gedichte besonders gut, aber auch Romane und ihre Verfilmungen. In manchen Schulen ist das literarische Gespräch in Form eines Literaturcafés fest institutionalisiert. Jedoch kann die stark propagierte Produktionsorientierung eine Gesprächskultur, wie sie das literarische Gespräch voraussetzt, u. U. beeinträchtigen. Vom literarischen Gespräch unterscheidet sich die *Diskussion* darin, dass sie emotional distanzierter und analytischer abläuft; rein subjektive Auffassungen unterliegen hier stärker dem Korrektiv des Textes. Das literarische Gespräch bleibt dagegen offen, häufig im Ergebnis auch unverbindlich und kennt „kein letztes Wort“ (Ivo 1994, 254).

---

[67] Vgl. Hurrelmann 1987, 57–82, bes. 57.

3 Kanonprobleme

Angelika Buß

3.1 Der Kanon: Definition und Probleme

Der Begriff *Kanon* entstammt ursprünglich der Theologie und bezeichnet dort eine unabänderliche Liste heiliger Texte, die ihren Eingang in die Schriften religiöser Gemeinschaften (z. B. die Bibel) fanden und unbegrenzte Gültigkeit beanspruchen. Übertragen auf literarische Texte, meint er zunächst einen auf Konsens beruhenden, verbindlichen Fundus tradierter Werke und Autoren der Hochliteratur, auf die im sicheren Bewusstsein ihrer ästhetischen Qualität immer wieder zurückgegriffen wird.[1] Unabdingbare Voraussetzungen für die Existenz eines Kanons sind die Akzeptanz durch eine gesellschaftliche Gruppe und deren Rekurs auf die in dem Kanon enthaltenen Werke.

Kanones lassen sich erstens hinsichtlich ihrer Entwicklung und Inhalte unterscheiden in

1a) den historisch gewachsenen klassischen Kanon oder Klassikerkanon und
1b) flexiblere und kurzlebigere aktuelle bzw. akute Kanones
oder zweitens mit Blick auf die Teilsysteme der Gesellschaft, von denen sie getragen werden, in
2a) den Literaturkanon der Öffentlichkeit,
2b) den Lektürekanon der Literaturwissenschaft und -didaktik,
2c) den Schulkanon
und – weniger traditionell –
2d) den Kanon kleinerer sozial und bildungsmäßig differierender Diskurs- und Interessengemeinschaften.

Während die Kanones **2a)–c)** von repräsentativen kulturnahen Schichten getragen und tradiert werden, handelt es sich bei **2d)** um selbstidentifizierende Symbolisierungen.[2]

Drittens lassen sich Kanones danach unterscheiden, welchen Grad an Legitimität und Verbindlichkeit sie besitzen (verordneter Kanon vs. Kanon einer Interessen- oder Fangemeinde).

---

1 Zur Definition vgl. Dainat/Kruckis 1995, Heydebrand 1998, Grübel 2001 und Winko 2002.
2 Vgl. Hahn 1987.

Bezüglich der Zusammensetzung eines Kanons geht man von einem relativ konstanten Kern, einer verhältnismäßig beständigen Zwischenschicht sowie einer beweglichen Peripherie aus.[3] Weitere Inhaltsbestimmungen stellen den Interessierten häufig vor Herausforderungen. Kanones, deren einzelne Bestandteile bewusst gewählt und aufgelistet sind, liegen nämlich nur in Ausnahmefällen vor und besitzen dann eine größere Nähe zur Zensur.[4] Will man sich den konkreten Bestandteilen eines Kanons nähern, bedarf es daher deskriptiver Verfahren. Aufschluss geben kann das Studium der Instanzen, die durch ihren Rekurs auf ein Werk zu dessen Eingang in einen oder Verbleiben in einem Kanon beitragen, also eine kanongenerierende bzw. -stabilisierende Funktion besitzen: Auf den traditionellen Kanon wird i. d. R. über den Buchmarkt rekurriert (z. B. durch Neuauflagen, kritische Ausgaben), in Besprechungen (Feuilletons, literaturwissenschaftliche Beiträge) und in der Schule, „dem klassischen Refugium des Kanons“[5]. Auch Neuverfilmungen, Theaterinszenierungen, Umsetzungen in Hörbücher oder intertextuelle Anspielungen stellen einen solchen Rekurs dar und deuten darauf hin, dass ein Text immer noch im kollektiven Bewusstsein präsent ist.

Der Versuch, Textmerkmale zu bestimmen, die zur Aufnahme eines Werks in einen der etablierten Kanones geführt haben, erweist sich als problematisch. Winko nimmt zwar an, dass vor allem zwei Bedingungen erfüllt sein müssen, damit ein Werk dauerhaft in einem Kanon verbleiben kann: Es muss „komplex genug sein, um mehrmals gelesen werden zu können“, und „für verschieden komplexe Lesarten und unterschiedliche Wertvorstellungen anschlußfähig sein“ (Winko 2001, 598). Allerdings geht man davon aus, dass ein Text vornehmlich aufgrund von Sinnzuschreibungen zu einem Kanonbestandteil wird. So dürfte Lessings „Nathan“ nicht zuletzt deshalb dem Kernkanon angehören, weil die literarischen Wertungen ihn als Exempel für die Literatur der Aufklärung und/oder die Proklamation religiöser Toleranz betrachten. Kanonforscher sprechen in diesem Zusammenhang vom *Deutungskanon*.

3 Vgl. Grübel 2001, 618 f.

4 Zum Zusammenhang von Kanon und Zensur vgl. auch Assmann 1987. „Je bewußter, ausformulierter und daher bezweifelbarer ein Kanon wird, desto größer wird die Gefahr unflexibler Normierung (Akademismus); desto deutlicher wird der jedem Kanon inhärente Modus impliziter Zensur als Ausschluß anderer Möglichkeiten“ (Schmidt 1987, 337).

5 Vgl. Dainat/Kruckis 1995, 150.

3.2 Funktionen des Kanons

Kanondebatten und -krisen, wie sie regelmäßig stattfinden, lassen sich als Indizien gesellschaftlicher Krisen und Umbrüche begreifen. Dies gilt für die Etablierung des ersten Kanons um 1800, der sich entwickelte, „als theologische Auslegungsmonopole für Teile der lesenden Elite allmählich fragwürdig wurden" (Korte 2002a, 63), ebenso wie für den sogenannten Klassikersturz der 1960er Jahre in der BRD, welcher aus einer Kritik am regressiven Geist des Literaturunterrichts resultierte, oder die Abkehr von verordneten Lektürelisten in ganz Deutschland nach der Wiedervereinigung 1989.[6]

Ungeachtet dessen, ob diskutiert wird, welche Inhalte ein Kanon haben oder ob es überhaupt einen Kanon geben sollte, die Debatten tangieren immer auch die Frage, welche Funktionen man dem Kanonwissen zuschreibt bzw. welchen Nutzen man davon erhofft. Die Antworten sind vielfältig und überschneiden sich z.T.:

1. Aus psychologischer Sicht vermittelt der Kanon Orientierung und „subjektive Sicherheit" (Abraham 1998, 239) in einem literarischen System, das aufgrund seines Überangebots als unübersichtlich wahrgenommen wird. Statt seine Zeit mit der Lektüre „bedeutungsloser" Werke zu verbringen, wird lieber rezipiert, was von anerkannten Autoritäten als lesenswert betrachtet wird. Dieser Orientierungsaufgabe haben sich in den letzten Jahren bereitwillig Verlage, Zeitungen und Zeitschriften angenommen, indem sie ihre je eigenen Kanones herausgegeben haben.[7]
2. Insofern als es sich bei den in einem Kanon enthaltenen Texten meist um Bestandteile der tradierten Kultur einer Gesellschaft handelt, wird mit dem Kanon die Hoffnung verbunden, er könne – gleichsam als kulturelles Gedächtnis[8] – Vergangenes bewahren und auf diese Weise einen Beitrag zu nationaler Identität leisten.
3. Aus soziologischer Perspektive fungiert die Kenntnis kanonischer Werke und Autoren im Sinne kulturellen Kapitals[9] als Eintrittskarte zu literarischer Kommunikation und damit zur Partizipation an spezifischen Lebensstilen. Der auf diese

[6] In den Richtlinien der DDR hatte es bis dato einen verbindlichen Kanon nebst kurzen interpretatorischen Anmerkungen, der obligatorischen Stundenanzahl für die Behandlung des Werkes sowie verbindlicher Lernziele gegeben. Vgl. hierzu Dahlke u.a. (Hgg.) 2000. Zur Geschichte des Kanons im Deutschunterricht vgl. Paefgen 1999.

[7] Vgl. etwa die „Bibliotheken" der *Süddeutschen Zeitung* und der *Zeit* oder Reich-Ranickis Buchpakete, die in den Jahren 2002 bis 2006 unter dem Titel „Der Kanon" herausgegeben wurden. Zur Kanonempfehlungsliteratur vgl. auch Korte 2002b sowie Kämper-van den Boogaart 2005a.

[8] Vgl. Assmann 1992.

[9] Vgl. Bourdieu 1987.

Weise erzielte Distinktionsgewinn wird – so Bourdieu – zum symbolischen Abgrenzungsmittel gegenüber den Angehörigen bildungsferner Milieus.[10]

4 Literarische Bildung kann jedoch nicht nur Vertreter des kulturellen Establishments mit symbolischem Kapital ausweisen und ihnen ein Gefühl intellektueller Zusammengehörigkeit vermitteln. Mittlerweile haben auch ambitionierte Vertreter der Wirtschaft den Zusammenhang von kulturellem und ökonomischem Kapital, die ökonomische Dimension des Kanonwissens, erkannt. Nur wer auch in Sachen Literatur und Kunst mitreden kann, – so die einschlägigen Erfahrungen – kann auf Realisierung seines Karrierepotenzials rechnen.[11]

5 Mit Blick auf das System Literatur besitzt der Kanon sowohl eine systemstabilisierende als auch -generierende Funktion. Indem er späteren Autoren einen Fundus für intertextuelle Bezugnahmen und Spiele bereitstellt, sichert er zugleich seine Existenz, denn Rekurse wie diese bestätigen den Prätext in seinem angestammten Kanonplatz. Den Autoren, die in ihren Werken auf kanonische Texte anspielen, bietet der Kanon wiederum die Möglichkeit, ‚Spielteilnehmer' zu finden. Zudem bildet der Kanon eine Existenzbedingung für Avantgarden, indem er „die Folie [abgibt], vor der die Avancen der Avantgardisten erkennbar und meßbar werden" (Schmidt 1987, 339).

Eine Frage, die sich bei der Betrachtung der Funktionen des Kanons einstellt, bleibt indes ungeklärt. Welcher Art hat der Umgang mit dem kanonischen Werk zu sein, damit die jeweilige Funktion erfüllt wird? Reicht die Lektüre des Werks oder muss man über Kenntnisse der Entstehungsbedingungen und Rezeptionsgeschichte verfügen, um sich sich auf dem literarischen Feld orientieren zu können? Muss das Werk selbst rezipiert worden sein oder reicht die Kenntnis „geflügelter Worte" und Handlungsmomente, um ein Werk im kollektiven Bewusstsein fortexistieren zu lassen? Muss man in der Lage sein, individuelle und originelle Einstellungen zu den Werken zu entwickeln, um den erhofften Distinktionsgewinn zu erzielen? Und schließlich: Muss man ästhetischen Genuss bei der Lektüre empfunden haben, um den nächsten Karriereschritt machen zu können?

[10] Nach Hahn 1987 müssen diese Kanones einen hohen Flexibilitätsgrad aufweisen: „Wenn die Akzeptanz dieser Regeln nicht nur die notwendige, sondern auch die hinlängliche Bedingung der Mitgliedschaft in Prestige-Gruppen ist, dann ist mit raschem Wechsel der Kanonbestände zu rechnen, da die Zentralfunktion der identitätssichernden Distinktion – mangels personenbezogener Zugangssperren – nur durch permanenten Wandel der Symbole zu erreichen ist." (32)

[11] So erklärt eine Karriereberaterin beispielsweise die Kenntnis von Literatur, Kunst, Kultur und Musik als Voraussetzung für erfolgreiche Gespräche mit Geschäftspartnern: „Ab einer bestimmten Hierarchieebene wird fehlende Allgemeinbildung zur Karrierebremse." (*Focus* 2/2008, S. 90). Ähnlich argumentiert auch Pruys 2001 in seiner Einleitung von „Die Bibliothek. 44 Bücher, die man gelesen haben muss."

3.3 Der Schulkanon in Zeiten der Empirie und Kompetenzorientierung

Während sich die Öffentlichkeit in Kanonfragen bereitwillig auf den rechten Weg führen oder über die ungestüme See leiten lässt,[12] verhalten sich Fachdidaktik wie Bildungsinstitutionen deutlich zurückhaltender, wenn es darum geht, den Kanon normativ zu bestimmen. Zwar hatten Fachwissenschaft und -didaktik die Kanondebatte Anfang der 1990er Jahre noch einmal mit Verve geführt,[13] doch spätestens mit der auf dem Symposion Deutschdidaktik 2004 erklärten „empirischen Wende" der Disziplin wurde das vorläufige Ende einer Diskussion über Nutzen und Gegenstände des Schulkanons besiegelt. Fachdidaktische Arbeiten der Zukunft zum schulischen Kanon dürften angesichts dieser Entwicklungen wohl eher einen deskriptiven bzw. empirischen denn diskursiven oder programmatischen Ansatz besitzen. Versuche, Listen essentieller Kanontexte zu formulieren, wie die von Müller-Michaels oder Fuhrmann[14], sind in naher Zukunft nicht zu erwarten.

Auch die unter dem Begriff des PISA-Schocks in die deutsche Kulturgeschichte eingegangene Reaktion auf das enttäuschende Abschneiden deutscher Schülerinnen und Schüler im internationalen Vergleich hatte keine proklamierte Rückbesinnung auf den literarischen Kanon zur Folge. Die Post-PISA-Rahmenlehrpläne für die Sekundarstufe I, welche in Anlehnung an die Bildungsstandards der KMK entstanden, verzichten angesichts einer kompetenzorientierten Didaktik auf konkrete Vorgaben in Form von Titelnennungen.[15] Zudem wurden den literarischen Texten Sachtexte und diskontinuierliche Texte wie Tabellen und Diagramme beinahe gleichberechtigt an die Seite gesetzt, um bei den Heranwachsenden eine umfassende Lesekompetenz auszubilden.

Die quantitative Reduzierung literarischer Texte im Deutschunterricht der Sekundarstufe I sowie der Verzicht auf deren konkrete Benennung könnten zwar auf Dauer zu einer Marginalisierung der tradierten Werke führen; allerdings steht der

---

[12] Zur Meeres- und Wegemetaphorik in der Kanonempfehlungsliteratur vgl. Korte 2002b.

[13] Vgl. *Deutschunterricht* 1, 1993; *Diskussion Deutsch* 142, 1995 und die *Mitteilungen des deutschen Germanistenverbandes* 3, 1996. Zur Diskussion der 1990er Jahre vgl. auch Stuck 2004.

[14] Die von Müller-Michaels 1982 angeführten Werke bzw. Autoren lauten: 1) theoretische Schriften zur Aufklärung 2) Schiller, *Wallenstein* 3) Goethe, *Faust* 4) Büchner, *Woyzeck* 5) Heine, *Wintermärchen* 6) Mann, *Buddenbrooks* 7) Brecht, *Kaukasischer Kreidekreis* 8) Grass, *Blechtrommel* 9) Sophokles, *König Ödipus* 10) Shakespeare, *Hamlet* 11) Lyrik der deutschen Klassik und Romantik sowie des französischen Symbolismus 12) Tolstoi, *Krieg und Frieden*. Der Schulkanon von Fuhrmann 1983 fällt aufgrund der in ihm enthaltenen Alternativen ungleich umfangreicher aus als der von Müller-Michaels.

[15] Vgl. Klieme u. a. 2003. Der Verzicht auf kanonische Fixierungen sollte jedoch nicht zu der fälschlichen Annahme führen, dass eine kompetenzorientierte Didaktik eine inhaltslose sei, wie ihr häufig unterstellt wird, weil Wissensbestände eine elementare Voraussetzung für die Ausbildung und Anwendung von Kompetenzen darstellen.

Beweis noch aus, ob diese Tendenzen nicht gerade zu einer Perpetuierung der im heimlichen Schulkanon[16] angesiedelten Texte führen – nach dem Motto: Wenn wir dann einmal Literatur lesen, dann muss es auch die richtige sein.

3.4 Der Schulkanon: kleinere und größere Kanonisierungshandlungen

Wenngleich es seit der deutsch-deutschen Wiedervereinigung 1989 in Deutschland keinen Schulkanon im Sinne einer obligatorischen Liste von Werken und/oder Autoren mehr gibt, so fällt der Begriff dennoch überall dort, wo es um Gegenstände des Literaturunterrichts geht. Grund dafür ist ein revidierter Kanonbegriff, dem nicht länger ein präskriptives, sondern nun ein vornehmlich deskriptives Verständnis zugrunde liegt.

■ *Die Tendenz, ‚Kanon' quasi als Synonym für ‚Literaturlehrplan' oder ‚Unterrichtsgegenstand' zu verwenden, hat sich in der literaturdidaktischen Diskussion weitgehend durchgesetzt. Vormals ein autoritatives Konzept, scheint der Kanon heute nurmehr als didaktisch realisierter zu existieren; mit anderen Worten: Nicht mehr der Unterricht orientiert sich an einem nach ideellen Gesichtspunkten vorgegebenen Kanon, sondern das wird als Kanon bezeichnet, was in einem nach eigenständigen Erfordernissen ausgerichteten Unterricht behandelt wird* (Gaiser 1993, 12). ■

Ein solcher Kanon ist das Ergebnis von Kanonisierungshandlungen, von „zahlreichen einzelnen Handlungen, die jede für sich einen anderen Zweck haben als den, einen Kanon zu bilden" (Winko 2002, 11) und dennoch zu dessen Entstehung, Erhaltung oder Modifikation beitragen. Sie werden von Aktanten des schulischen Feldes vorgenommen und unterscheiden sich nicht nur mit Blick auf die ihnen zugrunde liegenden Handlungsziele, sondern auch hinsichtlich der Reichweite ihrer Wirkungen.

3.4.1 Kleinere Kanonisierungshandlungen: der Schulalltag

In einer Vielzahl von Fällen ist es die Lehrperson, die nach ihren Erwägungen ein Werk auswählt, das im Unterricht behandelt wird. Die Faktoren, die ihre Wahl beeinflussen, sind vielfältig und wohl nur schwerlich voneinander zu trennen. Zu ihnen können zählen: die inhaltliche Einschätzung des Werks mit Blick auf seine Eignung für innerliterarische und pädagogische Ziele (Aufbau von Lesemotivation oder Identitätsfindung), angenommene Interessen der Schüler sowie eigene Vorlieben, grundlegende Verhaltensmuster wie Beharrungstendenzen gegenüber Be-

[16] Vgl. zu dem Begriff des heimlichen Kanons das folgende Kapitel dieses Beitrags.

währtem oder Aufgeschlossenheit gegenüber Neuem, Aspekte der eigenen literarischen Sozialisation und Meinungen dazu, wie die Sozialisation der Schüler verlaufen soll, alltagspraktische Überlegungen und pädagogische Intuition. Hinzu kommen äußere Einflüsse, die an Kanonisierungshandlungen beteiligt sind: die Passung eines Werks oder Autors mit den Vorgaben des Rahmenplans, Empfehlungen von Kollegen, Absprachen im Kollegium, arbeitserleichternde Angebote von Schulbuchverlagen und schließlich finanzielle Erwägungen.

In der Didaktik wurde für die Resultate solcher Entscheidungsprozesse der Begriff des faktischen oder „heimlichen Kanons" geprägt.[17] Korte kritisiert jedoch zu Recht, dass der Begriff „heimlich" insofern unzutreffend sei, als es sich „von der Kanonform her um einen echten Kernkanon [handelt], dessen hegemoniale Kraft so offensichtlich ist, dass er keine Diskussionen provoziert" (Korte 2002a, 72).

3.4.2 Größere Kanonisierungshandlungen: das Zentralabitur

Kanonisierungshandlungen mit größeren Auswirkungen finden sich immer dann, wenn von administrativer Seite Werke und/oder Autoren zur Behandlung im Literaturunterricht vorgegeben werden. Dies kann indirekt geschehen durch die Gestaltung eines *Rahmenlehrplans*, der spezifische literarische Epochen, Motivkomplexe oder Themen so konturiert, dass der Kreis der zu lesenden Texte auch ohne explizite Nennung leicht auszumachen ist.

Kanonisierungshandlungen erhalten einen höheren Grad an Präzision und Normativität, wenn obligatorisch zu behandelnde Werke konkret benannt werden. In einer Reihe von Bundesländern geschieht dies mit Blick auf das *Zentralabitur*. Mit dem Ziel einer Vereinheitlichung der Anforderungen und Vergleichbarkeit der Abschlüsse werden jährlich oder im Turnus von zwei Jahren Titel benannt, um die herum die Konstruktion von Abituraufgaben erfolgt.(Diese inhaltliche Festlegung muss keineswegs einen Widerspruch zur anvisierten Kompetenzorientierung bedeuten, wirkt dieser allerdings dann entgegen, wenn der an den Vorgaben orientierte Unterricht *materiales Kanonwissen* statt *operationales, literaturbezogenes Handlungswissen* vermittelt. Zu den Begriffen vgl. Stuck 2004, 28.)

[17] Als Zeugnis für die im heimlichen Kanon angesiedelten Werke gilt der 2000 vom Oldenbourg-Verlag herausgegebene Band „(K)ein Kanon. 30 Schulklassiker neu gelesen", in dem Literaturwissenschaftler und Didaktiker der Frage nachgehen, ob als kanonisch geltende Texte diese Position noch zu Recht einnehmen. Grundlage für die Auswahl der zu besprechenden Werke waren die Verkaufszahlen der Lektürehilfen des Verlags. Man ging – wahrscheinlich nicht ganz zu Unrecht – davon aus, dass die Werke, für die sich die meisten Lektürehilfen verkauften, tatsächlich auch am häufigsten im Literaturunterricht gelesen würden und folglich als Bestandteil des heimlichen Kanons gelten können.

Die in diesem Zusammenhang – häufig anonym – agierenden Mitglieder der Kommissionen vollziehen mit ihrer Festlegung von Werken „Wertungshandlungen“ (STUCK 2004, 43), deren „effektive kanonbildende Wirksamkeit“ (STUCK 2004, 57) aufgrund ihrer regionalen Beschränkung zwar nicht so groß ist wie die des Buchmarkts mit seinen mächtigen Werbemechanismen. Allerdings reicht ihr Einfluss aus, um literarische Werke in ihrem kanonischen Status zu bestätigen, anderen diesen Status zu verleihen oder solchen, die dem kulturellen Gedächtnis zu entschwinden drohen und allenfalls noch zur Peripherie eines Schulkanons gehören, in dessen Kern zurückzuholen – so geschehen jüngst in Berlin, als die beiden Exilromane „Transit“ von Anna Seghers und „Mephisto“ von KLAUS MANN obligatorischer Gegenstand des Literaturunterrichts der Oberstufe wurden.

Dass derartige (Re-)Kanonisierungshandlungen nicht nur Einfluss auf das Kanonverständnis von Lernenden (und Lehrenden?) haben dürften, sondern auch handfeste wirtschaftliche Auswirkungen nach sich ziehen, wird nicht zuletzt daran deutlich, dass im o.g. Fall KLAUS MANNS Roman kurzfristig vergriffen war. Ähnliche Effekte dürften die Vorgaben sowohl mit Blick auf die lokalen Theater und Museen als auch die entsprechenden Interpretationshilfen und Unterrichtsmaterialien der einschlägigen Verlage haben.

Den Entscheidungen darüber, welchen Werken durch ihre Nominierung der Kanonstatus zugesprochen wird, liegt – so wäre anzunehmen – ein Diskussionsprozess zugrunde, in dem auch Textauswahlkriterien zum Tragen kommen. Ob es der Deutungskanon (Exemplarität des Werks, in ihm enthaltene Denkbilder[18]), Ergebnisse der Bezugwissenschaften, wie Lesesozialisationsforschung oder Lernpsychologie, oder persönliche Vorlieben sind, die den Ausschlag geben, ist allerdings unklar, denn meist handelt es sich bei kleineren wie größeren Kanonisierungshandlungen um nichttransparente Prozesse.

Nun muss die fehlende Transparenz keineswegs zu einer problematischen Textauswahl führen. Fachdidaktiker wünschen sich mit Blick auf diese Kanonisierungshandlungen jedoch, dass Entscheidungskriterien offengelegt werden und dass man hierbei auf wissenschaftlich gültige Theorien rekurriert. Durch die Offenlegung der Kriterien ließen sich Verschiebungen von gesellschaftlichen und kulturellen Wertschätzungen beobachten, die aus einem literarischen Werk einen Schulkanontext machen; mit dem Rekurs auf intersubjektive wissenschaftliche

---

[18] In Denkbildern schlagen sich MÜLLER-MICHAELS zufolge komplexe menschliche Elementarerfahrungen wie beispielsweise Liebe, Generationskonflikte, Gewalt oder Tod nieder. Von dem Umgang mit derart ausgewählter Literatur erhofft sich MÜLLER-MICHAELS „Schlüsselerfahrungen in anregender Form“ zu vermitteln, „damit Jugendliche sie für sich gewinnen, den eigenen Horizont erweitern und zu komplexer Wahrnehmung der Erscheinungen in der Lebenswelt befähigt werden“ (MÜLLER-MICHAELS 1999, 166). Zur Kritik an diesem Konzept vgl. KÄMPER-VAN DEN BOOGAART 1997a und FINGERHUT 1997.

Konstrukte wären die Voraussetzungen dafür gegeben, die getroffenen Entscheidungen einer Diskussion zugänglich zu machen, durch die die notwendige kritische Arbeit am Kanon unterstützt werden kann.[19]

3.5 Zur Zukunft des (Schul-)Kanons

„Als eine ‚moderne Gesellschaft' ist auch Deutschland durch einen raschen gesellschaftlichen Wandel gekennzeichnet, in dessen Folge sich eine individualisierte Gesellschaft mit vielfältigen Werten und Verhaltensmustern gebildet hat" (Wilkens/Neumann 2002, 79). Diese Pluralität kultureller und ethnischer Milieus hat dazu geführt, dass sich der ehemals tonangebende bildungsbürgerliche Lebensstil mit seinem Leitmedium Buch von einer Leit- zu einer Teilkultur entwickelt hat, dem andere Lebensstile mit ihren je spezifischen Medien und Kanones quasi gleichberechtigt an die Seite gestellt wurden.[20] In dem Maße, wie der kulturtragenden Schicht die Anerkennung ihres symbolischen Kapitals durch andere Gruppen versagt wird, verändern sich auch die Geltungsansprüche eines historisch gewachsenen Literaturkanons; der vormoderne Kanon und kanonisches Wissen bleiben zwar in diesem Kulturkreis wesentlich, verlieren aber im Rahmen dieses sozio-kulturellen Paradigmenwechsels gesamtgesellschaftlich an Bedeutung.[21]

Die Pluralisierungstendenzen spiegeln sich naturgemäß auch in der Lebensweise der Schüler. Die Vielfalt sprachlicher und kultureller Merkmale (nicht nur) vor dem Hintergrund von Migration, die zunehmende Medien-‚Konkurrenz' durch Film und Internet, welche den Unterhaltungsbedürfnissen der Heranwachsenden größere Gratifikation als das Buch versprechen, haben zu verschiedensten Subkulturen geführt, in denen geschriebene Literatur oftmals keine Rolle mehr spielt. Es wird – wenn überhaupt – anderes gelesen oder gar nicht. Vor diesem Hintergrund stellt sich nun die Frage, „ob wir den Anspruch der literarischen Überlieferung als einen pädagogischen anerkennen und der Schule (wieder) die Aufgabe zuweisen, den nationalen Literaturkanon lebendig zu halten" (Hein 1990, 319). Es bedarf eines Bekenntnisses oder der Findung von Alternativen.

Mit einem Bekenntnis zum Kanon verbunden wäre die Hoffnung, dass die zu rezipierenden Werke den Anhängern der verschiedenen Subkulturen, darunter Kindern mit Migrationshintergrund und Heranwachsenden aus bildungsfernem

[19] Vgl. dazu auch Kämper-van den Boogaart (1997a), der unter wissenschaftsgeschichtlichen oder diskursanalytischen Gesichtspunkten an der Kanonfrage weniger das Ergebnis der Selektion als vielmehr deren Modus interessant findet (25).

[20] Vgl. dazu auch Assmann 2002.

[21] Ob dies das Resultat von Opposition, Subversion oder Indifferenz ist – nach Schmidt 1987 gibt es diese drei Strategien gegen den Kanon –, gelte es noch zu erforschen.

Milieu, die Möglichkeit kollektiver Erfahrungen bietet, über die das Diverse zusammengeführt wird. Über die Auseinandersetzung mit den in den Werken enthaltenen Welt-Bildern könnten dann idealiter historisches Bewusstsein und Wertvorstellungen ausgebildet werden, wie sie wesensmäßig für das Funktionieren und den Erhalt von Nationen sind.

Allerdings ist es fraglich, ob gemeinsame Bezugs- und Erinnerungspunkte notwendig der Hochkuktur entstammen müssen und sich Kollektiverfahrungen mit nachhaltigem Effekt verordnen lassen. Es ist nämlich anzunehmen, dass sich die für eine Gesellschaft essentiellen Identitäts- und Zusammengehörigkeitsgefühle erfolgreicher durch gemeinschaftliche Erlebnisse stiften lassen, die der Populärkultur näherstehen, etwa der Besuch von Musikveranstaltungen oder auch durch Klassenfahrten.[22]

Gegen die Vorstellung, Kinder in ein Bildungssystem einzugliedern, das an bildungsbürgerlichen Werten festhält bzw. sie zu re-etablieren bestrebt ist, führen Didaktiker und Soziologen auch an, dass ein Deutschunterricht, der Elemente der Hochkultur demokratisieren will, sozial bedingte Unterschiede i. d. R. nur verstärkt. Jugendliche aus bildungsfernem Milieu

> ■ *können – metaphorisch gesprochen – das angebotene Kapital nicht als für sie nutzbares Kapital (an)erkennen, während diejenigen der Schülerinnen und Schüler, die in einer schulnahen Kultur aufwachsen, sich gestärkt sehen. So bleibt der Kanon – trotz aller pädagogisch eingesetzten Verführung zum Lesen – sehr wohl ein Selektionsinstrument im Sinne der sich selbst als kulturtragend definierenden Schicht.* (Fingerhut 1995, 86) ■

Will man sich vor dem Hintergrund dieser Einwände von der Idee eines Kanons bzw. des kanonischen Wissens nicht gänzlich verabschieden, so bliebe die Möglichkeit, Pluralität und Wertedifferenz als Anlass für eine Kanon-Revision zu nutzen. Zeyringer 1999 schlägt vor, den Gegenstand der deutschen Literatur neu zu definieren als „Literatur im sich ändernden Kulturraum und Staate Deutschland" (ebd. 57) und diese zum Gegenstand des Unterrichts zu machen. Auch Gustav Seibt plädiert für einen neuen Kanon:

> ■ *Ein moderner Kanon muss dafür nicht unbedingt größer, er muss heterogener werden und eine Anschauung der Fülle bieten. Gebraucht wird er auf jeden Fall, denn der Kanon, seine Kürze und seine Übersichtlichkeit ist etwas Egalitäres, er öffnet ein Tor zur Bildung, das auch der nutzen kann, der nicht unter Buchwänden aufwuchs* (Stuck 2004, 18). ■

Ein solch neuer, demokratischer Kanon, der die „Vielfalt an kulturellen Handlungs-, Orientierungs- und Lebensmustern" (Wilkens/Neumann 2002, 82) berücksichtigt, einem erweiterten Textbegriff Rechnung trägt und den Deutschunterricht für die Literatur anderer Länder, Regionen und Sprachen öffnet, verlangt aber auch das Wiedereinsetzen einer Diskussion über den Kanon.

[22] Vgl. dazu auch Korte 2002a

4 Lesesozialisation und Leseförderung

Cornelia Rosebrock

4.1 Lesesozialisation, literarische Sozialisation

Unter *literarischer* oder *Lesesozialisation* versteht man den dialektischen Verlauf der Herausbildung des Einzelnen in der Auseinandersetzung mit literarischen Medien und den Prozess seines Hineinwachsens in die Schrift- bzw. die literarische Kultur. Dialektisch ist dieser Prozess insofern, als das Individuum einerseits beim Eintritt in Gesellschaft, Kultur und Geschichte u. a. von den vorgefundenen literalen Praktiken geprägt wird, es aber andererseits im Sinne der Selbstsozialisation Wahl- und Einflussmöglichkeiten auf diese Vorgänge hat. Literarische Kultur unterliegt ihrerseits historischen Wandlungsprozessen durch die Veränderung der Rezeptionspraktiken im Wandel der Medienkultur. Mit Lese- oder literarischer Sozialisation ist ein Ausschnitt des gesamten Sozialisationsprozesses von Individuen und insbesondere ein Ausschnitt ihrer Mediensozialisation begrifflich gefasst.

Lesesozialisation (Groeben/Hurrelmann 2004) umfasst all die Prozesse, die auf individuell-biografischer Ebene zur Entwicklung von der Fähigkeit, der Motivation und der Praxis führen, geschriebene Sprache im Medienangebot zu rezipieren. Der Begriff der *literarischen Sozialisation* (Eggert/Garbe 2003) ist dagegen zugleich enger und weiter gefasst als der der Lesesozialisation: Denn literarische Erfahrungen werden auch ohne individuelle Schriftlektüre gemacht, beispielsweise in (vorschulischen) Vorlesesituationen, bei der Rezeption von Hörspielen oder Filmen, im Theater usw. Andererseits betrifft der größte Teil der tatsächlichen Lesevorgänge bei Erwachsenen – anders als bei Heranwachsenden – nicht literarische Texte, sondern pragmatische. Insbesondere im Blick auf das Lesen Erwachsener ist folglich Lesesozialisation der weitere Begriff. In Kindheit und Jugend ist der Lesesozialisationsprozess dagegen enger an literarische Medien gebunden.

Die Differenz zwischen den Begriffen Lesesozialisation und literarische Sozialisation manifestiert sich vor allem in den ihnen innewohnenden Orientierungen auf unterschiedliche Ziele: Der Terminus *reading literacy*, Lesekompetenz, entstammt der angloamerikanischen Tradition und zielt auf schriftsprachliche Rezeptionsfähigkeit im weiten Sinn, etwa auf Verstehensleistungen bei der Lektüre verschiedener linearer Textsorten, aber auch bei Tabellen, Grafiken, Lexikon- oder Hypertexten usw. (Deutsches PISA-Konsortium 2001; Christmann/Groeben 1999). Horizont des Begriffs der literarischen Sozialisation ist im Gegensatz dazu die Idee literarischer Bildung, also die Kenntnis der literarischen Traditionen und die entsprechende Rezeptions- und Genussfähigkeit. Diese Zieldifferenz relativiert sich im Blick auf den Erwerb der Lese- bzw. literarischen Kompetenzen: Die biografische Genese der verschiedenen Lesehaltungen und -praktiken des Erwachsenen geschieht auch in der Mediengesellschaft wesentlich über die Rezeption insbesondere erzählender Kinderliteratur, mithin über ein literarisches Korpus, in dem die Trennung in ästhetische und in Gebrauchstexte, in „autonome" und in unterhaltende Literatur weit weniger vollzogen ist als in der Literatur für Erwachsene. Für die Prozesse des Erwerbs von Schriftsprachlichkeit ist – neben Schulbüchern – altersangemessene Literatur (auch als Hörbuch) faktisch auch in der gegenwärtigen Medienlandschaft das zentrale Medium. Wegen dieser Dominanz literarischer Texte in den Sozialisationsprozessen hin zu konzeptueller Schriftlichkeit bestimmt sich auch in der gegenwärtigen Mediengesellschaft literarische Sozialisation als der prototypische Kern von Lesesozialisation.

4.1.1 Bedingungen der Lesesozialisation

Einflussfaktoren der literarischen Sozialisation des Einzelnen sind neben dem kulturell und historisch verfügbaren Medienangebot und neben den kognitiven Fähigkeiten insbesondere die lebensweltlichen Bedingungen, unter denen sich Lektüre- bzw. Mediengewohnheiten insgesamt herstellen. Sie führen faktisch zur Auswahl von Medien, zu ihrer habituellen Nutzung und zum Erwerb spezifischer Rezeptionskompetenzen und -motivationslagen.

Wie überhaupt in Sozialisationsprozessen hat sich der *Faktor der sozialen Schicht* auch für die literarische Sozialisation als die dominante Einflussgröße erwiesen: Bei den Bevölkerungsgruppen mit niedrigem sozioökonomischen Status gehört literarisches Lesen weit weniger zum kulturellen Repertoire als in den oberen Sozialschichten (Bonfadelli 1999; Lange/Bentlage 2000; Franzmann 2001). Dieser Befund gilt historisch für die gesamte bürgerliche Lesekultur und kulturübergreifend für moderne Gesellschaften (Schön 1999).

Mediennutzungsmuster sind sozialschichtspezifisch. Eine ausschließlich durch Fernsehen und Video bestimmte Mediensozialisation, wie sie tendenziell in den niedrigeren Sozialschichten stattfindet, hat sich als ungünstige Bedingung für die Entwicklung von Kompetenzen in der Printmediennutzung erwiesen (Ennemoser 2003). Hier beherrscht das Fernsehen spätestens seit seiner Teilprivatisierung Ende der 1980er Jahre den nichtinstitutionellen Mediengebrauch von Kindern wie von Erwachsenen (Hurrelmann et al. 1996). Aber auch in der Mittelschicht ist das Fernsehen Leitmedium, wobei jedoch Printmedien hier ebenfalls in größerem Umfang genutzt werden. In der mittelschichtdominierten Gruppe der Vielleser unter den Grundschulkindern beansprucht das Fernsehen etwa ebenso viel vom täglichen Zeitbudget wie die Lektüre, in der Unterschicht weit mehr. Kinder aus Haushalten mit gemischter Mediennutzung verfügen dabei über etwa gleiche Chancen, sich zu Lesern bzw. Leserinnen zu entwickeln wie Kinder aus dezidiert buchbezogenen Familien (Hurrelmann u.a. 1993). Das gegenwärtige Schulsystem der BRD hat, was die Herstellung von Zugangsmöglichkeiten zu habituellem Lesen auch für die unteren Sozialschichten angeht, kaum ausgleichende Funktionen, wie die PISA-Studien immer wieder bestätigt haben. Der enge Zusammenhang zwischen sozioökonomischer Herkunft und Lesekompetenz hat sich zwar in den vergangenen sechs Jahren leicht abgeschwächt, ist in Deutschland aber immer noch stärker als in vergleichbaren Staaten (Prenzel u.a. 2007).

Ein weiterer Bedingungsfaktor der literarischen Sozialisation ist das *Geschlecht*: Mädchen weisen statistisch eine etwas höhere Lesekompetenz bei literarischen und Sachtexten auf als Jungen, ein Phänomen, das sich für fast alle Industrienationen nachweisen lässt. Mädchen sind auch höher motiviert und lesen mehr und literarisch orientierter als Jungen – ein Umstand, der für Kinder am Ende der Grundschulzeit wie für Jugendliche und Erwachsene belegt ist. Diese Asymmetrie vertieft sich im Fortgang der Sozialisation. In qualitativer Hinsicht sind Mädchen schon am Ende der Grundschulzeit mehr an belletristischen, insbesondere erzählenden Texten interessiert, an Genres also, die Erfahrungen psychischer und sozialer Befindlichkeiten eröffnen. Jungen sind tendenziell mehr an Sachtexten interessiert. Die quantitativen wie qualitativen Differenzen im Leseverhalten der Geschlechter bauen sich im weiteren Lebensverlauf nicht mehr ab, sondern bleiben ziemlich konstant. Sie sind zudem, ebenso wie die Schichtabhängigkeit des Leseverhaltens, kulturübergreifend belegbar und darüber hinaus historisch „tief“: Sie lassen sich für die gesamte bürgerliche Lesekultur seit etwa Mitte des 18. Jahrhunderts veranschlagen und finden sich vergleichbar in allen 32 an der PISA-Studie beteiligten Staaten (Deutsches PISA-Konsortium (Hg.) 2001; Bonfadelli 1999; Garbe 2007; Schön 1999).

Schließlich ist der Faktor *ethnische Herkunft* zentral. Über 27% der unter 25-Jährigen in Deutschland stammen im Jahr 2006 aus Migrantenfamilien. Auch die jüngste PISA-Studie bestätigt für Deutschland extrem große migrationsspezifische Kompetenzunterschiede im Lesen; das liegt auch daran, dass Jugendliche mit Migrationshintergrund hier in Familien mit deutlich unterdurchschnittlichem sozioökonomischen Status aufwachsen, dass sich also der Faktor Schichtzugehörigkeit mit dem des Migrationshintergrunds überschneidet.

Bezüglich der literarischen Sozialisation von Kindern und Jugendlichen aus Migrationsfamilien bestehen große Forschungsdefizite: Über die Genese der Lesemotivation und -kompetenz dieser Kinder und Jugendlichen liegen wenig qualitative Daten vor (vgl. allerdings Ehlers 1998, Pieper u.a. 2004). Fokussiert man die Leseleistung von 15-Jährigen, so wird deutlich, dass die insgesamt unterdurchschnittliche Bildungsbeteiligung und Lesekompetenz dieser Gruppe mit dem familiären sozialen Status und den misserfolgsanfälligen Schulkarrieren zusammengeht. Diejenigen Jugendlichen, in deren Familie nicht Deutsch gesprochen wird, verfügen im Schnitt über signifikant schlechtere Lesekompetenz und niedrigere Schulbildung als ihre Altersgenossen. Wenn man die Jugendlichen statistisch erfasst, in deren Familien trotz Migrationsgeschichte Deutsch gesprochen wird, und wenn der sozioökonomische Status kontrolliert wird, dann sind fast keine Unterschiede in der Lesekompetenz zwischen Jugendlichen mit familiärer Migrationsgeschichte und solchen ohne diese auszumachen.

Faktisch verfügen aber etwa ein Viertel der Jugendlichen aus Migrantenfamilien als 15-Jährige nicht über ausreichende Lesekompetenzen, um den Anforderungen in Alltag und Beruf zu genügen. Doch der bei weitem größte Teil dieser Jugendlichen hat das bundesdeutsche Bildungssystem von Beginn an durchlaufen. Gleichwohl ist das im internationalen Vergleich sehr schlechte Abschneiden schwacher Leser in der BRD im Blick auf Lesekompetenz nicht allein auf die Jugendlichen mit familiärer oder persönlicher Migrationsgeschichte zurückzuführen. Mehr als die Hälfte der von PISA so bezeichneten „Risikogruppe" ist familiengeschichtlich deutschsprachig. Der größere Anteil davon ist männlich, der überwiegende Anteil besucht die Haupt- oder Sonderschule (Stanat u.a. 2004).

Wie sich diese drei großen Kriterien *Klasse*, *Gender* und *Ethnie* im Blick auf die Lesesozialisation zueinander verhalten, wann sie sich gegenseitig verstärken oder durchkreuzen, ist weitgehend unerforscht.

4.1.2 Verlaufsformen der Lesesozialisation

Bei der Frage nach dem Verlauf des Literaturerwerbs kam seit den 1950er Jahren das Konzept des *Lesealters* zum Tragen. Es geht auf die entwicklungspsychologisch argumentierende Lesepädagogik vom Beginn des 20. Jahrhunderts zurück, die mit dem Lesealtertheorem Stufen der literarischen Kompetenz postulierte: Demzufolge wird das „Struwwelpeteralter" (von 2–4) vom „Märchenalter" (von 4–7) abgelöst, es folgen das „Robinsonalter" (7–12), das „Dramen- und Balladenalter" (12–15) sowie das „lyrische und Romanalter" (15–20) (zuerst Bühler 1918).

Dieses Theorem ist aber trotz folgender Ausdifferenzierung spätestens seit den 1970er Jahren obsolet geworden. Das aus mehreren Gründen: Die spezifischen literarischen Verstehensmöglichkeiten der verschiedenen Altersstufen sind schwerlich als Produkt biologischer Reifung zu denken. Abhängig sind sie vielmehr von der Art und Weise der sprachlichen Interaktionen, in die Heranwachsende alltäglich vor allem in Familie und Schule eingebunden sind, und insbesondere von den alltagspraktischen Funktionen literarischer Kommunikation. Hinzu kommt: Die Annahme, dass es Entwicklungsstufen gibt, die jeweils die Gesamtpersönlichkeit umfassen und eine Art psychologisches Niveau bilden, ist angesichts entwicklungspsychologischer Erkenntnisse längst überholt: Sie ist zu wenig komplex, um Entwicklungs- und Sozialisationsprozesse zu beschreiben. Die These, dass es ein Entsprechungsverhältnis zwischen dem Textinhalt und dem jeweils einer Altersstufe zugänglichen Erfahrungsbereich gibt, überzeugt zwar im Grundsatz. Die Komplexität dieser Beziehung bleibt aber unerkannt, solange die biografischen, die kommunikativen und affektiven Erfahrungsqualitäten vernachlässigt werden, auf die im Leseprozess zurückgegriffen wird.[1] Ein weiterer Einspruch gegen Lesealtersstufen-Theoreme muss schließlich mit Blick auf die Bedeutung medialer Erfahrungen formuliert werden: Der kulturelle Wandel hat Einfluss auf das jeweilige Angebot von Büchern und anderen Medien, auf deren Themen und ihre literarischen Strukturen.

Gegenwärtig wird die Verlaufsform der literarischen Sozialisation insbesondere unter der interaktionstheoretischen Perspektive der empirischen Lesesozialisationsforschung betrachtet: Eine Kindheit, in der literarische Kommunikation zum Alltag gehört, ist die lebensgeschichtliche Basis nicht nur für literarästhetisches Lesen, sondern insgesamt für die Leseentwicklung und den Erwerb der Schriftsprachlichkeit. Lange vor Schuleintritt werden beim Vorlesen von (Bilder-)Büchern, Erzählen von Geschichten, spielerischen Umgang mit Reimen, Versen und Liedern usw. die musikalisch-poetischen Dimensionen der Sprache und die schrittweise Lösung der Kommunikation aus der situativen Handlungsbezogenheit eingeübt. In der neueren Forschung wird mit Blick auf die Situationen, in denen das Kind Literatur erfährt, der interaktive, kommunikative Charakter der literalen Enkulturation nachdrücklich betont: Es ist die Unterstützung durch einen kompetenten Anderen in einer dialogischen Situation, die es dem Kind erlaubt, sich beispielsweise bei Vorlesesituationen in seinen Verstehensbemühungen in der „Zone der nächsten Entwicklung" (Wygotzki) zu bewegen. Kommunikativ gestützt durch diesen Anderen, können schrittweise differenziertere und situationsabstraktere Vorstellungen aufgebaut werden. Vermutlich ist das der Grund, weshalb sich ausgeprägtes unbegleitetes Fernsehen in der Kindheit als nicht förderlich für den Literaturerwerb zeigt. Kinderliterarische Texte in der Vermittlung eines kompetenten Anderen provozieren dagegen die inneren Konstitution von „Übergangsräumen" zwischen individuellen Erfahrungen und sozial geteilten Wirklichkeitsdeutungen (Bruner 1987, Abraham 1998). Aus dieser ko-konstruktiven

[1] Vgl. Oerter 1999. Ein entwicklungspsychologisch begründetes Erwerbsmodell literaler Fähigkeiten im Heranwachsen bieten Garbe u.a. 2006.

Perspektive auf den kindlichen Leseprozess kann der selbstsozialisatorische Anteil im späteren individuellen Lesen besser eingeschätzt werden: Auch im eigenständigen Lesen kann, gegebenenfalls mit Unterstützung eines im Text verborgenen kompetenten Partners – des Erzählers –, die Weiterentwicklung der Persönlichkeit und die Orientierung auf die nächste Entwicklungszone aktiv durch die Leser betrieben werden.

Faktisch zeigen sich Ausmaß und Intensität der literarischen Kommunikation im Vorschulalter als hochgradig vom kommunikativen Klima der Familie abhängig: Medial mündliche, aber konzeptuell schriftliche Kommunikationsformen werden mit Kindern in Familien der oberen Schichten weit umfangreicher und altersadäquater praktiziert als mit Kindern der unteren Sozialschichten. Diese Kinder können folglich mit besseren sprachlichen Voraussetzungen und differenzierterer literarischer Kompetenz (beispielsweise Textsortenkenntnissen und Erzählfähigkeit) in die Schule eintreten. Das elterliche Vorbild und die Beteiligung der Erwachsenen an den literarischen Erfahrungen der Kinder sind zudem Grundlagen für die Motivation, sich einer Geschichte anzuvertrauen und sie als Muster imaginärer Wirklichkeitsüberschreitungen und Anregungsfaktor der Persönlichkeitsentwicklung wahrzunehmen. Die Stabilität der aus diesen Situationen erwachsenden intrinsischen Lesemotivation ist in der Folge der entscheidende Faktor für den Fortgang der literarischen Sozialisation. Hier scheint der Schlüssel für das Verständnis der nachhaltigen Schichtspezifik der Lesesozialisation und der relativen Erfolglosigkeit schulischer Kompensationsbemühungen zu liegen.

Der Schriftspracherwerb zu Schulbeginn stellt insofern eine Krise der Lesesozialisation dar, als hier den relativ weit entwickelten literarischen Verstehens- und Genussfähigkeiten nur unzureichende technische Fähigkeiten zur Dechiffrierung von Schrift gegenüberstehen. Beim Selbstlesen wird das Kind zunächst in seinen literarischen Erfahrungsmöglichkeiten weit zurückgeworfen, wenn die literarischen Interessen und Fähigkeiten nicht unabhängig vom Schreiben- und Lesenlernen weiterhin unterstützt werden (Dehn 2000).

Die folgende Phase der späten Kindheit bis zur Pubertät ist in lesesozialisatorischer Hinsicht für Mittelschichtkinder vom hohen Stellenwert des Bücherlesens in der Freizeit geprägt. Surveys zufolge liest mehr als die Hälfte aller Kinder dieses Alters gern und häufig; die Problemgruppe, die kaum Kontakt zu Büchern finden kann, ist mit etwa 13 % niedriger als in allen folgenden Altersstufen (Hurrelmann u.a. 1993; Harmgarth 1997). In der Regel wird von Mittelschichtkindern in der späten Kindheit gern und viel altersgemäße Unterhaltungsliteratur gelesen. Auch das Verhältnis zum Lesen in der Schule und zu den dort ggf. etwas höheren Ansprüchen an die literarische Qualität der Texte ist in der Regel unproblematisch. Kinder der unteren Sozialschichten durchleben allerdings selten eine solche Lesekindheit, PC-Spiele und Fernsehen bestimmen ihren Mediengebrauch in der späten Kindheit weit stärker (Pieper u.a. 2004).

Auf diese, bei etwa zwei Dritteln aller Kinder ausgeprägte Viellesephase folgt in der Regel eine starke Motivationskrise in der sogenannten literarischen Pubertät, die in allen einschlägigen Studien nachgewiesen wird: Etwa ab dem 12. Lebensjahr nehmen Lesebereitschaft, Lesefreude und auch das tatsächliche Lesen kontinuierlich ab. Mit etwa 14 Jahren, ab der 7. Klasse, ist ein erneuter und deutlicher Abfall in den Statistiken wie in der pädagogischen Praxis zu beobachten, der etwa von der 7. bis zur 10. Klasse anhält. Im Ausmaß ist dieser Rückgang über den Verlauf der Sekundarstufe I wiederum differenzierbar nach den sozialen Gruppen und dem Geschlecht. Etwa zwei Drittel der Jugendlichen haben am Tiefpunkt dieser Entwicklung in der 8. bzw. 9. Klasse das Freizeitlesen annähernd eingestellt. Nur eine Minderheit von ihnen nimmt es in der Adoleszenz wieder auf (Harmgarth 1997; Schön 1996).

In der biografischen Leseforschung sind die Hintergründe dieser Lesekrise bei Mittelschichtkindern erforscht und in dem Zusammenspiel entwicklungspsychologischer Veränderungen und mangelnder institutioneller Unterstützung verortet worden: Ab der Pubertät wird die Kindheitslektüre mit ihren spezifisch auf das psychische System des Kindes und seine Identifikationsbedürfnisse zugeschnittenen Gratifikationen zunehmend unbefriedigend. Dies gilt für Themen, aber auch für Darstellungsweisen. Es muss ein Neuanfang in der Lesegeschichte erreicht werden, für den oft Anregungen von außen notwendig sind. Das Anregungszentrum bietet nun nicht mehr die Familie, sondern in der Regel die Gruppe der Gleichaltrigen oder – empirisch selten – der Deutschlehrer bzw. die Deutschlehrerin. Nach der Typologisierung von Graf (2004) formieren sich in dieser Phase für dasjenige Drittel der Jugendlichen, für das die Lektüre belletristischer Texte eine Erfahrungsform bleibt, dauerhafte *Lesehaltungen*: Im „intimen Lesen“ wird die lustbetonte Leseweise der Kindheit im Spektrum der Unterhaltungsliteratur weitergeführt, also die lustvolle Versunkenheit des kindlichen Lesens gleichsam unterhalb des intellektuell erreichten Niveaus der Wirklichkeitskonstitution beibehalten. Solche Lektüre hat oft die – den Jugendlichen durchaus bewusste – Funktion, schlichte Tagträume imaginär zu erfüllen. Das Lesen mit der Funktion der Realisierung von Interessen benennt Graf als „Konzeptlesen“; hierfür wurde im Zuge der Bewältigung der jugendlichen Lesekrise eine sekundäre Lesemotivation aufgebaut. Für den bedauerten Verlust der kindlichen Form „versunkener“ Lektüre machen diese Jugendlichen nicht selten retrospektiv den Deutschunterricht der Sekundarstufe mit seinem Zwang zu Distanz und Reflexion verantwortlich. Belletristisches Lesen ist mit dieser Lesehaltung in der Tendenz nicht ein selbst belohnender oder genussreicher Vorgang wie in der Kindheit, sondern folgt nun äußeren Zwecken. Graf findet in seinen Daten, etwa 1000 leseautobiografischen Texten von Studierenden, weitere Lesehaltungen, etwa das Lesen als Mittel der Partizipation an sozialen Gruppen und, eher selten, ästhetische Lesemodi (vgl. auch GRAF 2007).

Freilich hat Graf seine Daten bei Studierenden erhoben, die retrospektiv ihre Lesegeschichte aufgeschrieben haben; die Mehrheit der Heranwachsenden jenseits des Gymnasiums ist damit aus dem Blick gerückt. Auch sie lesen in der späten Kindheit, häufig Zeitschriften und alltägliche Kurztexte; aber das Lesen längerer Texte ist für sie stärker der Sphäre des Arbeitens und Lernens zugehörig und wird kaum als Medium der Persönlichkeitsbildung und des Genusses erschlossen (PIEPER u.a. 2004).

Ein quantitativer Anstieg des freiwilligen Lesens ist bei denjenigen Jugendlichen, die die weiterführende Schule besuchen, erst etwa ab dem 17. Lebensjahr wieder zu beobachten (HARMGARTH 1997). Hier tritt der Literaturunterricht erneut – wie bereits in der Grundschule – als anregender Faktor in den lesebiografischen Zeugnissen einer allerdings nun weit kleineren Gruppe von Lesenden auf.

4.2 Literarästhetische Rezeptionskompetenz als Ziel des Literaturunterrichts

Während der Verlauf der außerschulischen Lesesozialisation weitgehend der biografischen Kurve der Lesemotivationen entspricht, ist der schulische Literaturunterricht insbesondere ab der Sekundarstufe wenig an der motivationalen Seite des Lesens und deutlich auf den Aufbau *literarästhetischer Rezeptionskompetenzen* hin orientiert.

Älteren didaktischen Entwürfen vom Entwicklungsverlauf literarästhetischer Rezeptionskompetenz zufolge wird nach dem technischen Leselehrgang in den ersten beiden Grundschuljahren zunächst durch ausgeprägte, mehrheitlich außerschulische Lektüre von Kinderliteratur die Fähigkeit zur Lektüre längerer Texte erworben, bis schließlich nach abgeschlossener Pubertät eigentliches literarisches Lesen stattfinden kann. Diese Vorstellung geht auf KÄTE FRIEDLÄNDERS „Über Kinderbücher und ihre Funktion in Latenz und Vorpubertät“ von 1941 zurück, eine der ersten Studien zum Thema spezifisch literarischer Kompetenz in der Erwerbsperspektive. Die psychoanalytisch orientierte Forscherin untersucht das Freizeitlesen von Kindern mit dem Ergebnis, dass diese bis in die Pubertät in ihrer freiwilligen Lektüre solche Themen aufsuchen, die ihnen die Darstellung ihrer Triebkonflikte erlauben. In der Vorpubertät habe Lesen also in erster Linie eine ökonomische Funktion für das Triebleben – so formuliert es Friedländer und macht das anhand der beliebten kinderliterarischen Themen in dieser Altersstufe evident. Zu der Bereitschaft, literarisch zu lesen, gehöre die Überwindung der Triebkonflikte, so dass die fruchtbare Zeit für den Literaturunterricht erst nach dem 15. Lebensjahr beginne. Damit folgt Friedländer bezüglich der Leserseite der (von heute aus gesehen) zu naiven Vorstellung, dass die Triebbedürfnisse nach der Pubertät weitgehend erledigt seien. Bezüglich der Gegenstandsseite geht sie von einem autonomieästhetischen Literaturbegriff aus, der ästhetische Texte jenseits von Gebrauchssituationen stellt, insbesondere jenseits psychodynamisch motivierter Bedürfnisse. Das sind philologisch gleichsam „saubere", aber empirisch weitgehend wirklichkeitsferne Prämissen. Gleichwohl impliziert dieser veraltete Lektüre- und Literaturbegriff einen auch gegenwärtig schulisch einflussreichen Lesebegriff, dem zufolge kindliches und jugendliches Lesen die Vorgeschichte des literarischen Lesens im Medium nicht-autonomer Literatur darstelle. In Form der didaktischen Idee des „Hinauflesens" sind diese Vorstellungen auch gegenwärtig verbreitet.

Aktuell wird in der akademischen Literaturdidaktik kindliche Literaturrezeption weniger unter dem Gesichtspunkt des Defizitären, sondern vielmehr mit Aufmerksamkeit für die jeweils bereits vorhandenen literarästhetischen Verstehensmöglichkeiten gesehen (Spinner 2001b; Abraham 1998). Motiviert ist diese Perspektive durch zwei Interessen. Einerseits möchte man die Fähigkeit, Literatur zu erfahren, als eine elementare Verstehensdimension von Symbolsystemen darstellen können, eine Fähigkeit, die Kindern unter prinzipiell beschreibbaren Bedingungen früh zuzuwachsen beginnt. Andererseits gilt es, den hohen Stellenwert literarästhetischer Lesekompetenz im Deutschunterricht der weiterführenden Schulen gegen die zunehmende Orientierung an Standards und messbaren Kompetenzen zu verteidigen. Unter diesem Blickwinkel liegt ein stärkeres Gewicht auf dem Erwerb struktureller Verstehensfähigkeit poetischen Sprachgebrauchs im Verlauf der literarischen Sozialisation als auf dem Aufbau literarhistorischen und kulturgeschichtlichen Wissens. Daraus resultiert die Notwendigkeit eines Literaturbegriffs, der auch Texte einbezieht, die nicht durchweg poetische Strukturen aufweisen, sondern z.T. konventionellen Sprach- und Denkformen verhaftet sind – insbesondere Kinder-, Jugend- und Unterhaltungsliteratur. Solche Texte verwirklichen durchaus einzelne Stilmittel der Hochliteratur wie innere Monologe, Zeitsprünge, perspektivisches und nicht-lineares Erzählen, Wechsel der Erzählpositionen, Polysemie usw., wenn sie auch in anderen Bereichen ggf. konventionelle Stilmittel verwenden bzw. sich insgesamt nicht oder nur bedingt in das Konstrukt der „autonomen Literatur" einbinden lassen.[2]

Lesekompetenz und literarische Verstehensfähigkeit werden unter dieser Perspektive nicht mehr als aufeinander aufbauende Entwicklungsstufen theoretisch modelliert, sondern entfalten sich neben- und miteinander. Die Frage nach den

---

[2] Siehe die Beiträge von Barbara Schubert-Felmy und Angelika Buss im vorliegenden Band.

Schritten des Erwerbs literarischer Kompetenzen führt nun viel tiefer in die Kindheit als innerhalb der tradierten Modelle. Schließlich folgt daraus eine relativierte Einschätzung der Möglichkeiten der institutionellen Steuerung von solchen Erwerbsprozessen: Da Involviertheit ein zentraler Faktor der Lesemotivation bei Heranwachsenden ist und Motivation wie Kompetenz sich in enger Abhängigkeit voneinander lebensgeschichtlich entfalten, ist eine Textanalyse mit dem Ziel der Vermittlung philologischer Wissensbestände gleichsam die Arbeit an der Spitze des Eisbergs. Gerät dessen Basis, die literarische Erfahrung nämlich, im Unterrichtsgeschehen aus dem Blick, so stellen sich die nachhaltigen Entfremdungseffekte gegenüber literarischen Texten ein, die den Literaturunterricht als Instanz der Lesesozialisation so wenig erfolgreich sein lassen. Einem Literaturunterricht, dem vor allem im Zeitraum der Sekundarstufe I die Inszenierung ästhetischer Erfahrung ein zentrales Anliegen ist, sind aus dieser Perspektive die besseren Erfolgsaussichten zuzugestehen.

Reiz und Evidenz der veralteten Lesealtersstufen-Theoreme beruh(t)en auf der offensichtlichen „Passung" entwicklungsspezifischer Lesebedürfnisse und jeweiligem kinderliterarischen Textangebot. Mit dem Konzept der „Entwicklungsaufgaben", also der Vorstellung, dass es kulturelle Anforderungen in bestimmten Lebensabschnitten gibt, die bewältigt werden müssen, könnte die Restitution einer Lesealtertheorie unternommen werden. Ein solcher Versuch müsste um die Frage kreisen, durch welche Dimensionen des literarischen Textes welche Entwicklungsvoraussetzungen und -bedürfnisse beansprucht werden, und er müsste insofern neben thematischen Konvergenzen auch formale Textmerkmale und die moralischen Dimensionen berücksichtigen (siehe dazu die Modellierung von Garbe u. a. 2006).

Die Erforschung dieses Feldes ist bisher kaum geleistet. Aber insbesondere die Schriften von Spinner[3] verfolgen den beschriebenen Zusammenhang zwischen entwicklungspsychologischen Voraussetzungen und Textästhetik, um literarische Erfahrungen von Kindern und Jugendlichen besser zu verstehen. Mit kognitionstheoretischem Instrumentarium und Interesse an den imaginativ-kreativen Dimensionen der Aneignung ästhetischer Texte sowie unter Berücksichtigung entwicklungspsychologischer Voraussetzungen skizziert er folgende Dimensionen literarischen Verstehens: die Fiktions-Wirklichkeits-Unterscheidung, das Abstrahieren, den indirekten Sprachgebrauch, den Nachvollzug von Perspektiven und Gefühlen, das Moral- und das Komikverstehen.

Das Schulfach Deutsch und insbesondere der Literaturunterricht sind die nach der Familie einflussreichste Instanz literarischer Sozialisation. Die verschiedenen Ziele des Literaturunterrichts sind bei aller Widersprüchlichkeit zueinander sämt-

[3] Vgl. Spinner 1989c, 1993, 1995a, 2001b, 2006; Abraham 1998; Rosebrock 2001.

lich auch auf eine Stabilisierung literarischen Lesens als Gewohnheit ausgerichtet. Gemessen an diesen Zielen, sind die Erfolge des schulischen Literaturunterrichts nicht optimal: Während die Leseneigung gegenüber institutionell geforderten literarischen Texten bis etwa zur 6. Klasse mit der außerschulischen Leseaktivität korrespondiert, verändert sich dieses Bild deutlich in den Klassen 7 bis 10. Das oben beschriebene Absacken der Lesemotivation, das im Freizeitbereich zu beobachten ist, findet sich in noch schärferer Konturierung beim Blick auf die Lesemotivation im Rahmen des Literaturunterrichts: Selbst Schüler mit ausgeprägter Freizeitlektüre vertreten Mitte der 1990er Jahre in dieser Altersstufe zu mehr als 50 % die Ansicht, in der Schule würden „nur langweilige Texte" gelesen (HARMGARTH 1997). Bei Gruppen mit generell niedrigerer Leseneigung steigt dieser Prozentsatz erwartungsgemäß auf fast 100 %. Die Leseinteressen der Jugendlichen werden durch die Schullektüre in dieser Altersstufe offensichtlich nicht erreicht. Dem entspricht das Bild, das in den autobiografischen Dokumenten der lesebiografischen Forschung von der Schule gezeichnet wird: Erst in der Sekundarstufe II tritt der Literaturunterricht bei literarisch interessierten Jugendlichen wieder als Anregungsfaktor in den Blick, während die Schullektüre in der Sekundarstufe I in der Regel als entfremdend erinnert wird (SCHÖN 1996; GRAF 2007). Neben entwicklungspsychologischen Erklärungen für dieses Phänomen darf die Frage nach der Qualität von Unterricht nicht aus dem Blick geraten: Angestrengte, im „fragend-entwickelnden Unterrichtsgespräch" stark formalisierte Vermittlungsprozesse von Interpretationswissen scheinen den Literaturunterricht nach der Grundschule noch immer zu dominieren. Für die literarische Sozialisation sind sie nachweislich relativ erfolglos. Kaum ein Deutschlehrer betrachtet es als seine Aufgabe, auch die Freizeitlektüre der Jugendlichen im Blick zu haben.

Auch in Reaktion auf diesen Umstand hat in den letzten zwei Jahrzehnten der Einbezug von Texten der Kinder- und Jugendliteratur in den schulischen Lektürekanon der Sekundarstufe I unter der Zielperspektive der Leseförderung stattgefunden; sie sind mittlerweile fester Bestandteil der Curricula sämtlicher Bundesländer. Allerdings deuten alle empirischen Studien zum Einsatz von kinder- und jugendliterarischen Büchern im Unterricht darauf hin, dass die faktische Nutzung dieser Literatur die lesefördernden Absichten konterkariert: Das Spektrum der gelesenen Texte ist extrem schmal, faktisch wird fast ausschließlich eine kleine Anzahl von problemorientierten realistischen Jugendbüchern der 1970er und 1980er Jahre gelesen. Die Vermutung ist kaum von der Hand zu weisen, dass diese Texte im Unterricht die Funktion haben, im fächerübergreifenden Rahmen in ein sozialkundliches Themengebiet einzuführen.[4] Damit kann Kinder- und Jugend-

[4] Vgl. RUNGE 1997a; OSKAMP 1996; Lektüre von Ganzschriften 1994 sowie summarisch ROSEBROCK 1997.

literatur nicht diejenigen Funktionen erfüllen, die ihr im Interesse einer erfolgreichen literarischen Sozialisation beizumessen sind:

- durch aktuelle Literatur mit tragfähigen Bezügen zur Lebenswelt genussreiche Leseerfahrungen ermöglichen,
- die tradierten schulischen Rituale des Umgangs mit Literatur aufbrechen,
- Lesemotivation aufbauen und sichern,
- die Vertrautheit mit literarischen Texten und die Fähigkeit zu ihrer bedürfnisgerechten Auswahl und Beschaffung steigern,
- literarisches Lernen im engeren Sinn befördern und
- das Freizeitlesen anregen.

In solcherart lesefördernden Lernkontexten könnte Kinder- und Jugendliteratur dann erfolgreicher auch zum Medium literarischer Bildung und Identitätsförderung im Sinne der Lernzielbestimmungen des Literaturunterrichts werden.

4.3 Leseförderung

Schenkt man den Leseautobiografien späterer Leser Glauben, so besteht die wirksamste schulische Leseförderung ab der Sekundarstufe in einem Deutschlehrer oder einer Deutschlehrerin, der oder die

- sich selbst als passionierter Leser bzw. Leserin zu erkennen gibt,
- sich für die Lesestoffe und -interessen der Lernenden auch jenseits des aktuellen Lehrstoffs interessiert,
- sich in der einschlägigen (Kinder-)Literatur auskennt,
- anregende Anschlusskommunikation an Lektüren zu inszenieren weiß und
- passende Leseempfehlungen geben kann.

Wenn nämlich dem Literaturunterricht in der Sekundarstufe I in der Rückschau von späteren Leserinnen und Lesern überhaupt ein positiver Einfluss auf die eigene Lesesozialisation zugeschrieben wird, dann sind es einzelne Lehrpersonen, die als die Zentralfiguren der literarischen Sozialisation enthusiastisch erinnert werden. Diese positive Bewertung der Person ändert nichts an der fast durchweg abwertenden Einstellung zum Deutschunterricht als Institution. Freilich, so überzeugend diese Kontur der idealen Lehrperson auch ist: Charisma lässt sich schlecht als Verfahren empfehlen, wenn auch das Engagement für die außerschulische Lektüre der Jugendlichen wesentliches Anliegen jeder Deutschlehrerin, jedes Deutschlehrers sein muss.

Die häufigen Ressentiments späterer Leserinnen und Leser, der Deutschunterricht habe ihnen allen Spaß an der Literatur verdorben, sollten zwar ernst genommen, ihnen sollte aber doch nicht uneingeschränkt geglaubt werden: Denn die Lesekrise insbesondere in den letzten Jahren der Sekundarstufe I ist schwerlich allein eine Reaktion auf das unterrichtliche Geschehen, wie oben bereits ausgeführt. Die Kritik der Gymnasiasten am schulischen Umgang mit Literatur fungiert sicher auch als Stilelement retrospektiver literarisch-intellektueller Selbstdefinition. Darüber hinaus erinnern spätere Nicht-Leser vor allem der unteren Sozialschichten ihren Deutschunterricht nicht in dieser Weise: Insbesondere Hauptschülerinnen und -schüler verlassen gegenwärtig in der Regel das Schulsystem, ohne überhaupt auf literarische Erfahrung im Kontext des Deutschunterrichts zurückzublicken: Persönliche Beteiligung an der ohnehin seltenen Lektüre von jugendliterarischen Büchern in den letzten Hauptschuljahren ist in retrospektiven Interviews fast überhaupt nicht rekonstruierbar; zwischen Lektüre und Lebenswelt stellte sich im Kontext des Literaturunterrichts keine wie auch immer geartete Verbindung her (vgl. Pieper u.a. 2004). Die These Bourdieus (1970), dass im unteren Segment des Bildungssystems der hochkulturelle Habitus „Literarisches Lesen" lediglich normativ vorgeführt, zugleich aber als unerreichbar konturiert wird, hat einige empirische Evidenz (Pieper u.a. 2004).

4.3.1 Die verschiedenen Dimensionen des Leseverstehens

Die internationalen Evaluationen der Bildungssysteme in den letzten Jahren (PISA) sind zweifellos Ausdruck der beginnenden Globalisierung der Bildungsinstitutionen und steuern die Reform der Bildungsziele des bundesdeutschen Schulsystems und des Deutschunterrichts, insbesondere dessen Begriff von Lesen und Lesekompetenz, erheblich mit. Die erste PISA-Studie mit dem Schwerpunkt Lesekompetenz hat den bundesdeutschen 15-Jährigen insgesamt unterdurchschnittliche Lesekompetenzen bescheinigt. Kaum ein Bildungssystem einer vergleichbaren Industrienation produziert so viele schwache und sehr schwache Leser wie Deutschland, und kaum irgendwo ist der Zusammenhang zwischen Leseleistung, Schichtzugehörigkeit und formaler Schullaufbahn so eng wie hier. Ein für diesen Zusammenhang ebenfalls wesentliches Ergebnis der PISA-Studien war die mangelnde Diagnosefähigkeit der Deutschlehrenden im Blick auf Lesekompetenz: Sie konnten Schülerinnen und Schüler mit erheblichen Leseproblemen in der Regel nicht identifizieren.

Die derzeit letzte PISA-Studie hat Lesefähigkeiten nur am Rande erhoben, aber immerhin eine Tendenz zur Verbesserung in diesem Bereich für Deutschland zeigen können (Prenzel 2007). Skandalös bleiben vor allem die schwachen Leistungen des unteren Fünftels im Jahr 2006: Die Lesefähigkeiten dieser 20% der Schülerschaft reichen nicht oder kaum aus, um alltagspraktischen, z.B. beruflichen Anforderungen zu genügen. Leseleistung im Sinne von PISA ist nicht nur der maßgebliche Indikator für das Gelingen der Schulkarriere, sondern auch eine wesentliche Kompetenz für eine erfolgreiche Integration in das Berufsleben.

PISA überprüfte die Leseleistung von 15-Jährigen unter Maßgaben eines Lesebegriffs (*reading literacy*), der dem angloamerikanischen Bildungssystem entstammt und sich nicht am Fächerkanon des deutschen Schulsystems, sondern an lebenspraktischen Anforderungen gegenüber Literalität orientiert. Breite Lese- und Verstehensleistungen von Sach- und literarischen Texten, aber auch von nicht-linearen Texten wie Tabellen und Grafiken wurden abgefragt. Spezifisch literarisches Verstehen spielt bei den PISA-Messungen eine untergeordnete Rolle. Die Resultate geben allerdings keinen Anlass zu der Vermutung, dass bei einer stärkeren Berücksichtigung literarischer Textsorten im Fragenkatalog der Befund besser ausgefallen wäre. Denn während das untere Leistungsfünftel elementare Verstehensprobleme bereits bei der Identifikation von Informationen in den vorgelegten Texten hat, zeigen die leistungsstärkeren Gruppen insbesondere im Bereich „Reflektieren und Bewerten" vergleichsweise schwache Leistungen. Zudem liegen die Verstehensleistungen bei literarischen Texten in Deutschland niedriger als bei Sachtexten oder Grafiken (Artelt/Schlagmüller 2004, 183) – trotz eines Bildungssystems, in dem der Literaturunterricht eine vergleichsweise sehr starke Position hat.

Deutlich wird im Gesamtbild, dass Leseförderungskonzepte sich nicht weiterhin mit dem Ziel der Motivierung zum (literarischen) Lesen zufrieden geben dürfen. Die gängigen Formen der Leseförderung inszenieren die „Verlockung zum Buch" und orientieren sich damit auf Schüler, deren Lesefähigkeit lediglich im motivationalen Bereich gehemmt ist. Dabei wird übersehen, dass für einen erheblichen Teil der Heranwachsenden die mit diesen Maßnahmen verheißenen Genussversprechungen beim Lesen deshalb nicht wirksam werden können, weil andere Bereiche der Lesekompetenz zu wenig ausgebildet sind, vor allem die Leseflüssigkeit und die höheren Textverarbeitungsleistungen. Hinzu kommt, dass die Motivationsgewinne bei solchen Leseanimationen wie z. B. Lesenächten usw. nicht die nachhaltige Wirkung zu entfalten scheinen, die man sich von ihnen erhofft: Das lesebezogene Selbstkonzept bildet sich, wie oben dargestellt, in einem langen auch außerschulischen Sozialisationsprozess heraus und ist durch punktuelle Aktionen vermutlich kaum erreichbar.

Ein didaktisch brauchbarer Begriff von Lesekompetenz, von dem Handlungsmöglichkeiten zur Leseförderung ableitbar sind, kann sich allerdings nicht allein mit der Prozessebene des Lesens bescheiden, die die Schulleistungsstudien ihren Messungen zugrunde gelegt haben. Denn Lehrkräfte begegnen nicht kognitiven Apparaten, sondern Subjekten, die ihr Wissen, ihre Fähigkeit zur Beteiligung, ihre Motivation und ihre Reflexionsfähigkeit in Leseprozesse einfließen lassen müssen, wenn diese fruchtbar sein sollen. Und schließlich finden Schule und Unterricht grundsätzlich in einer Institution mit eigenen Konventionen und Regeln, also in einem sozialen Raum, statt. Auf diesen drei Ebenen – der Prozessebene, der subjektiven Ebene und der sozialen Ebene – formieren sich Lesefähigkeit und -bereitschaft im Verlauf des Heranwachsens. Deshalb müssen sich die Konzepte der Förderung auch auf diesen Ebenen ausweisen: Was wird jeweils wodurch gefördert?

Maßnahmen zur Leseförderung benötigen folglich ein Mehrebenenmodell des Lesens, um auf die jeweils spezifischen Leseprobleme der Lerner differenziert reagieren zu können (siehe Abb.).

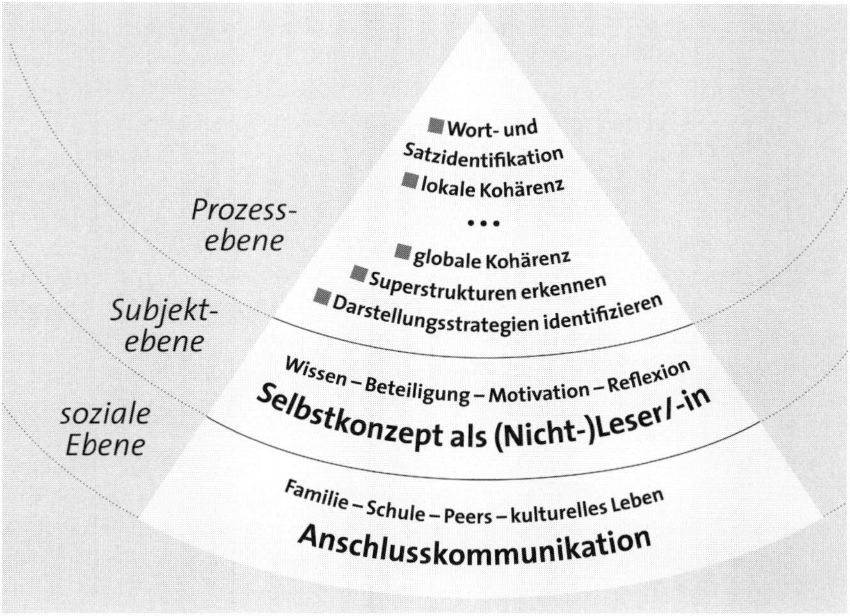

Mehrebenenmodell des Lesens (Rosebrock/Nix 2008)

Die Grafik stellt die drei Ebenen dar, auf denen sich Lesen verorten lässt: Der obere Teil der konzentrisch gedachten Kreise beschreibt die *Prozessebene*, also die kognitiven Tätigkeiten während des isolierten aktuellen Leseprozesses, er beschreibt sozusagen den Moment des Entzifferns und Verstehens: Wörter und Sätze sind zu identifizieren, weiter muss der Bezug der Sätze aufeinander realisiert sowie eine kleinräumige Stimmigkeit (lokale Kohärenz) hergestellt werden. Bei guten Lesern vollziehen sich diese beiden niedrigsten Stufen des Leseprozesses automatisiert, d.h. ohne eigene Aufmerksamkeitsressourcen zu beanspruchen. Deshalb wird hier von hierarchieniedrigen Leseprozessleistungen gesprochen. Für die Herstellung einer globalen Vorstellung, wovon der Text inhaltlich insgesamt handelt, müssen bereits bewusste mentale Schritte vollzogen werden, weshalb die Aktivitäten auf der Prozessebene ab hier als hierarchiehoch eingestuft werden. Das gilt auch für die Konstitution von sogenannten Superstrukturen, also die Erkenntnis der Organisationsform des Textes, seiner formalen Struktur. Die hierarchiehöchste Anforderung bezieht sich auf die Wahrnehmung und Verarbeitung von Absichten, die nicht manifest auf der Textoberfläche ausgesagt werden, sondern indirekt aus der Art und Weise der Darstellung zu schließend sind (Richter/Christmann 2002, Rosebrock/Nix 2008). Beim Lesen werden diese fünf Anforderungen an den Leser durchaus nicht nacheinander abgearbeitet, sondern miteinander vernetzt und zeitgleich, sozusagen „online". Leseleistungstests erheben wesentlich diese Prozessleistungen, obwohl beispielsweise PISA auch die Aktivierung von entsprechendem Vorwissen und die bewusste Reflexion über Texte eingefordert hat, mithin auf der nächsten Ebene, der *Subjektebene*, ebenfalls Fähigkeiten beanspruchte.

Das Subjekt, das liest, ist in vielfältiger Weise in seinen Leseakt „verstrickt": Es speist sein Vorwissen auf verschiedensten Ebenen ein, es ist interessiert und emotional beteiligt am Geschehen, es ist motiviert, die Textwelt innerlich begreifend zu errichten, und schließlich reflektiert es auch, je nach Anforderungen und Engagement, die Textinhalte, bezieht sie beispielsweise auf die eigene Lebenswelt oder bewertet sie moralisch. All das tut das Subjekt mental aktiv – andernfalls liest es den Text bloß Wort nach Wort durch, ohne dass eine der genannten Aktivitäten stattfände. Insofern ist von der unmittelbaren Prozessebene die – hier in der Mitte platzierte – Subjektebene zu unterscheiden, auf der Persönlichkeitsmerkmale zum Tragen kommen.

Schließlich ist es notwendig, auf einer dritten, der *sozialen Ebene*, die Eingebundenheit der Lektüre in lebensweltliche Zusammenhänge zu berücksichtigen: Gelesen wird für bestimmte Zwecke, und zum Lesen gehört auch die Kommunikation über Gelesenes, sei sie vorausgehend, nachträglich oder – wie oben für Vorschulkinder beschrieben – begleitend. Solche Anschlusskommunikationen sind die eigentlichen Situationen der Unterstützung bei selbstständigem Lesen. Sie sind in ihrer Wichtigkeit für die Lesesozialisation kaum zu überschätzen – man könnte die gesamte Schule als gesellschaftliche Institution beschreiben, die dominant zum Zweck der Durchführung von Anschlusskommunikation an Leseprozesse eingerichtet wurde. Denn in den meisten Fächern ist das zu erwerbende gesellschaftlich wesentliche Wissen und Können in Texten konserviert, und Unterricht hat die Aufgabe, in anschlusskommunikativen Situationen die adäquate Übernahme dieser Wissens- und Könnensbestände sicherzustellen.

Dieses Modell von Lesekompetenz ist gegenüber der gelesenen Textsorte zunächst relativ neutral: Es kann auf die Lektüre linearer und nicht-linearer, ästhetischer und pragmatischer, konventioneller und Hypertexte angewandt werden, auf einfach strukturierte ebenso wie auf komplexe Texte mit tief eingebetteten, nur indirekt erschließbaren Gehalten. Es ist für Diagnoseschritte brauchbar: Gelingt es überhaupt, so flüssig zu lesen, dass die Sätze richtig miteinander verbunden werden können? Können die Sequenzen richtig aufeinander bezogen werden? Ist die globale Thematik des Textes schon zu Beginn des Leseaktes zutreffend hypostasiert? Wird adäquates Vorwissen ausreichend aktiviert und mit den Textinhalten verbunden? Wird die Organisationsform des Textes wahrgenommen? Werden Hinweise auf die Darstellungsintentionen erkannt und verarbeitet, beispielsweise uneigentliche Sprachverwendung? Mit Blick auf literarische Texte sollten literaturspezifische Modifikationen zum Tragen kommen: Die Polyvalenz- und die Ästhetikkonvention literarischer Kommunikation verlangen in der Regel größere Unsicherheitstoleranzen vom lesenden Subjekt als pragmatische Texte, mehr Sensibilität für noch nicht konventionalisierte Bedeutungen sowie komplexere Fähigkeiten beim Ausbalancieren von Irritation und Verstehen in der Lektüre; tendenziell kann vermutlich auch von einer intensiveren Anforderung an die Fähigkeit zur begleitenden Selbstreflexion ausgegangen werden (Eggert 2002). Welche dieser Leistungen bringen die Schüler und Schülerinnen gegenüber einem konkreten Text tatsächlich auf?

4.3.2 Differenzierende und systematische Leseförderung

Auf der Basis eines solchen ausdifferenzierten Begriffs von Lesekompetenz wird deutlich, dass unterschiedliche Leseprobleme in den verschiedenen Jahrgängen und Schulformen vorliegen, die entsprechend entfaltete Verfahren der Förderung verlangen. Die von PISA so definierte „Risikogruppe" von aktuell etwa 20 % der bundesdeutschen Schülerschaft ist allein durch Maßnahmen, die auf eine verbesserte Motivation zur Lektüre von (Jugend-)Literatur setzen, vermutlich kaum zu erreichen. Bunter „Lesezauber", der für das Lesen als genussreiche Freizeitaktivität wirbt, wird in der Sekundarstufe deshalb mehrheitlich an dieser Gruppe vorbeigehen, weil ihr zur Lektüre längerer auch einfach strukturierter literarischer Texte die Voraussetzungen fehlen.

Vordringlich mangelt es an Leseflüssigkeit. Vor allem Hauptschüler in großstädtischen Bereichen sind mehrheitlich in der Sekundarstufe noch nicht leseflüssig, was heißt:

- Ihre Worterkennung ist bei altersgemäßen Texten noch nicht voll automatisiert (sie müssen immer wieder Wörter erlesen, statt sie zu erkennen),
- die Dekodiergenauigkeit ist nicht ausreichend (sie verlesen sich sinnentstellend, ohne sich zu korrigieren),
- die Geschwindigkeit ist nicht ausreichend (etwa 80–100 Wörter pro Minute werden als notwendige „Mindestbetriebsgeschwindigkeit" des Lesens angesehen) und

- sie sequenzieren Sätze beim Lesen nicht adäquat (dies wird beim Vorlesen durch fehlende bzw. fehlerhafte Intonation sichtbar).

Insgesamt ergibt sich der Befund, dass diese Gruppe noch gravierende Probleme im hierarchieniedrigen Bereich des Leseprozesses hat; ein eher negatives lesebezogenes Selbstkonzept und ein wenig förderliches Umfeld kommen in der Regel erschwerend hinzu. Diese Schüler und Schülerinnen brauchen vordringlich Verfahren, die ihre Leseflüssigkeit steigern. Sogenannte *Lautleseverfahren* haben sich dabei in vielen Studien vor allem im anglo-amerikanischen Sprachraum als erfolgreich und praktisch gut umsetzbar erwiesen. Dabei lesen Schülerpaare (oder ein Erwachsener mit einem Lerner) gemeinsam halblaut Textpassagen im Chor, gegebenenfalls wiederholt; bei Fehlern setzen Verbesserungsroutinen ein (vgl. zur Wirksamkeit und zum Transfer auf Leseverstehen Rosebrock/Nix 2006, zur Durchführung Rosebrock/Nix 2008). Die rasche und deutliche Steigerung der Leseflüssigkeit wirkt sich positiv auf das lesebezogene Selbstkonzept der Schüler(innen) aus. Aber auch Verfahren, die auf eine Steigerung der Lesemenge setzen, sind hier angeraten, obwohl sie empirisch nicht die gleiche hohe Wirksamkeit aufweisen konnten wie die Lautleseverfahren. Denn sie eröffnen Vertrautheit mit längeren Texten und habitualisieren Lesekultur. Bei solchen *Vielleseverfahren* werden Anreizsysteme für eigenständige Lektüre geschaffen – beispielsweise ein „Lesepass" –, Zeiten des selbstbestimmten stillen Lesens fest installiert und anregende, eher unterkomplexe, aber interessante Bücher oder Texte zur Verfügung gestellt, die individuell gelesen werden. Es gibt empirisch begründbare Hinweise darauf, dass die Lesemenge einen Einfluss auf die Leseflüssigkeit und damit die Lesekompetenz aufweist. Insgesamt können solche Verfahren zur Steigerung von Leseflüssigkeit nicht allein Aufgabe des Deutsch- bzw. Literaturunterrichts sein, sondern sie bieten sich als Bausteine einer fächerübergreifenden lesedidaktischen Grundorientierung der verschiedenen Fächer an.

Eine zweite große Gruppe bilden Schüler und Schülerinnen, die ausreichend flüssig lesen, wenn man sie bittet, einen kurzen Text vorzulesen, die aber nach der Lektüre eines Textes kaum angeben können, welche Themen und Sachverhalte dort wie verhandelt wurden. Sie bringen zu wenig mentales Engagement im mittleren Bereich der Prozessleistungen auf. Gemessen an den guten Lesern und Leserinnen, die in die Sekundarstufe mit einer relativ stabilen intrinsischen Lesemotivation und umfangreichen Lektüreerfahrungen vor allem mit linear erzählender Kinderliteratur eintreten, liegen ihre Defizite auch, aber wiederum nicht nur im motivationalen Bereich. Wie die oben genannte Gruppe der noch nicht leseflüssigen Kinder und Jugendlichen befinden sie sich zudem in einer Misserfolgsspirale aus

- meist fehlender sprachlicher Differenziertheit,
- einem diese offensichtlich nur unzulänglich kompensierenden Unterricht im Bereich des weiterführenden Lesens in den letzten beiden Grundschuljahren und
- einem kumulierten mehrjährigen Defizit sowohl an Lesemenge als auch an Leseerfahrungen.

Diese Negativspirale verhindert weitgehend, dass sich diese Gruppe aktuell mit Erfolgszuversicht und Engagement der Lektüre zuwenden und aus Texten tatsächlich lernen können. Stattdessen betreiben sie das schulisch geforderte „Durchlesen" von Texten als ein „Durchkommen" und können sich an kaum mehr als Stichwörter des gelesenen Textes erinnern. Diese Gruppe muss sich in erster Linie den Einsatz von Lesestrategien aneignen, um die verschiedenen kognitiven Dimensionen des Leseprozesses mental in Angriff zu nehmen, um überhaupt adäquate mentale Korrelate während der Lektürevorgänge auszubilden und weiter zu prozessieren. Strategietrainings wirken gezielt auf die mentale Weiterverarbeitung der unmittelbaren Textinformationen im lokalen Bereich hin zu einem globalen Textverstehen und zeigen sehr gute Erfolge, wenn sie adäquat und möglichst fächerübergreifend durchgeführt werden. Im deutschsprachigen Raum sind insbesondere die „Textdetektive" zu nennen (zusammenfassend Gold 2007). Die Schüler werden dabei zum bewussten Planen und Überwachen ihres Leseprozesses angeleitet. Vor, während und nach dem Lesen werden dafür Reflexionsphasen eingeplant, in denen zunächst die mit dem Lesen verbundene Aufgabe und die Ziele der Lektüre bewusst werden. Während des Lesens werden dann sieben mentale Strategien explizit trainiert. Nach dem Lesen findet eine Reflexion hinsichtlich der eingangs formulierten Leseziele statt.

Ebenfalls nachweislich wirkungsvoll und eher als lesedidaktisches Prinzip denn als begrenztes Programm einzusetzen ist das sogenannte *reziproke Lehren*, das Formen des kooperativen Lernens für die Strategieaneignung nutzbar macht. Dafür wurden Routinen entwickelt, wie in Kleingruppen von den Schülern und Schülerinnen jeweils Lesestrategien angewendet und überprüft werden (vgl. Demmrich/Brunstein 2004, als Überblick über Lesestrategie-Förderverfahren insgesamt Rosebrock/Nix 2008).

Das Üben von *Metakognition* beim Lesen ist nicht allein Aufgabe des Deutschunterrichts: Alle Fächer sind betroffen, wenn nicht eigenständig aus Texten gelernt werden kann. Denn gut entwickelte Lesekompetenz, darauf macht die Forschung immer wieder aufmerksam, ist wegen der großen Bedeutung des Vorwissens mit zunehmender Textkomplexität zunehmend domänenspezifisch geprägt, was heißt: Wer einen Sachtext in Chemie gut versteht, kann erhebliche Textverstehensprobleme im Geschichtsunterricht haben usw. Im Literaturunterricht liegt, allein lesedidaktisch gesehen, neben der Förderung von Lesefreude der Arbeitsschwerpunkt in der Vermittlung von Textsortenkenntnis und der Fähigkeit, auf der Basis subjektiver Bezüge und literaturspezifischen Vorwissens über Texte zu reflektieren, was, leserseitig gewendet, bedeutet: Es werden insbesondere literaturspezifische Superstrukturen sowie die Kenntnis von poetischen Darstellungsweisen aufgebaut. Damit zielt der Literaturunterricht, lesedidaktisch gesehen, auf die Unterstützung der hierarchiehohen Ebenen des Leseprozesses. Was hier gelernt wird, ist aber nicht ohne weiteres zu übertragen auf Sachtexte, deren Textsorten elementar anders organisiert sind und die in anderer Weise auf Außertextuelles verweisen; die Fächer brauchen eigene Vermittlungsverfahren für die hierarchiehohen Bereiche des Textverstehens (vgl. Rosebrock 2007).

Schließlich fällt insbesondere in den Klassenstufen 7–10 eine dritte Gruppe von Schülerinnen und Schülern auf, die oft auf eine reiche Lesegeschichte in der Kindheit zurückblickt und auch prinzipiell eigenständig lesen kann, es aber aktuell nicht tut. Freizeitlesen kommt bei ihnen nicht mehr vor. Die Funktionen, die das selbstvergessene Lesen wunscherfüllender Kinderbücher bis zur Pubertät hatte, sind für sie mit Kinderliteratur jetzt nicht mehr einzuholen. Ihre lesebezogene Entwicklungsaufgabe besteht nun darin, differenzierte Lesehaltungen zu entwickeln und Lesen vielfältig einzusetzen zum Beispiel zur Verfolgung von Interessen oder zur (ggf. auch oppositionellen) Persönlichkeitsentwicklung. Sie müssen sich insgesamt neue Lesepraktiken als eigenständige Modalitäten des In-der-Welt-Seins aneignen. Sie brauchen also Anregungen und Vorbilder, die zeigen, welche Funktionen Lesen in einem erwachsenen und selbstbestimmten Lebensvollzug haben kann. In Bezug auf den Literaturunterricht kommen hier die bekannten Verfahren der Leseanimation zum Tragen – im Unterricht selbst z. B. durch Vorlesen, Differenzierung mit Bücherkisten, durch Hörbücher und Filme, Buchvorstellungen und vielfältige Formen literarischer Geselligkeit und Projektarbeit, in der Schulkultur z. B. durch Leseclubs, Ausstellungs-, Theater- oder Rezensionsprojekte und vor allem durch eine gute schulbibliothekarische Arbeit, schließlich in Kooperation mit außerschulischen Institutionen der Leseförderung wie Büchereien, durch den Besuch von Autorenlesungen, Messen, durch literarische Spaziergänge usw.

Wenn solche Projekte nicht im punktuellen Aktionismus versanden sollen, müssen zum einen die Lesemedien zu den Entwicklungsbedürfnissen und Interessen der Jugendlichen passen – diese Aufgabe ist nicht zu unterschätzen, verlangt sie doch von den Lehrkräften Kenntnisse und Engagement im Blick auf aktuelle Jugendliteratur bzw. passende Texte der Erwachsenenliteratur und einen guten Kontakt zur Schülerschaft –, zum zweiten braucht es eine animierende und lebendige alltägliche schulische Lesekultur, in der die verschiedenen Gratifikationen des Lesen-Könnens sichtbar werden. Die Akteure müssen als Leser oder Leserinnen auch außerhalb ihrer institutionellen Rollen erfahrbar werden, und der Bezug auf Bücher und Texte muss allgegenwärtig, beiläufig, beständig, verbindlich und selbstverständlich sein, um einen Sozialisationsraum zu gestalten, der die Bedingungen erfolgreicher Lesesozialisation aus dem familiären Raum wirkungsvoll nachgestaltet. Es versteht sich von selbst, dass solche schulischen Lesekulturen nicht nur am Tiefpunkt der Motivationskurve in der Lesesozialisation von Mittelschicht-Jugendlichen unterstützend wirken, sondern dass alle Altersstufen und Schulformen davon profitieren – einschließlich der Lehrkräfte, auf die ein großes, aber bereicherndes Lesepensum auch im kinder- und jugendliterarischen Feld zukommt.

5 Handlungs- und produktionsorientierte Verfahren im Literaturunterricht

Kaspar H. Spinner

5.1 Begriff und Stellenwert

Der handlungs- und produktionsorientierte Ansatz versteht sich als Gegenposition zu einem Unterricht, bei dem im gelenkten Gespräch Texte analysiert und interpretiert werden. Die Schülerinnen und Schüler sollen selbst produktiv tätig werden, indem sie Texte ergänzen, umschreiben, imitieren, antizipieren, szenisch umsetzen und in andere Medien transformieren (Malen, Vertonen, Filmen ...). Dabei werden viele methodische Anregungen aus früheren Formen eines gestaltenden Umgangs mit literarischen Texten aufgegriffen [1] und in neue Begründungszusammenhänge eingebracht.

Handlungs- und produktionsorientierte Verfahren sind in die Lehrpläne, in die Bildungsstandards, in die Lesebücher und andere Unterrichtsmaterialien eingegangen. 2002 sind sie unter dem Begriff des „Gestaltenden Erschließens" auch in die „Einheitlichen Prüfungsanforderungen in der Abiturprüfung Deutsch" (EPA) der deutschen Kultusministerkonferenz aufgenommen worden.

5.2 Literaturtheoretische Hintergründe

Der entscheidende Auslöser für die Entwicklung des handlungs- und produktionsorientierten Ansatzes war die Rezeptionsästhetik. Sie hat gezeigt, dass der Leser eines literarischen Textes produktiv an der Sinnbildung beteiligt ist und nicht einfach eine vorgegebene Bedeutung erschließt. In diesem Sinne formuliert z. B. Wolfgang Iser:

> ■ *Bedeutungen literarischer Texte werden überhaupt erst im Lesevorgang generiert; sie sind das Produkt einer Interaktion von Text und Leser und keine im Text versteckten Größen, die aufzuspüren allein der Interpretation vorbehalten bleibt. Generiert der Leser die Bedeutung eines Textes, so ist es nur zwangsläufig, wenn diese in einer je individuellen Gestalt erscheint.* (Iser 1970, 7) ■

[1] Vgl. Vorst 2007, 33–68.

Mit handlungs- und produktionsorientierten Verfahren soll diese aktive Mitwirkung an der Bedeutungskonstitution gezielt gefördert werden, indem die Schüler nicht nur mental, sondern durch Schreiben, Malen, Vertonen der eigenen Konkretisierung des Textes Ausdruck geben. Besonders beliebt ist in der Literaturdidaktik Isers Begriff der Leerstelle geworden; damit ist gemeint, dass bei einem Text verschiedene „schematisierte Ansichten" auf den dargestellten Gegenstand (Iser 1970, 14) aufeinanderstoßen (wie bei den Schnitten im Film) und der Leser die dadurch entstehenden Leerstellen ausfüllt. Dieser Leerstellenbegriff ist in der Literaturdidaktik ausgeweitet worden und wird als Argument dafür verwendet, dass der Text für Leserinnen und Leser nur die Partitur ist, der sie in ihrer Vorstellung – und bei produktionsorientierten Verfahren durch entsprechende schriftliche, bildnerische, szenische und akustische Konkretisationen – Gestalt geben müssen.

Mit der Rezeptionsästhetik ist auch der Begriff der *Einbildungskraft* für die didaktische Diskussion wichtig geworden; wenn, wie Iser sagt, „der literarische Text seine Realität nicht in der Welt der Objekte, sondern in der Einbildungskraft seiner Leser besitzt" (Iser 1970, 33), dann gilt für den Unterricht, dass Lernende vor allem darin gefördert werden sollen, ihre Einbildungskraft bzw., wie man heute eher sagt, ihre Fähigkeit zur Imagination (Spinner 1997) oder zur Vorstellungsbildung (Abraham 1999) zu entwickeln. Handlungs- und produktionsorientierte Verfahren stellen sich diesem Anspruch in besonderem Maße.

In jüngerer Zeit werden die handlungs- und produktionsorientierten Verfahren auch durch *konstruktivistische Ansätze* der Literaturwissenschaft gestützt (Wangerin 2007); diese stellen eine Radikalisierung rezeptionsästhetischer Theorien dar. Wenn z.B. Bernd Scheffer jede Interpretation als „autobiografische Tätigkeit" des Lesers bezeichnet und in der „vielfältigen Rezipienten-Aktivität" ein Literaritäts-Merkmal sieht (Scheffer 1992, 24 f.), dann ist damit zugleich ein Argument für einen handlungs- und produktionsorientierten Literaturunterricht gegeben, dem es auf eine solche Leseraktivierung ankommt.

Wichtig für die Begründung handlungs- und produktionsorientierter Verfahren sind auch *differenztheoretische* Überlegungen in der Tradition des russischen Formalismus und des Prager Strukturalismus (auf diese beiden Traditionslinien berief sich auch die rezeptionsästhetische Literaturtheorie). Dabei wird Literatur in ihrer Differenz zur Alltagssprache und auch zur alltäglichen Vorstellungswelt begriffen. Neben dieser Differenz zum Außerliterarischen sind die binnenliterarischen Differenzen wichtig: Eine literarische Ausdrucksweise erhält ihre Wirkung dadurch, dass sie sich von anderen Ausdrucksmöglichkeiten abgrenzt. Das epische Theater Brechts z.B. definiert sich durch seine Differenz zum aristotelischen Theater. Schülerinnen und Schüler gewinnen einen Einblick in Differenzqualitäten z.B. dadurch, dass sie einen literarischen Text in Alltagssprache umformulieren und dann die Wirkung der beiden Varianten diskutieren. Solche differenztheoretischen

Begründungen findet man vor allem bei GÜNTER WALDMANN, einem der Hauptvertreter des handlungs- und produktionsorientierten Ansatzes (z.B. WALDMANN 1998).

Schließlich kann man die handlungs- und produktionsorientierten Verfahren mit der *dekonstruktivistischen* Literaturtheorie in Verbindung bringen. Sie geht davon aus, dass literarische Texte nicht nur offen sind für die Konkretisation durch den Leser (wie das die Rezeptionsästhetik gezeigt hat), sondern dass sie in sich selbst widersprüchlich sind, jede endgültige Deutung verweigern und einen unendlichen Prozess der Semiose (Zeichen- und Sinnbildung) auslösen. Mit dem Eingreifen in Texte, dem Weiter- und Umschreiben, Verändern, Parodieren, überhaupt mit einer experimentierenden Haltung kann ein handlungs- und produktionsorientierter Literaturunterricht eine Antwort auf solche neuen literaturtheoretischen Positionen darstellen.

5.3 Pädagogisch-psychologische Hintergründe

Für die Begründung handlungs- und produktionsorientierter Verfahren sind auch pädagogische und lernpsychologische Argumentationen wichtig.

In den 1970er Jahren des 20. Jahrhunderts spielte, ausgehend von amerikanischen Forschungen, der Begriff der *Kreativität* in der pädagogischen Diskussion eine hervorstechende Rolle. In der Literaturdidaktik bewirkte dies, dass als Ergänzung zu einem analysierend-interpretierenden Vorgehen experimentelle, spielerische Formen des Umgangs mit Texten vorgeschlagen wurden. Viel beachtet waren z.B. die „Kreativitätsübungen im Literaturunterricht der Oberstufe" von INGEBORG MECKLING (1972). Die Diskussionen um einen kreativen Literaturunterricht in den 70er Jahren waren das Vorspiel zur Ausformulierung des handlungs- und produktionsorientierten Konzeptes in den 1980er Jahren.

Handlungs- und produktionsorientierte Verfahren werden auch mit dem Begriff des *analogen Denkens* in Verbindung gebracht. Es ist als Gegensatz zum analytischen Denken zu verstehen und bezeichnet einen Zugang zur Welt, der nicht begrifflich-abstrahierend, sondern ikonisch-abbildhaft ist. Damit kann begründet werden, warum etwa das Malen eines Bildes zu einem Gedicht oder das Schreiben nach dem Modell eines vorgegebenen Kurzprosatextes ohne Analyse eine Form von Aneignung und Interpretation sein kann. Damit will man insbesondere auch Schülern gerecht werden, deren Stärken eher im gestalthaften Erfassen liegen. Darüber hinaus kann das analoge Verstehen grundsätzlich als wesentlicher Aspekt des ästhetischen Umgangs mit Texten verstanden werden, dem im Sinne einer gezielten literarischen Bildung auf allen Klassenstufen und in allen Schulformen Rechnung zu tragen ist.

Mit der Kennzeichnung „handlungsorientiert" ordnen sich die handlungs- und produktionsorientierten Verfahren in die Diskussion um einen *offenen, schülerorientierten, ganzheitlichen Unterricht* ein, der schon von der Reformpädagogik am Anfang des 20. Jahrhunderts gefordert wurde und der in den letzten Jahren in der schulpädagogischen Diskussion im Vordergrund steht. Handlungsorientierter Unterricht versteht sich insbesondere als Gegenmodell zum fragend-entwickelnden Unterrichtsgespräch, das traditionell gerade im Literaturunterricht dominiert. An diesem wird kritisiert, dass in der Regel nur ein kleinerer Teil der Schülerinnen und Schüler aktiv am Unterricht beteiligt ist und dass es oft den Anschein erweckt, es gehe nur um den Nachvollzug der Interpretationen des Lehrers; eine selbstständige Auseinandersetzung mit dem Text kann so nur schwer entstehen. Mit handlungs- und produktionsorientierten Verfahren sollen alle Schülerinnen und Schüler zur selbstständigen Mitarbeit angehalten werden.

Handlungs- und produktionsorientierte Verfahren erlauben in diesem Sinne insbesondere auch eine *Individualisierung* des Unterrichts. Den Lernenden werden Spielräume für eine eigene Auseinandersetzung mit dem Text eröffnet. Unterricht zielt dabei nicht auf ein einheitliches Ergebnis, vielmehr ist es gerade als eine Bereicherung zu sehen, wenn die Schülerinnen und Schüler z. B. bei der Beschäftigung mit einem Buch schreibende, visualisierende, spielende Zugänge nach ihrer individuellen Wahl realisieren. Eine innere Differenzierung nach Interessen und Fähigkeiten, wie sie in der Didaktik immer wieder gefordert wird, kann bei solchem Vorgehen besser verwirklicht werden als beim traditionellen Interpretationsunterricht.

5.4 Verhältnis zum Schreibunterricht

Handlungs- und produktionsorientierte Verfahren ermöglichen eine enge und vielgestaltige Verbindung von Schreib- und Literaturunterricht und werden so auch dem Postulat eines integrierenden Vorgehens, wie es die meisten Lehrpläne fordern, gerecht.

Ein enger Bezug besteht zum *kreativen Schreiben*, das in der jüngeren schreibdidaktischen Diskussion große Beachtung findet und sich zum Teil mit dem handlungs- und produktionsorientierten Literaturunterricht deckt. Ein Unterschied besteht im Begründungszusammenhang, der im einen Fall literatur-, im anderen Fall schreibdidaktisch ist. Zu Letzterem gehört z.B., dass mit dem kreativen Schreiben Schreibblockaden abgebaut werden sollen, dass es Möglichkeiten des persönlichen Gefühlsausdrucks und der Selbstreflexion eröffnet und dass es die Ausbildung eines individuellen Stils unterstützen kann. Viele Unterrichtsarrangements ordnen sich allerdings sowohl in schreib- als auch in literaturdidaktische

Zielzusammenhänge ein. So kann z.B. das Schreiben eines Gedichtes nach dem Muster der Alltagslyrik der 1970er Jahre sowohl neue Ausdrucksmöglichkeiten in schreibdidaktischer Sicht eröffnen als auch das Verständnis für eine bestimmte Form von Lyrik fördern. Wenn hingegen die Zeilen eines Gedichtes auseinandergeschnitten und durcheinandergewürfelt ausgegeben werden und die Schüler eine mögliche Fassung legen sollen, bezeichnet man das zwar als ein (operativ-) produktionsorientiertes Verfahren, aber nicht als kreatives Schreiben, weil ja nur mit vorgefertigtem Material gearbeitet wird und keine eigene Schreibleistung erfolgt. Ebenso gehören das szenische Gestalten, das Malen, das Musizieren zu Texten natürlich nicht zum Schreibunterricht. Umgekehrt wird man ein freies Schreiben zu Bildvorlagen als kreatives Schreiben, aber nicht als handlungs- und produktionsorientierten Literaturunterricht bezeichnen, weil hier kein Bezug zu Textvorlagen vorhanden ist.

5.5 Wichtigste Vertreter

Die umfangreichsten Publikationen zu den handlungs- und produktionsorientierten Verfahren hat GÜNTER WALDMANN vorgelegt. Am Anfang stand bei ihm ein spielerischer Umgang mit Trivialliteratur im Vordergrund (z.B. WALDMANN 1980), bei dem die Schülerinnen und Schüler durch eigenes Produzieren und damit durch Anwenden von Textmustern die Strukturen und Strategien der Trivialliteratur durchschauen. In der Folge legte WALDMANN dann ausführliche Publikationen zum produktionsorientierten Umgang mit Lyrik, mit Erzähltexten, mit Dramen und mit autobiografischen Texten vor und stellte seinen Ansatz zusammenfassend in einem 1998 erschienenen Buch dar (WALDMANN 1998). Für WALDMANN spielt die Erschließung poetischer Strukturen durch das produktive Arbeiten die zentrale Rolle; insofern sieht er Produktion und Analyse in engem Zusammenhang. Dabei kommt der Produktion im Sinne eines induktiven Zugangs eine eigene Erkenntnisqualität zu; darin unterscheidet sich sein Ansatz von Vorstellungen, die bis 1980 vorherrschten und z.T. bis heute vertreten werden, nämlich dass einer literarischen Produktion durch die Schülerinnen und Schüler immer eine analysierende Erschließung des Musters vorangehen müsse.[2]

Als zweiter Hauptvertreter des handlungs- und produktionsorientierten Literaturunterrichts ist GERHARD HAAS zu nennen. Sein unter diesem Titel 1984 erschienenes Buch (Neufassung HAAS 1997) hat dem Begriff zum Durchbruch verholfen. Gerhard Haas, dessen erste Anregungen wie bei Waldmann auf die 1970er Jahre

[2] Zum Phasenmodell literarischen Verstehens und des Literaturunterrichts siehe auch den Beitrag „Unterrichtsplanung“ von MICHAEL KÄMPER-VAN DEN BOOGAART.

zurückgehen, legt besonderes Gewicht auf den ganzheitlichen Umgang mit Literatur und ordnet seinen Ansatz dezidiert in die pädagogischen Konzeptionen eines offenen Unterrichts in der Tradition der Reformpädagogik ein. Seine Verfahren sind weniger funktionalisiert im Hinblick auf strukturelle Einsichten und Aneignung, sondern zielen in erster Linie auf einen intensiven, lebendigen Kontakt der Schülerinnen und Schüler zu den literarischen Texten.

Karlheinz Fingerhut ist zugleich Kritiker und Vertreter des handlungs- und produktionsorientierten Literaturunterrichts. Er sieht produktive Verfahren nur dann als gerechtfertigt an, wenn sie in enger Verbindung mit Textanalyse eingesetzt werden. Dazu hat er viele Anregungen gegeben, z. B. mit seinem Bändchen „Umerzählen“, in dem er in Anlehnung an Umerzählungen, wie sie Schriftsteller selbst praktiziert haben (z. B. Fassungen alter Fabeln), die Schüler zur produktiven Auseinandersetzung mit Texten anregt (Fingerhut 1982).

Harro Müller-Michaels hat unter dem Begriff der Rezeptionspragmatik einen literaturdidaktischen Ansatz entwickelt, bei dem die Schülerinnen und Schüler vielfältige Formen der schriftlichen Verarbeitung ihrer Literaturrezeption realisieren, wobei insbesondere Verfahren Berücksichtigung finden, die außerhalb der Schule im literarischen Leben eine Rolle spielen – von der Rezension bis zur Umsetzung eines Stoffes in eine andere Gattung (vgl. Müller-Michaels 1978).

Diesen Ansatz hat Gerhard Rupp weiterentwickelt zu einer rezeptionspragmatischen Methode, die den Schwerpunkt auf Eingreifhandlungen der Lernenden legt (Rupp 1987). Was sie selbst mit einem Text tun (z. B. ergänzen, verfremden, szenisch umsetzen), soll die gleiche Bedeutung haben wie die Texte der Schriftsteller. In diesem Sinne setzt Rupp den Akzent anders als Fingerhut, bei dem die Schüleraktivitäten im Dienst der Auseinandersetzung mit dem Ausgangstext stehen.

Vor allem auf die Vorstellungsbildung der Schülerinnen und Schüler zielen Kaspar H. Spinner und Christine Köppert mit ihren Vorschlägen für die produktiven Verfahren. Sie betonen mit Bezugnahme auf rezeptionsästhetische Einsichten die Bedeutung der Imagination für das literarische Verstehen. Die produktiven Verfahren dienen ihnen insbesondere dazu, die Lernenden zu einer differenzierten, intensiven und perspektivenreichen inneren Wahrnehmung der literarischen Vorstellungswelt hinzuführen (z. B. Spinner 2001b, 89–107; Köppert 1997). Bei Köppert spielen vielfältige szenische Verfahren als imaginationsorientierter Weg zur Analyse eine bedeutende Rolle.

Wolfgang Menzel hat schon früh einen kreativen, experimentell-spielerischen Umgang mit Texten vorgestellt und in vielen Unterrichtsvorschlägen vor allem handwerklich orientierte Verfahren realisiert (z. B. Menzel 2000a). Dabei zeigen sich Parallelen zu den operativen Methoden (Umstell-, Erweiterungs-, Transformationsproben u. a.), die Menzel als Sprachdidaktiker im Grammatikunterricht praktiziert.

Für die szenische Interpretation, die zu den handlungs- und produktionsorientierten Verfahren gezählt werden kann, hat INGO SCHELLER die wichtigsten Anregungen gegeben (z. B. SCHELLER 1996). Das kurze Anspielen von Szenen, das Bauen von Standbildern (eingefrorene Szenen), die pantomimische Gestaltung einer Situation u.Ä. können Teil des alltäglichen Literaturunterrichts sein; sie sind nicht an eine geplante Aufführung gebunden, sondern dienen der Auseinandersetzung mit dem literarischen Text.

5.6 Kritik

An handlungs- und produktionsorientierten Verfahren wird auch vielerlei Kritik geübt (z. B. KÜGLER 1996). Sie würden, so wird gesagt, der *Autonomie des literarischen Kunstwerks nicht gerecht*. Bedenkenlos werde dessen Geschlossenheit aufgelöst, wenn die Schülerinnen und Schüler z.B. ergänzend oder umschreibend beliebige Varianten erstellten. Hinter den hier sichtbar werdenden Kontroversen stehen unterschiedliche Auffassungen über das Wesen von Literatur. Es ist unverkennbar, dass die Vertreter der handlungs- und produktionsorientierten Verfahren eher einem Literaturkonzept in der Tradition der Avantgarde nahestehen, auf die sie sich z.T. explizit berufen (z.B. auf den russischen Formalismus, auf Bertolt Brecht und auf antiklassische Vorläufer der Moderne seit der Romantik).

Darüber hinaus wird kritisiert, dass handlungs- und produktionsorientierte Verfahren zu einer *Verabsolutierung des Methodischen* verführten. Ohne Rücksicht auf Erkenntnisziele und auf die Angemessenheit hinsichtlich des literarischen Textes würden die Lernenden dazu angehalten, sich produktiv zu betätigen. Vertreter des Ansatzes sehen darin eine Verfälschung ihrer Intentionen, können aber kaum abstreiten, dass in der Praxis eine allzu sorglose Anwendung handlungs- und produktionsorientierter Verfahren häufig zu beobachten ist. Sie zeigt sich z. B. im beliebigen Herausgreifen einzelner Verfahren aus dem reichen Methodenarsenal, ohne dass den Schülerinnen und Schülern einsichtig wird, warum in der gegebenen Situation das Verfassen des Briefes einer Figur, das Ergänzen eines weggelassenen Titels oder das Entwerfen eines Bühnenbildes einen Erkenntniswert haben kann.

Mit diesem Kritikpunkt hängt der Vorwurf zusammen, die Schüler und Schülerinnen würden bei handlungs- und produktionsorientierten Verfahren dazu verleitet, bloß ihre *subjektiven Anmutungen* auszubreiten, und würden so in ihren stereotypen Vorstellungen befangen bleiben, statt sich der Andersartigkeit des jeweiligen literarischen Textes auszusetzen und das Eigene in Frage zu stellen. Vertreter des handlungs- und produktionsorientierten Ansatzes halten dagegen, dass gerade mit dessen Verfahren eine intensivere Konfrontation von Text und eigener Vorstellungswelt in Gang gesetzt werden könne.

Immer wieder sind Hinweise auf die Gefahr zu vernehmen, durch die handlungs- und produktionsorientierten Verfahren werde in einseitiger Weise nur ein gefühlsmäßiger und *unreflektierter Umgang* mit den literarischen Texten gefördert und der analytische Zugang komme zu kurz. Oft würden literarische Texte geradezu trivialisiert durch die Eigenproduktionen, etwa wenn die Rätselhaftigkeit der KAFKA-Texte durch selbst geschriebene Fortsetzungen zu einer Auflösung geführt werde. Im Gegenzug betonen viele Vertreter des handlungs- und produktionsorientierten Ansatzes, dass dessen Verfahren mit Analyse verbunden werden müssen und dass gerade der Vergleich von Eigenproduktion und Originaltext vertiefte Erkenntnisse ermögliche.

Schließlich gibt es den Verdacht, mit handlungs- und produktionsorientierten Verfahren werde auf Kosten der Anstrengung einer bedenklichen Beliebigkeit Raum gegeben und die Schule der *Spaßkultur* geöffnet. Eine solche Kritik ordnet sich ein in die fachübergreifende Diskussion darüber, wie Orientierung an den Lernenden und Leistungsprinzip zueinander in Beziehung zu setzen seien. Befürworter des Ansatzes versprechen sich von einem lustvollen und individualisierten Umgang mit Literatur gerade eine größere Intensität der Auseinandersetzung mit Texten und damit auch des Lernprozesses.

5.7 Methoden

Der Schwerpunkt des handlungs- und produktionsorientierten Ansatzes liegt auf *schriftlichen Verfahren*.[3] Der einfachste Typ besteht darin, dass Schülerinnen und Schüler etwas in der Textvorlage Weggelassenes *ergänzen* sollen: Sie denken sich z.B. einen Titel zum Text aus, sie fügen einzelne getilgte Wörter ein, sie verfassen einen fehlenden Schluss, eine ausgelassene Raum- oder Personenbeschreibung. Solche Vorgehensweisen lassen sich ohne großen Zeitaufwand realisieren.

Noch weniger eigene Schreibaktivität verlangen diejenigen Verfahren, bei denen Teile eines Textes zusammengefügt werden sollen (z.B. die auseinandergeschnittenen Verse eines Gedichtes) oder bei denen aus vorgegebenen Varianten auszuwählen ist (z.B. aus drei Varianten eines Schlusssatzes: die originale und zwei von der Lehrkraft ausgedachte Versionen).

Umfangreicher werden die Schreibaufgaben, wenn man nur einzelne Elemente eines Textes vorgibt und entsprechende *Ausgestaltungen* vorzunehmen sind – z.B.

[3] Siehe auch die Beiträge von ELISABETH PAEFGEN, JÜRGEN BAURMANN sowie BARBARA SCHUBERT-FELMY im vorliegenden Band.

wenn zu drei Schlagwörtern eine Kurzgeschichte zu verfassen ist oder aus einem Gedicht nur die Reimwörter für eine Eigenproduktion bekannt sind. Hierbei nähert man sich den Methoden des kreativen Schreibens.

Als größere Aufgaben sind in der Regel auch die Verfahren des *Umschreibens* einzustufen, z. B. wenn ein älterer Text in die heutige Zeit umgesetzt werden soll (mit entsprechender Veränderung inhaltlicher Elemente und sprachlicher Ausdrucksweisen) oder wenn ein Handlungsmerkmal geändert wird und die Schüler entwerfen, wie die Geschichte nun weitergehen könnte. Auch das Umschreiben in eine andere Textsorte gehört zu den häufig angewandten Verfahren: Einen Bericht zu Ereignissen aus einem Roman verfassen, eine Ballade in eine Kalendergeschichte umformulieren, ein Drehbuch zu einem Erzählanfang entwerfen sind hierfür Beispiele.

Sehr typisch sind auch Schreibaufgaben, die *Erweiterungen* eines Textes verlangen. Ein bekanntes Beispiel dafür ist der Auftrag, sich den inneren Monolog, den eine Figur an einer bestimmten Textstelle führen könnte, auszudenken. Das Schreiben von Tagebüchern, von Briefen oder Träumen der Figuren ist diesem Vorgehen verwandt. Zu den Erweiterungen gehört ferner das Ausgestalten von Szenen, die im Original raffend erzählt sind, z. B. das Formulieren von Dialogen, die im Text erwähnt, aber nicht wörtlich wiedergegeben sind. Hier einzuordnen ist auch das Verfassen von Rollenbiografien, in denen die Schüler in Ich-Form eine Figur vorstellen. Verbreitet ist schließlich der Auftrag, zu einem Text eine Fortsetzung zu schreiben, z. B. wenn der originale Text mit einem offenen Schluss endet.

Auf eine lange Tradition in Literatur- und Aufsatzunterricht geht das *analoge Schreiben* zurück, bei dem nach dem Muster eines originalen Textes ein eigener verfasst werden soll. So lässt man Schülerinnen und Schüler schon seit Jahrhunderten Fabeln nach tradiertem Muster schreiben. Dabei muss der Eigenproduktion nicht notwendigerweise die Analyse des Ausgangstextes vorangehen; auch ein mehr intuitiv-imitatives Vorgehen kann sinnvoll sein, auf das dann durch Vergleich der Eigenproduktionen mit dem Ausgangstext analytische Überlegungen folgen können.

Die Ergebnisse schriftlicher Produktionsaufgaben können in Mappen (Portfolio) oder Büchern zusammengestellt werden. Produktive Texte finden ebenfalls Eingang in *Lesetagebücher* und *Lesebegleithefte*, die neuerdings insbesondere unter der Zielsetzung der Leseförderung eingesetzt werden.

Neben den Schreibaufgaben sind die *visuellen* und *akustischen Verfahren* zu nennen, beispielsweise: Skizzen zu Texten erstellen, ein Gedicht musikalisch untermalen, einen Videoclip oder eine Hörszene zu einem Text gestalten. Eine Verbindung von schriftlicher und visueller Gestaltung liegt vor, wenn Plakate zu den Figuren des Textes oder zu verschiedenen Stationen der Handlung gestaltet werden.

Im Rahmen der *szenischen Interpretation* gibt es eine Vielzahl von Verfahren vom Standbild über die Pantomime bis zum Spiel mit Stimme und Gestik. Schattenspiel und Spiel mit Masken ermöglichen in besonderem Maße Verfremdung, Abstraktion und Konzentration. Methoden aus dem Psychodrama wie das Doppeln (Alter-Ego-Technik: Es stellt sich z.B. ein zweiter Schüler hinter den Spielenden und formuliert Gedanken der Figur.) haben Eingang in den Literaturunterricht gefunden.

5.8 Funktionen

Für den Einsatz handlungs- und produktionsorientierter Verfahren ist eine genaue Reflexion ihrer jeweiligen Funktion wichtig; allgemeine Vorstellungen von ganzheitlichem Lernen oder schülerorientiertem Vorgehen reichen nicht aus, um die Leistung einzelner Verfahren in Bezug auf konkrete Texte genau einschätzen zu können. Die folgende Erläuterung von Funktionen kann Vielfalt und Unterschiedlichkeit der Verfahren deutlich machen.

Eine Hauptfunktion handlungs- und produktionsorientierter Verfahren besteht in der *imaginativen Vergegenwärtigung* literarischer Vorgaben. Durch szenische Darstellung, durch Schildern von Schauplätzen, durch Verfassen und Vortragen von Selbstdarstellungen der Figuren, durch Anfertigen von Zeichnungen u.a. werden Schülerinnen und Schüler angeregt, sich eine lebendige Vorstellung vom Ausgangstext zu schaffen. Man geht davon aus, dass gerade bei den heutigen Medienkindern und -jugendlichen die Förderung der Vorstellungsfähigkeit im Hinblick auf die gedruckte Sprache besonderer Berücksichtigung bedarf. Vorstellungsbildung wird als eine notwendige Voraussetzung für Analyse und Interpretation literarischer Texte angesehen (ausführlich dazu Köppert 1997); ohne sie ist den Rezipienten der Zugang zum ästhetischen Charakter von Literatur unmöglich.

Wichtig sind die handlungs- und produktionsorientierten Verfahren im Rahmen von *Leseförderung*.[4] Dabei geht es darum, dass die Kinder und Jugendlichen den literarischen Texten mit Neugier und innerer Beteiligung begegnen. Diese Funktion können handlungs- und produktionsorientierte Verfahren insbesondere dann erfüllen, wenn die Lernenden in einem offenen Unterricht mehrere Angebote erhalten und in freier Arbeit einzeln oder in Gruppen mit Texten umgehen. Bei der Gestaltung der Unterrichtsanregungen wird man bei solcher Zielsetzung vor allem auch den subjektiv-affektiven Zugängen großen Raum lassen.

---

[4] Siehe hierzu auch den Beitrag „Lesesozialisation und Leseförderung" von Cornelia Rosebrock.

Oft werden handlungs- und produktionsorientierte Verfahren auch eingesetzt, um die Vorstellungswelt der Schülerinnen und Schüler vergleichend mit der des Textes zu konfrontieren und so eine *Differenzerfahrung* zu schaffen. Das geschieht zum Beispiel dann, wenn zu einem Konflikt in einem älteren Drama oder Roman eine moderne Variante der Konfliktlösung entworfen oder (mehr detailbezogen) Vorschläge für ein weggelassenes Wort gemacht und dann der Unterschied zwischen den eigenen Vorschlägen und der Fassung des Autors erörtert werden. Solche Verfahren dienen dazu, eigenes Vorwissen und subjektive Vorstellungen zu aktivieren und so einen intensiveren Bezug zum Text herzustellen. Angesichts der verbreiteten Konsumhaltung im Schulunterricht sind solche kognitiv aktivierenden Vorgehensweisen zunehmend wichtig. Die Gegenüberstellung von Eigenem und Textangebot dient aber auch dazu, das Ungewöhnliche, Fremde, Überraschende an einem literarischen Text überhaupt erst ins Bewusstsein zu heben. Das kann sich sowohl auf einzelne Formulierungen als auch auf Gestaltung von Schauplätzen, auf die Charakterisierung von Figuren oder auf Handlungsverläufe in einem Text beziehen (z. B. wenn bei einer Erzählung die Schülerinnen und Schüler den Schluss zunächst antizipierend selbst entwerfen und dann erst die originale Fassung kennenlernen).

Differenzerfahrung spielt auch eine Rolle, wenn die handlungs- und produktionsorientierten Verfahren zur *Form- und Stilanalyse* eingesetzt werden. Besonderheiten der Ausdrucksweise eines Textes fallen Schülerinnen und Schülern oft kaum auf. Mit Produktionsaufgaben werden Vergleichsmöglichkeiten geschaffen, damit sie erkennen können, dass eine Formulierung auch anders sein könnte. Einem solchen Vorgehen liegt eine Konzeption von Stil als Wahl zugrunde, die besagt, dass beim Formulieren aus Formulierungsmöglichkeiten ausgewählt und so dem Text eine bestimmte Gestalt gegeben wird. Wenn Schülerinnen und Schüler sich z. B. überlegen, welches Adjektiv im Satz aus Werthers Brief vom 12. Dezember: „Und wenn dann der Mond wieder hervortrat und über der schwarzen Wolke ruhte und vor mir hinaus die Flut in fürchterlich [...] Widerschein rollte und klang [...]" stehen könnte und dann ihre Vorschläge mit Goethes Formulierung „fürchterlich herrlichem Widerschein" vergleichen, kann ihnen bewusst werden, wie ungewöhnlich diese Formulierung ist (ein Oxymoron); davon ausgehend kann der besondere Stilwille der Sprache des Sturm und Drang erörtert werden. Bei solcher Vorgehensweise versetzen sich die Schülerinnen und Schüler sozusagen in die Situation des Autors, der sich für Formulierungen entscheidet; sie vollziehen also das Produzieren nach. Produktionsaufgaben erhalten hier einen ausgeprägt handwerklichen Charakter und stärken die genaue Aufmerksamkeit für die stilistischen Qualitäten literarischer Sprache.

Handlungs- und produktionsorientierter Literaturunterricht kann, insbesondere durch die oben erwähnte Methode des analogen Schreibens, schließlich auch dazu dienen, den Schülern *Modelle für eigenes literarisches Schreiben* zu bieten. Damit knüpft der Ansatz an alte rhetorische Konzeptionen von Unterricht an. Zwar ist es nicht gerade eine Aufgabe von Schule, Schriftstellerinnen und Schriftsteller auszubilden; literarische Ausdrucksformen können aber auch als eine Möglichkeit der imaginativen Auseinandersetzung mit der eigenen Person und der (Um-)Welt betrachtet werden. Durch das Schreiben eines Gedichtes können Schüler z.B. ein intensiveres Bewusstsein für Stimmungen entwickeln, durch das Verfassen einer Kurzgeschichte sich zwischenmenschliche Konfliktsituationen vergegenwärtigen, durch die Anwendung moderner Montagetechniken der heterogenen, reizüberfluteten modernen Lebenswelterfahrung Ausdruck verleihen. Wenn produktionsorientierte Verfahren so eingesetzt werden, steht dahinter die Überzeugung, dass literarische Ausdrucksformen immer auch Modelle des Weltverstehens bieten.

Empirisch ist die Wirkung produktionsorientierter Verfahren noch wenig untersucht worden. Die größte Studie stammt von Joachim Fritzsche und seinem Forschungsteam (Fritzsche u.a. 2006). Bei einem Vergleich von analytischen mit handlungs- und produktionsorientierten Verfahren haben Letztere nicht zu einem besseren Verständnis der behandelten Texte und auch nicht zu einer Erhöhung der Lesemotivation geführt.

5.9 Mediendidaktische Aspekte

Handlungs- und produktionsorientierte Verfahren sind in mehrfacher Hinsicht auch für einen medienintegrierenden Literaturunterricht[5] geeignet.

Viele Verfahren sind unmittelbar auf die *Filmdidaktik* übertragbar und können genaueres Sehen und vertiefende Reflexion fördern. Hier seien beispielhaft einige besonders ertragreiche Verfahren genannt[6]: Da der Film wie kaum ein anderes Medium mit Gesichtsausdrücken arbeitet und zum Lesen von Mimik anhält, ist das Schreiben innerer Monologe von Figuren ein Verfahren, das eine filmspezifische Rezeptionsfähigkeit, nämlich das Entschlüsseln innerer Befindlichkeit aus einem Gesicht, besonders fördert. Die moderne Technik bietet die Möglichkeit, dass der Film angehalten und die Schülerinnen und Schüler die Großaufnahme eines Gesichtes für das Schreiben vor sich haben. Da der Film Sprache, Bild und Ton miteinander kombiniert, gibt es auch vielfältige Möglichkeiten, einen dieser Aspekte auszublenden und durch die Schülerinnen und Schüler ergänzen zu lassen, also z.B. eine Filmszene ohne Ton zu zeigen und einen Dialog erfinden zu lassen. Auch die selbstständige Synchronisation einer fremdsprachigen Filmsequenz kann die ge-

5 Siehe hierzu den Beitrag „Medienpädagogik ..." von Bodo Lecke.

6 Vgl. z.B. Köppert, 1999.

naue Erfassung fördern und zugleich einen Beitrag zur interkulturellen Kommunikationsanalyse bieten, die angesichts des Einflusses, den amerikanische Fernsehserien mit ihrem Synchronisationsdeutsch auf die Jugendlichen ausüben, interessant ist. Zu den handlungs- und produktionsorientierten Verfahren sind selbstverständlich auch die vielfältigen Möglichkeiten zu nennen, ausgehend von einem Film oder von einem literarischen Text mit der Videokamera eigene Szenen zu drehen. Im zuletzt genannten Fall kann durch das eigene Tun ein Einblick in die jeweiligen gattungsspezifischen Möglichkeiten gewonnen werden, der auf analytischem Wege traditionell durch Vergleiche von Verfilmungen mit ihren Ausgangstexten geleistet wird.

Angesichts der Bedeutung, die das *Hörbuch* gerade in den letzten Jahren gewonnen hat, ist es sinnvoll, die produktiven Verfahren auch auf Hörtexte anzuwenden und zu einer aktiven Rezeption bei diesem Medium anzuleiten.

Handlungs- und- produktionsorientierte Verfahren zeigen ferner eine große Nähe zu den Möglichkeiten, die der *Computer* bietet. Das Ausfüllen von Lücken, das Zusammensetzen von Textteilen, das Unterlegen eines Textes mit einer Illustration, das verfremdende Verändern usw. lässt sich elektronisch besonders reizvoll realisieren. Das Medium ist hierbei Hilfsmittel, zugleich werden die Lernenden mit dessen Möglichkeiten vertraut. Auch die *Hypertextstrukturen* digitaler Texte zeigen Verwandtschaft zu dem, was mit den handlungs- und produktionsorientierten Verfahren realisiert wird. Wenn z.B. die Schüler einer Klasse 25 oder 30 Fortsetzungen zum gleichen Geschichtenanfang schreiben, liegt schon eine einfache Hypertextstruktur vor. Zunehmend werden deshalb größere produktionsorientierte Unterrichtsvorhaben mit Hilfe digitaler Textverarbeitung realisiert, z.B. das Verfassen einer sich verzweigenden Erzählung, an der mehrere Schüler mitschreiben. Im *Internet* entsteht im Übrigen eine Kultur des produktiven Umgangs mit Texten, wie sich z.B. an den unzähligen Homepages zu den Harry-Potter-Romanen zeigen lässt, in denen man auf Zeichnungen von Figuren, Schauplätzen und Szenen stößt, Unterrichtsstunden und -materialien von Hogwarts findet, hinzuerfundene Buchkapitel, Ausgaben des „Tagespropheten" (der Zeitung der Zauberer) und Sammlungen von Zaubersprüchen usw. lesen und Harry-Potter-Song-Parodien hören kann – alles verfasst von Kindern und Jugendlichen. Hier eröffnen sich reichhaltige multimediale Gestaltungsmöglichkeiten, die durch die Vernetzung auch einen Austausch über lokale bzw. nationale Grenzen hinaus erlaubt. Durch die digitalen Medien mit ihren Hypertextstrukturen ergeben sich so neue Formen einer Verbindung von eigener Produktion und kommunikativem Austausch.

5.10 Beurteilung produktiver Leistungen

Immer häufiger werden produktionsorientierte Verfahren auch in Klassenarbeiten, die benotet werden, einbezogen. Dies wirft die Frage nach den Beurteilungskriterien auf. Dazu sind von verschiedenen Autoren Vorschläge vorgelegt worden, z.B. von SCHURF (1995), der seinerseits Anregungen von MÜLLER-MICHAELS weiterentwickelt.

Folgende *Kriterien* können genannt werden:

- Der Schülertext soll in einem sinnvollen Bezug zum Ausgangstext stehen; je nach Aufgabe gilt es, Vorgaben zu übernehmen (z.B. eine bestimmte Gedichtstruktur oder Stilhaltung) oder gezielt ein Gegenmodell zu entwickeln (Umschreiben aus veränderter Perspektive, parodistische Verfremdung, Übertragung in einen anderen zeitlichen Kontext u.Ä.).
- Wie bei anderen Schreibaufgaben auch, spielt die *Kohärenz* eine Rolle. Dabei ist zu berücksichtigen, dass auch Verfremdung, Stilbrüche und dergleichen angemessen sein können, und zwar dann, wenn sie innerhalb des Schülertextes funktional sind und einem konsequenten Prinzip folgen.
- Speziell auf *sprachlich-stilistischer* Ebene können Texte mehr oder weniger differenziert, prägnant, dicht, anschaulich bzw. mehr oder weniger redundant usw. sein. Es ergeben sich also die Kriterien der Differenziertheit, der Prägnanz, der Dichte, der Anschaulichkeit, wobei die jeweiligen textsortenspezifischen Ansprüche zu berücksichtigen sind.
- Bei vielen Produktionsaufgaben kommt es auch auf *Originalität* an, z.B. darauf, ob ein Einfall erkennbar ist oder ob eine ungewohnte, interessante Perspektive eröffnet wird. Dabei spielt auch eine Rolle, ob Einfälle und dergleichen in den Gesamtzusammenhang des Textes eingebunden sind oder strukturell beliebig bleiben.
- Bei manchen Aufgaben spielt die Intensität der Imagination und der Einfühlung in Handlung und Figuren eine Rolle. Dies zeigt sich in differenzierter, aspektreicher und sensibler inhaltlicher Gestaltung.

Die Bewertung produktiver Aufgaben erfordert grundsätzlich einen vorwiegend *hermeneutischen Zugang* zu den Schülertexten, der den Deutschlehrerinnen und -lehrern von der literarischen Wertung her vertraut sein sollte. Ein Rezensent spult bei der Beurteilung einer Neuerscheinung ja nicht einfach Beurteilungskriterien ab, sondern lässt sich auf die jeweilige Eigenart des vorliegenden Textes ein und misst ihn, wie man sagen könnte, an dem Maßstab, den dieser selbst setzt. Bei der Beurteilung produktiver Schülerleistungen sollten Lehrende eine solche Haltung einnehmen (die übrigens auch bei manch anderer Schreibaufgabe angebracht wäre).[7]

Angesichts der Tatsache, dass die Bewertung kreativer Leistungen immer schwierig ist, werden produktive Aufgaben oft *mit analytischen verbunden*, z. B. in der Weise, dass beim stilimitierenden oder verfremdenden Schreiben nach einer Vorlage anschließend eine vergleichende Analyse des selbst verfassten und des Ausgangstextes verlangt wird. Solche Schülerarbeiten erlauben die Berücksichtigung sowohl produktiver als auch analytischer Fähigkeiten. Zugleich geben sie Einblick in die Schreibintention des Schülers und helfen so bei der Bewertung der produktiven Aufgabe.

Im offenen, handlungsorientierten Unterricht (z. B. bei größeren Projekten) bietet es sich an, sich für die Bewertung nicht nur auf einzelne Ergebnisse zu stützen, sondern auch den Arbeitsprozess einzubeziehen. Dabei wird man von Beobachtungen während der Arbeitsphasen ausgehen; für die Leistungsbewertung kann dann z. B. eine Rolle spielen, welches Maß an Selbstständigkeit ein Schüler zeigt, ob er kooperativ Anregungen von anderen aufgreifen und Anstöße weitergeben kann. Auch individuelle Fortschritte können so stärker berücksichtigt werden, als wenn nur bezogen auf ein Endprodukt und auf Leistungsvergleich geurteilt wird. Bei offenen Unterrichtsverfahren sollten möglichst auch die Lernenden in die Bewertung mit einbezogen werden, denn eine intersubjektive Absicherung, die durch den kommunikativen Austausch erfolgt, ist bei produktiven Leistungen besonders wichtig (zum Bewerten kreativer Leistungen im Literaturunterricht vgl. z. B. MENZEL 2000b).

---

7 Siehe hierzu den Beitrag „Schulisches Schreiben im Schnittpunkt von Schreibdidaktik und Schreibforschung“ von JÜRGEN BAURMANN.

6 Textnahes Lesen und Rezeptionsdidaktik

Elisabeth K. Paefgen

6.1 Erläuterung der Begriffe

Textnahes Lesen, das ist ein genaues, langsames, gründliches Studieren des literarischen Textes; ein Lesen mit Stiften, mit Papier, mit Zeit und Geduld für den Satz, den Absatz, die Seite; ein statarisches Lesen, das häufiges Zurückblättern ebenso wenig scheut wie wiederholtes Lesen ein- und derselben Passage, ein- und desselben Textes. Es handelt sich vielleicht um ein ‚altmodisches' Lesen, das immun ist gegen aktuelle Beschleunigungstendenzen; es ist ein studierendes Lesen, das den Text ernst nimmt und diesem Zeit und Aufmerksamkeit widmet; ein intellektuelles Lesen, das fragend und erkenntnisinteressiert vorgeht.

Freiwillig lesen Schüler, lesen Lernende nur selten ‚textnah'. Textnahes Lesen gehört zu den Leseformen, die gelehrt und gelernt werden müssen; in der Schule, aber nicht nur dort. Textnahes Lesen ist ein erkenntnisorientiertes Lesen, kein unterhaltungsorientiertes.

Deswegen ist dieses Lesen abhängig von den literarischen Gattungen: Lyrik wird vielleicht am ehesten textnah gelesen: wegen der überstrukturierten Sprache, aber auch wegen der geringen Textmenge. Dramatische Texte, die wegen ihrer dialogischen Form oftmals als sperriger Lesestoff empfunden werden, fordern ebenfalls textnahe Leseformen; allerdings steht die Textmenge einer solchen langdauernden Lektürepraxis gemeinhin entgegen. Am schwersten haben es wohl die epischen Texte, die – wie auch immer – eine verführerische Geschichte erzählen. Insgesamt gilt wahrscheinlich: Je fremder der Text einem jugendlichen Leser gegenübersteht, umso stärker wird dieser – wenn er nicht aufgibt und ein Verstehen anstrebt – versuchen, ihn textnah zu lesen.

Methodische Verfahren, die zum textnahen Lesen auffordern und dieses erleichtern, sind: (radikale) Reduktion der zu lesenden Textmenge, Diktieren, Abschreiben, Kommentieren; überhaupt: die Verbindung von Lesen und Schreiben.

Während in der Konzeption des textnahen Lesens die *Text*orientierung betont wird, akzentuiert eine rezeptionsdidaktische Ausrichtung des Literaturunterrichts die *Leser*interessen. Im Mittelpunkt dieser Didaktik steht (zunächst) weniger der literarische Text, stehen vielmehr die Wahrnehmungen und Verstehensprobleme der Schüler, stehen Überlegungen, wie einzelne von ihnen Literatur ‚wirklich' lesen, was sie an literarischen Texten interessiert bzw. wie sie auf die sprachlichen Welterklärungsangebote der Literatur reagieren. Während für textnahe Leseprozesse reflektiert wird, welche *sprachlichen* Elemente des jeweiligen Textes irritierend sein könnten bzw. sollten, geht es in der rezeptionsdidaktischen Orientierung eher darum, welche *inhaltlichen* Momente auf welche Resonanz bei dem Schülerpublikum stoßen. Der unkundige, unwissende Schüler wird mit seinem begrenzten Wissen ernst genommen und manchmal in das Zentrum des Unterrichts gestellt. Es geht darum, die Lernenden für literarische Lektüreunternehmungen zu motivieren und den Unterricht so zu organisieren, dass eine angeregte und breite Beteiligung möglichst vieler Schüler stattfinden kann: Meistens wird Raum für die mündliche, schriftliche, spielende, musizierende oder malende Darbietung des jeweiligen individuellen und subjektiven Literatur-Verstehens eingeplant. Wichtig ist ein breites Methodenrepertoire, um den Schülern vielfältig und abwechslungsreich Gelegenheit zu geben, ihr primäres und spontanes Wahrnehmen des Textes zu veröffentlichen. Schreiben steht nicht selten auch in dieser didaktischen Konzeption im Mittelpunkt; bevorzugt werden aber literarische Schreibformen, die den Schülern erlauben, unbefangener und unbelasteter auf das Gelesene zu reagieren.

Die beiden didaktischen Konzepte liegen auf den ersten Blick weit auseinander und können an entgegengesetzten Polen angesiedelt werden: Hier die klassische Ausrichtung auf die literarische Sprache, die sich mit ‚kostbaren' Einzelheiten und sprachlich interessanten Details befasst; dort die Orientierung auf den kindlichen bzw. jugendlichen Leser und die Rücksichtnahme auf dessen Schwierigkeiten und Probleme mit literarischer Lektüre. Hier die traditionelle Lektüre, die den Text in den Mittelpunkt stellt und davon ausgeht, dass dieser es wert ist, geduldig, aufmerksam, langsam und sorgfältig studiert zu werden; dort der Blick auf die naiven, unbefangenen Rezeptionsvorgänge und -widerstände, bei denen weniger der ästhetischen Qualität Aufmerksamkeit gezollt, sondern der inhaltliche (Unterhaltungs-)Wert der Literatur in den Mittelpunkt gerückt wird. Hier die eher werkimmanente Betrachtungsweise, die – der strukturalistischen Textauffassung folgend –, sich auf die ‚Sache Literatur' selbst konzentriert; dort die Gefühle, Wahrnehmungen, Gedanken und Reflexionen der Schüler, die durch die Lektüre von Texten ausgelöst werden können. Den Konzeptionen liegen zwei unterschiedlich akzentuierte Blicke auf Literatur zugrunde: Zum einen steht die Vermittlung von *sprachästhetischer* Kunst im Vordergrund; zum anderen wird Literatur vor allem auf ihre *inhaltliche* Botschaft hin überprüft und neben ihrer Unterhaltungsfunktion auch als ein Mittel verstanden, um Hilfe bei der Identitätsfindung zu leisten oder sich in krisenreichen Lebens- und Entwicklungsphasen zurechtfinden zu können. Beide didaktischen Akzentsetzungen haben – von der Literatur her gesehen – ihre

Berechtigung: die einen, weil auch Literatur aus Sprache gemacht ist; die anderen, weil in literarischen Texten dichtes, profundes und nicht selten originelles Welt- und Menschenwissen erzählt und in modernen Texten zudem noch realistisch und lebensnah präsentiert wird, so dass sich eine Verführung zum Inhaltlichen und zum Lebensnahen anbieten kann.

Die Unterschiede liegen auf der Hand; gibt es aber auch Gemeinsamkeiten zwischen den beiden Ansätzen? Haben sie nicht doch etwas miteinander zu tun? Lassen sich didaktische Brücken schlagen zwischen dem engen Textbezogenen und dem weiten Leserorientierten? Es scheint, als wenn das *Schreiben* bzw. die enge Verbindung von Lesen und Schreiben eine Gemeinsamkeit ist, die textorientierte Didaktiken mit den rezeptionsorientierten gemein haben. In der schreibenden Begleitung des Lesens bzw. der schreibenden Gestaltung der Rezeption finden beide Didaktiken eine Basis für ihre jeweilige Schwerpunktsetzung. Anhand eines Beispiels soll diese These konkretisiert werden.

Ein Beispiel vorweg

Schülern einer 11. Klasse werden – ziemlich voraussetzungslos und ohne jede schmückende Einleitung – drei Sätze diktiert; sie erfahren, dass es sich um die ersten drei Sätze einer längeren Erzählung handelt. Autor und Titel des Textes sowie Entstehungszeit werden nicht genannt. Die Schüler werden gebeten, nach jedem Satz ihre eigenen Kommentare, Fragen, Überlegungen zu notieren; besonders hingewiesen wird dabei auf die Möglichkeiten, Fragen zu notieren, die sich für sie aus jedem Satz ergeben. Dieses doppelte Schreiben – das nochmalige Schreiben der Dichtung und das Aufschreiben der eigenen Gedanken, die während des Schreibens und beim nochmaligen Lesen des Geschriebenen entstehen – soll zu einer vertieften Lektüre führen; dazu, den sprachlichen Einzelheiten Aufmerksamkeit zu schenken, indem man sich der Mühe des Schreibens per Hand unterzieht; aber auch dazu, den Anfang einer Erzählung genau zu registrieren, den man sonst leicht überliest, weil man aufs hektische Weiterlesen aus ist. Der ‚Gefahr' der leichtgängigen Lektüre soll entgegengesteuert werden, indem das verlangsamende und mühsamere Schreiben die Wahrnehmung auf das sprachliche Gemachtsein des Textes hin konzentriert. Die Materialisierung der Dichtung in der jeweils eigenen Schrift soll – selbstverständlich, unaufwendig und ohne dass dieses allzu deutlich gesagt werden müsste – zu einer textnahen Lektüre verhelfen.

Der erste der drei diktierten Sätze lautete: *Es war an einem Sonntagvormittag im schönsten Frühjahr.* Die Schüler notierten zu diesem Satz die folgenden Anmerkungen:

(Nicht unwichtig erscheint bei den so entstandenen Dokumenten, wie die Schüler mit der schriftlich-grafischen Gestaltung der Aufgabe umgehen. Vorgaben dazu waren nicht erfolgt. Die Schüler wählen unterschiedliche Lösungen, um das Diktierte und das eigene Schreiben zu formen und voneinander abzusetzen. Bei der Auflistung der Dokumente sind die verschiedenen Schreibgeräte berücksichtigt wie auch sonstige grafische Lösungen, um das Fremde und das Eigene zu unterscheiden.)

I. der eigene Text ist in Klammern gesetzt:
1) (Wo? Wann? Kirchengeläute; Blühende Bäume, Vögelgezwitscher.)
2) (Zeit, Jahreszeit, Beurteilung der Jahreszeit, Vergangenheit, übliche Einleitung, abgedroschen?)
3) (Ort: Sonntagvormittag, Frühling, Freude, Wetter: gut, Beschreibung von Situation)
4) (Wo ist es? Wer tut etwas? Spaziergang?)

II. die drei Sätze sind nacheinander im Zusammenhang geschrieben; die Kommentare stehen als Fußnote unten auf der Seite, jeweils mit dem Vorspann: Satz 1 etc.:
5) Sonntag, Frühjahr
6) Sonntag, Sonne, Frühling, schwacher Anfang, alles offen, Vergangenheit, Vormittag
7) Zeit: Sonntag, Vormittag, Frühjahr, Vergangenheit

III. das gleiche Schreibgerät für beide Texte und keine oder nur eine geringe Markierung, um die beiden Texte voneinander abzusetzen:
8) Ist er verliebt?/ Ist es für ihn in der Zukunft schön?/ Ist es ein (unleserlich) Märchen?/
Woran misst er die Schönheit?/ Ist er ein Er?/ Welche Uhrzeit ist es genau?
9) Was für eine Geschichte? Was wird kommen? Familiengeschichte vielleicht oder ein Erlebnis?
10) Ort: Sonntag Vormittag, Frühling, Freude, Wetter: gut
11) Sonntag, freier Tag, Idylle, Naturerwachen, Liebesroman

IV. Der eigene Text ist eingerückt, manchmal zusätzlich in Klammern gesetzt:
12) (Wo?; wer? welches Jahr bzw. Jahrhundert?; alles offen: übliche Einleitung; Vergangenes/ Märchen?)
13) Warum ausgerechnet im Frühjahr? Ist er verliebt?
14) Was war an diesem Tag? – Wann genau war das? – Wo? – Wochenendstimmung
15) Sonntag; schönes Wetter; (glücklich), alles offen; Vormittag

V. Füller/Kugelschreiber für den diktierten, Bleistift bzw. andere Farbe für den eigenen Text:
16) Was? Wo? Wer? konventionell – Zeitpunkt bzw. -raum – traurig? tragisch?
17) Es war schwülwarm, die Vögel zwitscherten usw. noch nicht absehbar, was für eine Geschichte es ist
18) schönes Wetter, freier Tag, Entspannung, Liebesgeschichte?
19) Sonntag → Gemütlichkeit, Vergangenheit, Erinnerung an etwas Schönes
20) Zeit wird angegeben. Was war da? Wo? Welche Personen? wie ein Märchen? („Es war ...“)

VI. Alles mit Bleistift geschrieben, der eigene Kommentar in kleinerer Schrift am relativ breiten Rand:
21) Wird das ironisch oder kitschig? Kriegserzählung?

Die Auswertung dieser Ergebnisse kann auf vielfache Weise geschehen. Für unseren Zusammenhang scheinen folgende Vorschläge angebracht und ergiebig:

1 Nicht wenige Schreiber bleiben bei ihren Kommentaren – wie intendiert – relativ streng beim ‚Text‘ und befragen die einzelnen Wörter bzw. das Gesamt des Satzes auf den Informationsgehalt hin; einige von ihnen stellen nur Fragen, aber sie leiten diese aus dem Nicht-Gesagten dieses ersten Satzes ab (vgl. 2, 3, 6, 7, 10, 12, 16, 20). Bemerkenswert, dass unter diesen genauen Schreib-Lesern einige diesen Satz bewerten und ihm eine schlechte Note geben oder in ihm die Märchenformel (wieder)erkennen (2, 6, 12, 16, 20). Darüber hinaus interessant, dass zwei der drei Fußnotenschreiber zu streng-sachlichen Kommentaren neigen, die allerdings etwas redundant sind. Einen informativen, weil verallgemeinernden Kommentar gibt Schreiber 2 ab, der seinen Text in Klammern gesetzt hat: Er wiederholt kein einziges Wort, sondern sucht nach Abstraktionen für das im ersten Satz der Erzählung Mitgeteilte.

2 Auch extrem verlangsamtes Lesen, das zudem noch mit dem eigenen langsamen Handschreiben verbunden wird, führt nicht automatisch zu einer sprachbezogenen Lektüre, sondern kann ebenso wie schreibloses Lesen zum (Weiter)Träumen verleiten (vgl. 1; 8; 11; 17; 18; 19). Besonders der unter 17 verzeichnete Kommentar fällt in diesem Zusammenhang auf, weil er keine Anbindung an den diktierten Satz mehr erkennen lässt. Hingegen beziehen sich die anderen ‚Träumer' zumindest am Anfang oder in Andeutung auf das gerade Geschriebene.

3 Es gibt wenige Mischtypen, die vom genauen Nachlesen des Geschriebenen zum Nachdenken über das mögliche Folgende oder Mitgemeinte kommen (vgl. 4, 14).

4 Einige Schreib-Leser stellen – wenn man die Erzählung *Das Urteil* von Franz Kafka (1912) kennt – Fragen, die für den Fortgang der Geschichte von Interesse sind; einige von ihnen gehören nicht zu den textnahen Lesern (8, 9, 13, 14, 16, 18, 21). Insbesondere der letzte Kommentar (21), der schon in der schriftlichen Gestaltung aus der Reihe fällt, ist außergewöhnlich. Der Schreiber geht sofort zu einer Gesamtbewertung über, die sich zudem auf den Fortgang der Erzählung bezieht; in lässigem Ton erfasst er mit der Arroganz eines klugen 17-Jährigen das Problem dieses Eingangssatzes. Außerdem stellt er eine Vermutung an, die umso mehr erstaunt, wenn man weiß, dass sich Kafka in der Nacht vom 22. auf den 23. September 1912, als er das *Urteil* geschrieben hat, niedersetzte, um „einen *Krieg* [zu] beschreiben"; „[...] dann aber drehte sich mir alles unter den Händen".[1] Es scheint fast, als stecke in diesem harmlos klingenden Satz doch noch etwas von der ursprünglichen Schreibidee. Überhaupt steckt – das zeigen die Schülerkommentare – in diesem harmlos erscheinenden Eingangssatz, viel mehr von dem, was für Georgs Kampf mit seinem Vater eine Rolle spielen wird (die Schüler wählen dafür Worte wie „Liebe" und „Familie"; hervorgehoben wird auf diese Weise auch der Kontrast zwischen dem ruhigen ersten Teil und dem dramatischen Zweikampf im zweiten Teil der Erzählung).

---

[1] Franz Kafka, Briefe an Felice und andere Korrespondenz aus der Verlobungszeit. Hg. von Erich Heller und Jürgen Born. Frankfurt a.M. 1990, 394. (Hervorh. E.K.P.)

5 Interessant ist, dass auch vorsichtige Schreiber angesichts des „schönsten Frühjahr(s)“ zu Deutungen kommen wie „Freude“ und „glücklich“. Schreiber Nr. 15 hält sich mit seiner Kommentierung sehr zurück, kann es aber nicht unterlassen, das Wort „glücklich“ zu notieren; er setzt es aber – fast als erschiene es ihm zu weitgehend – in Klammern. (Er kann nicht wissen, dass GEORG BENDEMANN gerade an seinen Petersburger Freund geschrieben hat: „Es wird sich noch Gelegenheit finden, Dir Näheres über meine Braut mitzuteilen, heute genüge Dir, daß ich recht glücklich bin und daß sich in unserem gegenseitigen Verhältnis nur insofern etwas geändert hat, als Du jetzt in mir statt eines ganz gewöhnlichen Freundes einen glücklichen Freund haben wirst.“ [2]) Bei den textnahen Lesern 3 und 10 fällt die „Freude“ als einziges Wagnis aus dem Kommentar heraus und durchbricht die ansonsten nüchtern-strenge, oft wiederholende Auflistung.

Dieses Beispiel ist für unsere Fragestellung gut geeignet, weil es in seiner offen-geschlossenen Anlage beide Rezeptionsformen ermöglichte: Es sollte durch das Schreiben zwar zum textnahen Lesen ‚verführen‘, aber die Schüler konnten auch ausweichen und ihren eigenen Träumen nachhängen. Untersagt war Letzteres genausowenig, wie Erstgenanntes expressis verbis gefordert worden war. Die Schüler wählten jeweils die ihnen naheliegende Form, wobei auffällt, dass die textgenauen Lesarten nicht unbedingt die ergiebigsten sind. Textnahes Lesen kann sogar zu langweiligen und wenig originellen Ergebnissen führen (3, 7, 10), zumindest dann, wenn keine eigenen Schlussfolgerungen, Vermutungen, Bewertungen aus dem Kommentar erwachsen (wie in 2, 6, 12, 16, 20). Auch Kommentar 15 wird vielleicht nur durch das vorsichtige „glücklich“ zu einem interessanten Kommentar. Ergiebig sind insbesondere die Kommentare, die von dem ersten Satz ausgehend auf das Ganze zu blicken versuchen oder die eine Bewertung wagen. Deutlich wird auch, dass die textnahe Lektüre eine *Basis* vorstellen kann, um weiterzudenken (2). Dabei zeigt sich, dass phantasievolle Schüler den textnahen Vorgang nicht nötig haben und gleich weiterdenken können (21); dass den Träumern, denen die eigenen Lebensträume näher sind als ein geschriebener Satz, eine textnahe Anbindung guttun würde (1, 17). Zeigen konnte das Beispiel vielleicht auch, dass textnahe Lektüreformen dann in Verbindung mit epischen Texten möglich sind, wenn man die Textmenge beschränkt und sich auf ausgewählte Passagen konzentriert.

[2] FRANZ KAFKA, Historisch-Kritische Ausgabe sämtlicher Handschriften, Drucke und Typoskripte. Hg. von ROLAND REUSS und PETER STAENGLE. Frankfurt a.M. 1995, 99/100.

6.2 Poststrukturalistische Texttheorie und textnahes Lesen

Inspiriert ist diese Didaktisierung des Erzählanfangs durch eine Schrift von Roland Barthes: *S/Z* (Barthes 1987). Roland Barthes, ein poststrukturalistischer (Literatur-)Theoretiker mit großen Interessen für die Semiotik und für die Psychoanalyse Lacans, hat in dieser Textauslegung vorgeführt, wie er sich *seine* (ideale) Lektüre eines literarischen Textes – in diesem Fall der längeren Erzählung *Sarrasine* von Honoré de Balzac – denkt, vorstellt, wie er sie praktiziert sehen möchte. Barthes nimmt den gesamten Balzac-Text nach bestimmten Sinneinheiten auseinander, zerlegt die Erzählung in Einzelteile und versieht die unterschiedlich langen Bruchstücke mit eigenem Kommentar (vgl. dazu auch: Paefgen 1996). Barthes führt vor, wie er dieses durch den literarischen Text beeinflusste Kommentar-Schreiben versteht: Fett gedruckte Zitate aus *Sarrasine* werden zunächst in derselben Schriftart, aber in normalen Schrifttypen, eng am Text ‚decodiert' und in einen ‚eigenen' Text überführt, der benennt, was die literarische Sprache nur indirekt sagt (das sollten die Schüler mit ihren Kommentaren in Ansätzen ebenfalls versuchen); dann erfolgt, jeweils mit einer neuen Kapitelüberschrift versehen und mit größerem Zeilenabstand, der ausführliche, die Symbolsprache entschlüsselnde Kommentar, der sich weiter vom Text fortbewegt und der eine Erklärung, Erläuterung, eine eigene Deutung versucht (das haben einige Schüler ebenfalls getan, obwohl es noch nicht gefordert war). An der unterschiedlichen Schriftgestaltung sind die nebeneinanderstehenden Schreibweisen sofort identifizierbar, werden sie indirekt, aber nicht wertend, voneinander abgesetzt (interessanterweise haben die Schüler ohne jede Aufforderung für dieses Problem auch nach eigenen Lösungen gesucht): Dem literarischen Text wird durch den deutlich hervorgehobenen Schrifttyp Tribut gezollt, aber der Kommentar versteht sich zu behaupten, indem er größeren Blattraum einnimmt.

Roland Barthes betrachtet Sprache als „das eigentliche Material der Literatur" (Barthes 1987, 50); Autor und Werk sind hingegen nur noch Ausgangspunkt einer Analyse, sie bilden aber nicht mehr wie ehemals ihr Zentrum. Es ist die *geschriebene Sprache*, die alle am literarischen Prozess Beteiligten vereint: den Literatur Schreibenden, den sie Lesenden wie auch den Kommentierenden oder Kritisierenden. Ein anderes Text-Leser-Verhältnis entsteht: In den sprachlich geschaffenen Text kommt erst durch die sprachliche Aktivität des Lesers Bewegung. Die Schreibtätigkeit gewinnt dabei eine neue Bedeutung. „Ich schreibe mein Lesen", sagt Barthes in *S/Z* (ebd., 15); d.h., die beiden literaturverbundenen und -abhängigen Tätigkeitsbereiche können nicht voneinander isoliert werden. Der Text ist erst dann geschrieben, wenn er gelesen wird; seine Zwischenräume sind nicht ausgeschöpft, wenn die Aktivität des Lesers fehlt. *Lesen* wiederum ist nur schreibend möglich, wenn es keine „parasitäre Geste" bleiben soll: „Lesen ist in der Tat *Spracharbeit*. Lesen, das heißt Sinne finden, und Sinne finden, das heißt sie benennen" (ebd., 15; Hervorh. E.K.P.)! BARTHES holt das Lesen herunter auf den Boden der geschriebenen literarischen Sprache und versucht es gleichsam zu materialisieren. Lesen bedeutet Schreiben und Schreiben bedeutet (Wieder-)Lesen. Lesen wird aufgewertet, und Schreiben erhält sowohl eine Erkenntnis- als auch Dokumentarfunktion. Das kommentierende Schreiben, das auf dieser Basis zustande kommt, steht zum literarischen Text in einem Abhängigkeitsverhältnis. Das eigene Schreiben des Lesers ist wichtig und wertvoll, aber es orientiert sich am literarischen Ausgangstext. BARTHES' eigenes Schreiben demonstriert sowohl strenge, fast klebende ‚Textnähe' als auch – deutlich davon abgesetzt – freie Sinnanlagerungen. Den zeitlichen Rahmen, den Lesen unter diesen Bedingungen in Anspruch nimmt, kann man sich nicht groß genug vorstellen. BARTHES schlägt nicht nur ein Zeitlupentempo vor, sondern plädiert darüber hinaus für eine (mehrmals) wiederholte Lektüre. Der Vorschlag der genauen, verlangsamten, wiederholten Lektüre erfordert ein anderes Zeit-Lektüre-Verhältnis: Nicht die Quantität des Gelesenen ist wichtig, sondern die Qualität des solchermaßen intensivierten Leseprozesses steht im Vordergrund.

Das liest sich stellenweise wie eine literaturdidaktische Programmerklärung, die jene literaturbezogenen Arbeitsformen des Lesens und Schreibens aufwerten will und die theoretisch zu begründen versucht, warum diese beiden Tätigkeiten so untrennbar miteinander verwoben sind. ROLAND BARTHES isoliert das Lesen nicht. Schreiben und Lesen bilden vielmehr eine eng aufeinander bezogene Einheit, in der der eine Teil von dem anderen (existenziell) abhängig ist. Das Schreiben gewinnt einen neuen Stellenwert: Es ist nicht ‚kreativ', sondern eine zwingend erforderliche Spracharbeit; da der zu lesende Text geschrieben wurde, kann man ihm nur durch erneutes Schreiben gerecht werden.

ROLAND BARTHES mischt Textnähe und Textweite in seinem gleichermaßen sprachbezogenen wie leserorientierten Konzept. Eigenwillig werden beide Lektüreformen zusammengeführt, wird das Recht des Textes auf eine eingehende Lektüre – fast – eingeklagt; wird gleichzeitig für das anarchische Recht des Lesers plädiert: Nachdem er die Pflichtarbeit des genauen Lesens erledigt hat, kann er schreibend zu *seiner* Kür schreiten und beispielsweise im Buchstaben Z den „Buchstabe(n) der Verletzung" erblicken. (Es handelt sich bei *Sarrasine* um eine Kastratengeschichte; dieser Eigenname – *Sarrasine* – hätte nach den Regeln der französischen Onomastik eigentlich in der Mitte mit z geschrieben werden müssen. Zambinella – der Kastrat – trägt diesen Buchstaben nicht nur, sondern er trägt ihn offensiv: „Sarrasine betrachtet in Zambinella seine eigene Kastration" (ebd., 110; Hervorh. E.K.P.).) BARTHES führt in *S/Z* vor, wie die scheinbar so weit auseinander liegenden Konzepte der Textnähe und der Rezeptionsorientierung zusammengeführt werden können. Mit Hilfe eines semiotisch ausgetüftelten Analyseverfahrens ‚kriecht' BARTHES zunächst fast in *Sarrasine* hinein, um in einem zweiten Schritt frei, offen und phantasievoll seinen eigenen Spuren zu folgen. Dabei geht er großzügig von einer intertextuellen Vernetzung eines jeden Textes aus. Intertextualität fließt in die Entstehung von Literatur ein, beeinflusst aber auch den Leseprozess. Sie bedeutet für BARTHES zweierlei: Zum einen wird Literatur als Aufbewahrungsort für das Wissen, für die Wissenschaften der Welt gesehen. Gemeint ist der kulturelle, kunstgeschichtliche, historische, psychologische, philosophische, medizinische etc. Hintergrund des literarischen Textes, der in diesen eingeht und von ihm indirekt präsentiert wird. Die in *S/Z* vorgenommene Decodierung versucht ebendieses Wissen zu entschlüsseln. Zum anderen aber aktiviert der Leser das in seinem bisherigen Leben angesammelte Wissen, wenn er liest. Diese Wissenserinnerung an bereits Gelesenes, Gesehenes, Erlebtes grundiert unweigerlich und unberechenbar jeden Leseprozess. Es gibt keine ‚unschuldige' Lektüre. Über den jeweiligen Text hinaus liest jeder Leser stets ‚Bereits-Gelesenes' mit.

6.3 Von der Rezeptionstheorie zur Rezeptionsdidaktik

BARTHES' Ansatz lässt sich rezeptionstheoretisch begründen; auch er wertet die Rolle des Lesers auf und sieht in ihm eines der wichtigen Elemente des literarischen Prozesses. Gleichwohl unterscheidet sich sein Ansatz von der Rezeptionstheorie deutscher Provenienz, wie sie in Konstanz durch den Romanisten HANS ROBERT JAUSS und den Anglisten WOLFGANG ISER entworfen wurde. ROLAND BARTHES nutzt die rezeptionsbezogenen Kenntnisse, um eine Aufhebung der Trennung von Lesen und Schreiben zu erreichen bzw. dazu, das Lesen im Schreiben zu materialisieren. Der deutsche rezeptionstheoretische Ansatz ist hingegen ideeller, philosophischer und *kann* zu einer textfernen bzw. sehr leserorientierten Wahrnehmung von Literatur führen. Wenngleich diese Textentfernung von den Konstanzer Theoretikern nicht impliziert war, konnten ihre Überlegungen so ausgelegt, konnten sie in diese Richtung weitergedacht werden. Sie enthielten dieses Potenzial, weil sie engagiert auf die Bedeutung des Lesers im literarischen Prozess aufmerksam machten und vielleicht auch, weil weder JAUSS noch ISER Lesen an das Schreiben koppelten. Wenngleich dem Leser keineswegs völlige Gedankenfreiheit eingeräumt wird, konnte die Rezeptionsästhetik in didaktischer Vereinfachung verstanden werden als programmatische Hinwendung zum autonomen Schülersubjekt, für das der literarische Text zuerst Startbasis für seine Träume ist.

Die Ansätze von JAUSS und ISER unterscheiden sich in einigen Details und akzentuieren jeweils unterschiedliche Aspekte des literarischen Prozesses: JAUSS weist darauf hin, dass der historische Horizont des Textes und der aktuelle Horizont des jeweiligen Lesers immer wieder neu in Übereinstimmung gebracht werden müssten (Stichworte: ‚Erwartungshorizont' und ‚Horizontverschmelzung', JAUSS 1970). ISER, der eher einen wirkungsästhetischen Ansatz vertritt, kommt es darauf an zu belegen, dass der Leser bereits bei der Produktion des literarischen Werkes mitgedacht ist: Vom Autor eingebaute ‚Leerstellen', die – besonders in moderner Literatur – Füllung durch den Leser erforderten, belegen seine These (ISER 1988; ISER 1976; 1979). JAUSS plädierte für eine Rehabilitierung des ästhetischen Genusses, des genießenden Verstehens; beides sei untrennbar mit Literaturlektüre verbunden (JAUSS 1984). ISER sucht die Besonderheit fiktionaler Texte zu begründen und die aktive Rolle des „impliziten Lesers" in diesen nachzuweisen. JAUSS wie ISER gehen davon aus, dass das literarische Werk nicht zu allen Zeiten das gleiche sei, sondern – wie eine Partitur – durch den jeweiligen Lektürevorgang zu (jeweils neuem) Leben erweckt und mit immer wieder aktualisierten Bedeutungen gefüllt werde. Es geht beiden Theoretikern um Lesen (nicht um Schreiben), und es geht beiden nicht um genaues Lesen, sondern um eine Aufwertung des Lesens im literarischen Prozess bzw. darum zu zeigen, dass ohne den Leser gar nichts mit dem Text geschieht.

Dieser Reflexionsstand ist auch den rezeptionsästhetisch beeinflussten lesedidaktischen Konzepten zu entnehmen, die sich vor allem auf die ästhetische Komponente des literarischen Lesens konzentrieren. Solches Lesen wirkt häufig auch dann schreibnah, wenn Schreiben nicht im Mittelpunkt steht (vgl. u.a. EGGERT/BERG/RUTSCHKY 1975a, 1977, 1978; MÜLLER-MICHAELS 1978; BAURMANN 1980). Nicht zuletzt entsteht dieser Eindruck wohl dadurch, dass es einen neuen Überschuss an Schüleraktivitäten gibt: Der Schüler muss in irgendeiner Weise ‚mehr' tun als nur lesen! Harald FROMMER beispielsweise – deutlich inspiriert von Isers ‚implizitem Leser' – hat nach lesedidaktischen Formen gesucht, die es den Schülern ermöglichen, von Beginn der Lektüre an dem ästhetischen Anspruch von Literatur gerecht zu werden. „Der Literaturunterricht muß *vor* der Erstrezeption einsetzen" (FROMMER 1981a, S. 6), ist eine seiner Konsequenzen aus dieser Erkenntnis; der Schüler muss darauf vorbereitet werden, die in den Text „eingezeichnete" Leserrolle zu übernehmen, damit während der häuslichen Lektüre der zweite, der ästhetische Code literarischer Texte entdeckt und sich so – der von JAUSS nunmehr rehabilitierte – „Genuß" (ebd.) einstellen kann. In einer verzögerten Kenntnisnahme des literarischen Textes erblickt FROMMER eine Möglichkeit, um die Schüler zu dieser ästhetischen Lektüre zu ‚verführen': Der Text wird zunächst in irgendeiner Weise unvollständig präsentiert. Ein Gedicht wird Zeile für Zeile an die Tafel geschrieben (FROMMER 1988, 113–116), der Schluss fehlt und es werden unterschiedliche Lösungsvarianten zur Auswahl gestellt (ebd., 120–123); oder – eine beliebte Methode im FROMMERschen Unterrichtsrepertoire – eine ‚Kernstelle' im Text ist getilgt und soll von Schülern ‚gefüllt' werden (FROMMER 1981b). Zumeist werden ihnen neben der originalen noch weitere Lösungsvarianten zur Auswahl vorgelegt. Ziel ist, „automatisiertes" (SKLOVSKIJ; ebd., 13) Lesen zu verhindern und durch ‚Verlückung' und Verzögerung eine dem künstlerischen Text angemessene, unbequeme Lesehaltung zu erreichen:

■ *Ein literarischer Leser [...] ist derjenige, dem es gelingt, über den Schatten der eigenen ‚Neigung' zu springen, der allzeit lauernden Verführung zum bequemen Lesen zu widerstehen* (ebd.). ■

Rezeptionsdidaktik wird erfolgreich mit einer textnahen Lesepraxis verbunden. Überzeugend hat HARALD FROMMER diese Überlegung in seinen Ausführungen zu dem Gedicht BERTOLT BRECHTS *Fahrend in einem bequemen Wagen* dargelegt (1981b); überzeugend, weil zahlreiche eigene Erprobungen in Vorlesungen und Seminaren zu fruchtbaren Diskussionen und immer wieder neuen Erkenntnissen geführt haben. In dieser Textdidaktisierung denkt FROMMER die Leerstellentheorie ISERS weiter und baut *tatsächliche* Leerstellen in das Gedicht ein, um die Schüler für die Brisanz lyrischer Sprache zu sensibilisieren. Er argumentiert in seinem Unterrichtsvorschlag zu dem BRECHT-Gedicht *im Interesse des Textes*, der ‚richtig' gelesen zu werden beansprucht; aber ebenso *im Interesse des Schülers*, dem er einen gangbaren Weg zu einer ästhetischen Lektüre ebnen will. Viel Arbeit macht es dem Schüler (scheinbar) nicht, die FROMMERsche Aufgabe zu erfüllen. Aber in der anschließend gemeinsam durchgeführten Reflexion muss er *mit*- und zumeist auch *um*denken – und möglichst eben auch *weiter*denken für zukünftige Lektüren. Das Verfahren der Verzögerung führt tatsächlich zu textnahem Lesen, weil die Lückenfüllungen nur vorzunehmen sind, wenn die Verse eingehend studiert werden. Trotzdem werden die Lücken – an zwei entscheidenden Stellen – zumeist falsch ausgefüllt, auch von Studierenden noch, weil sie als ‚gute Menschen', nicht aber als ‚gute Leser', weil sie eher als Autofahrer und nicht als Fußgänger lesen. So beginnen viele Leser das Gedicht mit folgenden Versen:

Fahrend in einem bequemen Wagen
Auf einer regnerischen Landstraße
Sahen wir einen **durchnässten** *Menschen bei Nachtanbruch*
Der uns winkte, ihn mitzunehmen, sich tief verbeugend.

Die dritte und letzte Strophe lautet in der Leserfassung häufig:

Wir waren schon weit voraus, eine halbe Fahrstunde vielleicht
Als ich plötzlich erschrak über diese meine Stimme
Dies mein Verhalten und diese
Ganze Welt.

Dass BRECHT seine im bequemen Wagen Sitzenden einen „zerlumpten" Menschen am Straßenrand stehen lässt, und dass das lyrische Ich in der dritten Strophe einen Perspektivwechsel vollzieht und die Entfernung nunmehr aus der Sicht des zu Fuß

Gehenden auf „einen Tagesmarsch" einschätzt, macht das Gedicht überhaupt erst explosiv; die Lesarten der Schüler und Studenten hingegen reproduzieren Alltägliches. Solch alltagsorientiertes Lesen kann aber auf der Basis derartiger Lücken-Lektüren transparent gemacht werden. Es wird deutlich, dass nicht der freundliche und nette Mensch gefragt ist, wenn Literatur gelesen wird, sondern der skeptische, kritische, manchmal auch bissige Leser. Deutlich wird auch, dass es wenig Sprachraum im Gedicht gibt, und dass mit wenigen Worten viel Neues ausgesagt werden muss (besonders ‚durchnässt' ist eine redundante Information in Beziehung zur „regnerischen Landstraße"). FROMMERS Vorschlag kann im textnahen Sinn weitergedacht werden. Auf der Basis seiner eigenen Ergebnisse, die durch zahlreiche andere Versuche bestätigt wurden, kann eine Unterrichtseinheit entwickelt werden, in der die Schüler lernen, die Lücken *richtig* zu füllen. Notwendig ist dazu, dass sie mehrere Gedichte eines Autors kennen, dass sie die Eigenarten seines lyrischen Sprechens erarbeitet haben und dass sie den Kontext der Gedichte kennen; notwendig ist auch, dass sie auf die sprachliche Brisanz aufmerksam gemacht werden. Unter diesen Voraussetzungen haben die Schüler nicht nur die Chance, die Lücken richtig auszufüllen, sondern sie lernen auch, sprachästhetische Besonderheiten richtig einzuschätzen. FROMMERS Lückenentwurf baut darauf, dass falsche Füllungen eingesetzt werden; weitergedacht baut dieses lesedidaktische Modell auf richtige Ausfüllungen; noch weitergedacht vielleicht darauf, dass Schüler selbst Kernstellen in Gedichten suchen, die sich zum Tilgen (und Füllen) eignen. Auch dazu muss man sprachgenau und textnah lesen. Insgesamt bietet FROMMERS Konzeption die Chance, Rezeptionsdidaktik mit Textorientierung zu verbinden und in unterschiedlich organisierten Unterrichtsprozessen, mal mehr dem einen, mal mehr dem anderen entsprechenden Raum zu geben.

FROMMER sucht neben diesen geschickten lesedidaktischen Verzögerungstaktiken auch nach Lösungen für ein anderes Problem, das seit der rezeptionsästhetischen Wende die Literaturdidaktik beschäftigt hat und noch immer beschäftigt: Wie kann eine allgemein verbindliche (benotbare) Interpretation gelehrt und vertreten werden, wenn die Leserwahrnehmung als unberechenbare Größe einkalkuliert werden muss (vgl. u.a. EGGERT/BERG/RUTSCHKY 1975b; SPINNER 1987; 1989)? Die didaktische Diskussion um die Krise der Interpretation ist noch immer virulent und hat – wie wir weiter unten sehen werden – zu radikal textfernen bzw. lesernahen Entwürfen geführt. FROMMER hat hingegen nach Unterrichtsformen gesucht, die Text- wie Leserinteressen gleichermaßen berücksichtigen. Für die Lösung dieses Problems greift auch er des Öfteren auf unterschiedliche Schreibaufgaben zurück, die in die verschiedenen Stadien der Textrezeption und -arbeit integriert sind (vgl. dazu auch FROMMERS Vorschlag, vor der Lektüre des Gedichts *Fahrend in einem bequemen Wagen* die Schüler eine Erzählung schreiben zu lassen zum Thema: „Autofahrer lässt Anhalter im Regen stehen" (FROMMER 1981b,

21–25); in diesem Unterrichtsentwurf hat sicherlich eher der Leser das Wort als der Text). Schreiben gewinnt auch in FROMMERS Lesedidaktik vor allem die Funktion, Raum für die subjektive Konkretisation zu geben (FROMMER 1988, 33, 65, 88; vielleicht auch 105 f.), seltener hat es die Funktion, den Schüler streng und eng an den Text zu binden und ihm die Leserfreiheit zu rauben (ebd., 55). Schreiben, das sowohl zur Herstellung von Distanz wie auch zur Intensivierung von Nahgefühlen genutzt werden kann, wird von FROMMER zumeist angeboten, damit die Schüler ihre Verstrickung in den Text festhalten können. Er nutzt es auch, um die von ihm getroffene Unterscheidung zwischen Konkretisation und Interpretation sowohl für die Schüler als auch den Unterrichtenden manifest werden zu lassen:

Das erste Stadium der Konkretisation ist die ‚Aneignung' des Textes, die Projektion der eigenen Erfahrungen und Wünsche des Lesers in den Text. Die nachfolgende Phase ist die der ‚Aufnahme' des Textes, sie ist bereits mitbestimmt vom Gefühl der Verantwortung für den ganzen Text, mithin von der Interpretation (ebd., S. 47).

Die distanzierte, reflektiertere Interpretation unterscheidet sich also deutlich von der spontaneren Konkretisation; gleichwohl gehen beide Text-Auseinandersetzungsprozesse ständig ineinander über und beeinflussen sich wechselseitig. Für die Konkretisation nennt er Momente wie: „Verstrickung in den Text", „Text als ‚Partner'", „subjektive Unverbindlichkeit" und „Privatcharakter"; für die Interpretation befindet er im Unterschied zu dieser unverbindlichen Phase u.a. folgende Elemente wichtig: „Reflexion", „Distanz zum Text", „Text als Gegenstand", „‚intersubjektiver' Geltungsanspruch", „Öffentlichkeit" und „Verankerung des Textes in einen Bezugsrahmen" (ebd., 12). FROMMER akzeptiert also die Phase der persönlichen Textbegegnung und will dieselbe in den Literaturunterricht integrieren; allerdings ist dieser erste unmittelbare Eindruck ein Sprungbrett für die nachfolgende „Kür" der Interpretation (ebd., 51), welche die unbefangenere Konkretisation durchaus modifizieren und sogar korrigieren kann. (Im Unterschied zu ROLAND BARTHES gibt FROMMER zunächst ‚Gedankenfreiheit' und führt dann in die Enge. BARTHES las zunächst sehr genau den Text und folgte dann seinen eigenen Gedanken. Was ist ‚besser'? Was ist jugendlichen Lesern gemäßer?) FROMMERS Unterrichtsvorschläge, die in diesem Band zusammengefasst sind, demonstrieren denn auch, dass er unter Interpretation nicht die klassische Form der distanziert-sachlichen Textauseinandersetzung versteht; es handelt sich vielmehr um indirekte, versteckte Interpretationen, die unter den Begriff der Produktionsdidaktik zu subsumieren sind und die den Schülern als Interpretationsaufgaben nicht transparent werden. Insofern versucht FROMMER aufzuzeigen, wie aus subjektiven Konkretisationen ‚objektivere' Interpretationen werden können, ohne dass der übliche textanalytische Weg beschritten wird. Er reagiert auf das neue rezeptionsdidaktische Bewusstsein, das um die subjektiven Textrezeptionen weiß; gleichwohl behält er die Ziele eines textorientierten Unterrichts immer im Blick. Er bindet die Leser stets neu an den Text.

6.4 Von der Rezeptionsdidaktik zum kompetenzorientierten Leseunterricht

Während Frommer für das Interpretationsproblem eine Lösung findet, gibt es in der Nachfolge der rezeptionsästhetischen Wende aber auch Diskussionen, die die entstandene Schere zwischen den Leserfreiheiten und dem Interpretationsdiktat nicht mehr so einfach schließen mögen bzw. ihre konstruierte Schließung für unglaubwürdig halten. Die Konstanzer Theoretiker sprachen auch nicht von einer Krise der Interpretation, sondern versuchen vielmehr Wege aufzuzeigen, wie Literaturinterpretation unter Einbezug einer (ideellen, historischen, werkimmanenten) Lesergröße konziser und abgerundeter stattfinden kann. Aber die Grundgedanken und -ideen ihrer Theorien führten in der Rezeption – und wohl nicht zuletzt in der *didaktischen* Rezeption – dazu, dass die Rechte und die Freiheit des Lesers besondere Wertschätzung erlangten, dass das Recht des Textes in den Hintergrund und die Problematik der ‚richtigen' Interpretation überdeutlich in den Blick geriet:

> *Wenn zehn Leute einen literarischen Text lesen, kommt es zu zehn verschiedenen Lektüren. Das weiß doch jeder. [...] Der Leser hat in diesem Sinn immer recht, und es kann ihm niemand die Freiheit nehmen, von einem Text den Gebrauch zu machen, der ihm paßt. [...] Die Lektüre ist ein anarchischer Akt. Die Interpretation, besonders die einzige richtige, ist dazu da, diesen Akt zu vereiteln* (Enzensberger 1988, 33 f.).

Der Schriftsteller Hans Magnus Enzensberger hat den literaturdidaktischen Konflikt in seinem *Bescheidenen Vorschlag zum Schutze der Jugend vor den Erzeugnissen der Poesie* ebenso polemisch wie richtig auf den Punkt gebracht: Nicht mehr aus der Welt zu schaffen war seit der rezeptionsästhetischen Wende die Erkenntnis, dass in das Lesen eines literarischen Textes zahllose nicht steuerbare Faktoren eingehen und mit Hilfe des zielorientierten und interpretationsfixierten Literaturunterrichts diese wilde, textferne und oft text-ungenaue Lektüre gebändigt werden soll. Eben diese Erkenntnis prägte lesedidaktische Überlegungen und Konzeptionierungen der 1980er und 1990er Jahre, die versuchten, den rezeptionsästhetisch bewusst gewordenen Spagat zwischen Leserfreiheiten einerseits und Textorientierung andererseits zu bewältigen.

Genau diese Leserfreiheiten sind nach der Veröffentlichung der PISA-Studie in den Fokus der lesedidaktischen Aufmerksamkeit geraten. Tendenziell führte die Publikation der Ergebnisse der internationalen Vergleichsstudie zur Lesekompetenz von 15-jährigen Schülern in die Abkehr von rezeptionsdidaktischen Überlegungen. Weniger wichtig wurde, wie Schüler auf literarische Texte reagieren und welche (unberechenbaren) Konkretisationen und Interpretationsentwürfe poetische Sprache auslöst. Mehr Gewicht hingegen erhielt die Frage, wie man die Leseprozesse jugendlicher Leser so steuern kann, dass sie die im Text ‚tatsächlich' enthaltenen Informationen zur Kenntnis nehmen und diese anschließend wiedergeben können (vgl. dazu z.B. die Beiträge in Bertschi-Kaufmann 2007). ‚Lesen nach PISA' ist in neuer Form textnah geworden, auch wenn die neuen didaktischen Zuschreibungen eher von Lese*strategien*, Lese*training* oder Lese*detektiven* sprechen. Mit diesen metaphorischen Umkreisungen ist allerdings nichts anderes gemeint, als dass die Schüler nunmehr lernen sollen,

> ■ *langsamer zu lesen, noch einmal in den Text zurückzuschauen, eine Textstelle für sich laut vorzulesen, den Fokus zu verändern, d.h. langsamer oder schneller zu werden, den Text ein zweites Mal zu lesen, wichtige Wörter zu unterstreichen* (vgl. Willenberg 2004, 8). ■

Genau solche Tätigkeiten sind damit in den Vordergrund lesedidaktischer Aufmerksamkeit geraten, die im Horizont einer textnahen Lesepraxis anzusiedeln sind. Zwar sollen die jugendlichen Leser immer noch „eine innere Vorstellung aufbauen", aber diese an die Rezeptionsästhetik erinnernde Tätigkeit sollen sie eben nur „manchmal" vollbringen (ebd.). Eine deutliche Tendenz zur Versachlichung ist den lesedidaktischen Vorschlägen Heiner Willenbergs eigen, in denen textorientierte Lesevorgänge zu überprüfbaren Ergebnissen führen sollen.

Einfluss auf vergleichbare lesedidaktische Konzeptionen nahm auch die Einführung von Standards, mit deren Hilfe „fachbezogene Kompetenzen einschließlich zugrunde liegender Wissensbestände" beschrieben werden sollen (Kammler 2006b, 8). Lesen wird nunmehr als eine Kompetenz verstanden, die es auf unterschiedlichen Niveaustufen (fixiert in jahrgangsbezogenen Standards) zu erwerben gilt. Dass ein solcher Blick auf Leselernprozesse mehr als nur Nuancen verschiebt, verdeutlichen einige Beiträge in dem von Clemens Kammler herausgegebenen Band. In diesem werden lesedidaktische Modelle für die Primar- und Sekundarstufe entworfen, die jeweils auf der Basis eines literarischen Textes exemplarisch zu konkretisieren versuchen, wie ein kompetenzorientierter Literaturunterricht aussehen kann. Dabei stellt sich heraus, dass textnahe Leseprozesse nunmehr zum selbstverständlichen Repertoire lesedidaktischer Überlegungen geworden sind. Im Unterschied zu den didaktischen Konzeptionen der 1990er Jahre geht es aber in den neueren Entwürfen darum, diese Leseprozesse mit Hilfe von präzise formulierten Aufgaben, Fragen oder sogar Multiple-Choice-Tests überprüfbar zu machen; tendenziell wird der Lesevorgang auf diese Weise auch stärker vereinheitlicht (was einer inzwischen immer stärker geforderten Vergleichbarkeit der

Ergebnisse entgegenkommt). Das zeigen besonders Beiträge, in denen sich zugespitzte Aufgaben- oder Fragenarrangements finden, die zu einer genauen (Re-) Lektüre des Textes anleiten sollen (vgl. KÖSTER 2006, 57; ZABKA 2006, 86 ff.; JOSTING 2006, 111; KÄMPER-VAN DEN BOOGAART 2006, 169). Insbesondere der Beitrag von THOMAS ZABKA zeigt, wie textnahes Lesen nach PISA aussehen kann: Für eine Fabel von MARTIN LUTHER – *Vom Raben und Fuchs* – wird ein Aufgaben- und Fragenkatalog entworfen, der zwanzig Stationen enthält: Dabei sollen die Schüler mal den nur unvollständig präsentierten letzten Satz der Fabel vervollständigen, mal Antworten auf Fragen bzw. Begründungen für Thesen schriftlich formulieren, mal die Denkblase zu einer eingefügten Zeichnung ausfüllen, mal zwischen mehreren Antwortmöglichkeiten wählen und schließlich auch eine Parallelgeschichte schreiben, in der das Muster dieser Fabel auf menschliche Beziehungskonflikte übertragen wird. ZABKA betont, dass nicht der gesamte Katalog in jedem Fall abgearbeitet bzw. dass nicht alle Aufgaben stur nacheinander bearbeitet werden sollen. Gleichwohl zeigt allein der Entwurf dieses umfangreichen Aufgabenblatts, der sich auf einen vergleichsweise kleinen literarischen Text bezieht, wie in neueren Konzeptionen Lese-, Deutungs-, Reflexions- und Bewertungsprozesse in einen konzentrierten, textbezogenen Lektüre- und Schreibvorgang überführt werden sollen. Dem Text der Fabel kann auch eine kindlich-jugendliche Bearbeiterin dieses Aufgabenblattes nicht ausweichen (gedacht ist das Modell für 5./6. Klasse)! Wort für Wort, und das mehrmals, muss der Text gelesen werden, damit die Aufgaben zu lösen sind.

Hingegen scheint es so, als wolle KASPAR H. SPINNER sich noch nicht ganz verabschieden von den Themen und Fragen, die durch die rezeptionsdidaktisch ausgelöste Wende diskutiert worden sind. SPINNER hat sich in einem 2005 veröffentlichten Beitrag kritisch mit einem einseitigen und eng ausgelegten standardorientierten Literaturunterricht auseinandergesetzt:

> ■ *Weil bestimmte abprüfbare Lesestrategien erworben werden müssen, ist es am besten, diese auch isoliert zu trainieren. Das führt zu einer Abrichtung der Texte und der Schülerinnen und Schüler auf bestimmte, geplante Umgangsweisen. In entsprechenden Arbeitsmaterialien [...] werden die Arbeitswege [...] kleinschrittig vorgegeben [...]. Das ist einfallsreich, abwechselungsreich von den Verfassern gemacht [...], aber es entsteht eine Gängelung der Schülerinnen und Schüler [...]* (SPINNER 2005, 11). ■

Wenngleich SPINNER immer wieder darauf hinweist, dass einige der neuen lesedidaktischen Impulse durchaus schüler- wie textangemessen sind, so kann er nicht umhin, vor allem solchen Tendenzen eine Absage zu erteilen, denen das Bild eines ‚planenden, seine Verhaltensweisen stets kontrollierendes Menschen' zugrunde liegt (vgl. ebd., 10). Seine eigenen Konzeptionen zielen auf die Verbindung zwischen einem standardorientierten Literaturunterricht und einem Unterricht, der die rezeptionsästhetisch gewonnenen Erkenntnisse nicht ganz aus den Augen verliert. So versucht SPINNER in seinem Beitrag zu o.g. KAMMLER-Band die Rettung eines (klassischen) produktionsdidaktischen Ansatzes, indem er die Schüler auffordert, eine amüsante Kurzgeschichte von FRANZ HOHLER zu Ende zu schreiben. Derartige, vergleichsweise offene Aufgaben sind inzwischen eher selten; die drei Schülerbeispiele, die SPINNER auswertet, demonstrieren denn auch die Variationsbreite der infolge eines solchen Schreibimpulses entstehenden Lösungen (SPINNER 2006a, 72 ff.). Mit seiner *Konzeption des literarischen Lernens* legte KASPAR SPINNER seinen eigentlichen Gegenentwurf zu einer sachlich-pragmatischen Literaturdidaktik vor, wie sie sich nach PISA entwickelt hat (2006b). Dieser Entwurf kann als Versuch verstanden werden, die Wende zur Kompetenzorientierung zu berücksichtigen und dabei gleichzeitig einige rezeptionsästhetisch und -didaktisch gewonnenen Erkenntnisse zu retten. Eigentlich erinnert nur der dritte von elf Aspekten an die neue sachliche Ausrichtung literarischer Leseprozesse: Hier spricht SPINNER von der Notwendigkeit, dass die Schüler lernen müssen, die sprachliche Gestaltung des Textes aufmerksam wahrzunehmen (ebd., 9). Ansonsten ist die Rede von Vorstellungsentwicklung; von der Notwendigkeit, subjektive Involviertheit mit genauer Wahrnehmung zu verbinden; davon, dass Schüler sich auf die Unabschließbarkeit literarischer Sinnbildungsprozesse einlassen und dass sie mit dem literarischen Gespräch vertraut werden müssen (ebd., 8 ff.). Weitere Punkte beziehen sich auf literaturanalytische Kenntnisse, listen also ein fachspezifisches Repertoire auf, das zu den genuinen Lerngegenständen des Literaturunterrichts gehört, das aber, der Kompetenzorientierung verpflichtet, stärker systematisiert wird. Es bezeichnet SPINNERS Konzeption, dass die Vorstellungsbildung, die beim Lesen und Hören von literarischen Texten entwickelt werden soll, an *erster* Stelle steht und dass der (unberechenbare) subjektive Faktor unmittelbar darauf folgend an *zweiter* Stelle genannt wird. Zwar macht SPINNER keine Angaben, ob die Auflistung auch eine Hierarchisierung impliziert, aber zumindest fällt die exponierte Stellung genau der beiden Bereiche auf, die in den lesedidaktischen Diskussionen nach PISA deutlich an den Rand gedrängt werden; die fachspezifischen Kenntnisse nehmen erst die Positionen vier bis sieben bzw. zehn bis elf ein.

Wie CLEMENS KAMMLER richtig schreibt, handelt es sich bei den Bildungsstandards noch um eine „Baustelle" (KAMMLER 2006, 9). Gleichwohl ist abzusehen, dass in den nächsten Jahren unterschiedliche Formen des textnahen Lesens eher im Fokus didaktischer Aufmerksamkeit stehen werden als rezeptionsästhetisch beeinflusste. Ob allerdings diese Formen des textnahen Lesens in jedem Fall anknüpfen an die von VLADIMIR NABOKOV ausgegebene Devise, die da lautete „Lest gründlich, liebkost die Einzelheiten" (zitiert nach: UPDIKE 1992, 15), kann im Moment noch nicht entschieden werden. Vielleicht sollten die Aufgaben- und Fragestellungen insbesondere den genannten Aspekt des ‚Liebkosens' nicht völlig marginalisieren.

Teil III
Sprachdidaktik

1 Lernbereich Sprache in der Sekundarstufe I

Angelika Steets[1]

Zwei gegenläufige Tendenzen prägen gegenwärtig die Situation des Lehrens und Lernens von Sprache. Seit geraumer Zeit folgt die Sprachdidaktik einer konsequenten Orientierung an der Perspektive des Lernenden, an dessen persönlichen Möglichkeiten und Bedürfnissen. Die Entwicklung von sprachlicher Kompetenz wird als individuell geprägter Aneignungsprozess verstanden, den es auch möglichst individuell zu fördern gilt. Gleichzeitig lassen sich Trends ausmachen, die offensichtlich in die Gegenrichtung verlaufen und auf größere Standardisierung verweisen. Im Zuge zunehmender Globalisierung gewinnt die Vergleichbarkeit schulischer Leistungen an Bedeutung. Die PISA-Studie ist hier ein wichtiges Indiz. Doch bereits bevor bekannt wurde, wie schlecht 15-jährige deutsche Schüler beim Lesen und Verstehen von Texten im internationalen Vergleich abschneiden, wurde z. B. in Bayern ein zentraler Deutschtest für alle Schüler der 8. Klasse eingeführt, der v. a. ihre Grammatik- und Rechtschreibkenntnisse überprüft. Zu fragen ist, wo – zwischen einer Pädagogik des Individuellen und der aktuellen Tendenz zu verbindlichen Standards – die Sprachdidaktik derzeit angesiedelt ist.

1.1 Zwischen Sprachreflexion und Grammatik

Muttersprachunterricht ist problematisch geworden. In den 1970er Jahren hatte man sich, ausgehend von einem pragmatischen Sprachbegriff, neue, ehrgeizige Ziele gesteckt. Nicht mehr *Sprachlehre* und *Sprachkunde* waren die erklärten Ge-

---

[1] Ich danke Frau Beate Lütke für wichtige Anregungen zur Überarbeitung dieses und des folgenden Artikels.

genstände, sondern *Sprachreflexion*. Seit den Hessischen Rahmenrichtlinien Deutsch Sekundarstufe I von 1972 bildet „Reflexion über Sprache" bzw. „Nachdenken über Sprache" einen eigenständigen Aufgabenbereich in allen Lehrplänen. Als Ziel war vorgesehen, die Schüler nicht nur zu einem angemessenen Gebrauch von Sprache zu befähigen, sondern sie darüber hinaus zu kritischem Nachdenken über die gesellschaftlichen Bedingungen und Voraussetzungen des sprachlichen Handelns anzuregen. Reflexion über Sprache setzt sowohl ***Sprachbewusstsein*** voraus, d.h. generelle Sprachkompetenz, über die eher unbewusst verfügt wird, als auch ***Sprachbewusstheit***, verstanden als Vergegenwärtigung, „wenn es gelingt, das Sprachbewusstsein zu aktualisieren" (BEISBART 1999), den „inneren Monitor" (OSSNER 2007) anzuregen, der von implizitem zu explizitem Sprachwissen führt.[2]

In den Lehrplänen hat sich seit den 1970er Jahren im Lernbereich Sprache nicht viel verändert – auch wenn von didaktischer Seite zugegeben wurde, dass die Ansprüche an einen aufgeklärten, reflektierten Sprachunterricht bisher in der Praxis nicht realisiert sind und nach NEULAND (1993) ein „uneingelöstes Programm der Sprachdidaktik" darstellen. Dennoch hält man in den neueren Lehrplänen an „Reflexion über Sprache" als Aufgabenbereich fest. Nur kleine Akzentverschiebungen gibt es in jüngster Zeit: Im Rahmenplan für Brandenburg (2002) heißt der Bereich „Nachdenken über Sprache, einschließlich Rechtschreibung", im Rahmenplan für Hamburg (2001) „Sprachverwendung und integrative Grammatik" und im bayerischen Lehrplanentwurf (2002) „Sprache untersuchen, verwenden und gestalten – Sprachbetrachtung".

Unter den veränderten Etiketten haben sich die curricularen Inhalte nur wenig verschoben. Den Kern bilden nach wie vor die Teilbereiche Grammatik und Rechtschreibung (auch wenn der Begriff „Grammatik" zum Teil in den jetzigen Entwürfen vermieden wird). Das grammatische Pensum hat sich, darauf verweisen STEINIG/HUNEKE (2001, 143), seit 100 Jahren kaum verändert. Mit der Konzentration auf Wortarten und Satzlehre ist Sprachunterricht bis heute überwiegend formale Grammatikunterweisung geblieben.

In der Praxis hingegen hat auch diese offensichtlich immer mehr an Stellenwert verloren. Einerseits fehlt – aus Gründen langer Jahre des Einstellungsstopps – nahezu eine ganze Generation von Lehrern, die neue Impulse aus dem sprachwissenschaftlichen Studium hätten mitbringen können. Andererseits dominiert in der

2 Zur Differenzierung der Begriffe *Sprachbewusstsein* und *Sprachbewusstheit* vgl. auch SPITTA 2000, die von wissentlicher Reflexion und kognitiver Klarheit bei *Sprachbewusstheit* und unbewusster Verwendung mit Nähe zum Sprachgefühl bei *Sprachbewusstsein* spricht. Zu den unterschiedlichen Definitionen vgl. auch ANDRESEN/FUNKE (2003).

Lehrerausbildung unangefochten die Literaturwissenschaft. Für LUDWIG stellt sich die augenblickliche Situation an den Schulen so dar,

> *dass sich die Verantwortlichen von Schulstufe zu Schulstufe zunehmend aus ihrer Verantwortung stehlen, die Anteile für den Literaturunterricht immer größer und die für den Sprachunterricht immer kleiner werden, bis für diesen in der Sekundarstufe II kaum noch etwas – in einigen Bundesländern überhaupt nichts mehr – übrig bleibt* (LUDWIG 2002, 82).

Bei den Schülern tritt, wie NEULAND konstatiert, an die Stelle des eingeforderten Sprachbewusstseins in zunehmendem Maße ein „Sprach*mängel*bewusstsein" (NEULAND 1993, 98), was den richtigen Umgang mit Sprache und das Sprechen über Sprache betrifft.

Die aktuellen Reaktionen der Didaktik auf diese Situation sind unterschiedlich. Während LUDWIG, bestärkt durch die Ergebnisse von PISA, eine „Generalüberholung des Gesamtcurriculums für den Deutschunterricht" (2002, 82) einfordert, möchten andere, wie NEULAND, an dem Ziel „Reflexion über Sprache" festhalten und die emanzipatorischen Erkenntnisinteressen aus den Anfängen der Entwicklung wieder aufgreifen (NEULAND 1993, 92). Auch für INGENDAHL (1999) ist Sprachreflexion nach wie vor das Ziel von Sprachunterricht; sie soll den Grammatikunterricht ersetzen.

Einzelne Didaktiker fokussieren allerdings das Thema wieder stärker. In diesem Zusammenhang bekommt der Begriff des *sprachlichen Wissens* neues Gewicht. Für KLOTZ umfasst „Sprachwissen" das Wissen über Sprache und sprachliches Können und enthält in seinem Kern „Grammatisches" (KLOTZ 1996b, 10). Eine deutliche Abgrenzung der einzelnen Sprachwissensbereiche (integriertes und autonomes Prozesswissen, integriertes und autonomes Analysewissen) nimmt BREDEL (2007) vor, die primär- und metasprachliche Handlungen unterscheidet und dann operatives und deklaratives Sprachwissen in seiner Situationsgebundenheit einordnet. Ein Modell, wie Sprachbewusstheit im Sinne eines Kontinuums entwickelt und wie parallel dazu sprachliches Wissen aufgebaut wird, liefert KARMILOFF-SMITH (1992) mit ihrem Stufenmodell vom I(mplicit)-Level zum E(xplizit)-Level 1, E2- und E3-Level. Dieses Modell liegt dem Kompetenzmodell zur Sprachbewusstheit bei der DESI-Studie (EICHLER 2007) zugrunde; OSSNER (2007) reflektiert es im Hinblick auf die Funktion von Grammatikunterricht beim Aufbau von Sprachbewusstheit.

Einen etwas anderen Ansatz vertritt LUDGER HOFFMANN, der ausdrücklich nicht von „Sprachreflexion", sondern von „Grammatik" spricht. Er versteht allerdings Grammatik nicht formal, sondern in einem weiten Sinne als „Systematik der Mittel sprachlichen Handelns" (HOFFMANN 1999, 235 f., vgl. auch HOFFMANN 2006). Die Verschiebung von *Sprachreflexion* zu *Sprachwissen* und *Grammatik* lässt den Ansatz zur deutlicheren Konturierung des Lernbereichs erkennen, da wieder direkter an der Sprache selbst angesetzt wird.

1.2 Sprachliche Handlungsfähigkeit und Grammatikunterricht

Sieht man als Hauptziel des Sprachunterrichts an, sprachliche Handlungsfähigkeit aufzubauen und zu verbessern, stellt sich die Frage, auf welchem Weg dies erreicht werden kann. Um es vorwegzunehmen, eine klare Antwort zeichnet sich in der Didaktik derzeit nicht ab. Vielmehr macht die Widersprüchlichkeit der vertretenen Positionen deutlich, dass zentrale linguistische und didaktische Probleme bisher nicht gelöst sind bzw. ausgeblendet wurden. Zu fragen ist: Was können und sollen Grammatik und Grammatikunterricht hinsichtlich des Aufbaus von sprachlichen Fähigkeiten leisten? Und welche Art von Grammatikunterricht kommt in Betracht?

1.2.1 Wozu Grammatik?

Diese Frage wird in unterschiedlicher Akzentsetzung seit Jahren immer wieder gestellt. Die Antworten fallen je nach linguistischer und didaktischer Position verschieden aus.

Man verweist einerseits darauf, dass Schüler korrektes Sprechen und Schreiben auch ohne ausdrückliche Regelunterweisung erlernen, und es wird eingeräumt, dass das Nachvollziehen von Regelformulierungen nicht automatisch zu verbesserter Sprachkompetenz führt. Es kann zu Leistungseinbrüchen führen, weil das interne, weitgehend automatisierte Sprachsystem gestört wird (STRECKER 2001a). Nach dem Erwerbsmodell von KARMILOFF-SMITH (1992) und der daran angelehnten Hypothese OSSNERS (2007) gehören allerdings solche Rücksetzer notwendigerweise zum Erwerb von Sprachbewusstheit und werden als negativer Einbruch interpretiert. Betont wird jedoch immer wieder, dass die Beherrschung grammatischer Regeln und das Schreibenkönnen zwei grundsätzlich unterschiedliche Kompetenzen sind, von denen die eine eher begriffliches und analytisches linguistisches Wissen verlangt, die andere dagegen stärker prozedurales Wissen über die Tätigkeit des Schreibens (STEINIG/HUNEKE 2002, 147).

Auf der anderen Seite wird die Ansicht vertreten, dass beim Schreiben vor allem anspruchsvollerer Texte grammatische Kenntnisse durchaus eine wichtige Grundlage darstellen, z.B. um Flexionsendungen richtig zu setzen, logische Bezüge in komplexen Satzstrukturen zu gestalten oder den Tempus-Modus-Gebrauch zu beherrschen. Als wichtige Zielgruppe werden hier u.a. nichtdeutsche MutterspRachler angesehen (VOIGT 2001). Den engen Zusammenhang von Grammatik und „Textgestaltungskompetenz" betont insbesondere KLOTZ (1996b). In spezifischer Weise eröffnet die Kenntnis syntaktischer Strukturen auch den Zugang zu Regelbildungen im Bereich von Rechtschreibung und Interpunktion.

STRECKER, Mitautor der vom Institut für Deutsche Sprache neu erstellten „Grammatik der deutschen Sprache" (GDS), kommt zu dem Fazit, dass „Regelwissen hilft, eigenes und fremdes Sprechen und – in noch höherem Maß – Schreiben wie ein Sprachtrainer kritisch zu begleiten und nach und nach die gewonnene Einsicht in optimierte Praxis umzusetzen" (STRECKER 2001a, 15). Hier wird der „innere Monitor" aktiv (s. OSSNER 2007), der beim Übergang vom impliziten zum expliziten Sprachwissen im Einsatz ist. Insgesamt sollte man allerdings „Grammatik offen als Rekonstruktion einer Rede- und Schreibpraxis ausgeben und nicht als etwas, das dieser Praxis tatsächlich zu Grunde liegt" (ebd.). Dies macht verständlich, dass eine Grammatik als Beschreibung von Sprache modellhaften Charakter hat und es ‚die Grammatik' nicht gibt.

1.2.2 Konzeptionen von Grammatikunterricht

Jenseits der Frage, wie die Kenntnis des Sprachsystems und die Fähigkeit der Sprachverwendung zusammenhängen – eine Frage, die wohl letztlich noch nicht geklärt ist –, steht zur Diskussion, *wie* Grammatikunterricht betrieben werden kann oder sollte. Die Geschichte des Grammatikunterrichts bietet reichlich Alternativen an.

Im Kern bildet diese Geschichte die Entwicklung der Sprachdidaktik insgesamt ab. Der ‚linguistischen Wende' der Didaktik in den 1970er Jahren entspricht der Versuch, der Schulgrammatik eine neue wissenschaftliche Grundlage zu geben und die inhaltsbezogene, nationalsprachlich orientierte Grammatik Leo Weisgerbers zu überwinden. Maßgebliche Impulse gingen von der amerikanischen strukturalistischen Linguistik aus, insbesondere von der Generativen Transformationsgrammatik Noam Chomskys, deren stringente Regelbildungen und Satzbaupläne abstraktes sprachliches Denken der Schüler fördern sollten. Die ‚kommunikative Wende' im Sprachunterricht brachte Ende der 1970er Jahre die Abkehr vom systematisch betriebenen und linguistisch fundierten Grammatikunterricht. An dessen Stelle trat der „andere Grammatikunterricht" im Konzept von BOETTCHER und Sitta (1978), der sich nicht mehr an den formalen Modellbildungen von Sprache orientieren wollte, sondern an Sprache, wie sie Schülern alltäglich begegnet und von ihnen zur sprachlichen Bewältigung von Lebenssituationen benutzt wird. An die Stelle des *systematischen* tritt ein *situativer* Unterricht, der Sprachphänomene dann thematisiert, wenn sie dem Erkennen und der Lösung sprachlicher Probleme im Unterricht dienen. Ausgehend von dem Einwand, dass diese rein kommunikativ ausgerichtete, spontane Art der Grammatikvermittlung nicht dazu beitragen könne, Einsichten in sprachliche Zusammenhänge zu vermitteln, und sich auch nicht curricular einbinden lasse, entspann sich eine heftige didaktische Debatte, die im Konzept des *integrativen* oder *integrierten Grammatikunterrichts* eine Art Synthese fand. Boettcher/Sitta selbst haben sich in einer überarbeiteten Version ihres eigenen Konzepts dieser Position weitgehend angenähert. Das grammatische Pensum wird in mehr oder weniger geschlossenen Einheiten und in meist lockerer Form verschiedenen Situationen, Themen und Texten zugeordnet, die über die grammatische Fragestellung hinaus unterrichtsrelevant sind und das Schülerinteresse wecken sollen. Der integrative Ansatz erscheint bis heute als „gute Mitte“, die weitgehend überall anerkannt ist (Bremerich-Vos 1993a, 105)[3].

In enger Verbindung dazu steht das Konzept eines *funktionalen Grammatikunterrichts*, wie es v.a. von Köller (1983) vertreten wird. Er betrachtet sprachliche Mittel nicht unter dem Aspekt ihrer formalen Systematik, sondern unter dem Aspekt ihrer kommunikativen Leistung und plädiert für eine konsequente Einbettung des Grammatikunterrichts in den allgemeinen Unterricht: Er versteht also „funktional“ in doppeltem Sinn. Demonstriert wird dies anhand der Tempus-, Genus- und Modusformen des Verbs. Zu einer funktionalen Gesamtdarstellung gelangt Köller allerdings nicht.[4]

In den 1990er Jahren ist eine Rückkehr zu traditionell Bewährtem (auch im Zuge der Einführung der KMK-Liste grammatischer Termini, vgl. 217f.) und parallel dazu eine Verlagerung von der *didaktischen Konzeption* zum *methodischen Konzept* zu erkennen. Ähnlich dem handlungs- und produktionsorientierten Vorgehen im Bereich der Literatur wird auch für die Grammatik ein handelnder, entdeckender Umgang empfohlen. „Grammatik-Werkstatt“ heißt das von Eisenberg/Menzel (1995) ausgearbeitete und von Menzel (1999) weiterentwickelte Konzept. Auf dem Weg über operatives Manipulieren an Sätzen und Satzteilen mit dem Ziel, einzelne Wörter oder Satzteile zu isolieren und zu kategorisieren, werden Schüler aufgefordert zum aktiv handelnden, gleichzeitig aber auch systematischen Umgang mit Sprache. Allerdings, so ist kritisch bemerkt worden, setzt das Handeln in der Werkstatt grammatisches Wissen und Sprachgefühl voraus, das ja eigentlich erst entwickelt werden soll.

---

3 Berkemeier/Hoppe (2001a, 7) weisen allerdings zu Recht darauf hin, dass das integrative Konzept in keinem Lehrbuch bisher eine überzeugende Realisierung gefunden hat. Eine Gefahr besteht auch darin, dass literarische Texte zu stark für Grammatikunterricht instrumentalisiert werden. Im Berliner Rahmenplan der Sekundarstufe I wird als Reflex auf den integrativen Sprachunterricht ein „verbundener Sprachunterricht“ gefordert: d.h. Verbindung unterschiedlicher Lernbereiche, kein isolierter Sprachunterricht, Sprachunterricht immer auch beim Umgang mit Texten.

4 An diesem Punkt setzt auch die Kritik an: Nicht alle grammatischen Phänomene seien funktional erfassbar (v.a. Ingendahl 1999).

Die gegenwärtige Diskussion kehrt wieder stärker zu didaktischen Positionen zurück. Erkennbar sind m. E. zwei Trends. Einerseits findet – angesichts der immer offensichtlicher werdenden Lücken im grammatischen Wissen von Lehrenden und Studierenden (vgl. Ivo/Neuland 1991) – eine Rückbesinnung auf grammatisches Grundwissen statt, wie es Bremerich-Vos (1993a) mit seinem Plädoyer für „das Backen kleinerer Brötchen" und ähnlich Berkemeier/Hoppe (2001a) mit ihrer Forderung nach Sicherung von grammatischem Basiswissen anstreben. Diese Reduktion geht in beiden Fällen mit einer kritischen Überprüfung der schulgrammatischen Grundpositionen einher.

Andererseits beginnt die Sprach- bzw. Grammatikdidaktik aus ihrer insgesamt eher defensiven Position herauszutreten und dezidiert die Notwendigkeit *systematischen Sprachunterrichts* einzufordern. Am konsequentesten geschieht dies in Redders Vorschlag, „Sprachwissen als handlungspraktisches Bewußtsein" (1998, 72) im schulischen Unterricht zu vermitteln und zu einer Rückbesinnung auf Lernziele zu ermutigen, „welche Sprache in ihrer Komplexität – und in ihrem kritischen Potential – der nächsten Generation zugänglich werden lassen" (ebd.). Linguistisch begründet sind ihre Anstöße durch eine funktional-pragmatische Sprachtheorie [5], die den Funktionsbegriff in umfassenderer Weise zum Ausgangspunkt nimmt als Köller. Sprache wird als ein Ensemble von sprachlichen Mitteln verstanden, die in einem historisch-gesellschaftlichen Prozess spezifische Formen für die Lösung der kommunikativen Bedürfnisse einer Sprechergemeinschaft herausgebildet haben. Auf der Grundlage einer Theorie des sprachlichen Handelns ist Grammatikunterricht keineswegs identisch mit formaler Wortarten- und Satzlehre. Die eingangs formulierte Frage „Wozu Grammatik?" stellt sich so erst gar nicht.

Ausgehend von dieser Position, möchte ich für den Grammatikunterricht folgende *Perspektive* formulieren. Zunächst: Die linguistische Grundlage von Spracharbeit sollte ein weiter, handlungsorientierter Sprachbegriff sein. Darauf aufbauend kann *Grammatikunterricht* in einem doppelten Sinne als funktional verstanden werden: (1) *funktional*, indem er Sprachfähigkeit systematisch als sprachliche Handlungsfähigkeit begreift und sprachliche Phänomene in der Wechselwirkung von Form und Funktion betrachtet, und (2) funktional, indem er diese Kenntnisse für andere Bereiche des Deutschunterrichts (v. a. Schreib- und Literaturunterricht) nutzbar macht. (Der Begriff „funktional" wird hier für den sprachtheoretischen Ansatz reserviert, um dem inflationären Gebrauch des Begriffs entgegenzuwirken.)

Ein *funktionaler Grammatikunterricht* fördert sprachliches Wissen, das (für Muttersprachler und v. a. auch für Nicht-Muttersprachler) nützlich ist, um nor-

---

[5] Vgl. als Überblick Ehlich (1991) und die Ausführungen in Redder (1998) selbst. Siehe dazu auch das folgende Kapitel, 251–253.

mengerecht, situationsangemessen und differenziert zu sprechen und v.a. zu schreiben und um sich über sprachliche Phänomene und kommunikative Probleme zu verständigen. Darauf aufbauend kann über die Einsicht in die Form-Funktions-Zusammenhänge von Sprache ein Wissen über gängige sprachliche Handlungsformen und Textarten erarbeitet sowie ein Bewusstsein für die Wirkungsmöglichkeiten von Sprache entwickelt werden. In allen Bereichen ist der Zusammenhang mit dem Schreib- bzw. Aufsatzunterricht und dem Literaturunterricht offensichtlich. Auch können die Kenntnisse für das Erlernen einer Fremdsprache nutzbar gemacht werden.

Wie lassen sich diese Ziele im unterrichtspraktischen Alltag realisieren, der in der Sekundarstufe I nach wie vor stark an die traditionelle Wortarten- und Satzlehre gebunden ist? Die Ansätze sind zunächst bescheiden und als eine erste „Anbahnung" (Berkemeier 1999, 98) zu verstehen. Formales Wissen kann notwendiges Handwerkszeug sein, aber die formalen Kategorien sollten so modelliert sein, dass eine funktionale Betrachtungsweise nicht blockiert, sondern offengehalten wird. Als eine sinnvolle Annäherungsweise erscheint der mehrperspektivische Zugang, der Formen mit Blick auf ihre funktionale Bestimmung sowie Funktion mit Blick auf dafür ausgebildete Formen und beides im Zusammenhang betrachtet (Hoffmann 1993, 135[6]). „Doppelperspektivik" ist auch das Grundprinzip der „Grammatik der deutschen Sprache" (GDS; vgl. dazu auch Strecker 2001b). Auf keinen Fall darf formales Wissen zum grammatischen Selbstzweck geraten. Grammatische Betrachtungen sollten so weit wie möglich auf konkrete Sprachprobleme von Schülern Bezug nehmen. Die gewonnenen Kenntnisse sollten durch das Lesen von Texten überprüft und gefestigt und beim Schreiben von eigenen Texten angewendet werden.

Die folgenden Überlegungen setzen am klassischen Grammatik-Curriculum an, d.h. an der Wortarten- und Satzlehre (Abschnitt 3). Die Rechtschreibung als syntaktisch basiertes Phänomen wird einbezogen (Abschnitt 4).[7] Thematisiert werden einige besonders neuralgische Punkte, die exemplarisch zeigen, wie nachteilig

---

[6] In der konsequenten Weiterentwicklung seines Ansatzes stellt Hoffmann (2006) die Möglichkeit der Übertragung eines funktionalen grammatischen Systems auf den Unterricht der Grundschule dar. Ausgehend vom Nomen und der nominalen Gruppe skizziert er Aspekte der Funktionalität dieses Bereichs und eine Graduierung seiner Vermittlung. Deutlich wird, dass das Umdenken in eine stärker funktionale Richtung eine Veränderung der Progression der Lerninhalte bedingt.

[7] Ich verzichte – zugunsten einer intensiven Auseinandersetzung mit den Kernbereichen Grammatik und Rechtschreibung, die auch in der Didaktik kontrovers diskutiert werden – auf die Betrachtung anderer thematischer Aspekte des Lernbereichs Sprache in der Sekundarstufe I: insbesondere auf Aspekte der Bedeutungslehre (Semantik) und das Thema Sprachgeschichte. Zur Arbeit mit dem Wortschatz vgl. das umfangreiche Kapitel in Ulrich (2001a), das auch reichhaltiges kommentiertes Unterrichtsmaterial enthält. Zur Sprachgeschichte s. 238–242.

sich ungenügend reflektierte Kategorien und ein zu restriktives, weil rein formales Grammatikverständnis auf die Entwicklung sprachlicher Handlungsfähigkeit und sprachlichen Bewusstseins auswirken. Es geht also vornehmlich um das Hinterfragen von grammatischen Grundkategorien und um die Suche nach Übergangsmöglichkeiten zu einem funktionalen Verständnis. In diesem Zusammenhang sollten die Sekundarstufen I und II im Grunde nicht getrennt betrachtet werden. Vielmehr sind sie zu verstehen als systematisch aufeinander folgende Vermittlungsphasen im Sinne zunehmend differenzierter Beschäftigung mit sprachlichen Fragen.[8]

1.3 Grammatische Probleme im Fokus

1.3.1 Zur grammatischen Terminologie

Um grammatische Gegenstände zu benennen, ist man auf Termini angewiesen. Die linguistische Wende der Didaktik in den 1970er Jahren führte zu neuen Begriffen, die zum Teil auch in die Schulbücher eingingen. Da großenteils die traditionellen Termini beibehalten wurden, waren begriffliche Uneinheitlichkeit und Verunsicherung die Folge. Um dem entgegenzuwirken, legte das Sekretariat der Ständigen Konferenz der Kulturminister der Länder 1982 das „Verzeichnis grundlegender grammatischer Fachausdrücke“ vor. Seither prägt es als vermeintlich theorieunabhängige Empfehlung Lehrpläne, Schulbücher und Unterricht normativ. Im Hamburger Rahmenlehrplan von 2001 wird z.B. ausdrücklich auf die Verbindlichkeit der KMK-Liste verwiesen.

Die Kritik an der Liste ist so alt wie diese selbst.[9] Neben dem Umstand, dass die Verfasser der Liste anonym geblieben sind, kritisiert man insbesondere die Rückkehr zur Terminologie der lateinischen Schulgrammatik, außerdem terminologische Vermischungen aufgrund der angestrebten Theorieneutralität sowie wissenschaftliche und didaktische Mängel im Einzelnen. Ein Beispiel: Auf die Ausdrücke „Ergänzung“ und „Angabe“ wird verzichtet, weil man kein Grammatikmodell bevorzugen will; mit anderen Ausdrücken wie „Subjekt“, „Objekt“, „Adverbiale“ fällt *de facto* doch die Entscheidung für ein bestimmtes Modell.[10] Nicht in Frage gestellt ist die Notwendigkeit einer *einheitlichen, linguistisch gesicherten Beschreibungssprache* im Deutschunterricht, und zwar

---

[8] Vgl. Homberger 1992.

[9] Vgl. Homberger 1992. Müller (2003) macht auch darauf aufmerksam, dass das Verzeichnis kaum Begriffsdefinitionen enthält, sondern lediglich die für die Schule verbindlichen Termini auflistet.

[10] Vgl. Bremerich-Vos 1993a, 118.

- für eine klare und rasche Verständigung über sprachliche, speziell grammatische Phänomene,
- zur Klärung von Sprach- und Kommunikationsproblemen im Unterricht,
- als Mittel der Reflexion über die eigene Sprech- und Schreibpraxis und
- zur Analyse von sachlichen und literarischen Texten.

Einige Didaktiker fordern die Überarbeitung der Terminologie, auch wenn dies in absehbarer Zeit wohl kaum in die Praxis umgesetzt wird.[11] Eine überarbeitete Terminologie sollte einerseits einem offenen Ansatz folgen, der für die Beschreibung sowohl von Phänomenen der Laut-, Wort- und Satzebene als auch von solchen der Textebene geeignet ist. Andererseits sollte sie einem funktionalen Ansatz verpflichtet sein, der sprachliche Einheiten auch unter dem Aspekt ihrer kommunikativen Funktion benennt, um so „auch rein formale Erscheinungen wie etwa Flexion oder Wortstellung als Verfahren einführen zu können, die nicht irgendeiner abstrakten Kombinatorik dienen, sondern der Lösung technischer Probleme“ (STRECKER 2001a, 16). Konkrete Vorschläge zeigen, dass terminologische Veränderungen weitreichende Folgen für das Sprachverständnis haben können.

1.3.2 Wortarten

Wortarten gehören dem Kern des grammatischen Curriculums vor allem der 5. und 6. Jahrgangsstufen an. Im Vordergrund der traditionellen Zielsetzung steht die Bestimmung und Benennung von Wortarten. Ihre Kategorisierung wird in der Regel als unproblematisch vorausgesetzt, auch wenn in der Linguistik in vielen Fällen kein Konsens erreicht ist. Die KMK-Liste hat – wie oben angedeutet – problemverdeckende Wirkung.

Zur Klassifikation wird in traditionellen Grammatiken und Lehrbüchern eine Mischung aus semantischen, morphologischen und syntaktischen Merkmalen verwendet. In der Sekundarstufe I dominieren das syntaktische und morphologische Prinzip, das syntaktische Prinzip z.B. für die Unterscheidung von Artikel und Pronomen (Begleiter- *vs.* Stellvertreterfunktion), das morphologische z.B. für die Bestimmung des Adverbs (nicht flektierbar und nur beschränkt graduierbar).

Die Autoren der GDS kritisieren, dass die traditionelle Klassifizierung uneinheitlich sei und inkonsequent angewendet werde, sodass es z.B. unmöglich sei, Sprachen zu vergleichen und universelle Eigenschaften festzustellen (GDS, 23). Die dort vorgestellte Liste von Wortarten unterscheidet sich wesentlich von den acht Haupt-Wortarten der Duden-Grammatik. Ein Beispiel: Unter dem Oberbegriff *Determinativ* finden sich (u.a.) der *definite Artikel*, der *indefinite Artikel* sowie das

---

[11] Vgl. ebd. sowie BERKEMEIER/HOPPE 2001a, 8.

possessive Determinativ. Ein Problem der traditionellen Unterscheidung von Artikel und Pronomen ist so ausgespart: *mein*, *dein* etc. sind in traditionellen Grammatiken Pronomen, haben weniger Stellvertreter-, sondern eher Begleiterfunktion.

Eine konsequente funktionale Betrachtungsweise würde auch andere Kategorisierungen aufbrechen, z.B. die der Personalpronomen. Diese bilden funktional gesehen keine einheitliche Kategorie, denn *ich* und *du* sind deiktisch (Zeigwörter), während *er*, *sie*, *es* als phorische Elemente (Anaphern) eine gegebene Orientierung auf eine Person oder ein Objekt aufrechterhalten.

Vielleicht liegt in dieser und anderen Inkonsistenzen auch eine Erklärung für die Tatsache, dass die Behandlung der Wortarten insgesamt im Deutschunterricht nicht sehr erfolgreich ist. MELENK kommt in einer empirischen Studie zu dem Ergebnis, dass Schüler der 8. Jahrgangsstufe (Realschule) bei einer Bestimmungsaufgabe die Wortarten *Konjunktion*, *Relativpronomen* und *Fragewort* in fast zwei Drittel aller Fälle falsch oder gar nicht markieren und zudem viele andere Wörter diesen Wortarten falsch zuordnen. Zum Teil gebe es „regelrechte Kaskaden falscher Zuordnungen" (MELENK 2001, 186). Zuordnungsfehler bilden auch ein Problem für die Rechtschreibung, dann nämlich, wenn eine falsch bestimmte Wortart eine fehlerhafte Groß- bzw. Kleinschreibung auslöst. Das geschieht häufig bei Konstruktionen von Substantiv mit vorangestelltem attributivem Adjektiv: Dieses wird überdurchschnittlich häufig groß- und das folgende Substantiv kleingeschrieben, wobei der Schreiber wohl das Vorliegen einer Nominalgruppe als Ganzheit erkennt (FUNKE 2000, 64).

Dennoch: „Ohne Kenntnis der Wortarten und ihrer Grundleistungen ist Grammatikunterricht unmöglich" (ULRICH 2001a, III/9). Im Unterricht sollte der Akzent auf dem zweiten Teil der Aussage liegen. Eine Möglichkeit ist die mehrstufige Herangehensweise, die RUDOLPH (2001, 18) empfiehlt: In einer ersten Phase geht es um das systematische Betrachten von Wörtern in Texten durch Vergleichen, Weglassen, Einsetzen, Umstellen, Ergänzen usw. In einer zweiten Phase werden Gemeinsamkeiten und Unterschiede in Form und Leistung der Wörter ermittelt. Auf dieser Grundlage können dann Wörter bestimmten Wortarten zugeordnet und benannt werden – wobei man mit den Schülern auch noch darüber nachdenken könnte, welche Alternativen der Zuordnung und Benennung es gibt.

Wie sich die besonderen Leistungen von Substantiven z.B. erkennen lassen, zeigt Rudolph anhand von entsprechenden Lückentexten, die *ex negativo* die Informationsqualität von Substantiven enthüllen, oder anhand von Texten, in denen alle Substantive besonders hervorgehoben sind, was erlaubt, die Kerninformation des Textes auf einen Blick zu erfassen (ebd.). Auch kann man aus einem vorliegenden Text den Schülern erst alle Substantive, dann die Substantive zusammen mit den Verben und schließlich auch zusammen mit Adjektiven und Adverbien vorlegen, um zu prüfen, welche Informationsqualität diese Wörterfolgen besitzen:

- *Fakultät Sprachen, Professoren, Sprache Landes. Projekt, Rede, Wörter Verben Partizipien, Dinge Wirklichkeit Hauptwörter.*
- *gehen Fakultät Sprachen, Professoren beraten, Sprache Landes verbessern. Projekt bestehen Rede abkürzen, Wörter beschneiden Verben Partizipien auslassen, Dinge Wirklichkeit Hauptwörter sein.*
- *darauf gingen Fakultät Sprachen, drei Professoren berieten, Sprache eigenen Landes verbessern. erstes Projekt bestand, Rede abzukürzen, vielsilbige Wörter einsilbigen beschneidet Verben Partizipien auslässt, vorstellbaren Dinge Wirklichkeit Hauptwörter sein.*[12]

1.3.3 Aspekte des Satzes

In ähnlicher Weise wie die Wortarten gehört die Verknüpfung der Wörter zum Satz dem traditionellen Kernbereich des grammatischen Curriculums an. Und auch in diesem Bereich fußt der herkömmliche Grammatikunterricht zum Teil auf Prämissen, die (linguistisch) durchaus nicht selbstverständlich und mit einer funktionalen Sprachbetrachtung nicht in Einklang zu bringen sind.

Kritisch zu betrachten ist bereits der Begriff *Satz* selbst, der zu den am häufigsten definierten Begriffen in der Sprachwissenschaft gehört. Die GDS benutzt dazu den Begriff der „kommunikativen Minimaleinheit". Diese bezeichnet einen nicht mehr in kleinere verstehbare Einheiten untergliederbaren Gesprächsbeitrag, der verständlich ist. Hierzu gehören neben allen ‚vollständigen' Sätzen auch Äußerungen wie *Bitte noch ein Bier!* In der mündlichen Kommunikation sind solche nichtsatzförmigen Äußerungen sehr häufig und zweckmäßig, z. B. als Antwort auf eine Frage.[13] Davon zu unterscheiden ist allerdings die zunehmende Neigung von Schülern, sich in eigenen Texten über standardsprachliche Satzstrukturen hinwegzusetzen und im eher mündlich geprägten „Parlando"-Stil zu schreiben.[14] Liegen dem fehlende syntaktische Kenntnisse und Fähigkeiten zugrunde, handelt es sich um ein sprachliches Defizit. Der Weg, dieses zu beheben, beginnt mit der Bewusstmachung grammatischer Strukturen.

Die Modellierung des einfachen Satzes

Die Beschäftigung mit der Syntax erfolgt in der Schulgrammatik auf der Basis des einfachen Satzes, der in der Regel als einfacher Aussagesatz mit dem Vollverb in Zweitposition modelliert wird: *Peter macht seine Hausaufgaben*. Dies mag didaktisch naheliegen, entspricht aber weder der Sprachpraxis der Lernenden noch der wissenschaftlichen Sprachbeschreibung. Haueis kommt daher zu dem Fazit: „So

---

[12] Aus Adamzik 2001, 91. Dort auch der vollständige Text (90).

[13] Redder demonstriert die ästhetische Wirkung bestimmter nicht-satzförmiger Äußerungsketten (erweiterte Partizipialkonstruktionen) in der mündlichen Alltagserzählung wie auch in literarischen Texten (Redder 2002).

[14] Vgl. Sieber 1994.

einfach, dass sich sprachdidaktisches Nachdenken darüber erübrigen würde, ist der einfache Satz also nicht" (HAUEIS 1998, 41). Er hingegen nimmt, ähnlich wie z.B. der Linguist WEINRICH (2001), die für die deutsche Sprache typischen *Klammerstrukturen* als Ausgangspunkt der Satzmodellierung. Solche treten äußerst häufig auf: bei trennbaren Verbformen (*Peter schiebt seine Hausaufgaben hinaus*), bei zusammengesetzten Tempusformen (*Peter hat seine Hausaufgaben schon gemacht*) und bei Modalverben, die als finite Verben ein Vollverb modifizieren (*Peter mag seine Hausaufgaben heute nicht machen*). HAUEIS plädiert dafür, die Satz- oder Verbklammer als Regelfall und nicht als Sonderfall zu betrachten, und macht dies nicht nur für zweiteilige Verbformen geltend, sondern auch für einteilige: Der rechte Klammerrand ist in diesen Fällen dann nicht sichtbar besetzt. Da er auch die Struktur der Nebensätze einbezieht, bei denen der linke Klammerrand durch einen einleitenden Ausdruck markiert ist und das finite Verb den rechten Klammerrand bildet, postuliert er die *Verb-Endstellung* als Grundordnung des deutschen Satzes: ... *weil Peter seine Hausaufgaben nicht macht*. In ähnlicher Weise sieht auch KLOTZ (1999b) die deutsche Sprache aufgrund der Klammerstrukturen prototypisch als eine Sprache des XV-Typs (d.h. mit Verb-Endstellung) – im Gegensatz zum Englischen, das eine Sprache des VX-Typs ist.

Durch die Modellierung des Satzes über die Verb-Endstellung ergibt sich eine Reihe von didaktischen Vorteilen, sowohl für die syntaktische Analyse selbst als auch für eine sprechhandlungsbezogene Betrachtung, die sich aus den syntaktischen Verhältnissen ableiten lässt:

- Die Verbklammer muss nicht ab einem gewissen Zeitpunkt neu eingeführt werden; es muss insbesondere nicht geklärt werden, unter welchen Bedingungen diese entsteht. Es reicht zu beschreiben, wie die Ränder der Klammer, also das Vor- und Nachfeld, besetzt werden können (HAUEIS 1998).
- Die Klammer ist ein wichtiger Beitrag zur integrierten Betrachtung von Haupt- und Nebensätzen, damit auch der Textualität eines Textes.
- Es können kognitive Überlegungen eingebunden werden: Durch die Klammer entsteht ein Spannungsbogen zwischen Erwartung (wenn die Klammer eröffnet wird) und Erfüllung (wenn sie geschlossen wird). Wie die Informationen innerhalb der Klammer, im Mittelfeld, zu verstehen sind, darüber entscheidet im Wesentlichen die rechte Klammer (KLOTZ 1999b). Dies ist insbesondere für die Sprechsituation relevant.
- Es ergibt sich eine Brücke zu Fragen der Wirkungsmöglichkeit von Sprache, zu Fragen des Stils: Wie viele Elemente innerhalb der Klammer können kognitiv verarbeitet werden? Wann ist die Klammer überlastet und welche Möglichkeiten der Entlastung, der Ausklammerung gibt es? Wie erklärt sich die zunehmende Tendenz zu verstärkter Ausklammerung und welche stilistische Wirkung hat sie (in der Sekundarstufe II fortzusetzen)?

- Nicht zuletzt eröffnet sich ein Zugang zu komparatistischer Sprachbetrachtung (in der Sekundarstufe II fortzusetzen).

Das Verb-Endstellungs-Modell erscheint als das geeignetere didaktische Grundkonzept, v.a. in Hinblick auf das sich differenzierende Sprachbewusstsein der Schüler. Es verbindet syntaktische und funktionale Überlegungen und kann in der Sekundarstufe II weiter ausdifferenziert, für das Sprechen und Schreiben sowie die Analyse von sachlichen und literarischen Texten nutzbar gemacht werden.

Satzglieder und ihre Bestimmung

Die Wörter im Satz erscheinen nicht in beliebiger Anordnung. Sie formieren sich zu Satzgliedern, die wiederum an unterschiedlichen Positionen im Satz auftauchen können. Dass Satzglieder zum einen aus zusammengehörenden Wortgruppen bestehen und zum anderen relativ frei positioniert werden können, ergibt die Möglichkeit, Satzglieder operational über sogenannte *Proben* zu bestimmen. Es ist insbesondere die *Verschiebeprobe*, die zur Bestimmung des Begriffes „Satzglied" herangezogen wird. Satzglieder sind diejenigen Wortgruppen, die sich im Satz nur geschlossen verschieben lassen, wobei sich bei der Verschiebung die Bedeutung des Satzes nicht oder nur geringfügig verändern darf.

Bremerich-Vos (1993a, 116) bezeichnet Proben als den „Königsweg zur Bestimmung der Satzglieder". Sie haben auch curricular einen hohen Stellenwert. Im Brandenburgischen Rahmenlehrplan z.B. wird grammatische Kompetenz im Wesentlichen auf den sicheren Umgang mit Sprachproben zurückgeführt. Der didaktische Vorteil liegt in der operationalen Herangehensweise. Sätze werden nicht als statische Formen zur grammatischen Bestimmung angeboten, sondern bilden ein offenes Sprachmaterial, an dem der Schüler erprobend Umformungen vornehmen und das Ergebnis anhand seines intuitiven Sprachwissens daraufhin überprüfen kann, ob im Resultat eine akzeptable Bildung vorliegt.

Dennoch, auch dieser „Königsweg" hat seine Grenzen, und ich halte das Verfahren insgesamt für überbewertet. Das sinnvolle Operieren mit den Elementen des Satzes setzt strukturelles Sprachgefühl voraus sowie das Verständnis dafür, was ein grammatisch korrekter Satz ist. Die Ergebnisse sind darüber hinaus nicht immer zweifelsfrei. An dem Beispiel *Morgen früh um neun werde ich aufstehen* zeigt Bremerich-Vos (1993a), dass durch Verschieben (*Ich werde morgen früh um neun aufstehen* oder *Morgen früh werde ich um neun aufstehen*) nicht eindeutig geklärt werden kann, ob *morgen früh um neun* als *ein* Satzglied zu verstehen ist (wenn man den Satz als Verbzweitsatz auffasst). Aus funktionaler Perspektive ergibt sich der Einwand, das operative Hin- und Herschieben mit Ziel der Satzgliedbestimmung verdecke, dass Umstellungen im Satz kommunikativen Handlungscharakter haben, so insbesondere bei der Besetzung des Vorfelds. Im Grunde genommen fördert man formales Wissen auf Kosten der Einsicht in funktionale, handlungsbezogene Zusammenhänge von Sprache. Dies ist weniger der Fall, wenn man die Verschiebeprobe zur stilistischen Überarbeitung von Texten einsetzt.

Ein vergleichbarer didaktischer Einwand lässt sich gegen die sogenannten *Grammatiker-Fragen* (*Wer oder was?*, *Wen oder was?* etc.) zur Kasus-Bestimmung formulieren. Das eigentliche „Elend der Grammatiker-Fragen" (GRANZOW-EMDEN 1999) besteht nicht darin, dass sie mitunter zu falschen Bestimmungsergebnissen verleiten und zu einem unangemessenen Sprachgebrauch führen (Beispiele ebd.), sondern darin, dass sie die kommunikative Qualität von Fragen missachten. Die Fragen werden herangezogen, um grammatische Kategorien zu bestimmen, und nicht zum Erlangen realer Antworten, also sinnvoller Äußerungen. „Diese Abweichung im Gebrauch des alltäglich und funktional sinnvoll Verwendeten, d.h. der Frage, lässt den Vorteil alltagssprachlicher Verankerung als Nachteil erscheinen" (GRANZOW-EMDEN 1999, 175; s. auch GRANZOW-EMDEN 2006). Auch setzen Fragen ein Wissen um die entsprechende Antwort, die sie liefern sollen, voraus.

Die vorangehenden Überlegungen zeigen, dass die linguistische Modellierung der grammatischen Gegenstände für den Unterricht nicht belanglos ist. Didaktische Vereinfachungen, die die Gegenstände nicht mehr angemessen abbilden, sind als Ausgangspunkt grammatischer Betrachtung wenig geeignet. Die formale Bestimmung von Wörtern und Satzteilen bleibt einseitig. Interessant wird sie erst dort, wo sich daraus handlungspraktische sprachliche Einsichten gewinnen lassen, also dort, wo diese Phänomene funktional werden. Um diese Zusammenhänge zu erfahren, sollte die Behandlung im Unterricht an realem Sprachmaterial, möglichst an Texten erfolgen, nicht nur an Sätzen, die zu grammatischen Bestimmungszwecken konstruiert wurden und die immer genau das belegen, was von ihnen erwartet wird. Erarbeitetes Wissen sollte immer wieder auch in reale Sprech- und Schreibsituationen zurückgeführt werden, in denen sich die Qualität der formalen Bestimmung anhand der kommunikativen Funktionalität überprüfen lässt. Der folgende Abschnitt soll diese Forderung konkretisieren.

1.3.4 Vom Satz zum Text

Der traditionelle Grammatikunterricht geht in linearer Progression den Weg vom einfachen zum komplexen Satz. Das Satzgefüge ist Thema v.a. der 7. und 8. Klassen. Im Zentrum stehen die Unterscheidung von Haupt- und Nebensatz sowie die Klassifizierung der Nebensatzarten, insbesondere der Adverbialsätze. Die in Zusammenhang mit der Wortartbestimmung angeführten empirischen Befunde lassen erwarten, dass in der Praxis auch hier der formale Weg kaum zu überzeugenden Ergebnissen führt: MELENK weist nach, dass die meisten Schüler die Unterscheidung von Haupt- und Nebensatz nicht analytisch leisten können (Endstellung der finiten Verbform, Einleitung durch Konjunktion, Relativpronomen, Fragewort), sondern höchstens intuitiv bzw. auf dem Weg über die Semantik: Als Hauptsatz wird der Teil angesehen, der den größten Anteil an der Gesamtaussage des Satzes hat. Die meisten Fehler werden bei Nebensätzen gemacht, die die inhaltliche Hauptaussage tragen (Melenk 2001, 186).

Ein Blick in ein Sprachbuch (1997), das einen eher traditionellen systematischen Weg der Vermittlung anbietet, kann diese Schwierigkeiten nachvollziehbar machen. Das Grammatikkapitel zu Haupt- und Nebensätzen enthält folgende grammatische Aspekte:

- die unterschiedliche Struktur von Hauptsatz (Verbzweitsatz) und Nebensatz (Verbendsatz);
- die Unterscheidung von Satzreihe und -gefüge zusammen mit neben- und unterordnenden Konjunktionen und einer Regel zur Kommasetzung;
- eine systematische Übersicht zu den Infinitivgruppen (satzwertige und einfache Infinitive), verbunden mit den entsprechenden Hinweisen zur Kommasetzung;
- satzwertige Partizipien, gebildet aus den Partizipien I und II;
- die Unterscheidung von Attributsätzen (vor dem Hintergrund der Attribute) und Gliedsätzen (vor dem Hintergrund der Satzglieder);
- im Bereich der Gliedsätze die Unterscheidung von Adverbialsatz, Subjektsatz und Objektsatz;
- im Bereich der Adverbialsätze die semantische Einteilung in Temporal-, Kausal-, Final-, Modal-, Konsekutiv-, Konditional-, Konzessiv- und Adversativsatz.

Die grammatischen Termini und Gesetzmäßigkeiten werden mit illustrierenden Beispielen in zehn Informationskästchen zusammengefasst.

Die Grammatikinstruktion ist in kurze Texte eingebettet, an denen die Schüler die eingeführten Formen bestimmen, farblich kennzeichnen oder herausschreiben sollen. Ein mögliches inhaltliches Interesse an den Texten wird zwar zunächst suggeriert, dann aber schnell wieder unterbunden: „Hier soll es aber in der Hauptsache nicht um die Geschichte der Drachen gehen, sondern um die Baugesetze der deutschen Sprache." Am Ende der Grammatik-Einheit werden die Lernenden angehalten, die verschiedenen Satzarten im „Klassendialog" zu üben, und zwar dergestalt, dass ein Schüler der einen Gruppe einen Hauptsatz sagt, den ein Schüler der anderen Gruppe durch einen passenden Adverbialsatz ergänzen soll, welchen er gleichzeitig auch bestimmen muss.

Warum ist ein so aufbereitetes Grammatik-Kapitel, das zugegebenermaßen hier sehr verkürzt skizziert ist, für die Entwicklung von sprachlicher Handlungsfähigkeit und Sprachbewusstsein wenig förderlich? Es stellt in der Einbeziehung der Texte ein sehr vordergründiges Konzept von integrativem Unterricht dar. Das grammatische Wissen wird in äußerst geballter Form präsentiert und v. a. als formales Wissen, im Wesentlichen induktiv, dargeboten. Es gibt kaum Anwendungsmöglichkeit für das vermittelte Wissen. Die wenigen angebotenen Möglichkeiten sind in ihrem handlungspraktischen Wert nicht sinnvoll: Der „Dialog" wird zweckentfremdend instrumentalisiert.

Stärker funktional (vom Sprachlichen) und integrativ (in seinem Bezug zum Lesen und Schreiben von Texten) ist ein Unterrichtsvorschlag, den Klotz (1996b, 114–131) zu den Adverbialsätzen anbietet. Die Erarbeitung ist in konsequenter Weise an einen Text angebunden, der als solcher ernst genommen wird und das inhaltliche Interesse der Schüler wecken und wach halten soll: eine Kriminalgeschichte, deren Auflösung erst am Ende der Einheit gegeben wird. Terminologisches und systematisierendes Wissen wird deduktiv abgeleitet und ist insgesamt weniger stark gewichtet. *Textgestaltungskompetenz* wird durch die Verwendung der sprachlichen Mittel in unterschiedlichen mündlichen und schriftlichen Formen gefördert: im mündlichen Argumentieren, im Erzählen und Berichten, im Schreiben eines Polizeiberichts. Auf diese Weise kann sich ein Bewusstsein für die Funktion und stilistische Wirkung sprachlicher Mittel innerhalb verschiedener Diskurs- und Textarten entwickeln.[15] (Zu weiteren textgrammatischen Phänomenen und zur grundsätzlichen textlinguistischen Fundierung des Sprachunterrichts vgl. das nachfolgende Kapitel *Lernbereich Sprache in der Sekundarstufe II*.)

1.4 Rechtschreibung im Fokus

1.4.1 Zur Rechtschreibdidaktik

Wie im Bereich der Grammatik ist auch bei der Rechtschreibung die didaktische Ausgangslage widersprüchlich. Einerseits wird in der Öffentlichkeit Rechtschreibfähigkeit bei jungen Menschen, v. a. wenn sie in den Beruf einsteigen, nach wie vor hoch gewichtet und als Indikator für sprachliche Kompetenz überhaupt angesehen. Andererseits nimmt die Motivation, richtig schreiben zu können, bei den Jugendlichen ab, bedingt vor allem durch das Schreiben mit dem Computer, das

[15] Eine empirische Untersuchung zu kausalen Verknüpfungen in Schülertexten einer 9. Realschulklasse von Peschel (2006) bestätigt gerade in diesem Bereich die geringe Effektivität des auf normatives Wissen ausgerichteten Grammatikunterrichts: Auffallend sind der wenig funktionale Einsatz der Konjunktionen und die Beschränktheit der in begründenden Texten verwendeten Mittel, die allzu mechanistisch von den Schülern benutzt werden.

Rechtschreiben in ihrer Wahrnehmung auf ein technisch lösbares Problem reduziert.

Was den Rechtschreiberwerb betrifft, stehen sich ein *kognitiv-konstruktivistischer* Ansatz und ein *systematischer, regelbasierter* Ansatz gegenüber. Nach STEINIG/HUNEKE handelt es sich beim Rechtschreiben

■ *um die eigenaktive, tentative Konstruktion eines Wissenssystems durch die einzelnen Schülerinnen und Schüler. Der Rechtschreibunterricht kann dieses Wissenssystem nicht in die Köpfe der Schüler implantieren, er kann nur möglichst günstige Bedingungen dafür schaffen, dass sie es sich aneignen können – und sich auch aneignen wollen* (STEINIG/HUNEKE 2002, 128). ■

Die eigentliche Aufgabe des fortgeschrittenen Rechtschreibunterrichts besteht aus dieser Sicht darin, Hilfen für die Ausdifferenzierung des persönlichen orthographischen Wissenssystems anzubieten.[16]

AFFLERBACH (1997), die eine größere empirische Untersuchung zur Kommasetzungsfähigkeit bei Schülern bis zur 10. Klasse durchgeführt hat, beobachtet jedoch, dass Schüler Kommas umso sicherer setzen, je klarer die grammatischen Strukturen nachvollziehbar sind und je mehr explizites Regelwissen vorhanden ist. (Es gibt allerdings auch viele Schüler, die nicht dazu fähig sind, grammatisches Wissen zu aktivieren, aber dennoch Kommas richtig setzen können.) Sie zieht den Schluss, dass neben der Vermittlung vor allem die Bewusstmachung von Regeln auf der Mittelstufe einen notwendigen didaktischen Schritt darstellt. Dies müsse jedoch im Einklang mit der jeweiligen Phase der Entwicklung allgemeiner schriftsprachlicher Fähigkeiten geschehen (AFFLERBACH 2001, 164 f.).

In der Sekundarstufe I ist der Rechtschreiberwerb in den Grundzügen abgeschlossen; der Rechtschreibunterricht konzentriert sich auf spezifische Probleme wie besondere Fälle von Groß- und Kleinschreibung, von Getrennt- und Zusammenschreibung, die *s*-Laute und die Kommasetzung. Ziel ist es, Rechtschreibwissen weiter auszudifferenzieren, auch auf der Basis von Regelbildungen, und die Einsicht in den Zusammenhang zwischen grammatischen Strukturen und orthographischen Prinzipien zu fördern. Dazu sollten auch eine effiziente Nachschlagetechnik entwickelt und der Einsatz von Computer-Rechtschreibprogrammen kritisch reflektiert werden.[17]

---

[16] Empirisch wird diese Ansicht durch eine Untersuchung von THOMÉ (1999) zum Orthographieerwerb gestützt, die auf der Basis von qualitativen Fehleranalysen die überindividuelle innere Regelbildung als Abfolge einzelner Schritte rekonstruiert, welche die Grundlage für die Entwicklung von der lautgetreuen Grundschreibung zur orthographisch korrekten Schreibung bildet. Vgl. weiterführend auch Thomé (2007).

[17] Vgl. auch ULRICH 2001a, Bd. 2, 142.

Unter dem Titel „Rechtschreiben erforschen" schlagen EISENBERG und FEILKE (2001) eine didaktische Herangehensweise vor, bei der Einsicht in die grammatischen Strukturen der Sprache und Erwerb von Orthographie gleichzeitig gefördert werden. Der Lernende soll die Ausdrucksmöglichkeiten und Gesetzmäßigkeiten der Sprache kennenlernen, die in ihrer schriftlichen Form viel grammatische Information direkt kodiert, welche im Gesprochenen höchstens indirekt enthalten ist. Die Autoren verweisen z. B. auf Silbengrenzen in Wörtern (*müs-sen*, *Wat-te*), auf morphologische Bezüge (*Schubs* – statt *Schups* – weil *Schub* und *schieben*) oder auf gleich lautende Wörter in unterschiedlicher Schreibung (*Seite* – *Saite*). „Das ‚Erforschen' möchte den Blick der Schüler und Lehrer weg von der Fehler- und Normorientierung des Rechtschreibunterrichts und hin auf den Vorgang und die Ordnungen des Rechtschreibens lenken" (EISENBERG/FEILKE 2001, 14). Die Stufen des Erforschens der Rechtschreibung sind entsprechend den Stufen der Kompetenzentwicklung angeordnet: individuelle Regularisierung, dann Problemformulierung, Problemlösungswettbewerb und gemeinschaftliche Konstruktion von Lösungen sowie schließlich Normierung, Normreflexion und Normkritik (ebd., 13).

Für das praktische Üben und die Bearbeitung individueller Rechtschreibschwächen bietet es sich darüber hinaus an, gezielt die Möglichkeiten des computergestützten Schreibens und Überarbeitens zu nutzen. Insbesondere sollte man zeigen, dass das Rechtschreibprogramm nicht nur der „automatischen Fehlerverbesserung" dient, sondern als technisches Instrument bewusstes Rechtschreibhandeln fördern kann. Es macht die Fehler sichtbar und lässt erkennen, was Tippfehler und was Rechtschreibfehler sind. Die vom Programm vorgeschlagenen Verbesserungen schärfen das Bewusstsein für die Differenzierung ähnlich geschriebener Wörter.

Individuelle Fehler können über die Liste der ausgeführten Korrekturen gesammelt und an Stelle oder in Ergänzung einer persönlichen Fehlerkartei bearbeitet werden. Es zeigt sich auch deutlich, dass die Korrekturmöglichkeiten letztlich begrenzt sind, dass viele Rechtschreibprogramme z. B. den häufigsten Fehler, die Verwechslung von *das* – *dass*, nicht zuverlässig erkennen, also syntaktische Verhältnisse (einschließlich Kommasetzung) nicht erfassen können. Dies unterstützt die Einsicht in die Notwendigkeit selbstständigen grammatischen Denkens.

1.4.2 Groß- und Kleinschreibung

Die Groß- und Kleinschreibung gehört zu den Phänomenen, die das deutsche Schriftsystem von den anderen lateinischen Alphabetschriften unterscheiden. Das Besondere ist die Großschreibung von Substantiven sowie sonstiger, wie Substantive gebrauchter lexikalischer Einheiten. Diese spezifisch deutsche Regelung ist ein wichtiger Grund, warum im Zuge der Rechtschreibreform die Diskussion gerade in diesem Punkt besonders intensiv und kontrovers geführt wurde. Die modifizierte Großschreibung, für die man sich entschieden hat, führt gegenüber der alten Regelung zu einer Ausweitung der Großschreibung in den nicht-substantivischen Bereich hinein. Die Übertragung der Großschreibung auf Nicht-Substantive zeigt sich z.B. bei Fügungen wie *Recht haben* (neben *das Recht auf Arbeit haben*) oder *Unrecht bekommen* (neben ein *Unrecht begehen*) oder bei den Bezeichnungen von Tageszeiten nach Adverbien, z.B. *heute Abend*, in denen „abend" adverbialen Charakter hat. Allein die formale Identität mit einem Substantiv oder das Vorangehen eines typischen Substantivbegleiters (*im Allgemeinen, im Übrigen*) begründen die Großschreibung. Dies bedingt insgesamt eine stärkere Formalisierung des Substantivbegriffs.

Diese Tatsache ist auch didaktisch von Belang, und zwar deshalb, weil wiederum ein formales Grammatikverständnis suggeriert wird, das auch im Hinblick auf eine grammatisch fundierte Rechtschreibung eher kontraproduktiv ist und die durch die Vereinheitlichung entstandenen Erleichterungen (*radfahren* zu *Rad fahren* wie *Auto fahren*) negativ aufwiegt, zumal es mit der Neuregelung im oben genannten Problemfeld auch zu neuen Oppositionsschreibungen kommt (*Es ist uns recht – Wir haben Recht* oder *aufs Neue – von neuem*). Auch wenn in der jüngsten Regelung von 2006 in mehreren Fällen Parallelschreibungen zugelassen sind (z.B. *Wir haben recht/Wir haben Recht*), hat sich in der Praxis die hohe Fehleranfälligkeit bei der Großschreibung wohl nicht verbessert.[18]

Im Unterricht kann das Thema Groß- und Kleinschreibung von zwei Bezugspunkten her angegangen werden: der Einsicht in die Funktion von Groß- und Kleinschreibung in schriftlichen Texten und der Bewusstmachung von Zusammenhängen zwischen grammatischen Strukturen und orthographischen Regeln. Anhand von Texten mit konsequenter Kleinschreibung kann man Großschreibung (am Satzanfang und von Substantiven) als Mittel der Textstrukturierung und als Lesehilfe erfahrbar machen. Auch historische Texte in authentischer Schreibung können hinzugezogen werden, einerseits als Mittel der ‚Verfremdung' bzw. des Perspektivenwechsels und andererseits als Basis sprachgeschichtlicher Betrachtung, die auch andere orthographische Erscheinungen mit in den Blick nimmt.

Für eine vertiefte *funktionale grammatische Betrachtung* haben Eisenberg und Feilke im Rahmen von „Rechtschreiben erforschen" ein Konzept vorgestellt. Es beruht auf dem Grundgedanken, dass Substantive in ihrem normalen Vorkommen eine wichtige Funktion für die Sprachverarbeitung von Sätzen in Texten haben, und zwar als Kern von Nominalgruppen. Die Großschreibung dient zur Hervorhe-

[18] Eisenberg und Feilke weisen darauf hin, dass am Ende der Primarstufe ungefähr jeder vierte Orthographiefehler auf die Groß- und Kleinschreibung entfällt, wobei die meisten Fehler die Großschreibung von Substantiven betreffen (Eisenberg/Feilke 2001, 9).

bung dieses Kerns. Nicht durch die Zugehörigkeit zu einer Wortart, sondern durch sein grammatisches Verhalten wird ein Wort damit als Substantiv identifiziert. Zur Bestimmung des Kerns dienen operationale Verfahren, die Artikelprobe (zum Kern gehört in der Regel ein Artikelwort als Kopf der Nominalgruppe), der Attributtest (Nominalgruppen können außer Kopf und Kern verschiedene Attribute enthalten) oder die Kasusprobe (typische Nominalgruppen kommen in allen Kasus vor).[19] Allerdings: Diese Verfahren stoßen auch bei den oben angeführten Problemfällen an ihre Grenzen, etwa, wenn kein echtes Substantiv vorliegt wie bei *im Allgemeinen* etc.

1.4.3 Kommasetzung

Hinsichtlich der Kommasetzung ist die grammatische Fundierung noch offensichtlicher. In Lehrplänen und Lehrbüchern wird sie häufig direkt dem Bereich der Grammatik zugeordnet und dort in Zusammenhang mit den Strukturen des komplexen Satzes (Haupt- und Nebensatz) bearbeitet.

Was das sprachliche Bewusstsein von Schülern betrifft, so ist die Korrelation zwischen grammatischen Kenntnissen und Kommasetzung allerdings wenig eindeutig, wie die empirischen Untersuchungen von Afflerbach (1997 und 2001) und Melenk (2001) zeigen. Andere Faktoren beeinflussen die Entscheidung, Kommas zu setzen: Sprechpausen (beim innerlichen Mitsprechen), Signalwörter (Kommaauslösung durch einige Konjunktionen, besonders *weil*, Kommablockierung durch andere Konjunktionen, v.a. *und, oder, bzw.*), Satzmuster (*der Mann, der ...; die Frau, die ...; glauben, dass...*) sowie quantitativ bedingte Entscheidungen (Orientierung an fortlaufenden Einheiten von ca. sechs Wörtern).[20] Auch ist eine Schwäche bei der Kommasetzung meist kein isoliertes Phänomen, wie an der Vertauschung von *das* und *dass* zu erkennen ist, die sehr häufig mit einem nicht gesetzten Komma korrespondiert. Umgekehrt sind nicht selten unübersichtliche oder falsche Satzstrukturen auch die Folge fehlender oder falscher Zeichensetzung.

Didaktisch bietet sich eine Mischung aus *direktem* (Lehren von Kommaregeln) und *indirektem Weg* (reflektierter Umgang mit Texten, v.a. beim Schreiben und Überarbeiten; vgl. August 2001) an. Dass die Regelvermittlung im Grammatikunterricht stattfinden sollte, geht aus den obigen Betrachtungen hervor. Als Ausgangspunkt können die „drei ultimativen Kommaregeln zur sicheren Zeichenset-

[19] Vgl. Eisenberg/Feilke 2001, 8f.

[20] Die letzte Beobachtung stammt von Afflerbach (1997). Sind Kommas auf engem sprachlichem Raum notwendig, spricht sie von „Komma-Dichte-Vermeidungsschema“. Dies kann auch eine Erklärung für zu viel gesetzte Kommas bilden, die z.B. häufig am Ende eines üppig besetzten Vorfeldes (vor dem finiten Verb) auftreten.

zung" (Hoppe/Schütz 2001, 101) dienen, die – schließt man das Komma vor dem erweiterten Infinitiv, das nach der jüngsten Regelung in den meisten Fällen wieder gesetzt werden kann, aus – im Grunde zwei Regeln sind: (1) Komma bei Satzteilen und (2) Komma bei (Teil-)sätzen.[21]

Der *indirekte, textuelle* Weg bedeutet, dass man sich gezielt sprachlichen Sachverhalten widmet, die nebenher eine explizite oder implizite Beschäftigung mit dem Komma zur Folge haben. Augst schlägt neben der reinen ‚Nebensatzkunde' das Dekomponieren von komplexen Sätzen vor, bei dem sich die Schüler automatisch auf die Kommas stützen, oder das Komponieren von Sätzen aus vorgegebenen Einzelpropositionen, wobei jeweils die Kommasetzung reflektiert werden muss (Augst 2001, 93f.). Sinnvoll wäre es, den indirekten Weg *vor* dem direkten Weg einzuschlagen.

Betrachtet man Grammatik- und Rechtschreibunterricht als Kern des sprachlichen Curriculums zusammenfassend, so ist Folgendes festzuhalten: Beides sollte sprachtheoretisch fundiert sein, wobei der Form-Funktions-Zusammenhang von sprachlichen Elementen konsequent zu berücksichtigen ist. Auf dieser Grundlage können didaktische Ansätze entwickelt werden, die sich den sprachlichen Problemen in einem mehrstufigen Prozess nähern:

- Erfassen der Phänomene, und zwar dort, wo sie in realen Diskursen und Texten, auch in Schülertexten, auftreten;
- analysierende, vergleichende Betrachtung der Elemente mit Blick auf ihre besonderen Merkmale und Leistungen;
- Erarbeiten von Mustern und Regeln und kritisches Nachdenken darüber;
- Rückführen der sprachlichen Elemente in reale Kontexte, d.h. Anwenden des Erlernten beim Sprechen und Schreiben bzw. Rezipieren und Erschließen von Texten.

Was als Reflexion *über* Sprache in Lehrplänen propagiert wird, ist in einem sorgfältigen Umgehen *mit* der Sprache, *mit* ihrer Grammatik eingeschlossen, denn Sprache *ist* das praktische Bewusstsein der Menschen, wie es Redder mit Bezug auf Marx und Engels formuliert (1998, 60). Damit im Sprachunterricht diese Erfahrung Realität werden kann, bedarf es gemeinsamer Anstrengungen von Sprachwissenschaftlern, Didaktikern, Lehrern und Schülern.

[21] Augst (2001) geht bei der Darstellung der Kommaregeln von der formalen Unterscheidung zwischen einfachem und paarigem Komma aus.

2 Lernbereich Sprache in der Sekundarstufe II

Angelika Steets

2.1 Von der Sekundarstufe I zur Sekundarstufe II

Die Lehrpläne der Sekundarstufe II führen den Sprachunterricht – ebenso wie die der Sekundarstufe I – unter der Überschrift „Reflexion über Sprache". In der Praxis hat er weniger Gewicht als bis zum 10. Schuljahr und tritt gegenüber dem Literaturunterricht noch deutlicher in den Hintergrund. In den Expertisen für ein neu zu entwickelndes Kerncurriculum Deutsch für die Oberstufe werden einleitend „sprachliche Kompetenz" und „literarische Bildung" (TENORTH 2001b, 81) gleichberechtigt nebeneinandergestellt. Die näheren Ausführungen sind jedoch zu allgemein, um erkennen zu lassen, ob hier eine „Generalüberholung des Gesamtcurriculums", wie sie LUDWIG (2002, 82) angesichts des derzeitigen massiven Ungleichgewichts zwischen Sprach- und Literaturunterricht fordert, für die Sekundarstufe II angestrebt ist. KAMMLER und SWITALLA formulieren für den Lernbereich *Reflexion über Sprache:*

> ■ *[Es geht] zum einen um den kompetenten Sprachgebrauch, die Weiterentwicklung normgerechten Sprechens und Schreibens, zum anderen um die Auseinandersetzung mit dem System der Sprache, ihrer synchronen und diachronen Struktur, ihrer Funktion als Verständigungsmittel usw. (*KAMMLER/SWITALLA 2001, 104*).* ■

Diese Aufwertung des Sprachunterrichts ist m. E. ein wichtiger Ansatz. Empirische Untersuchungen machen immer stärker deutlich, dass die sprachlichen Fähigkeiten von Jugendlichen am Ende der 8. Klasse nicht ausgereift sind, wie es die Lehrpläne der Sekundarstufe I suggerieren, sondern dass sie in der oberen Mittelstufe, in der Sekundarstufe II und für bestimmte (z. B. akademische) Zwecke auch darüber hinaus einer gezielten Förderung bedürfen.[1]

[1] Vgl. v. a. die Studie von SIEBER 1994. Zu den (schrift-)sprachlichen Fähigkeiten von Schulabgängern und Studienanfängern vgl. auch die von KAMMLER/SWITALLA durchgeführte Umfrage unter Lehrern und Hochschullehrern (2001, 105) sowie die Ergebnisse einer von EHLICH/STEETS 2000 ausgewerteten Befragung von Professoren der Ludwig-Maximilians-Universität München.

Allerdings muss man sich fragen, wie eine konsequente Weiterführung des Sprachunterrichts überhaupt zu leisten ist – angesichts der Tatsache, dass das sprachliche Curriculum am Ende der 8. Klasse nahezu abbricht. Fast das ganze Grammatik- und Rechtschreibpensum der Sekundarstufe I ist auf die Klassenstufen 5–8 konzentriert. Danach entsteht in den Stufen 9 und 10 eine empfindliche Lücke, die bis in die Sekundarstufe II nachwirkt. Die Entzerrung des Grammatik-Curriculums in der Sekundarstufe I, wie sie manche Didaktiker fordern (BREMERICH-VOS 1993b, BERKEMEIER 1999), wäre eine wesentliche Voraussetzung für einen zielgerichtet fortgeführten Sprachunterricht in der Oberstufe.

Anders als in der Sekundarstufe I, wo es zentral um die Ausbildung sprachlicher Fähigkeiten geht, wird in der Sekundarstufe II Sprache als Betrachtungsgegenstand intensiver thematisiert, und zwar unter dem Aspekt ihrer historischen und strukturellen Dimensionen. Damit eröffnet sich ein äußerst breites und vielschichtiges Feld, das man auf der Grundlage der bestehenden Lehrpläne und Lehrbücher allerdings nur in kleinen Ansätzen abdecken kann: ein bisschen Sprachgeschichte hier, ein wenig Sprachtheorie dort, dazu einige Textauszüge aus der Sprachphilosophie. So entsteht leicht der Charakter der Beliebigkeit, welche weder dem Gegenstand angemessen ist noch das Schülerinteresse an Sprache weckt.

Die folgenden Ausführungen zu Grammatik (2), Sprachwandel (3), sprachlichen Varietäten (4) und Sprachtheorie (5) zeigen Querverbindungen innerhalb des Sprachsystems auf, deren Bewusstmachung Sprachunterricht zu Stringenz und Systematik verhilft. Sie sind in einem funktionalen Verständnis von Sprache begründet, welches davon ausgeht, dass sich sprachliche Formen in einem historisch-gesellschaftlichen Prozess den jeweiligen kommunikativen Zwecken adäquat entwickelt haben.

2.2 Grammatik: Fortsetzung von Sekundarstufe I

Die Beschäftigung mit grammatischen Fragen in der Oberstufe zielt auf eine vertiefte Betrachtung komplexer sprachlicher Erscheinungen. Gefestigtes und erweitertes sprachliches Wissen ermöglicht größere sprachliche Variation beim Sprechen und Schreiben und fördert die bewusstere Wahrnehmung sprachlich-ästhetischer Prozesse in sachlichen und literarischen Texten. Auf zwei Themen ist in diesem Zusammenhang einzugehen:

(1) auf indirekte Rede und Konjunktiv sowie
(2) auf spezifische textgrammatische Aspekte.

2.2.1 Die indirekte Rede und der Konjunktiv

Nachdem der Konjunktiv und die indirekte Rede in der 7. und 8. Jahrgangsstufe eingeführt und in der Aufsatzart Inhaltsangabe angewendet werden, gibt es im Anschluss daran keine Schreibaufgaben, in denen diese Formen systematisch Einsatz fänden. In der Oberstufe taucht die indirekte Rede in Zusammenhang mit der Textwiedergabe erneut auf – und bereitet Schülerinnen und Schülern erhebliche Schwierigkeiten, vor allem, was die Formenbildung betrifft. Unklar ist den meisten aber auch, wann und zu welchem Zweck man indirekte Rede benutzt, was sie gegenüber direkter Rede leistet und für welche Text- bzw. Diskursarten sie typisch ist. Das Phänomen stellt sich allerdings als sehr komplex dar, insbesondere, weil es keine eindeutige Korrelation zwischen Form und Funktion gibt. Für die Umwandlung des Satzes Er sagte: *„Ich bekomme Besuch."* gibt es folgende tatsächlich vorkommende Möglichkeiten:

(a) *Er sagte, er bekomme Besuch.*
(b) *Er sagte, dass er Besuch bekomme.*
(c) *Er sagte, er bekäme Besuch.*
(d) *Er sagte, er würde Besuch bekommen.*
(e) *Er sagte, dass er Besuch bekommt.*
(f) *Er sagte, dass er Besuch bekäme.*
(g) *Er sagte, dass er Besuch bekommen würde.*
(h) *Er sagte, er bekommt Besuch.*

Aus der Betrachtung dieser Formen lassen sich folgende Beobachtungen und Fragen ableiten:

- Wie „eng" bzw. wie „weit" gefasst sind die Regeln zum Konjunktivgebrauch in der Grammatik? In stark normativen Grammatiken werden nur (a) und (b) als standardsprachlich eingestuft. Die verschiedenen anderen Formen werden als umgangssprachlich bzw. redesprachlich bezeichnet. Nach dem Duden sind auch das Präteritum und die *würde*-Form regelgemäß.
- Ist das doppelte Signal der Indirektheit (durch *dass* und Konjunktiv) in (b) notwendig oder redundant und daher aus sprachökonomischen Gründen abzulehnen?
- Wie gehören Indirektheitsfunktion und Modalitätsfunktion zusammen? Gibt es einen Bedeutungsunterschied zwischen (b) und (c) in dem Sinn, dass die Verwendung des Präteritums in (c) die Verbindlichkeitsqualität der Aussage einschränkt (s.u.)?
- Wodurch unterscheiden sich direkte und indirekte Rede, wenn man eine Form wie (h) betrachtet? [2]

[2] Zu den Beispielsätzen vgl. Menzel 1995, 61 f.

Geht man nicht wie hier von konstruierten, sondern von real vorkommenden Beispielen aus, erweist sich das Phänomen als noch vielschichtiger. In der „Grammatik der deutschen Sprache" (GDS) des Instituts für Deutsche Sprache ist das Thema unter dem Stichwort „Indirektheitskontexte" behandelt, was die Kontextgebundenheit indirekter Redewiedergabe hervorhebt.

Einige Differenzierungen, die dort vorgenommen werden, erscheinen mir auch für den schulischen Zusammenhang wichtig. So verweisen die Autoren darauf, dass nur die Proposition der Originaläußerung in indirekter Redewiedergabe wörtlich umsetzbar ist. Die vollzogene Sprechhandlung dagegen muss beschrieben werden, denn sie ist als Referatsanzeige Teil des Indirektheitskontextes.

Die Referatsanzeige kann die vollzogene Sprechhandlung unterschiedlich genau bzw. interpretierend wiedergeben. *Sagen* dient als allgemeinstes referatsanzeigendes Verb. Es kann jedoch auch eine Interpretation stattfinden, die sich bezieht auf

- den interaktiven Status der Originaläußerung (*Sie warf mir vor/sie warnte mich/sie gab zu, dass eine solche Reaktion falsch sei.*),
- ihren Ort im Originaldiskurs (*Sie antwortete/sie fuhr fort, noch sei nicht aller Tage Abend.*) oder
- ihre Realisierungsmodalität (*Er jammerte/stotterte/flüsterte, so gehe es aber nicht.*) (GDS, 1756f.).

Diese Hinweise, die die Wiedergabe von mündlicher Rede betreffen, können auch auf die Wiedergabe von Texten übertragen und dort sehr effektiv eingesetzt werden, nämlich um die argumentative Struktur des Originaltextes herauszuarbeiten. Es ist eine anspruchsvolle Aufgabe für Schülerinnen und Schüler (im Leistungskurs), auf der Basis der obigen Beispiele die Transposition in die Textwiedergabe zu leisten und entsprechende sprachliche Mittel (Referatsanzeigen) zusammenzustellen. In diesem Zusammenhang ist v.a. auch auf adverbiale Formen und die Möglichkeiten der Parenthese zu verweisen: *nach Ansicht von ...; laut ...; ..., so der Autor* etc.

Ein anderes Problem der Textwiedergabe, dem man sich durch ein Nachdenken über Indirektheitskontexte nähern kann, ist die Unterscheidung zwischen Textwiedergabe und Darstellung der eigenen Meinung. Es zeigt sich immer wieder, dass Schüler hier Schwierigkeiten mit klaren Markierungen haben und die Funktion von indirekter Rede nicht deutlich genug erfassen. Ein Beispiel: Eine Schülerin, die den Artikel „Vergesst die Kopfnoten!" von Norbert Niemann aus der SZ vom 6.3.2002 zum Thema Schule zusammenfassen sollte, um dann auch selbst Stellung zu diesem Thema zu nehmen, schreibt:

■ *NIEMANN ist der Meinung, dass die Grundlage jeden Unterrichts eine gemeinsame Sprache zwischen Lehrern und Schülern ist. Sie ist aber inzwischen verloren gegangen, weil nicht mehr genügend Respekt vorhanden ist.* ■

Was diese Schülerin nicht leistet, ist die „Ausdehnung" des Indirektheitskontextes. Für den zweiten Satz ist nicht erkennbar, ob sie weiterhin NIEMANN referiert oder ihre eigene Meinung darlegt, zumal die angeführte Begründung nicht dem Originaltext entspricht. Anhand entsprechender Beispiele aus Schülertexten kann die Notwendigkeit der Abgrenzung veranschaulicht und kann diskutiert werden, wie diese sprachlich umzusetzen ist (Konjunktiv, Referatsanzeige). In einen diffizilen Bereich gerät man, wenn Indirektheitskontexte und Modalitätskontexte zusammenfallen bzw. sich überschneiden. Dann wird gewöhnlich der Konjunktiv Präteritum verwendet, obwohl, wie viele Beispiele aus der GDS zeigen, dieser nicht zwangsläufig eine Distanzierung gegenüber der referierten Aussage bedeutet (GDS, 1775). In folgendem Beispiel kommen sowohl der Indirektheits- als auch der Modalitätsaspekt zum Tragen, d.h. der Schreibende gibt eine Äußerung wieder, distanziert sich gleichzeitig aber von ihr:

■ *Aber Hitler suggerierte den Massen auch, dass sie als Herrenrasse den Völkern der ganzen Welt überlegen wären, dass sie das Recht hätten, rassische und politische Untermenschen zu beseitigen* (zit. in GDS, 1773). ■

Das sprachliche Mittel der indirekten Rede ist charakteristisch für die Textarten der öffentlichen Kommunikation, insbesondere für massenmediale Nachrichtentexte. Es besteht die Empfehlung, die Indirektheit mindestens durch *ein* Sprachmittel klar von Direktheit zu scheiden. Sehr häufig wird sie doppelt markiert. In der nicht-öffentlichen, informellen Kommunikation dagegen ist der Konjunktiv weitgehend durch den Indikativ ersetzt. Ein weiterer Bereich, für den Indirektheitskontexte eine wichtige Rolle spielen, ist die wissenschaftliche Kommunikation. Aus wissenschaftsethischen Prinzipien ist es unerlässlich, genau zu verdeutlichen, welche Aussagen von einem anderen Autor übernommen sind. Im Hinblick auf die Facharbeit kommt dies auch im vorwissenschaftlichen Schreiben als wichtiger Punkt zum Tragen.

Schlägt man die Brücke zur Literatur, werden andere Verwendungs- und Wirkungsweisen des Konjunktivs deutlich. ULRICH (2001b, 7) verweist auf RUDOLF OTTO WIEMERS „Geschichte im Konjunktiv", MENZEL (1995, 64) auf den Text „Der junge Mann" von THOMAS BERNHARD. Beide Male führt der Autor eine Figur vor und lässt sie in indirekter Rede von sich erzählen, was stark distanzierende, verfremdende Wirkung hat.

In der Literatur taucht manchmal der Konjunktiv auf, wo man Indikativ erwarten würde: „Beide wussten, diesmal seien sie verloren." (H. MANN: „Der Gläubiger") oder „Nun erkannte er, dass der Vogel ihn auf einen anderen Stern gebracht habe und dass alles, was seine Augen sehen, Wirklichkeit und Wahrheit sei“ (H. Hesse: „Merkwürdige Nachrichten von einem anderen Stern“, beide zit. in GDS, 1772). Figurenwahrnehmung und Erzählerperspektive klaffen hier auseinander. Aus dem Zusammenhang der Indirektheitskontexte lässt sich auch die erlebte Rede als spezielle Kontextform ableiten, die man als Mischform zwischen Behauptung (aus der Autorenperspektive) und Gedankenwiedergabe (aus der Figurenperspektive) fassen kann. Allerdings steht, anders als der Terminus *erlebte Rede* vermuten lässt, hier nicht die Rede im Vordergrund, sondern das Reflektieren einer Figur.

■ *Nun kreuzte Doktor Mantelsack im Stehen die Beine und blätterte in seinem Notizbuch. Hanno Buddenbrook saß vornübergebeugt und rang unter dem Tisch die Hände. Das B, der Buchstabe B war an der Reihe! Gleich würde sein Name ertönen, und er würde aufstehen und nicht eine Zeile wissen ...* (Thomas Mann: *Die Buddenbrooks,* zit. in GDS, 1775 f.). ■

2.2.2 Textgrammatische Aspekte

Eine Grammatik des Textes (z. B. Weinrich 1983) betrachtet sprachliche Erscheinungen aus textlinguistischer Perspektive, was etwas anderes ist, als wenn eine Satzgrammatik um einen Aspekt *Text* erweitert wird. Die für die deutsche Sprache typische Klammerstruktur ist z. B. für Weinrich ein textuelles Phänomen.

In der Textlinguistik wird *Text* definiert als „eine begrenzte Folge von sprachlichen Zeichen, die in sich kohärent ist und die als Ganzes eine erkennbar kommunikative Funktion signalisiert“ (Brinker 1992, 17). In der Schulpraxis spielt der *erweiterte Textbegriff* eine zunehmende Rolle; er liegt z. B. dem neuen Berliner Rahmenplan zugrunde und vereint mündliche und schriftliche Texte, kontinuierliche und diskontinuierliche Texte, audiovisuelle wie Filme, Hörspiele usw. und auch digitale Texte wie Computerspiele. Dies erweitert die Möglichkeiten textgrammatischer Herangehensweisen im Unterricht. Zudem wird dieser erweiterte Textbegriff in seinem didaktischen Potenzial auch aus der Sicht der Textlinguistik diskutiert (vgl. Heinemann 2006).

Auf den schriftlichen Text bezogene textlinguistische Phänomene, die im Unterricht betrachtet werden können, sind: die Thema-Rhema-Abfolge mit den Möglichkeiten der Themenkomposition und Themenfortführung (thematische Progression), die Textphorik mit Rückverweisen und Vorverweisen, Anfangs- und Schlusssignale sowie, auf sprachlicher Ebene, die Mittel der Textkohäsion: Rekurrenz (sprachliche Wiederaufnahme durch Nomen und Pronomen) und Isotopie (sprachliche Wiederaufnahme durch Wörter und Ausdrücke, die zum selben Wortfeld oder Sachbereich gehören). Ziel ist es, die Mittel der Vertextung sprachlicher Zeichen bewusst werden zu lassen (vgl. Ulrich 2001b, 6).

Dass Vertextungsmittel nicht nur die für das Verstehen notwendige Kohärenz gewährleisten, sondern darüber hinaus auch ästhetische Wirkung entfalten können, zeigt folgendes literarische Beispiel, in dem die nominale Rekurrenz in ungewöhnlicher Form genutzt wird, nämlich dazu, gerade nicht die Zusammengehörigkeit von Dingen, sondern deren Separation zu zeigen.

> ***Himly und Himly***
> *Herr Himly läßt sich von der Überlegung leiten, daß bei der Partnerwahl*
> *nicht nur das Gefühl, sondern auch der Verstand zu Rate gezogen werden soll.*
> *Herr Himly besitzt ein Haus mit schönem Garten.*
> *Zwei Krückstöcke bewegen Herrn Himly leidlich fort.*
> *Herr Himly ist siebzig.*
> *Frau Himly soll nicht älter als fünfzig sein.*
> *Sie muss Interesse für Haus und Garten hegen.*
> (H. J. SCHÄDLICH: Versuchte Nähe, 73; zit. bei HOFFMANN 1993, 140)

Aus funktionaler Perspektive kann man *Text* noch anders fassen, indem man nämlich den Begriff in systematischer Weise von dem des *Diskurses* abgrenzt. Im Gegensatz zur mündlichen Kommunikation, in der Sprecher und Hörer in einer gemeinsamen Sprechsituation interagieren, sind Texte aus der unmittelbaren Sprechsituation herausgelöst. Die Sprechsituation ist „zerdehnt" (EHLICH 1991, 126), da die Handelnden zeitlich und räumlich voneinander getrennt sind und jeweils nur einen Teilbereich des komplexen sprachlichen Handelns ausführen. Die Situationsentbundenheit bedingt eine Reihe von sprachlichen Mitteln, die texttypisch sind und der Orientierung des Lesers im *Textraum* dienen. In spezifischer Weise sind dies die Mittel der Deixis, Zeigwörter im Text. Das folgende Beispiel zeigt, wie sich durch die bewusste Setzung solcher Wörter eine besondere ästhetische Wirkung erzielen lässt. Es ist der erste Satz des Romans „Rita Münster" von BRIGITTE KRONAUER:

> *Da, damals, die kleine alte Frau im grellen Gras: Was für Knöchelchen!*

Der unmittelbare Beginn mit den deiktischen Formen *da* und *damals* sowie der Ausruf sind sprachliche Mittel, die normalerweise an einen gemeinsamen Wahrnehmungsraum von Sprecher und Hörer gebunden sind. Im Text suggerieren sie eine direkte Kommunikationssituation von Ich-Erzählerin und Leser und fordern diesen auf, die Mittelbarkeit des Textes quasi zu überspringen und zum unmittelbaren Beobachter der Szene zu werden (vgl. RIEDNER 1996, 53).[3]

---

[3] Die Ergiebigkeit der Analyse der deiktischen (und anderer) Prozeduren für das Verstehen und Interpretieren von Literatur zeigen die Arbeiten von KRUSCHE 2001, die unter dem bezeichnenden Titel „Zeigen im Text" zusammengefasst sind. EHLICH hat 1997 in einem vergleichenden Ansatz auf dieser Basis Stilcharakteristika von EICHENDORFF und GOETHE herausgearbeitet.

2.3 Sprache und Geschichte

Im „Kerncurriculum" wird als zweiter Pol des Lernbereichs Reflexion über Sprache – neben kompetentem Sprachgebrauch – die „Auseinandersetzung mit dem System von Sprache, ihrer synchronen und diachronen Struktur" genannt (KAMMLER/SWITALLA 2001, 104). Sprachgebrauch und Sprachsystem stehen nach verbreiteter linguistischer Auffassung im Gegensatz zueinander, da im einen Fall der Zweckcharakter von Sprache als zentralem Kommunikationsmittel im Mittelpunkt steht, im anderen Fall das Sprachsystem als zweckfreies Gebilde mit eigenen Gesetzen erscheint. Diese Dichotomie hebt sich jedoch auf, betrachtet man die Herausbildung von Sprache als gesellschaftlich-historischen Problemlöseprozess, der hinreichende Mittel für die Realisierung der kommunikativen Handlungszwecke einer Gesellschaft herausgebildet hat. Auch sprachgeschichtliche Veränderungsprozesse können so unter kommunikativem Aspekt betrachtet werden, und zwar auf allen Ebenen des sprachlichen Systems bis hin zu den kleinsten Funktionswörtern (z.B. *so*, *denn*). Für eine solche Betrachtungsweise hat EHLICH (1994) den Begriff der „funktionalen Etymologie" geprägt.

2.3.1 Sprache im Wandel

Die Auseinandersetzung mit Phänomenen der Sprachveränderung ist für den Deutschunterricht insofern relevant, als dadurch eine distanzierte Haltung zur Sprache gefördert wird, die für eine reflektierte und kritische Sprachbetrachtung wichtig ist. Angesichts sich ständig verändernder Wirklichkeitserfahrungen kann Sprache als ein Instrument gesehen werden, das sensibel und effizient auf Veränderungen reagiert und diese verarbeitet. Dem beschleunigten Rhythmus gesellschaftlicher und kultureller Entwicklungen entsprechend, verläuft auch der sprachliche Wandel in vielen Bereichen rascher als früher. Didaktisch gesehen ist das ein Vorteil, weil er „die Sprachbiografien einer Sprechergeneration direkt tangiert" (LINKE 2000, 66). Insofern kann er bewusster wahrgenommen werden. Aufschlussreich sind vor allem diejenigen Alltagssituationen, in denen sich sprachliche Veränderungen am Unterschied zwischen dem Sprachgebrauch der Eltern- und Großelterngeneration und dem der Jugendlichen konkret festmachen lassen.

Aus einer solchen an die Alltagspraxis angeschlossenen Perspektive kann deutlich gemacht werden, dass Sprachwandel ein der Sprache inhärentes Phänomen ist, da jeder Gebrauch von Sprache auch die Möglichkeit neuer Wörter und veränderter Strukturen impliziert. Ist dieses Bewusstsein geweckt, kann der Blick von den Prozessen, die sich in offensichtlicher Weise und unter starker öffentlicher Aufmerksamkeit vollziehen (z.B. die Anglisierung der Sprache), auch auf die Veränderungen gelenkt werden, die weitgehend unbemerkt geschehen und sich langfristig auswirken, z.B. Veränderungen in der Syntax (Genitivobjekt s.u.) oder bei den Funktionswörtern (s.o.).

In der Sprachgeschichte hat es immer wieder Epochen gegeben, in denen sich Sprachwandel in besonders auffälliger Weise vollzog. Dies steht in Zusammenhang mit medialem Wandel (Einführung der Schrift, Erfindung des Buchdrucks, Einsatz multimedialer Kommunikationsmittel) und institutionellem Wandel (Herausbildung von Schule und Wissenschaft). Die jüngere Sprachgeschichtsforschung hat auch nachgewiesen, dass Sprache in Zeiten sozialer Revolutionen (z.B. Französische Revolution, Mauerfall 1989) einem schnellen Wandel unterliegt, der bis in die grammatische Organisation reichen kann und Anlass zu verstärkter öffentlicher Reflexion des Sprachgebrauchs ist. Insgesamt ist Sprachwandel das Resultat eines komplexen Bedingungsgefüges, in dem sprachliche, kulturelle und subjektive Faktoren zusammenwirken (vgl. Feilke 2000, 4–7).

Zu den sprachlichen Veränderungen, die sich aus der Perspektive der Gegenwart beobachten lassen, zählen vor allem folgende Phänomene (um nur einige zu nennen):

- Vereinfachungs- und Vereinheitlichungstendenzen in der Syntax: das zunehmende Verschwinden des Genitivobjekts zugunsten des Dativobjekts nach den Präpositionen *trotz* oder *wegen*; Zunahme von Präpositionalisierung bei Verben mit Genitiv: *sich einer Sache erinnern* → *sich erinnern an*; *weil*-Sätze mit Hauptsatzstruktur;
- zunehmende Tendenz zu Wortzusammensetzungen: *Arzt im Krankenhaus* → *Krankenhausarzt*;
- verstärktes Eindringen von Fremdwörtern, vor allem aus dem englischen und amerikanischen Sprachbereich (Anglizismen);
- Hang zu Intensivierungsformeln, v.a. im Bereich von Adjektiven und Adverbien (zusammen mit Bedeutungswandel): *super*, *total*, *echt*, oft kombiniert: *total geil*, *echt krass*, *voll fett* (Jugendsprache);
- Tendenz zur Familiarisierung, v.a. in Anrede- und Begrüßungsformeln: *tschüss*, *hallo* (auch in offiziellen Briefen);
- insgesamt: stärkere Akzeptanz von umgangssprachlichen Strukturen in schriftlichen Texten: „Parlando" (Sieber 1994) als besondere Mischung von Mündlichkeit und Schriftlichkeit.

In diese Veränderungsprozesse sind Jugendliche in besonderem Maße involviert, und in einigen Bereichen stellen sie die eigentlichen ‚Sprachexperten' dar. Ihr sprachliches Wissen und ihr Gefühl für Verschiebungen sollte man für den Unterricht nutzen. *Jugendsprache*, so umstritten der Begriff auch sein mag, ist auf allen Klassenstufen, bereits in der Sekundarstufe I, ein sehr naheliegendes Thema. Interessant ist hier auch die historische Perspektive. Die Sprache der Jugendkultur der 1970er und 1980er Jahre kann z.B. anhand folgender Rotkäppchen-Parodie einer Schülerin analysiert werden, zu der Schüler dann einen Paralleltext für die heutige Zeit entwerfen könnten:

Rotkäppchen in der Scene (Von Irmela)
Da wa ma ne echt coole Frau, die hatte sich die Haare mit Henna gefärbt, da hieß sie überall nur noch Rotkäppchen. Die wohnte bei ihren Alten wegen der Kohle, auf Malochen hatte sie null Bock. Aber die Alten machten total Terror von wegen Jobben oder so. Emotional lief da rein gar nichts mehr, und ne Zweierkiste hatte sie auch gerade nicht am Laufen [...]. [4]

Noch deutlicher historische Dimension gewinnt das Thema, wenn man weiter in die Geschichte zurückgreift. „Jugendsprache um 1900" ist ein interessantes Sujet, da „Jugend" um die Jahrhundertwende ein neues gesellschaftliches Thema ist, dessen sich auch die Literatur sehr stark annimmt. Der deutsche Schülerroman des beginnenden Jahrhunderts kann als Spracharchiv genutzt werden. Entsprechende Analysen können zeigen, dass – damals wie heute – die spezifischen Artikulationsformen ihren vornehmlichen Zweck in der „Abgrenzung nach außen" und der „Identifikation nach innen" haben (Krämer 2001, 58).

2.3.2 Sprache als Spiegel der Zeit

Am Thema Jugendsprache wird Sprachwandel als Ausdruck zeitbedingter Trends wahrnehmbar. Als Indikator und Katalysator von kulturellen und sozialen Veränderungen hat er „seismische Qualität" (Linke 2000, 68).

Die Interdependenz von Sprache und sich wandelnder gesellschaftlicher Wirklichkeit zeigen besonders anschaulich die sogenannten *Wörter* und *Unwörter des Jahres*, jährlich publiziert von der Gesellschaft für deutsche Sprache in Wiesbaden mit der Intention, öffentliches Nachdenken über die deutsche Sprache anzuregen. Besondere Aufmerksamkeit erfährt jeweils das Unwort des Jahres, selbst ein umstrittener Begriff, der inzwischen jedoch allgemein bekannt und akzeptiert ist.[5] Zudem wurden aus Anlass der Jahrtausendwende von einer Jury des Fernsehsenders 3sat die „100 Wörter des Jahrhunderts" ausgewählt sowie von der Gesellschaft für deutsche Sprache die „Wörter, die Geschichte machten"– Schlüsselbegriffe des 20. Jahrhunderts, welche wichtige politische, soziale und kulturelle Erscheinungen abbilden.

Alle diese Listen sind „Wörtersammlungen als Zugang zur Welt" (Kuntzsch 2001, 20). Sie bilden ein Sprachmaterial, das von hohem didaktischem Interesse

---

4 Der ganze Text ist abgedruckt in Adamzik 2001, 81.

5 Vgl. auch das „Lexikon der Unwörter" von Schlosser 2000. Schlosser rief 1991 die Aktion „Unwort des Jahres" ins Leben.

ist, weil es gesellschaftliche Entwicklungen sozusagen punktgenau abbildet. Die Tatsache, dass bei der Auswahl der Wörter oder Unwörter des Jahres jeder Sprecher durch eigene Vorschläge mitwirken kann, vermittelt Schülern auch, dass Sprachwandelphänomene nicht in einem abstrakten linguistischen Raum geschehen, sondern konkret bezogen auf Themen und Inhalte, über die öffentlich und privat gesprochen wird. Jeder Sprecher ist hier zur kritischen Bestandsaufnahme aufgefordert, was impliziert, dass er den weiteren Gebrauch dieser Wörter in einem gewissen Sinne mitsteuern kann. Ein entsprechendes Engagement könnte auch aus dem Unterricht heraus organisiert werden.

Für die Arbeit mit den Wörterlisten im Unterricht gibt es vielfältige Möglichkeiten, und die Einbeziehung des Fachs Geschichte ist naheliegend.[6] Auch für Gruppenprojekte und größere selbstständige Arbeiten (Facharbeit) bieten sich interessante Fragestellungen an. Besonderes Potenzial bietet m.E. die interkulturelle, kontrastive Betrachtung: Die „100 Wörter des Jahres" liegen als Sammlungen auch für andere Länder und Sprachen vor. Hier kann interkultureller Sprachunterricht vor dem Hintergrund der Mehrsprachigkeit von Klassen zu einem konkreten Thema werden.

In Zusammenhang mit dem „Unwort des Jahres" gerät darüber hinaus ein weiterer Aspekt von Sprache und Sprachwandel in den Blick: der Aspekt der *Sprachkritik*. Unwörter sind Ausdrücke, die den gültigen Wert- und Moralvorstellungen einer Sprechergemeinschaft zuwiderlaufen. Dass ihnen so viel Aufmerksamkeit von Seiten der Öffentlichkeit zuteil wird, ist ein Indiz für die in den letzten Jahren ausgeprägtere Sensibilisierung gegenüber der Sprache. Die Kritik an sexistischer Sprachverwendung und die Forderung nach nicht-diskriminierender Sprache (*political correctness*) sind in ebendiesem Zusammenhang zu sehen.

Besonders kritische Töne begleiten auch das zunehmende Eindringen englischer und amerikanischer Wörter in die deutsche Sprache. Im jeweiligen Einzelfall ist die Kritik unterschiedlich motiviert. Man kann fragen, ob und inwiefern sie überhaupt mit Sprache als solcher zu tun hat, ob es z.B. ‚genuine' Unwörter gibt bzw. wodurch Wörter zu Unwörtern werden.

Zur Schärfung des kritischen Blicks halte ich es für wichtig, die Erscheinungen selbst mit Aufmerksamkeit zu prüfen, sich zu fragen, was ihr Auftreten bedingt, und darüber nachzudenken, welchen kommunikativen Zweck die jeweiligen Sprachmittel erfüllen.[7] Für die Behandlung des Themas Anglizismen können die Schüler und Schülerinnen

---

[6] Die Wörterlisten zusammen mit Bearbeitungsvorschlägen für den Unterricht finden sich im Themenheft „Wörter/Unwörter" der Zeitschrift Der Deutschunterricht 4/2001; vgl. insbesondere die Artikel von Eichhoff-Cyrus, Kuntzsch und Schlosser.

[7] Zur grammatischen Integration von jugendsprachlichen Anglizismen vgl. Zifonun 2000, 69–79.

- sprachliches Material aus dem eigenen Umfeld zusammentragen;
- die oben genannten Wörtersammlungen nach englischsprachigen Ausdrücken durchsehen;
- sie einzelnen sprachlichen Bereichen zuordnen: Jugendsprache (z.B. Musikbereich); Sprache der Informationstechnologie; Werbesprache etc.;
- bei einzelnen Wörtern nach deutschen Entsprechungen suchen; eventuell auch solche kreieren;
- nach den Leistungen der Wörter fragen, z.B. indem man Computer- und Werbesprache anhand von Artikeln aus Fachzeitschriften und Prospekten vergleicht;
- eigene, anglizismenreiche Texte verfassen, dabei auf Möglichkeiten der Flexion achten (z.B. ich habe *upgedated*);
- eine verständliche Bedienungsanleitung für ein Handy ohne englische Ausdrücke schreiben;
- ein Quiz organisieren (Verständlichkeit von Anglizismen);
- einen englischen Muttersprachler nach deutschen Ausdrücken (Germanismen) im Englischen fragen;
- einen literarischen Text (Briefliteratur) lesen, der den französisierenden Sprachgebrauch des 18. Jahrhunderts demonstriert.

2.4 Sprachen in der Sprache

„Sprache, das heißt Sprachen", nennt WEINRICH (2001) eine Sammlung seiner Aufsätze. Dieser Titel drückt aus, dass Menschen mehrere Sprachen sprechen (können), aber auch, dass sie im Rahmen einer Sprache an verschiedenen Sprachzuständen partizipieren. Man kann dies auch als *innere Mehrsprachigkeit* bezeichnen.

Sprachliche Varietäten (vgl. KLOTZ/SIEBER 1993) existieren auch im schulischen Sprachkosmos, sodass daraus die Beschäftigung mit dem Thema entwickelt werden kann. Die Möglichkeit kontrastiver Verfahren ist insbesondere in mehrsprachigen Gruppen interessant, weil durch Vergleich von Sprachstrukturen Sprachreflexion auf einem hohen Niveau angeleitet und damit das sprachliche Potenzial von Schülern mit Migrationshintergrund eingebunden werden kann.

Neben dem Aspekt der Mehrsprachigkeit – genuiner oder erworbener – ist vor allem die fachliche Gliederung der Sprache, wie sie die Unterrichtsfächer repräsentieren, für den Deutschunterricht relevant. Die Kenntnis unterschiedlicher fachsprachlicher Darstellungsformen bildet einen Aspekt von Sprachfähigkeit, der im Zuge wachsender beruflicher Mobilität auch über die Schule hinaus von erheblicher Bedeutung ist.

Thematische Aspekte, die m. E. im Vordergrund stehen, sind (a) die Frage der sprachlichen *Organisation von Wissen* im Text, (b) das Verhältnis von *Sprache und anderen semiotischen Systemen*, (c) die Rolle der *Fachtermini* sowie (d) Formen und Funktionen der *allgemeinen Wissenschaftssprache*.

a) Wie Wissen im Text vom Schreibenden zu organisieren ist, damit der Text Kohärenz gewinnt, die argumentative Verknüpfung explizit wird und die Aufmerksamkeit des Lesers gesteuert ist, das sind Fragen, die in den Bereich textgrammatischer Überlegungen gehören.
b) Vor allem in den naturwissenschaftlichen Fächern gehören formelhafte und bildliche Darstellungsverfahren zum fachlichen Instrumentarium. Was leistet eine Formel in einem mathematischen Text? Welche Arten von Informationen kann man in einer Tabelle, einem Diagramm, einem Schaubild darstellen? Welche Aufgabe übernehmen Skizzen, Abbildungen, Fotos im Hinblick auf die Übermittlung von Wissen? Bei allen Fragen geht es letztlich darum, wie Sprache und Bild im Sinne des Wissenstransfers in einem Text zusammenwirken.
c) Hinsichtlich der Fachterminologie sind es nicht die Termini der einzelnen Disziplinen selbst, die im Deutschunterricht Aufmerksamkeit verdienen. Diese gehören in den jeweiligen Fachunterricht, werden dort eingeführt und erläutert. Interessant aber ist, zu betrachten, in welcher Weise sich Fachbegriffe herausgebildet haben und wie sie sich neu bilden (wie viel metaphorischer Sprachgebrauch auch die exakten Wissenschaften kennzeichnet, wird überraschen: z. B. *der Schnelle Brüter*). Man kann sich fragen, warum es sich bei Fachtermini meist um Substantive handelt und welche spezifische Funktion den Verben und Adjektiven zukommt. Zu zeigen gilt es darüber hinaus, dass Begriffe allein noch nicht die Eindeutigkeit der fachlichen Kommunikation gewährleisten, sondern dass sie im jeweiligen Kontext definiert werden müssen. Ein Beispiel für parallele Bedeutungen bietet der häufig gebrauchte Begriff *Diskurs*, der je nach sprachphilosophischem oder -theoretischem Hintergrund Unterschiedliches meint, was für das Verstehen eines Textes nicht unerheblich ist. Aus diesem Zusammenhang kann man einsichtig machen, dass es in fachlichen, wissensvermittelnden Texten bei den Termini nicht auf stilistische Variation, sondern auf begriffliche Konstanz ankommt. Die für das Schreiben sonst gültige Devise, Wiederholungen von Ausdrücken zu vermeiden, gilt für fachliche Texte dadurch nur bedingt. Anhand des aufmerksamen, nicht nur inhaltsbezogenen Lesens von fachlichen Texten (Lehrbuchtexte aus dem Kanon der schulischen Fächer) kann man diesen Grundsatz überprüfen. Beim eigenen Schreiben eines Fachtextes, insbesondere bei der Facharbeit, werden Schüler ihn selbst praktizieren.
d) Von der fachspezifischen Terminologie sollte der Blick auch auf diejenigen sprachlichen Kriterien gerichtet werden, die dem übergeordneten Ziel der Wissensgewinnung und -übermittlung dienen, das allen Disziplinen gemeinsam ist.

Es geht um Wissenschaftssprache in ihrer fachübergreifenden Form und Funktion. EHLICH (1999) hat für diesen Aspekt den Begriff der „alltäglichen Wissenschaftssprache“ geprägt und meint damit all diejenigen Ausdrücke, die grundsätzliche wissenschaftliche Tätigkeiten benennen und die weder alltagssprachlich noch terminologisch sind. Es sind Wörter und Wendungen, die sozusagen zwischen den Termini stehen. Stärker als in den Fachbegriffen spiegeln sich in den alltäglichen wissenschaftsbezogenen Ausdrücken die geistigen Verfahren, die den jeweiligen Erkenntnisprozessen zugrunde liegen.

Charakteristisch für die alltägliche Wissenschaftssprache sind v.a. Substantive wie *Diskussion*, *Begriff*, *These*, *Perspektive*, *Ansatz*, *Verfahren* etc., dann handlungsbezeichnende Verben wie *definieren*, *analysieren*, *einführen*, *zeigen*, *hinweisen auf* etc. Neben diesen Grundbegriffen der wissenschaftlichen Praxis gibt es eine Fülle von mehr oder weniger formelhaften Wendungen, die der Alltagssprache entnommen sind und wissenschaftsspezifische Bedeutung angenommen haben: *einen Grundsatz ableiten, etwas unter einem Begriff zusammenfassen, ein Ergebnis auswerten, auf Erkenntnissen einer Disziplin aufbauen* etc.

Nimmt man den wissenschaftspropädeutischen Auftrag des Sprachunterrichts ernst, tut sich hier ein zentraler Vermittlungsbereich auf, der bislang in Lehrplänen und Lehrwerken noch keinen adäquaten Platz gefunden hat. Im schulischen Schreiben wird er überall dort relevant, wo es um die Verarbeitung von Wissen in schriftlicher Form geht, beim Exzerpieren, Protokollieren und schließlich beim Schreiben einer Facharbeit.[8]

2.5 Sprachtheorie

Die Lehrpläne für die Sekundarstufe II sehen unter dem Aspekt der Sprachreflexion auch die Auseinandersetzung mit sprachphilosophischen und -theoretischen Ansätzen vor. In den Lehrbüchern wird dem mit diversen Textauszügen zum „Ursprung der Sprache“ oder zu „Sprache, Denken, Wirklichkeit“ entsprochen. Mit dem Angebot, sich mit sprachwissenschaftlichen Theorien zu befassen, ist man nach ‚Überwindung‘ der linguistischen Phase zurückhaltend. Einen gewissen Stellenwert besitzen Kommunikationsmodelle, die systematisieren, welche Prozesse zwischen Sprecher und Hörer ablaufen. Der Erkenntniswert solcher Modelle wird im Unterricht meist nicht an Sprechsituationen getestet, sondern anhand von Texten, ohne dass der grundsätzliche kommunikative Unterschied zwischen mündlicher und schriftlicher Kommunikationssituation erhellt würde.

---

[8] Vgl. STEETS 1999.

Will man sich im Deutschunterricht der Oberstufe, speziell im Leistungskurs, mit sprachwissenschaftlichen Theorien und Modellen beschäftigen, so erscheint es sinnvoll, dort anzusetzen, wo auch der Sprachunterricht linguistisch verankert ist. Die theoretische Basis der Überlegungen zu einem funktional verstandenen Grammatikunterricht (in den Sekundarstufen I und II) ist die Theorie des sprachlichen Handelns, insbesondere in der Form, wie sie die *Funktionale Pragmatik* entwickelt hat. Abschließend möchte ich die wichtigsten Ansätze dieser Sprachtheorie skizzieren, um einerseits ein Thema für den Unterricht vorzuschlagen und um andererseits an die Überlegungen zu einem systematischen handlungsorientierten Sprachunterricht anzuknüpfen und diese zu fundieren (vgl. 216–237).

Die Theorie des sprachlichen Handelns setzt im Hinblick auf die kommunikative Funktion von Sprache bei dem historisch fundierten Begriff des *Zwecks* an, über den sich Form- und Funktionsseite von Sprache verknüpfen lassen. Sprachliche Formen sind zweckmäßige Formen, deren Struktur auf den zu realisierenden Zwecken beruht. Dies gilt für alle Einheiten des sprachlichen Handelns.

Wie die Einheiten des sprachlichen Handelns aufeinander aufbauen, kann die Grafik (Redder 1998, 67) veranschaulichen.

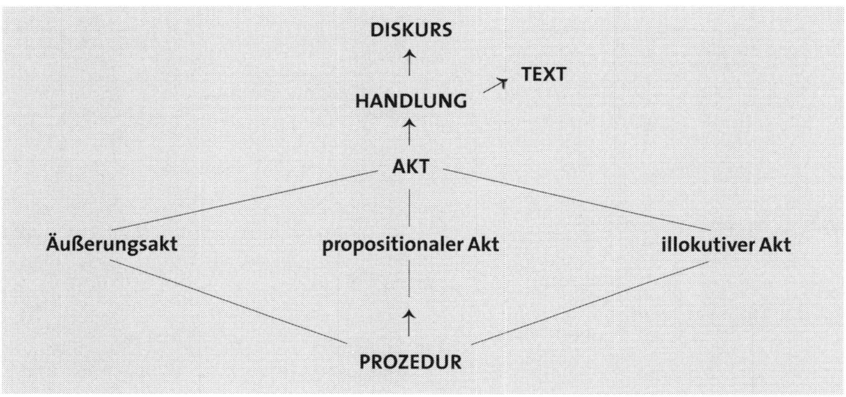

Die Einheiten auf der mittleren Ebene: Äußerungsakt, propositionaler Akt (Verbalisierung des Gedankens), illokutiver Akt (Benennung des Handlungszwecks) konstituieren die *Sprechhandlung*. In der Verkettung von Sprechhandlungen entstehen sogenannte *Handlungsmuster*, wie sie für bestimmte Kommunikationsformen charakteristisch sind. Im schulischen Zusammenhang ist es insbesondere das Muster Frage–Antwort. Ein anderes wichtiges Muster (zum Beispiel im Hinblick auf mündliches und schriftliches Argumentieren) ist das des Begründens. Größere Handlungseinheiten, die sich aus einem Ensemble von Sprechhandlungen zusammensetzen, sind der *Diskurs* und der *Text*, die sich wiederum nach einzelnen Diskurs- bzw. Textarten spezifizieren lassen. Die systematische Unterscheidung zwischen *Diskurs* und *Text* beruht darauf, dass im einen Fall Sprecher und Hörer in *einer* gemeinsamen Sprechsituation zugegen sind, im anderen Fall diese *zerdehnt* ist und durch entsprechende sprachliche Mittel überbrückt werden muss.

Auf der untersten Ebene erscheinen die *Prozeduren*, die sich nach funktionalen Typen unterscheiden lassen, welche sich auf entsprechende *sprachliche Felder* beziehen:

- das *Zeigfeld* mit den deiktischen Prozeduren, die die Höreraufmerksamkeit steuern: *ich*, *du*, *hier*, *jetzt*, *da*, *damals*, *dieser*, *jener*, *so*;
- das *Symbolfeld* mit den nennenden (oder auch charakterisierenden) Prozeduren, die die Hauptwortarten Verb, Substantiv und Adjektiv umfassen;
- das *operative Feld* mit den operativen Prozeduren, mittels derer Sprache als Sprache verarbeitet wird: Phorik, Partikeln, Konjunktionen, Fragewörter, eine Reihe von Flexionsmorphemen;
- das *Lenkfeld* mit den expeditiven Prozeduren (Lenkausdrücken), die den direkten „Draht" zwischen Sprecher und Hörer herstellen: Interjektionen;
- das *Malfeld* mit den malenden Prozeduren, die zur expressiven Verbalisierung von atmosphärischen und emotionalen Zuständen dienen: v.a. durch intonatorische Modulation.

Der Vorteil dieses sprachtheoretischen Ansatzes liegt darin, dass sprachliche Elemente auf allen Ebenen der Betrachtung systematisch unter dem Aspekt des sprachlichen Handelns gesehen werden. Mündliche und schriftliche Kommunikation sind gleichermaßen im Blick, ohne dass die systematischen Unterschiede ausgeblendet würden. Größere sprachliche Kategorien, die von Diskurs und Text, gelangen nicht additiv hinzu, sondern sind wesentlicher Bestandteil des theoretischen Konzepts. Unter dem Gesichtspunkt des Zwecks wird die Differenzierung von Diskurs- und Textarten möglich, ein Ansatz, der sich für eine Neubestimmung der schulischen Aufsatzarten als grundlegend erweisen könnte. Auch der Brückenschlag zur Literatur ist gewährleistet. Auf dem Weg über die Analyse der kleinsten sprachlichen Einheiten, der Prozeduren, eröffnet sich ein Zugang zur Erschließung und Interpretation von Literatur, der den Aspekt der literarischen Wirkung in den Vordergrund stellt.

Der Bereich, für den das Desiderat einer adäquaten sprachtheoretischen Fundierung am wichtigsten erscheint, ist der der Grammatik – gesehen als „Systematik der Mittel des sprachlichen Handelns" (Hoffmann 1999, 235 f.). Wie schon im Beitrag „Lernbereich Sprache in der Sekundarstufe I" betont, halte ich das Zusammenführen der schulgrammatischen Kategorisierungen mit funktional-pragmatischen Kategorien für eine zentrale Aufgabe der Sprachdidaktik.

3 Schulisches Schreiben

Jürgen Baurmann

3.1 Schulisches Schreiben und die Entwicklung der Schreibdidaktik

OTTO LUDWIGS umfassende Geschichte des deutschen Schulaufsatzes von seiner „Vorgeschichte" in der Antike bis zum „sprachgestaltenden Aufsatz" der Nachkriegszeit (bis 1970) hilft nach wie vor, die Entwicklung des Schreibens in der Schule zu verstehen und vor diesem Hintergrund viele bis heute wirkende didaktische Entscheidungen und Unterrichtsanregungen einzuschätzen. Nach Phasen, die vor allem durch Ansätze der Rhetorik und die Etablierung der deutschen Sprache (auch als Unterrichtsfach) geprägt waren, entwickelte sich ab dem Ende des 18. Jahrhunderts an deutschen Schulen zunehmend eine eigenständige Aufsatzdidaktik. Die Grundfunktionen des Schreibens (etwa Ausdrucks- und Darstellungsfunktion), der Stellenwert bestimmter Aufsatzformen in der Schule und die Entscheidung, ob in der Schule Aufsätze frei, gebunden oder gestaltend verfasst werden, bestimmten jahrzehntelang die fachdidaktische Diskussion und die konkrete Praxis. Nach 1970 setzten sich dann „kommunikative Konzeptionen"[1] durch, die – „Schulaufsätze" als „Texte für Leser"[2] verstanden. Mit dem Aufkommen der Schreibforschung, spätestens seit Mitte der 1980er Jahre, wurden die erwähnten schreibdidaktischen Traditionen teilweise weiter entfaltet (beispielsweise hinsichtlich der Funktionen des Schreibens) oder relativiert (etwa bezüglich der Aufsatzformen), vor allem jedoch ergänzt und weitergeführt – hauptsächlich im Sinne einer prozessorientierten Sicht sowie einer differenzierteren Beschreibung der Schreibentwicklung. Dass die konkrete Umsetzung in der Schule in unterschiedlichen Formen auf die didaktische Diskussion reagierte und nach Wahrnehmung der Schülerinnen und Schüler die aktuelle Entwicklung ab 1980 lediglich begrenzt aufgenommen hat, zeigt allerdings die „empirische Analyse" von MERZ-GRÖTSCH (2001).

---

[1] HAUEIS 1996, 1262.
[2] BOETTCHER u.a. 1973.

3.2 Schulisches Schreiben und Schreibforschung

3.2.1 Teilprozesse und Prozessmerkmale

Bei einer prozessorientierten Sicht stehen nicht mehr nur die Produkte (also die Schülertexte, Aufsätze) im Mittelpunkt schreibdidaktischen Denkens und Handelns, sondern es wird der komplexe Schreibprozess mitbedacht, der jeweils zu Texten führt. Hinsichtlich einer solchen Perspektive lassen sich Teilprozesse unterscheiden – konzeptionelle Prozesse, Vorgänge des Formulierens, des Ausführens/Inskribierens und des Überprüfens/Überarbeitens (so bei WROBEL 1995). Die Teilprozesse verlaufen allerdings nicht ausschließlich und streng sukzessiv (also vom Planen über das Formulieren zum Überarbeiten), sondern die einzelnen Aktivitäten pendeln in Interaktion zwischen den genannten Ebenen hin und her. Sie sind zudem jederzeit wiederholbar (iterativ), außerdem rekursiv (also auf sich selbst beziehbar) und interaktiv.[3] Ein naheliegendes Beispiel für das interaktive Moment lässt sich etwa beim Zusammenspiel des Schreibens mit dem Überarbeiten ableiten: Nachträge beziehen sich auf die Ausführungshandlungen; Korrekturen und Verbesserungen interagieren vorrangig mit dem Formulieren; Umsetzungen und Neufassungen greifen bis ins Planen tief in den Schreibprozess ein.[4]

3.2.2 Schreibstrategien als Vorgehensweisen bei der Textproduktion

Der skizzierte Prozess stellt beträchtliche Anforderungen an Schreibende. Wer Schreibstrategien als „erprobte und bewährte Verfahren [zur] Bewältigung spezifischer Schreibanlässe und potentieller Schreibschwierigkeiten in spezifischen Schreibsituationen" beherrscht (ORTNER 2000, insbesondere 351 f.), wird diesen komplexen Prozess besser meistern und Schreibziele sicherer erreichen. Welche Schreibstrategien lassen sich nun unterscheiden? ORTNER entwickelt aus den Selbstzeugnissen von professionellen Schreibern insgesamt zehn Vorgehensweisen. Um die Vielfalt der Möglichkeiten zumindest anzudeuten, der einen schreiber-differenzierten Unterricht zur Folge haben wird[5], seien die Strategien kurz vorgestellt und jeweils an Aufgabenbeispielen für die Sekundarstufe I und II veranschaulicht:

---

[3] Vgl. dazu LUDWIG 1983.
[4] Vgl. BAURMANN/LUDWIG 1985.
[5] Vgl. BAURMANN/MÜLLER 1998.

Schreibstrategie		Beispiel
1	Schreiben in einem Zug	kreatives Schreiben in verschiedenen Spielarten
2	(nur) einen Text zu einer Idee schreiben	der vertraute Schulaufsatz zu einem vorgegebenen Thema
3	Schreiben von Textversionen zu einer Idee	Verfassen verschiedener Textversionen und anschließende Entscheidung für eine Fassung (bisher in der Didaktik und Schule unterrepräsentiert)
4	Herstellen von Texten über die redaktionelle Arbeit daran	Weiterführungen und Überarbeitungen von Texten, etwa nach Verfahren wie Textlawine, Textlupe und Schreibkonferenz (siehe 4.2)
5	Planendes Schreiben (etwa nach Gliederung, Stichwortsammlungen, Skizzierung des Aufbaus)	Verfassen von Texten auf der Basis einer Gliederung, auch die vielfältigen Hilfen zur Entlastung beim Verfassen von Texten (Vorgaben wie Reizwörter, Bilderfolgen)
6	Einfälle außerhalb eines Textes (weiter-)entwickeln und danach niederschreiben („zuerst denken, dann schreiben")	sich Argumente und Gegenargumente ausdenken und dann in einer Erörterung schriftlich darstellen
7	Schrittweises Vorgehen, Schritt-für-Schritt-Schreiben	Kontinuierlich entwickeltes Schreiben bei umfangreichen Schreibvorhaben (Projekte, Facharbeiten)
8	Synkretistisch-schrittweises, also vermischt-uneinheitliches Schreiben	Uneinheitliches, wechselndes Vorgehen beim Verfassen von Texten (Ausformulieren von Textteilen, Festhalten von Stichwörtern, Anlegen von Skizzen oder Schaubildern)
9	moderat zerlegendes Schreiben von Segmenten oder Textteilen	Formen des kooperativen Schreibens, etwa am PC
10	extrem produktzerlegendes Schreiben nach dem Puzzle-Prinzip	Erstellen eines schlüssigen Textes am PC, der nach Recherchen Textbausteine aus dem Internet reflektiert zusammenfügt.

Den zuletzt aufgeführten Strategien 9 und 10, die vom Geschriebenen her als „produktzerlegend" gesehen werden können, stehen deutlich prozessorientierte Vorgehensweisen gegenüber. Die Strategien 2 bis 8 fasst Ortner unter „aktivitätszerlegendem" Schreiben zusammen. Davon abzuheben ist das Schreiben in einem Zug (= Schreibstrategie 1), das weder im Blick auf den Schreibprozess noch hinsichtlich des jeweiligen Produkts zerlegt wird.

Welche Schreibstrategien wählen Kinder und Jugendliche beim schulischen Schreiben? In vielen Fällen werden Schülerinnen und Schüler wohl unreflektiert eine Form des „planenden Schreibens" (= Schreibstrategie 5) bevorzugen oder aus verschiedenen Gründen Schreibstrategie 1 (= Schreiben in einem Zug) nutzen, was allerdings bei vielen Aufgaben des schulischen Schreibens nicht passt. Unterrichtsorganisatorische Vorgaben (Fixierung des Schreibens auf die zu benotenden Klassenaufsätze, für deren Verfassung zumeist nur eine Doppelstunde zur Verfügung steht) oder das „Beharrungsvermögen kulturell etablierter Konzepte", die nach wie vor im Deutschunterricht vertreten und an Schüler weitergegeben werden[6], sind in diesem Zusammenhang nicht zu unterschätzen.

Ortners Ansatz regt dagegen dazu an, das vertraute Repertoire an Schreibstrategien im Unterricht zu erweitern. Dies kann zum einen durch Schreibaufgaben oder Arrangements (etwa Schreibprojekte) gefördert werden, bei denen sich bestimmte Schreibstrategien als erfolgversprechend erweisen. Da Schreibstrategien als Vorgehensweisen aber nicht nur aufgabengebunden, sondern auch individuell bestimmt sind, wird der bzw. die einzelne Lernende bestimmte Strategien bevorzugen, anderen hingegen eher aus dem Weg gehen.

Im Unterricht ergeben sich hinreichend Möglichkeiten, den Strategien 2 bis 8 Rechnung zu tragen, was der gesamten Breite des „aktivitätszerlegenden Schreibens" mehr oder minder Rechnung trägt. Wo Lehrerinnen und Lehrer Kinder und Jugendliche zu Schreibstrategien ermutigen, die ihnen noch nicht vertraut sind, tragen sie erheblich zur Schreibförderung bei. Offensichtlich wird dann, dass weder einzelne Strategien generell optimal noch andere durchgängig ungeeignet sind. Alle Vorgehensweisen werden – je nach Kontext – Chancen und Möglichkeiten eröffnen.

3.2.3 Zur Schreibentwicklung

Es ist schlüssig, dass aktuelle Ansätze zur Schreibforschung und -didaktik davon ausgehen, dass Kinder und Jugendliche das Verfassen von Texten lernen und dass Lehrende sie dabei unterstützen können. Letzteres wird begünstigt, wenn Lehrkräfte mit der Diskussion über die Schreibentwicklung vertraut sind. Zeitlich am Anfang solcher Konzepte zur Schreibentwicklung steht der Ansatz von Bereiter (1980). Wie sich aus der folgenden Übersicht ablesen lässt, geht Bereiter davon aus, dass sich die Fähigkeit, Texte zu verfassen, anhand von sechs Teilsystemen (Teilfähigkeiten; vgl. linker Teil) beschreiben lässt. Diese Teilfähigkeiten aufsteigenden Schwierigkeitsgrades werden zunehmend zu komplexeren Schreibweisen (Schreibmodi) koordiniert. Der rechte Teil der Grafik deutet dann an, dass neue

[6] Vgl. Feilke 1995.

Teilfähigkeiten erst dann hinzukommen, wenn die zuvor angeeigneten fest miteinander verknüpft worden sind.

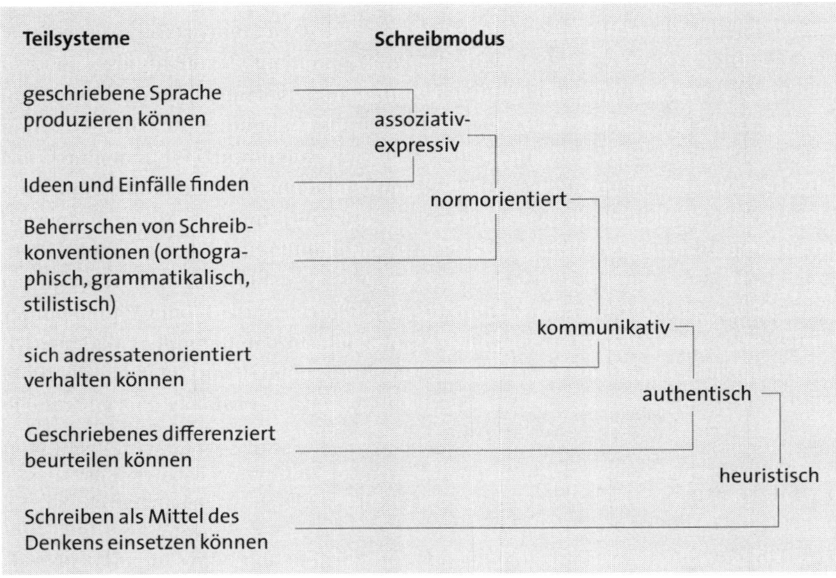

Der Modus des kommunikativen Schreibens – etwa zu Beginn der Sekundarstufe I – lässt sich infolgedessen nach Bereiter beschreiben als die Verknüpfung des gesicherten „normorientierten Schreibens“ mit der Teilfähigkeit, „sich adressatenorientiert zu verhalten“. Bereiters Vorschlag – zweifelsohne von Piaget inspiriert – legt einen zeitlichen Verlauf und die gestufte Abfolge von Teilfähigkeiten beim Schreiben nahe. An einer solchen Auffassung haben sich in den letzten Jahren Vorbehalte entzündet[7]. Diese Bedenken lassen sich auf die vorliegende Modellierung zur Entwicklung schriftsprachlicher Fähigkeiten übertragen: Die Annahme von Stufen der (Schreib-)Entwicklung zwängt den dynamischen Prozess der Schreibentwicklung in ein festes Gerüst, das vielen individuellen Entwicklungsverläufen kaum gerecht wird. Vor- oder Rückgriffe beim Verfassen von Texten, die häufig auftreten, können auf diese Weise nicht erklärt werden.

Zu derlei Brüchen und Sprüngen hat vor kurzem (2008) Pohl Ergebnisse einer Longitudinalstudie vorgestellt, die zumindest für die (frühe) Entwicklung der „Textsortenkompetenz“ ein differenzierteres Bild ergeben, das auch für die Schreibentwicklung ab der Sekundarstufe I Relevanz besitzt. Die Analyse von Tex-

[7] Vgl. etwa Bremerich-Vos (1996) zum frühen Schriftspracherwerb.

ten, die 39 Schülerinnen und Schüler zu den gleichen Schreibaufgaben jeweils im zweiten, dritten und vierten Schuljahr verfasst haben, zeigt, wie deren Entwicklung beim schriftlichen Erzählen, Berichten, Instruieren, Beschreiben und Argumentieren verläuft. Unterschiedlich, doch zumindest in Ansätzen meistern schon Grundschüler „obligatorische Inhaltselemente" wie die narrative Auflösung zum Schluss beim Erzählen, die globale Sinnzuschreibung beim Berichten, die Ausführung von Spielziel, Spielende und Sieger bei instruierenden Spielanleitungen wie auch die Synthese räumlicher Perspektiven beim Beschreiben oder das Herausarbeiten von Schlussfolgerungen und Fazit beim Argumentieren.[8] Die Entwicklung in den einzelnen Domänen (Erzählen, Berichten, Anleiten, Beschreiben und Argumentieren) vollzieht sich bei allen individuellen Unterschieden nicht in gleicher Weise oder gar im Gleichschritt. Ebensowenig ist das schriftliche Erzählen der Ausgangspunkt für die weitere Schreibentwicklung.

Gibt es nun einen Vorschlag zur Schreibentwicklung für die Sekundarstufe, der den erwähnten Bedenken gegen Bereiters Konzept Rechnung trägt und mit den referierten Ergebnissen (bei Pohl) kompatibel ist? Ich denke schon. Auf der Grundlage von Vorarbeiten (1997) haben Becker-Mrotzek/Böttcher (2006, 64 f.) eine Modellierung entwickelt, die auch für einen kompetenzorientierten (Schreib-) Unterricht tragfähig erscheint (siehe dazu 4.1). Nach Schreibversuchen in der „Startphase" orientieren sich die Kinder innerhalb der „Ausbauphase I" an Mustern – hinsichtlich des Wissens an Schemata, bei Handlungsverläufen an Scripts und beim „Aufbau einer Textwelt" (so Feilke) an Textsorten. Dies geschieht – siehe oben – bis zum Ende der Grundschule, ggf. bis zum Übergang in die Sekundarstufe I. In der „Ausbauphase II" orientieren sich Schreiber und Schreiberinnen dann deutlich an den mitzuteilenden Sachverhalten und am Leser. Das Gewusste wird nun für die Textproduktion neu strukturiert, *Erzählen*, *Beschreiben* oder *Anleiten/ Instruieren* werden ausdrücklich auf den Leser bezogen. Ab der Adoleszenz ist dann im Sinne einer „literalen Orientierung" (= Ausbauphase III) ein zunehmend sichereres Agieren innerhalb der Schriftlichkeit zu beobachten: Texte werden nun als kohärente Gebilde konstituiert und unterschiedlichen Leserperspektiven wird Rechnung getragen.

3.3 Schulisches Schreiben und Bildungsstandards

Ergebnisse der Schreibforschung (2.1 sowie 2.2) und die Erwägungen zur Schreibentwicklung (2.3) sind für das Verfassen von Texten in der Schule wesentlich. Vor dem Hintergrund dieser Aussage wird zu prüfen sein, ob und wie die unter den Bundesländern vereinbarten Bildungsstandards für den Mittleren Schulabschluss

[8] vgl. Pohl 2008, 102.

und für den Hauptschulabschluss Ergebnisse der Schreibforschung und aktuelle Erwägungen zur Schreibentwicklung aufnehmen (Ständige Konferenz der Kultusminister, 2003 bzw. 2004). Im Folgenden soll diese Frage vorrangig anhand der Ausführungen zum Mittleren Schulabschluss geprüft werden. Da die entsprechenden Hinweise für den Hauptschulabschluss (Jahrgangsstufe 9) lediglich eine Reduktion der genannten Ausführungen darstellen, kann dieses Dokument hier unberücksichtigt bleiben.[9]

Bei der Darstellung des Kompetenzbereichs *Schreiben*, der „Schreibfertigkeiten", Rechtschreiben sowie „Methoden und Arbeitstechniken" mit einschließt, gehen die Bildungsstandards von den „vielfältigen Möglichkeiten des Schreibens" aus; diese sind zum Teil am Bühler'schen Organonmodell orientiert. Die darauf folgenden „Erläuterungen" verweisen dann insbesondere auf „zentrale Schreibformen". Unter expliziten Hinweisen zum normgerechten Schreiben wird „gegebenenfalls" ein Überarbeiten der Texte für angemessen gehalten (9). Innerhalb des Teilbereichs „einen Schreibprozess eigenverantwortlich gestalten" werden anschließend (12 ff.) drei Phasen genannt und näher erläutert: „Texte planen und entwerfen", „Texte schreiben" und „Texte überarbeiten". Bezogen auf die unter 2.1 genannten Merkmale des Schreibprozesses wird an dieser Stelle das Merkmal des Sukzessiven verabsolutiert: Teilprozesse des Schreibens werden mit vertrauten Phasen im Unterricht gleichgesetzt. Die Erläuterungen zu den drei Phasen verstärken diesen Eindruck – sie erwähnen Vorschläge, die beim schulischen Schreiben zwar vertraut, doch aus prozessorientierter Sicht als einseitig und fragwürdig zu bezeichnen sind (Beispiele: „Stoffsammlung erstellen" beim „Texte planen und entwerfen", „Texte mit Hilfe von neuen Medien verfassen" beim „Texte schreiben" oder „Aufbau, Inhalt und Formulierungen eigener Texte … überprüfen" beim „Texte überarbeiten"). Es fällt insgesamt auf, dass die Zusammenstellung recht beliebig wirkt und wenig systematisch ausfällt – eine Einschätzung, die einige Ausführungen zu „Methoden und Arbeitstechniken" verstärken: Es ist beispielsweise nicht nachvollziehbar, dass „Thesen formulieren" unter „Texte schreiben", hingegen „Fragen und Arbeitshypothesen formulieren" unter „Methoden und Arbeitstechniken" aufgelistet wird. Erheblich problematischer ist es allerdings, dass die Bildungsstandards neben der reduzierten schreibprozessorientierten Sicht die Vielfalt möglicher (auch nötiger) Schreibstrategien nicht nutzt und kein nachvollziehbares Gefüge zu vermittelnder Textsorten anzubieten weiß. Hinsichtlich der Schreibstrategien, die ja aufgaben- und/oder schreiberspezifisch bedingt sind, wird das „planende Schreiben" über Gebühr favorisiert. Zudem beziehen sich die Hinweise zu Schreibstrategien zumeist auf Rechtschreibstrategien (9 bzw. 13); die Nennung von Textsorten (hier „zentrale Schreibformen", 12) macht

[9] Ständige Konferenz der Kultusminister, 2004.

einmal Anleihen an Bühlers Organonmodell (8f.), orientiert sich anderenorts dann an denkbaren Schreibfunktionen. Die plausible Aufteilung in Erzählen, Berichten, Instruieren/Anleiten, Beschreiben und Argumentieren wie bei August u.a. 2007 (hier nach Pohl 2008) sucht man in diesem Zusammenhang jedoch vergebens.

Diese knappe Würdigung zeigt, dass die Bildungsstandards aus Sicht der aktuellen Schreibforschung und -didaktik durchaus Lücken und Unklarheiten aufweisen. Einige Vorschläge wirken additiv gereiht; ihre schreibdidaktisch reflektierte Zusammenschau wird noch nicht sichtbar. Einen Grund zur Resignation ergibt dieses Fazit jedoch nicht. Diejenigen, die für die Kultusministerkonferenz die Bildungsstandards und deren Kontext allgemein erläutern, eröffnen mit folgender Schlussbemerkung Möglichkeiten für die weitere notwendige Arbeit:

■ *... die Arbeit ist* [Umstellung, J.B.] *als ein längerfristiger Prozess mit Weiterentwicklungsperspektiven zu sehen ... Das IQB* [= Institut für Qualitätsentwicklung im Bildungswesen J.B.] *wird in Zusammenarbeit mit den Ländern u.a. die von der Kultusministerkonferenz vorgelegten Bildungsstandards validieren, präzisieren und normieren. Damit bleiben die Bildungsstandards offen für die Entwicklung in der Fachwissenschaft, Fachdidaktik und in der Schulpraxis. Sie werden in einem offenen Diskurs überprüft und weiter entwickelt.* (Ständige Kultusministerkonferenz, 2005, 20f.) ■

3.4 Schreiben in der Sekundarstufe I und II: produkt- und prozessorientiert

Den bisherigen Ausführungen zufolge wird das Verfassen von Texten in der Sekundarstufe I und II meist prozess- und produktorientiert angelegt sein – was nicht ausschließt, die traditionelle produktorientierte Sicht zu präzisieren: Für das Produzieren von Texten ist es gewiss entlastend, wenn sich Schreiberinnen und Schreiber auf bewährte Textmuster stützen können – also sich zunehmend „Textsortenkompetenz" aneignen.[10] Aus den aktuellen Arbeiten von August u.a. (2007) ergibt sich, dass Kinder und Jugendliche ab der Grundschule – gleichsam wie in einem Spiralcurriculum – vertraute Textsorten (Erzählung, Bericht, Instruktion, Beschreibung, Argumentation) ständig weiterentwickeln, ebenso, dass Lehrerinnen und Lehrer mit unterschiedlichen Entwicklungsverläufen rechnen und die Wechselbeziehungen zwischen den genannten Textmustern beachten.[11]

Diese produktorientierte Perspektive wird durch eine prozessorientierte ergänzt. Aus der Tatsache, dass sich beim komplexen Schreibprozess Teilprozesse

---

[10] Vgl. Pohl 2008.
[11] Vgl. dazu auch Pohl 2008.

unterscheiden lassen, wird allerdings – anders als in den Bildungsstandards – die Unterrichtsgestaltung über die bloße Aneinanderreihung von *Planen*, *Schreiben* und *Überarbeiten/Anlegen einer Reinschrift* hinausführen und auch die Merkmale interaktiv, iterativ und rekursiv berücksichtigen (vgl. 2.1). Die Bedeutung von Entwürfen oder einzelnen Fassungen zu einer Schreibaufgabe innerhalb des Schreibprozess wird anerkannt. Bei den Schreibstrategien (siehe 2.2) werden Lehrerinnen und Lehrer ermutigt, komplexe, auch schwierige Schreibvorgänge auf verschiedene Weise in Teilaufgaben zu zerlegen. Unterrichtlich entsprechen solche Vorgehensweisen bewährten methodischen Prinzipien wie der Schwierigkeitsisolierung, der Binnendifferenzierung im Unterricht, auch Formen des kooperativen Schreibens – ganz abgesehen davon, dass bei Textproduktionen am PC einzelne Teilprozesse deutlich unterschiedlich gewichtet werden können. Verstärkt werden kann (und sollte) die Prozessorientierung schulischen Schreibens dadurch, dass Lernende eigene Texte in sogenannten Portfolios (Schreibmappen) sammeln. Bräuer (1998, 179) unterscheidet dabei „exemplarische Portfolios" und „Schreibprozess-Portfolios: Erstere dokumentieren beispielhaft die Entwicklung eines Schreibers über einen längeren Zeitraum hinweg, letztere zeigen Veränderungen beim Schreiben an und geben Aufschluss über die vom Schreiber gewählten Wege bei der Textproduktion.

3.4.1 Schreibaufgaben und kompetenzorientierter Unterricht

Wenn schulisches Schreiben produkt- sowie prozessorientiert geprägt ist und die Vielfalt möglicher Schreibstrategien berücksichtigt, dann ergeben sich daraus Konsequenzen für die Entwicklung von Schreibaufgaben. Zumeist reicht dabei – wie in der Praxis häufig noch üblich – lediglich die Angabe eines Themas keineswegs aus (Beispiel: *Kinder haben Rechte* als Thema). Erheblich erfolgversprechender ist es, wenn bei der Entwicklung geeigneter Aufgaben das gesamte Umfeld mitbedacht wird und aus solchen Überlegungen Schreibaufträge entwickelt werden. Portmann (1991, 488 ff.) hat unter den Aspekten *Vorgabe/Kontext*, *Rahmenbedingungen* und *sprachlich-textuelle Akzentuierung*) dafür eine Präzisierung vorgeschlagen, die den Schreibenden hilft. Ausgehend von der folgenden Übersicht soll anschließend die umsichtige Erarbeitung einer Schreibaufgabe exemplarisch gezeigt werden.

Vorgabe/Kontext

- Thema/Inhalt
- Formulierung des Schreibauftrags, evtl. auch Materialien dazu
- Zweck des Schreibens

Rahmenbedingungen

- Status des Schreibauftrags: Entwurf, Endfassung, Teilfassung, Lerngegenstand, Lernkontrolle, Lernmedium
- äußere Umstände: Sozialform, Zeitdauer, Umfang

Sprachlich-textuelle Akzentuierung

- Funktion des Schreibens
- Textform (-> Textsorte)
- Zu verwendende sprachliche Mittel

Im Zuge eines Schreibwettbewerbs, den eine Projektgruppe der Bergischen Universität Wuppertal gemeinsam mit der in der Stadt ansässigen UNICEF-Gruppe durchgeführt hat, konnten die Teilnehmer und Teilnehmerinnen an diesem Wettbewerb aus folgenden drei Aufgaben auswählen:

- *Aufgabe A: Kinder haben Rechte. Denke über diesen Satz nach. Schreibe dazu dann das auf, was du für wichtig hältst.*
- *Aufgabe B: Gegeben war der Rahmen einer Geschichte (Drei Wünsche für die Kinder dieser Welt). Eine Binnenerzählung war anzuschließen.*
- *Aufgabe C: Als Vorgabe diente ein Schwarz-Weiß-Foto; es zeigt ein etwa 10-jähriges Kind, das in zwei großen Kanistern Wasser durch eine öde Gegend schleppt.*[12]

Aufgabe A ergänzt unter *Vorgabe/Kontext* das Motto von UNICEF durch einen Arbeitsauftrag. Die Schreibenden wissen außerdem, dass sie sich mit einem Text zu dieser Aufgabe an einem Schreibwettbewerb beteiligen können. Was die *Rahmenbedingungen* betrifft, ist eine Endfassung verlangt, die für Jury-Mitglieder lesbar und auch ansprechend gestaltet ist. Im weitesten Sinne ist mit der Aufgabe eine Kontrolle verbunden: Der eigene Text wird – wie in der Schule – mit den Arbeiten anderer verglichen, allerdings nicht benotet. Die eingereichten Schülertexte sind – gemäß den Bedingungen des Schreibwettbewerbs – Einzelarbeiten. Umfang und Bearbeitungszeit sind freigestellt. Die *sprachlich-textuelle Akzentuierung* zeichnet sich dadurch aus, dass die Verfasser argumentieren, Forderungen aufstellen und begründen. Letzteres werden die Schreiber (etwa 8- bis 12-Jährige) an vielen Stellen durch den Gebrauch entsprechender kohäsiver Mittel verdeutlichen.

Die Aufgaben B und C unterscheiden sich in mancher Hinsicht von Aufgabe A. Textanfang als rahmendes Element (bei Aufgabe B) und ein Foto (bei Aufgabe C)

[12] Vgl. Kurzrock/Schmolke 1998.

reichern die *Vorgabe* bzw. den *Kontext* an. Während die Rahmenbedingungen zu beiden Aufgaben denen der Aufgabe A entsprechen, gibt es hinsichtlich der *sprachlich-textuellen Akzentuierung* deutliche Unterschiede zu A: Im Vergleich zu A (ein erörternder Text) werden die Geschichten zu B und C vertraute Erzähltexte liefern – zumindest hinsichtlich des Settings, eventuell mit Erwartungsbruch. Die Geschichten werden chronologisch und überwiegend im Präteritum erzählt.

Die erwähnten Aufgaben lassen darüber hinaus auch Präferenzen bei der jeweiligen Wahl einer Strategie vermuten. Unter den „aktivitätszerlegenden Strategien" (2–8, siehe 2.2) ist für Aufgabe A das „Schreiben in einem Zug" (= Strategie 1) wohl auszuschließen, während es – im Blick auf das Alter der Schreiber – vorstellbar ist, dass bei Aufgabe B und C diese Strategie bevorzugt wird. Der Schreibauftrag zu Aufgabe A wird eher nahelegen, zunächst „Einfälle außerhalb des Schreibens zu entwickeln" (= Strategie 6).

Schreibaufgaben in der Schule sind nicht isoliert, sondern im größeren curricularen Zusammenhang zu sehen. Vor dem Hintergrund der zunehmend deutlicheren Orientierung an den Erträgen von Unterricht stellt dafür der aktuell erörterte kompetenzorientierte Unterricht eine brauchbare Leitlinie dar. Dies gilt selbst angesichts der Tatsache, dass es zurzeit lediglich Versuche gibt, aus der weithin anerkannten *Kompetenz*-Definition von Weinert ([2]2002) Schreibkompetenz als Konstrukt zu entwickeln.[13] Unabhängig von der Entscheidung, welchem Konzept man sich anschließt, ist kompetenzorientierter (Schreib-)Unterricht in jedem Fall auf seinen Ertrag ausgerichtet. Ein solcher Unterricht intendiert, unverbundene Lernepisoden zu vermeiden und stattdessen die Aneignung von Schrift und Schriftlichkeit in curricularen Zusammenhängen zu organisieren. Die folgende Übersicht veranschaulicht das zuletzt Gemeinte, wobei hier bis zur weiteren Klärung der Schreibkompetenz nach produkt- und prozessorientierten Aspekten eine Auffächerung vorgenommen wird – ergänzt um die Schreibstrategien.

Kompetenzorientierter Unterricht – Verfassen von Texten

Welche Kompetenzen haben die Schüler bereits **vorher** erworben?
- Produkt
- Prozess
- Schreibstrategien

Welche Kompetenzen erwerben die Schüler innerhalb der **aktuellen** Unterrichtsreihe?
- Produkt
- Prozess
- Schreibstrategien

Welche **künftigen** Kompetenzen werden durch den gegenwärtigen Unterricht vorbereitet?
- Produkt
- Prozess
- Schreibstrategien

---

13 Etwa Abraham u.a. 2007, Fix 2005, Ossner 2006.

3.4.2 Schreiben und Überarbeiten

Überarbeitungen sind auf unterschiedliche Weise mit dem Verfassen von Texten verwoben. Darauf verweisen eigene Schreiberfahrungen ebenso wie die Modellierungen, die innerhalb der Schreibforschung entwickelt worden sind (siehe 2.1). Insbesondere in der Sekundarstufe I und II werden Überarbeitungsversuche gelingen, wenn Schülerinnen und Schüler zunehmend mit praktikablen Vorgehensweisen wie etwa Textlupe und Schreibkonferenz vertraut sind.[14] Aus der Fülle der Befunde, die der Revisionsforschung zu entnehmen sind, sollen hier außerdem zwei praxisrelevante Fragen aufgenommen und geklärt werden: Wer vermag insbesondere ungeübten oder leistungsschwächeren Schreibern beim Überarbeiten zu helfen? Und: Können Schülerinnen und Schüler mit Aussicht auf Erfolg angeleitet werden, zielstrebig und planmäßig anspruchsvolle Überarbeitungen vorzunehmen?

Zur Beantwortung der ersten Frage liefert die Revisionsforschung einige Anhaltspunkte. Schreiberinnen und Schreiber können zunächst eigene Texte noch nicht so gut überarbeiten (nach Fitzgerald 1987, 489 ff.). Ungeübtere Schreiber erkennen zwar einige Mängel in ihren Texten, führen sie allerdings auf Oberflächendetails zurück und führen Auffälligkeiten nicht – wie geübte Schreibende – auf den gesamten Text bis hin in dessen Tiefenstruktur zurück. Es verwundert deshalb nicht, dass Ungeübtere die Aufmerksamkeit besonders auf Orthographie und Wortwiederholungen richten. Falls Schreibende dennoch für fragliche Textstellen Lösungen finden, die über formale oder inhaltliche Einzelheiten hinausgehen, ergibt sich daraus nicht zwingend, dass ihnen auch die Überarbeitungen dieser Textstellen gelingen. Sie können trotzdem scheitern – vorwiegend deshalb, weil Kinder und Jugendliche noch nicht nahtlos zwischen der Rolle als Schreiber und distanziertem Leser zu wechseln vermögen, beim Schreiben und Überarbeiten rasch den Überblick verlieren oder im konkreten Fall einzelne Anforderungen (noch) nicht sinnvoll zu koordinieren wissen. Infolgedessen haben sich in solchen Fällen Beobachtungen, Anregungen und Vorschläge von Gleichaltrigen oder Erwachsenen eher als hilfreich erwiesen.

Sucht man nach Antworten auf die Frage, ob Schülerinnen und Schüler lernen können, planvoll Texte auf anspruchsvolle Weise zu überarbeiten, dann sind vor allem die Ergebnisse einer Untersuchung als aussagekräftig und hilfreich einzuschätzen, bei der eigens entwickelte Materialien zum planvollen Überarbeiten eingesetzt worden sind (Bereiter/Scardamalia 1987, 265 ff.). In einem ersten Schritt wurden Viert-, Sechst- und Achtklässern *elf Behauptungen* an die Hand gegeben, die auf das Identifizieren von Auffälligkeiten Satz für Satz zielten. Dieser

[14] Vgl. Baurmann [2]2006.

Prüfung schlossen sich dann sechs *Vorschläge* als Anweisung zur Überarbeitung an. Die erwähnten Statements und Vorschläge wurden in der erwähnten Studie auf zweifache Weise eingesetzt – einmal *während* der Textproduktion, zum anderen Satz für Satz *nach* der Textproduktion. Hinsichtlich beider Verfahren ergaben sich bei Sechstklässlern keine bedeutsamen Unterschiede, wohingegen bei Achtklässlern beobachtet werden konnte, dass sie bei der hier beschriebenen festen Verknüpfung von Schreiben und Überarbeiten mehr Text produzierten. Einige Schreiberinnen und Schreiber gingen allerdings den Anforderungen der präzisen Vorschläge und Anregungen aus dem Weg; sie verfassten einen ganz neuen Text (*Strategie des Entdeckens und Neuschreibens*; FLOWER u.a. 1986).

In anschließenden Interviews stellten übrigens 47 % der Befragten heraus, dass sie die Vorgaben schon als Erleichterung und Hilfe beim Schreiben und Überarbeiten empfanden, da sie sich in der Regel selbst solche Fragen nicht stellen, dahinter die generell als hilfreich eingeschätzten Fragen der Lehrer vermuteten und so zum Nachdenken über das Geschriebene angeleitet wurden. 12 % der Befragten empfanden die Vorgaben allerdings als zusätzliche Belastung, da sie nach eigener Aussage sorgfältiger nachdenken und für das Textschreiben noch mehr Zeit aufwenden mussten.

Insgesamt gab es bei allen Schreiberinnen und Schreibern mehr Revisionen als ohne solche Vorgaben. Der Anteil der Achtklässler, die keine Revisionen vornahmen, sank von 22 % auf 7 %. Nennenswerte qualitative Verbesserungen der Texte gingen damit aber nicht automatisch einher. Brett (in BEREITER/SCARDAMALIA 1987, 289 ff.) setzte bei diesem weniger ermutigenden Zwischenergebnis an und fragte, ob Überarbeitungen insgesamt durch weitere geeignete Hilfen zu fördern seien. Die dabei eingesetzten Diagnosekarten (ähnlich wie später bei Fix 2000) führten jedenfalls dazu, dass sich Revisionen bei den Schreiberinnen und Schreibern häuften. Insbesondere Zwölftklässler profitieren schon nach kurzer Einarbeitung deutlich von Diagnosekarten – das zeigt sich im Vergleich zu Überarbeitungen ohne solche Hilfen. Lehrerinnen und Lehrer können demnach darauf vertrauen, dass sich vor allem ältere und geübtere Schülerinnen und Schüler steigern können, wenn sie zuvor gezielt zum Überarbeiten angeleitet worden sind. Die von Fix (2006, 178 f.) vorgeschlagenen „Checklisten" sind in diesem Zusammenhang gewiss eine zusätzliche Hilfe.

Vor dem Hintergrund dieser Ergebnisse bietet es sich an, das schulische Schreiben curricular zu ergänzen. Solche Weiterführungen gibt es bereits [15]; sie konkretisieren sich dort auf überzeugende Weise, wo die Überarbeitung eines Textes als eine angemessene selbstständige Schreibaufgabe angesehen wird und selbst als Klassenaufsatz berücksichtigt werden kann. Dass sich aus dem Zusammenspiel

[15] Vgl. die Bildungsstandards.

von Schreiben und Überarbeitungen des Weiteren Folgerungen für das Beurteilen ergeben, liegt auf der Hand und soll abschließend erörtert werden.

3.4.3 Schreiben und Beurteilen

Schreiben und Überarbeiten auf einem hohen Niveau setzen voraus, dass Textverfasser zunehmend befähigt werden, eigene Textproduktionen selbst zu beurteilen. Es begünstigt die Aneignung dieser Fähigkeit, wenn Heranwachsende allmählich von konstruktiven Fremdbeurteilungen (zunächst durch Lehrkräfte, dann ergänzt durch Mitschüler) zu Selbstbeurteilungen geführt werden. Formen des fördernden Beurteilens stehen also im Vordergrund und werden durch Bewertungen und Benotungen lediglich ergänzt.

Für alle Formen der Fremdbeurteilung gilt dabei, dass sie sich an den Gütekriterien *Objektivität*, *Reliabilität* und *Validität* messen lassen müssen, die für Tests ausnahmslos gelten. Zumindest Annäherungen an die genannten Kriterien sollten bei allen Beurteilungen (Einschätzungen) angestrebt werden. GRZESIK/FISCHER (1985) haben für diese Forderung über die testtheoretische Begründung hinaus bedenkenswerte pädagogisch-didaktische Gründe angeführt. Danach sollten Beurteilungen von Schülertexten schon deshalb objektiv sein, weil Schülerinnen und Schüler erwarten dürfen, dass verschiedene Beurteiler bei ein und demselben Text zu einem annähernd gleichen Ergebnis kommen (dass also eine Beurteilung nicht davon abhängt, ob Frau D. oder Herr F. eine Schreibleistung beurteilt). Des Weiteren sollten Schreibende darauf vertrauen können, dass Frau D. und Herr F. jeweils über einen längeren Zeitraum stabil urteilen (also reliabel) und beim schulischen Schreiben schriftsprachliche Leistungen (und nur diese!) begutachten (= valide).

Was gefährdet nun die objektive, reliable und valide Beurteilung von Schülertexten? Die empirische Forschung weist darauf hin, dass es – im Unterschied zu verbreiteten Vermutungen – vorhandene oder fehlende Vorinformationen über die Schreiber ebenso selten sind wie Persönlichkeitsmerkmale der Beurteilenden. Schon eher ist damit zu rechnen, dass kürzere Texte strenger beurteilt werden und dass sich Merkmale wie schlechte Handschrift, schwache Orthografie und fehlerhafte Grammatik über Gebühr negativ auf Beurteilungen auswirken. Darüber hinaus kann es bei Beurteilungen von mehreren Arbeiten zu Reihenfolge- oder Kontrasteffekten kommen: Aufsätze am Ende einer umfänglichen Beurteilungskette werden milder beurteilt als die zunächst durchgesehenen, positiv eingeschätzte Arbeiten können dazu führen, dass nachfolgende schwächere Texte über Gebühr streng beurteilt werden (und umgekehrt).

Es gibt empirisch gesicherte Beurteilungsverfahren, die das Erreichen brauchbarer Werte insbesondere für Objektivität und Reliabilität begünstigen. Das gilt vornehmlich für die „Mehrfachbeurteilung nach globalem Ersteindruck“, bei der vier Beurteiler nach kurzer Durchsicht eine Bewertung abgeben, die dann im Team gemittelt wird. Zumindest in Zweifelsfällen und zur gelegentlichen Überprüfung der Maßstäbe von Beurteilern ist dieses Verfahren auch in der Schulpraxis durchführbar. Darüber hinaus hat sich die Arbeit mit Kriterienkatalogen (etwa 10 bis 20 Einzelkriterien) bewährt.[16]

Die mitgeteilten Ergebnisse zur Beurteilung von Aufsätzen sind unter produktorientierter Sicht gewonnen worden. Nachdem in diesem Beitrag auch die prozessorientierte Seite des Schreibens (in der Schule) thematisiert worden ist, stellt sich die Frage, ob auch das Beurteilen über die vertraute Produktorientiertheit hinausgeführt werden kann. Ausgehend von einer seit langem nicht rein produktorientierten Beurteilungspraxis lassen sich „vier Modi prozessorientierten Beurteilens" unterscheiden.[17]

1. Ansätze *prozessorientierten Beurteilens* werden bereits dort praktiziert, wo neben dem fertigen Text auch die mitlaufenden Überarbeitungen wahrgenommen und berücksichtigt werden.
2. *Summatives Beurteilen* ist ebenso in der Schulpraxis vertraut. Die Beurteilung schriftsprachlicher Leistungen basiert dann nicht nur auf einer einmaligen Leistung, sondern bezieht bei jedem Schüler die Beurteilung mehrerer Haus- und Klassenaufsätze über einen längeren Zeitraum hinweg (Schulhalbjahr, Schuljahr) ein.
3. Neuland erschließt man, wo entschieden *entwicklungsorientierte Beurteilungen* vergeben werden. Die Aufmerksamkeit der Beurteilenden richtet sich nun darauf, ob und wie sich schriftsprachliche Leistungen einzelner Kinder und Jugendlicher über einen längeren Zeitraum entwickelt haben. Besonders geeignet erscheinen in diesem Zusammenhang die Beurteilung von Facharbeiten, von umfassenderen Schreibprojekten und umfangreichen Portfolios (etwa Bräuer 2000), die neben den Endfassungen auch Notate, Planungsskizzen, erste Entwürfe und Überarbeitungen enthalten.

Ein *explizites Beurteilen* von Schreibprozessen (4) ist schwierig, jedoch in Ansätzen zu realisieren. Über den Hinweis hinaus, dass ja beim Schreiben Entscheidendes im Kopf des einzelnen Textproduzenten stattfindet, erschweren Komplexität und Flüchtigkeit beim Verfassen von Texten dessen Wahrnehmung, Dokumentation und erst recht die Beurteilung der intrapersonalen Vorgänge beim Verfassen von Texten. In Einzelfällen – gute räumliche Bedingungen, keine Scheu vor dem Arbeitsaufwand und versierte Schreiber vorausgesetzt – ist es indes

[16] Vgl. dazu BAURMANN ²2006.
[17] Vgl. BAURMANN 2005.

möglich, Schreiben durch lautes Denken begleiten zu lassen, diesen Vorgang mit Einverständnis des Schreibers aufzuzeichnen und anschließend auszuwerten.[18] Annähernd aufschlussreiche Anhaltspunkte ergeben sich ferner dann, wenn Fortgeschrittene ihren eigenen Schreibprozess an markanten Stellen zusätzlich schriftlich kommentieren.

Dass mit diesen Vorgehensweisen erhebliche Anforderungen an alle Beteiligten einhergehen, soll nicht unerwähnt bleiben. Doch auch einzelne Versuche sind für Lehrer, Mitschüler und Schreiber selbst im Sinne des exemplarischen Lernens erhellend. Mit einem Aufwand, der nach eigenen Versuchen nicht übermäßig hoch sein muss, lassen sich darüber hinaus zwei für jede Textproduktion aufschlussreiche Zeitmaße erheben. Das Ermitteln der Relation zwischen der gesamten Produktionszeit und der reinen Schreibzeit erlaubt Aussagen über den Schreibfluss und dessen Rhythmisierung. Schreibpausen – entweder durch die Lehrkraft oder wechselseitig in Partnerarbeit durch die Schüler gemessen und notiert – verweisen auf mentale Vorgänge bei der Textproduktion. Für die Deutung von Pausenlängen können sich Lehrkräfte und Schüler an der in der Schreibforschung üblichen Unterscheidung orientieren. Neben den mittellangen Pausen (mehr als drei, weniger als zehn Sekunden) sind es vor allem die langen Unterbrechungen (ab 10 Sekunden und länger), die auf komplexe Aktivitäten, aber auch Schwierigkeiten während des Schreibens verweisen. Werden zusätzlich die Pausenorte für die längeren Unterbrechungen festgehalten, dann ergeben sich wichtige Anhaltspunkte für die Beratung und Beurteilung einzelner Schreiber. Eindrucksvoll hat KESELING (1995) in diesem Sinne den Zusammenhang zwischen Pausen und sprachlicher Planung an „schriftlichen Wegbeschreibungen" gezeigt – an einem Beispiel also, das für das schulische Schreiben in der Sekundarstufe I relevant ist.

18 Vgl. dazu auch KUPFER-SCHREINER 2005.

4 Sprechen und Zuhören, Mündlichkeit

Gisela Beste

In diesem Kapitel werden unterschiedliche Aspekte des Kompetenzbereichs Sprechen und Zuhören[1] erläutert. Im Kontext der empirischen Bildungsforschung sind dafür Kompetenzmodelle entwickelt worden, die mit den Begriffen ‚Gesprächskompetenz' und ‚Hörverstehen' zu umschreiben sind. Im ersten Fall werden eher die produktiven Fähigkeiten der mündlichen Kommunikation betont, im zweiten Fall die rezeptiven.[2]

4.1 Konzeptualisierung von Gesprächskompetenz

Klassisch umfasst der Bereich der Gesprächskompetenz die mündliche Kommunikation. Ihre Besonderheit besteht darin, dass Sprecher und Hörer einen gemeinsamen Sprechzeit-Raum[3] teilen, in dem sie einander auch gestisch, mimisch und akustisch wahrnehmen können, wobei Prosodie und Intonation bedeutungsverstärkend ins Spiel kommen.

Seit der sogenannten kommunikativen Wende in der Sprachdidaktik der 1970er Jahre hat die mündliche Kommunikation eine umfassende psychologische und linguistische Fundierung erfahren und gilt als Schlüsselqualifikation. Für die Beschreibung von Kommunikation wurden verschiedene Modelle entwickelt. Im psychologischen Bereich hat v.a. PAUL WATZLAWICK eine breite Rezeption bis in die Lehrwerke hinein erfahren.[4] Bei der Analyse mündlicher Kommunikation ging er von bestimmten Axiomen, aus, wobei die Differenzierung zwischen *Inhalts-* und *Beziehungsaspekt* zentral ist.[5] Jede Kommunikation enthält danach neben einer sachlichen Information immer auch eine Aussage über die Beziehung zwischen

[1] ‚Sprechen und Zuhören' ist einer der vier Kompetenzbereiche der KMK-Bildungsstandards (2003).

[2] Das soll nicht implizieren, dass ‚Zuhören' kein konstruktiver Vorgang wäre. Zu Fragen der methodischen Gestaltung von Unterricht unter dem Aspekt von ‚Sprechen und Zuhören' s. BESTE (2007, 140–171).

[3] Vgl. BECKER-MROTZEK (2008, 56 f.).

[4] Vgl. z.B. Texte, Themen und Strukturen (1999, 93 f.).

[5] Vgl. WATZLAWICK (1969, 53 ff.).

Sprecher und Zuhörer. In jedem Fall gilt: „Man kann nicht nicht kommunizieren" (WATZLAWICK 1969, 53). Missverständnisse entstehen WATZLAWICK zufolge dadurch, dass z. B. der Zuhörer statt des sachlichen Gehalts einer Äußerung vielmehr die Beziehungsebene fokussiert. Eine einfache Aussage wie „Da vorne musst du rechts abbiegen" kann je nach Intonation und Mimik als Sachinformation oder persönlicher Angriff aufgefasst werden. Erweitert wurde WATZLAWICKS Ansatz durch SCHULZ VON THUN. Ihm zufolge lassen sich die unterschiedlichen „Botschaften" einer „Nachricht"[6] nach vier Seiten unterscheiden: *Sachinhalt*, *Selbstoffenbarung*, *Appell* und *Beziehung*. Was BÜHLER in seinem Organon-Modell allgemein als Funktionen der Sprache (*Darstellung*, *Appell*, *Ausdruck*) beschrieben hatte, um ein Instrumentarium für die Unterscheidung von literarischen und Gebrauchstexten zu haben, wird hier verkürzt auf einzelne sprachliche Äußerungen übertragen.

Entscheidend neu gegenüber dem klassischen kybernetischen Modell, das von der Übertragung einer kodierten Nachricht von einem Sender an einen Empfänger ausging, ist die Betonung der nonverbalen Aspekte wie Gestik und Mimik sowie von Intonation und Modulation in der mündlichen Kommunikation. Damit gerät auch die Rolle des Zuhörenden stärker in den Blick, der z. B. durch Körperhaltung, Blickkontakt, Schweigen und Interjektionen wie „hm", „oh" u.Ä. aktiv auf den Kommunikationsprozess Einfluss nimmt. Da die verschriftlichten Formen mündlicher Kommunikation in der Regel jedoch diese nonverbalen Aspekte nicht oder nur unvollständig abbilden, ist es schwierig, mit diesen Kommunikationsmodellen im Unterricht zu arbeiten. Ernsthaft untersucht werden kann nur das Gespräch in seiner mündlichen Form. Die Übertragung auf Dialoge in literarischen Texten gelingt meistens nicht, obgleich sie in Lehrbüchern vorgeschlagen wird.

Gegen die Kommunikationsmodelle, die von der Übermittlung von Nachrichten ausgehen, hat die funktionale Pragmatik den Begriff der *Sprechhandlung* eingeführt.[7] Diese besteht aus *Lokution* (Äußerung), *Proposition* (Inhalt der Äußerung) und *Illokution* (Handlungsqualität). Kommunikation wird als gemeinsame Tätigkeit von Sprecher und Hörer begriffen. Themen werden kommunikativ konstituiert und nicht als vorgegeben aufgefasst. Inhalt und kommunikative Funktion der Äußerungen stehen in einem Wechselverhältnis: Die Lehrerfrage enthält nicht nur eine inhaltliche Dimension, auf die inhaltlich reagiert werden soll, sondern fordert auch als Handlung die Schülerantwort. Andere Handlungsmuster sind z. B. Ankündigen, Begründen, Erklären, Beschreiben.[8] Formen mündlicher Kommunikation

6 Vgl. SCHULZ VON THUN (1981).

7 Vgl. EHLICH (2000). Zur Kritik an den „Nachrichtenmodellen" vgl. auch GRAEFEN (1999, 386 ff.).

8 GRAEFEN (1999, 391 ff.) entwickelt ausgehend von diesen Handlungsmustern Vorschläge für die Unterrichtsarbeit im Bereich der mündlichen Kommunikation.

können also nach Handlungszwecken unterschieden werden, für die bestimmte Mittel eingesetzt werden. Damit lassen sich Kriterien gewinnen, die für die Gesprächsanalyse einsetzbar sind. Sie geben Spekulationen weniger Raum als die psychologischen Modelle von WATZLAWICK und SCHULZ VON THUN, schließen aber wie diese sowohl verbale als auch nonverbale Mittel sowie Intonation und Modulation als relevante Faktoren der Kommunikation ein.

Am sprachpragmatischen Ansatz von EHLICH knüpft das Kompetenzmodell „Sprechen und Zuhören" von BECKER-MROTZEK[9] an. Folgende Faktoren werden unterschieden:
- basale Fähigkeiten wie vor allem die phonische Qualifikation (Fähigkeit, Laute zu produzieren und zu verstehen), morphosyntaktische und semantische Fähigkeiten zur Bildung von Sätzen und Zuordnung von Vorstellungen zu sprachlichen Ausdrücken;
- pragmatisch-diskursive Fähigkeiten wie das Erkennen und Formulieren von Sprachhandlungszielen sowie die Verwendung von kommunikativen Mustern und Strategien.

Steigende Anforderungen an die Gesprächskompetenz werden konstituiert durch folgende Komponenten:
- Thema (ist es z.B. bekannt/unbekannt; komplex/einfach?),
- beteiligte Sprecher (Anzahl und Vertrautheitsgrad),
- Komplexität der Gesprächsstrukturen, die sich aus der Funktion eines Gesprächs ergibt (Planbarkeit eines Gesprächs, mögliche Zielkonflikte, Nutzbarkeit persönlicher Handlungsspielräume),
- Dauer (kurz/lang).

In den Bildungsstandards liegt der Schwerpunkt auf überprüfbaren Kompetenzen: sich adressatenorientiert und situationsangemessen im Gespräch konstruktiv zu äußern, Wissen weiterzugeben, Aussagen anderer zu verstehen sowie Möglichkeiten der prosodischen Gestaltung sprachlicher Äußerungen spielerisch-ästhetisch zu nutzen.

Wie BECKER-MROTZEK festgestellt hat, werden dabei allerdings zentrale Aspekte mündlicher Kommunikation vernachlässigt: z.B. das konstruktive Moment der Konstitution von Gesprächen durch die Aktanten selbst. Hier ergibt sich ein Problem der exakten Messung, dem durch Gesprächsaufzeichnungen mittels Video- oder Audiorekorder sowie Transkriptanalysen zwar begegnet werden kann – jedoch ergibt sich für die Unterrichtspraxis in jedem Fall ein recht hoher Aufwand.

---

[9] Die folgenden Ausführungen greifen auf, was BECKER-MROTZEK (2008, 52–77) unter pragmatischen Aspekten im Kapitel „Gesprächskompetenz vermitteln und ermitteln" darlegt.

4.2 Mündliche Kommunikation im Unterrichtsgespräch

Im Unterricht dominieren vor allem Gesprächsformen der Weitergabe von Wissen sowie der Verständigung über Vorhaben, Arbeitsergebnisse, Meinungen. Häufig ist der Unterricht nach wie vor durch das lehrerzentrierte Gespräch in *fragend-entwickelnder* bzw. *gelenkter* Form bestimmt, die einem lernzielorientierten Unterrichtsstil entspricht. Sie fordert, dass alle Schüler in ihren Denkbewegungen dem Fragemuster des Lehrers folgen. Das Spektrum der Fragen reicht von eher weit und offen bis eng und gelenkt. Positiv sanktioniert werden in der Regel Antworten, die die Lehrenden als funktionalen Beitrag für ihr Unterrichtsskript erwarten.[10] Als problematisch wurde u.a. kritisiert, dass die Form des lehrerzentrierten Unterrichtsgesprächs außerhalb der Schule kaum praxisrelevant sei.[11]

Eine alternative Form des Gesprächs bieten offene Formen des Unterrichts wie sie z.B. im Konzept des *selbstorganisierten Lernens* (SOL) angelegt sind.[12] Hier kommunizieren Schüler phasenweise als Experten für ein bestimmtes Sachgebiet und treten als Vermittler gegenüber ihren Mitschülern auf, die ihrerseits Expertenfunktionen für andere Sachgebiete übernehmen. Zugrunde liegt diesen Konzepten die kognitionspsychologisch begründete Annahme, dass Schüler intensiver lernen, wenn sie ihre Erfahrung in eigener Regie ordnen und mit Vorwissen sowie Emotionen verbinden können.[13] Der Vorteil für die Unterrichtskommunikation liegt darin, dass die Schüler ihre kommunikative Kompetenz erweitern können, indem sie Handlungsmuster einüben wie z.B. Informieren, Erklären, Fragen. Außerdem bieten sich diese veränderten Arrangements für eine kritische Reflexion von Unterrichtskommunikation an, von der alle Beteiligten profitieren, insofern sie durch den Rollen- und Perspektivenwechsel ein vertieftes Verständnis füreinander entwickeln.

Als eine besondere Form des Unterrichtsgesprächs kann das *literarische Gespräch* gelten. Am Ausgangspunkt der Debatte darüber stand die Kritik, dass die Unterrichtskommunikation über literarische Texte die subjektive Bedeutungskonstitution durch die Lernenden unterlaufe, da letztlich die Beiträge der Schüler an schulischen Normen gemessen und bewertet würden.[14] Dagegen schlägt MERKELBACH eine offene Gesprächsform vor, bei der der Lehrer auf eigene „interpretative Beiträge" (MERKELBACH 1998, 80) zugunsten der Moderation verzichtet und es den Schülern überlässt, ihre subjektiven Lesarten am Text und im Gespräch untereinander zu überprüfen. Dieser Ansatz zielt darauf, die Lücke zwischen privater und

[10] Vgl. STEINIG/HUNEKE (2002, 61 ff.).
[11] Vgl. GRÜNWALDT (1998, 67).
[12] Zu SOL vgl. HEROLD/LANDHERR (2001) sowie NECKER-ZEIHER (2007).
[13] Dazu u.a. GLASERSFELD (1997, 7).
[14] Vgl. WIELER (1989).

schulischer Lektüre zu schließen und Lernenden Gesprächsanlässe für die Auseinandersetzung mit Literatur zu bieten, die an ihre unmittelbaren Leseerfahrungen anknüpfen. Dagegen ist eingewendet worden, derartige Gespräche verliefen willkürlich, und offen bliebe die Frage, wie solche literarischen Gespräche „in längerfristige Lernprozesse integriert werden können, die auf Kompetenzerweiterung im literarischen Verstehen zielen" (NUTZ 1997, 87).[15]

4.3 Mündliche Kommunikation als Unterrichtsgegenstand

Die Aufwertung der Gesprächskompetenz in den KMK-Bildungsstandards (2003) spiegelt sich in vielen neueren Rahmenlehrplänen[16] wider. Dem Sprechen ist zusammen mit dem Zuhören ein eigener Bereich zugewiesen worden; die frühere Kombination mit dem Schreiben wurde aufgegeben. Unter Zuhören wird dabei mehr verstanden als stilles Zuhören – vielmehr sind damit aktive Fähigkeiten verknüpft wie: Feedback über Verstandenes bzw. Nicht-Verstandenes geben; Wiedergeben dessen, was ein anderer gesagt hat; Aufmerksamkeit zeigen durch Interjektionen wie „hm", „ja" u.Ä.; dem Gegenüber bewusst spiegeln, wie man seine sprachlichen Äußerungen rezipiert.[17]

Vor dem Hintergrund des pragmatischen Ansatzes ist ein Unterricht dann als besonders wirksam einzustufen, wenn mündliche Kommunikation als gemeinsames Handeln von Sprecher und Zuhörer aufgefasst wird und Schüler dazu befähigt werden, verschiedene Formen und Funktionen des Sprechens situationsbezogen und flexibel einzusetzen sowie Wirkungen auf Adressaten kritisch einzuschätzen. Wichtig ist also ein handlungspraktisches Wissen über die Besonderheiten mündlicher Kommunikation.

4.3.1 Gesprächsformen[18]

Zentrale Gesprächsformen sind das *Kreis-*, *Streit-* oder *Konfliktgespräch*, die *Debatte* und *Diskussion* (auch *Podiumsdiskussion*) sowie das *Bewerbungs-* und *Prüfungsgespräch*.[19] Um sinnvolle Gesprächsanlässe zu finden, bieten sich die Koope-

[15] Zur methodischen Umsetzung s. BESTE (2007, 39).

[16] Vgl. z.B. die neuen Rahmenlehrpläne Sek. I für Berlin (2006) und Brandenburg (2008).

[17] BERTHOLD (2000, 57 ff.) schlägt dazu einige Übungen vor, deren Spektrum sowohl verbales (z.B. Hörverstehen artikulieren, ermuntern) als auch nonverbales Verhalten (z.B. Körperhaltung, Blickkontakt) umfasst.

[18] Vgl. BESTE (2007, 141–153).

[19] BERTHOLD (2000, 251 ff.) geht darüber hinaus, wenn er Vorschläge zum Thema „Gesprächstaktiken" macht. Dabei geht es u.a. um die Fähigkeit, sich in ein Gespräch zu drängen, am Wort zu bleiben und Ähnliches.

ration mit anderen Fächern und das Aufgreifen von Situationen aus dem Erfahrungshorizont der Schüler an. Auch Verbindungen zu literarischen Texten sind in diesem Zusammenhang denkbar, so beispielsweise die Erfindung eines Konfliktgesprächs als Erweiterung einer Kurzgeschichte oder eines Dramas.

Beim *Kreisgespräch*, dessen Name auf die Sitzordnung verweist, geht es um das Sammeln von Informationen, um Meinungsbildung sowie Problemlösungen.[20] Die Gesprächsleitung übernimmt entweder die Lehrkraft oder ein Schüler. Entscheidend ist, dass Äußerungen nicht bewertet werden. Verlauf und Ergebnis des Gesprächs werden von den Teilnehmern bestimmt. Am Ende des Gesprächs folgt eine Zusammenfassung und evtl. eine Reflexion des Gesprächsverlaufs. Kommunikative Kompetenz wird insofern gefördert, als sich die gemeinsame Konstitution und Differenzierung des Gesprächsthemas im Wechsel von Sprechen und Zuhören beobachten lassen.

Streit- und *Konfliktgespräche* lassen sich ähnlich gut wie das Kreisgespräch mit konkreten Erfahrungen der Schüler verknüpfen. Viele methodische Vorschläge basieren auf der psychologischen Literatur und zielen darauf, diese Gespräche konstruktiv verlaufen zu lassen: z.B. durch Reformulierung der Äußerungen des Gesprächspartners, direkte Verbalisierung eigener Gedanken und Gefühle („Ich-Botschaften"), Aufforderung an den anderen, sich aktiv an der Entwicklung von Lösungsvorschlägen zu beteiligen, Differenzierung zwischen Sachbezug und Personenbezug.[21] Unter Bezugnahme auf die Handlungsqualität einer Äußerung kann die Grundlage für eine Problemlösung geschaffen werden, wenn es gelingt, ein Gespräch über Handlungsmotive („warum?") und -ziele („wozu?") zu führen und nach Übereinstimmungen zu suchen.

Besondere Formen des Gesprächs sind *Bewerbungs-* und *Prüfungsgespräche*. Beide Gesprächsformen sind v.a. durch das Muster „Frage – Antwort" bestimmt. Ein erfolgreicher Verlauf hängt davon ab, wie es dem Prüfling bzw. Bewerber gelingt, die Erwartungen der Fragenden zu antizipieren und darauf einzugehen bzw. sie umzustrukturieren. In jedem Fall geht es darum, die eigenen Stärken überzeugend zu präsentieren. Über Einzelheiten informieren Schulbücher und Ratgeber.[22]

---

[20] Vgl. BERTHOLD (2000, 20), der sich allgemein auf Klassengespräche bezieht. Bei KLIPPERT (1999, 143) wird eine Variante des Kreisgesprächs beschrieben, bei der es allein darauf ankommt, bestimmte „Kommunikationsregeln" einzuüben. Auf didaktische Zusammenhänge wird nicht eingegangen.

[21] Vgl. dazu die Vorschläge von BERTHOLD 2000, 151 ff. Die Terminologie von Sach- und Personenbezug wird von BARTSCH/MARQUART (1999, 25) in Anlehnung an Bühler vorgeschlagen.

[22] Vgl. *Deutschbuch*. Orientierungswissen. Erw. Ausg. 5.–10. Jg., Berlin 2001 oder *Deutsch in der Oberstufe*. Braunschweig 1998.

Im Vergleich zu den genannten Gesprächsformen formaler strukturiert und stärker durch die rhetorische Tradition bestimmt sind *Diskussion* und *Debatte*. Bei beiden stehen in der Regel Streitfragen im Zentrum, die in argumentativer Weise ausgetragen werden.[23] Eine Diskussion kann allerdings auch in Form der Zusammentragung möglichst vieler Themenaspekte durchgeführt werden. Während Diskussionen offen bleiben, führt die Debatte zu einer Abstimmung, nachdem Pro- und Kontra-Argumente vorgestellt wurden. Entscheidend ist dabei die Fähigkeit, im Sinne der eigenen Handlungsziele ein umfassendes Wissen verständlich zu präsentieren sowie flexibel und strategisch auf die Äußerungen anderer reagieren zu können.

4.3.2 Gesprächsanalyse

Die Analyse von Gesprächen steht vor dem Problem, einen hohen Anteil an *Nonverbalem* berücksichtigen zu müssen. Arbeitsgrundlage im Unterricht können Transkripte sein, die diesen Anteil ausweisen.[24] Indem man Dialoge spricht, lassen sich Wirkungen des Nonverbalen auf Sprecher- wie Zuhörerseite erproben.[25] Mögliche Untersuchungsaspekte für die Analyse mündlicher Kommunikation hat SCHOENTHAL vorgeschlagen: Sie nennt die „Relevanz des Hörerverhaltens" z.B. durch Blickkontakt oder Vermeidung von Blickkontakt; „Macht/Dominanz/Gewalt/Manipulation", erkennbar z.B. am Ablauf des Sprecherwechsels, in der Verteilung von Frage und Antwort, am Reden und Schweigen; die Bedeutung des situativen Kontextes in der Unterscheidung zwischen öffentlich und privat, Nähe und Distanz u.Ä.; die Rolle von Normen etwa bei der Anrede oder bei Normverstößen (z.B. Unhöflichkeit).[26]

Um insbesondere den *Gesprächsverlauf* zu untersuchen, haben STEINIG/HUNEKE einen Fragenkatalog formuliert, der auf folgende Aspekte eingeht: die Gesprächsorganisation (u.a. Sprecherwechsel, Struktur, Regeln), die Themenbearbeitung (u.a. Verhältnis von Zielen und Sprechhandlungen, Entwicklung einer gemeinsamen Wissensbasis, thematische Bezugnahme aufeinander) und die Beziehungsgestaltung (u.a. Umgang mit Störungen, Herstellen und Aufrechterhalten einer Beziehung).[27]

Untersuchungskategorien, die sich auf die *Geschlechtsspezifik* von Kommunikation beziehen, hat die Linguistin DEBORAH TANNEN entwickelt. Auch wenn das

---

23 Zu methodischen Realisierungsmöglichkeiten von Diskussion und Debatte finden sich Anregungen in diversen Schulbüchern.

24 Materialien finden sich z.B. bei BECKER-MROTZEK/BRÜNNER 1997.

25 Auf die Deutungsprobleme bei mündlicher Kommunikation weist SCHOENTHAL (1995, 26) hin.

26 Ebd.

27 Vgl. STEINIG/HUNEKE (2002, 75 f.).

Thema in der öffentlichen Diskussion mittlerweile weniger präsent ist, hat es doch nicht unbedingt an Relevanz eingebüßt. TANNEN hat Männern und Frauen unterschiedliche Gesprächsstile zugeordnet. Diese sind ihr zufolge jeweils durch bestimmte Rahmen gekennzeichnet. Rahmen sind Meta-Mitteilungen, die v.a. durch nonverbale Mittel konstituiert werden. Sie geben Auskunft über die Handlungsziele des Sprechenden: z.B. Informationen geben, eine Verhandlung beginnen.[28] Männern lässt sich Tannen zufolge eher ein Stil zuordnen, dem es um sachliches Berichten geht, Frauen zielten dagegen eher auf das Herstellen von Beziehungen.[29]

Gesprächsanalyse unter geschlechtsspezifischem Aspekt steht vor der Herausforderung, Stereotype nicht weiter zu festigen und stattdessen einen bewussten und flexiblen Umgang mit Handlungsmustern zu fördern. Auf der Grundlage von Gesprächsanalysen lassen sich entsprechende Regeln und Strategien mit den Lernenden erarbeiten.

4.3.3 Redeformen

Lange Zeit wurde Rhetorik im Unterricht v.a. theoretisch als Kunst der wirkungsvollen *Rede* behandelt. In Reden wurde zumeist die Verwendung rhetorischer Mittel untersucht und man deckte Strategien sprachlicher Manipulation auf. Darüber hinaus sollten die Schüler verschiedene Typen von Rede kennenlernen (wie Fest- und Feierrede, Gerichtsrede, politische Rede), außerdem die fünf Schritte zur Vorbereitung und Durchführung einer Rede (*inventio*, *dispositio*, *elocutio*, *memoria*, *actio*). Eigene Redeversuche sollten den Lernenden dazu verhelfen, Sicherheit im freien Sprechen vor einer Gruppe zu gewinnen. Kritisiert wurde daran vor allem, dass die Redeanlässe stark konstruiert und realitätsfern waren.[30]

In jüngster Zeit sind vermehrt Initiativen zur Etablierung der Rhetorik in *handlungspraktischer Absicht* zu beobachten.[31] Als Ziel formuliert z.B. die Gemeinnützige Hertie-Stiftung, dass die allgemeine Redefähigkeit gefördert werden solle, um den Schülern die „Teilhabe an der demokratischen Gesellschaft und Erfolg in der Kommunikationsgesellschaft zu ermöglichen“ (KEMMAN 2000, 2). Methodische Vorschläge zur Überwindung von Redeangst, Formulierung eines Redebeitrages

---

[28] Vgl. TANNEN (1992, 97 ff.).

[29] Vgl. TANNEN (1991, 78 ff.). SCHRAMM (1981) ist eine immer noch anregende Darstellung zum Thema Frauen- und Männersprache aus den 1980er Jahren, die Materialien sowohl zu Sozialisationsbedingungen wie zum Gesprächsverhalten bietet.

[30] Zur Kritik an der Rhetorik als Modell für die Entwicklung von Kommunikationskompetenz vgl. GRAEFEN (1999, 379 ff.).

[31] Vgl. etwa die Initiative der Gemeinnützigen Hertie-Stiftung auf der Grundlage des Gutachtens von ANSGAR KEMMAN (2000): Wie kann in Deutschland Rhetorik in Schule und Hochschule wieder eingeführt werden?

in Form des Fünfsatzes, Entwicklung einer Gliederung sowie zum Umgang mit nonverbalen Mitteln finden sich bei KLIPPERT (1999, 160 ff.), allerdings ohne didaktische Einbindung.

Eine größere Rolle als die Rede selbst spielen heute eher unterrichtsbezogene Artikulationsformen wie Referat, Statement und Präsentation. Damit rücken andere Lernziele in den Vordergrund.

Eine konkrete Situation, die grundsätzlich Redefähigkeit erfordert, ist das Halten eines *Referats*. Anders als bei der Rede dominiert der Informationszweck. Entsprechend hat der Referent auf das Vorwissen seiner Zuhörer zu reagieren und Wege anzubieten, wie die neuen Informationen in bestehendes Wissen integriert werden können.

Eine kürzere Form, redend zu informieren, ist die *Präsentation*. Sie vermittelt die Ergebnisse einer längeren Arbeit unter Verwendung von Schaubildern, Tabellen und Statistiken auf Overhead-Folien, Plakaten, Metaplanmaterialien oder auch Folien einer Powerpoint-Präsentation. Auch hier ist entscheidend, dass gesprochener Text und Visualisierungen rezipientenorientiert aufeinander bezogen sind. Präsentationen haben im Unterricht inzwischen eine so große Bedeutung erlangt, dass sie sogar in einigen Bundesländern als Prüfungsleistung am Ende der 10. Klasse oder im Abitur gewertet werden. Reagiert wurde damit auf Anforderungen der Arbeits- und Berufswelt.

4.3.4 Vorlesen, Rezitation und mündliches Erzählen

Sprache in ihrer *akustisch-ästhetischen Qualität* gehört nicht in den klassischen Bereich der Kommunikationswissenschaft. Kommunikationsrelevant wird sie im Hinblick auf die Bedeutung der nonverbalen Mittel sowie der Intonation und Modulation für die Realisierung des Handlungsziels. Beim *Vorlesen* wird ein Text nicht einfach nur wiedergegeben, sondern der Vortrag zielt auf eine bestimmte Wirkung beim Hörer. Dabei kann man spannende oder komische Unterhaltung bieten und darüber hinaus den Hörer in seinem Textverstehen beeinflussen. Voraussetzungen sind gute Textkenntnis und die Fähigkeit, Stimmführung, Pausen und Blickkontakt zuhörerbezogen einzusetzen.[32] Auf die besondere lernpsychologische Bedeutung des Vorlesens für die Lesefähigkeitsentwicklung hat die PISA-Studie hingewiesen.[33] Vorleseanlässe im Unterricht lassen sich in Form einer Lesekonferenz arrangieren, bei der die Schüler in Kleingruppen selbst ausgewählte Stellen aus literarischen Texten vorlesen.

---

[32] BEISBART (1998, 231) macht darauf aufmerksam, dass sowohl sinnunterstützend als auch sinnhintertreibend vorgelesen werden kann.

[33] Deutsches PISA-Konsortium (2001, 77).

Im Unterschied zum Vorlesen wird bei der *Rezitation* der Text frei (d.h. ohne Vorlage) vorgetragen. Auch hier kann die wirkungsvolle Präsentation unter Einbeziehung nonverbaler Mittel eine bestimmte Interpretation vermitteln. Unterstützt wird die Rezitation durch Gestik, Mimik und ggf. Requisiten.

Gegenüber den reproduktiven Kommunikationsformen wie Vorlesen und Rezitation lässt sich das *Erzählen* eher als mündliche Textproduktion auffassen, an der die Zuhörer durch ihre Reaktion (Nachfragen, Kommentare, Bestätigung) aktiv beteiligt sind.[34] Erzählanlässe im Unterricht bieten Reizwortreihen oder Erlebtes (auch Gelesenes und Gesehenes). Gezielt kann auch das Erzählen von Witzen geübt werden, um die gelungene Platzierung einer Pointe zu trainieren.

In all diesen Fällen sollte es im Unterricht darum gehen, dass die Schülerinnen und Schüler verbale und nonverbale Mittel im Verhältnis zum Handlungsziel einzuschätzen und einzusetzen lernen.

4.4 Mündliche Kommunikation im Unterricht bewerten

Das Problem der Bewertung resultiert im Wesentlichen aus der Tatsache, dass mündliche Kommunikation flüchtig ist. Gleichwohl ist für die „mündliche Mitarbeit" eine Note zu erteilen, ebenso sind Lern- und Leistungsfortschritte im Bereich der kommunikativen Kompetenz als Unterrichtsgegenstand zu bewerten und zu benoten. Auf die Schwierigkeiten, die dabei entstehen, hat FIEHLER (1998, 53 ff.) hingewiesen. Normative Setzungen wie „Im-ganzen-Satz-Sprechen" und „Unterbrechungen vermeiden" können in bestimmten Gesprächssituationen dysfunktional sein, wenn es darum geht, möglichst schnell zu agieren oder wenn die Gesprächsteilnehmer keine entsprechenden Erwartungen haben.

Daher ist es sinnvoll, mit Schülern gemeinsam zu besprechen, welche Ziele durch die Wahl einer bestimmten Gesprächs- oder Redeform erreicht werden sollen und welche Mittel diese Funktion jeweils am besten erfüllen. Daraus lassen sich Kriterien ableiten, die dann als Bewertungsgrundlage dienen können. Um der Flüchtigkeit der mündlichen Kommunikation zu begegnen, können Transkripte analysiert und daran Maßstäbe für praktische Übungen entwickelt werden. Auch die Bewertung der „mündlichen Mitarbeit" im Unterricht lässt sich auf diese Weise transparent machen.[35] Um Gesprächsverhalten allgemein mit Schülern zu untersuchen, hat Klippert einen Vorschlag gemacht, der u.a. Themenbezug, Eingehen auf Vorredner, Knappheit und Präzision des Ausdrucks nennt und auf einer

[34] Vgl. STEINIG/HUNEKE (2002, 66).
[35] Vgl. dazu auch BOHL (^{2}2004).

Skala eine Gewichtung ermöglicht.[36] Empfehlenswert ist, Gesprächsverhalten im Unterrichtsgespräch immer wieder einmal zum Gegenstand der gemeinsamen Reflexion im Unterricht zu machen, um zu überprüfen, welche Ziele erreicht bzw. (noch) nicht erreicht wurden, und die jeweiligen Gründe dafür zu erörtern.

Insgesamt ist festzustellen, dass gerade die Doppelseitigkeit von mündlicher Kommunikation in Form des Unterrichtsgesprächs und als Unterrichtsgegenstand vielfältige Anlässe bietet, die Funktionalität von Sprechhandlungen zu beobachten und die Entwicklung handlungspraktischen Wissens bei den Schülern zu fördern. Kommunikationskompetenz bedeutet dann, dass sich die Schüler selbst Kommunikationsziele setzen können und über die passenden sprachlichen und nichtsprachlichen Mittel aktiv verfügen.

4.5 Konzeptualisierung von Hörverstehen

In neueren Testformaten wie der Lernstandserhebung 9 in NRW (2005) und VERA 8 (2009) werden Hörverstehensleistungen der Schülerinnen und Schüler überprüft. Wie vor allem Becker-Mrotzek (2008, 74) betont, liegt dabei die besondere Schwierigkeit darin, durch Aufgaben die Spezifität von Mündlichkeit unabhängig von schriftsprachlichen Kompetenzen zu erfassen. In der Lernstandserhebung NRW wurde z. B. das Hörverstehen in enger Analogie zum Leseverstehen und zum Schreiben erfasst: Zum Inhalt eines Hörtextes, der als Radiobeitrag präsentiert wurde, waren Fragen schriftlich zu beantworten, die auf das Textverständnis abzielten. Dazu konnten die Schüler Notizen zu Hilfe nehmen. Ein Aufgabenbeispiel, das stärker auf Mündlichkeit abhebt, ist Becker-Mrotzek (2008, 74 ff.) zufolge z. B. die Aufgabe, Widersprüche in einer gehörten Geschichte zu entdecken und sich in der Gruppe über relevante Beobachtungen zu einigen. Als weitere Aufgabenbeispiele werden genannt: die kommunikativen Absichten in Gesprächen zu identifizieren, Argumente und Argumentationshandlungen zu bewerten. Kompetenzaufbau erfolgt dadurch, dass Teilfertigkeiten geübt, Hilfestellungen (wie Dialogelemente) sukzessive zugunsten der Lernerautonomie abgebaut werden und Metawissen (über Faktoren gelingender oder scheiternder Kommunikation) entwickelt wird.

[36] Vgl. Klippert (1999, 153).

Teil IV
Unterricht vorbereiten

Unterrichtsplanung

Michael Kämper-van den Boogaart

Über Techniken und Rezepte der Unterrichtsvorbereitung gibt es eine Menge Bücher. Am verbreitetsten ist wahrscheinlich der „Leitfaden zur Unterrichtsvorbereitung" von HILBERT MEYER, der 1980 zum ersten Mal erschien, bis zum Jahr 2000 eine Auflage von fast 200.000 Exemplaren erreichte und 2007 in einer verschlankten Neubearbeitung vorgelegt wurde. Was in diesem und auch anderen – zumeist trockeneren – Hilfswerken aufgeführt ist, muss hier nicht wiederholt werden. Konzentrieren wir uns stattdessen auf die jüngere Diskussion, in der die Bedeutung vorausschauender Unterrichtsplanungen relativiert wird, und auf Aspekte, die besonders für den Deutschunterricht relevant sein dürften.

1 „Feiertagsdidaktik" *vs.* situative Unterrichtsplanung

1.1 Kritik großdidaktischer Planungsmodelle

Was man in der Literatur zu Methoden der Unterrichtsplanung findet, ist zu einem großen Teil Resultat didaktischer Theorien. Für diese Theorien hat HILBERT MEYER (1993), mit Blick auf die Alltagspraxis, den polemischen Begriff *Feiertagsdidaktiken* geprägt. MEYERS durchaus fair operierende Polemik setzt aus einer empirischen Perspektive an. An den Modellen zur Unterrichtsvorbereitung, wie sie vor allem von der bildungstheoretischen (auch: kritisch-konstruktiven) Didaktik, der lerntheoretischen Didaktik (auch: Berliner bzw. Hamburger Modell), der informationstheoretischen und lernzielorientierten (auch: curricularen) Didaktik vorgelegt wurden, kritisiert er namentlich dreierlei. *Erstens* moniert er, dass sich diese didaktischen Theorien an der empirischen Arbeitsplatzstruktur von Lehrern desinteressiert zeigen. *Zweitens* konstatiert er ein unreflektiertes Wissenschaftsdefizit dieser Theorien. Trotz erhabener Ansprüche seien die jeweiligen Kernprämissen weder falsifizierbar noch verifizierbar. *Drittens* fokussierten die Theorien einseitig den Lehrer als Akteur. Die Schüler würden nur als Objekte des Unterrichts wahrgenommen oder gar zu einer seiner Voraussetzungen degradiert. Bedenkenswert ist ebenfalls, was MEYER als sekundären Effekt solcher Theorien für die Praxis betrachtet. Lehrer, die während ihrer Ausbildung auf die aufwändigen Planungsverfahren dieser Didaktiken verpflichtet worden sind, müssten ihre spätere Praxis als defizitär empfinden. Eingebunden in einen sie vielfach fordernden Berufsalltag, kämen sie bei weitem nicht zu so umfangreicher Planungsarbeit. Gelte diese aber als Voraussetzung gelingenden Unterrichtens, sei ein notorisch schlechtes Gewissen vorprogrammiert.

Über MEYERS Kritik ist viel geschrieben worden. Dasselbe gilt für seine Apologie der Kurzvorbereitung und sein Verständnis für eine *Türklinkendidaktik* – Positionen, die die Stellungnahme von 1980 fortschreiben (MEYER 2001). Die große Zeit der Feiertagstheorien ist indes verstrichen, auch die Unterrichtsdidaktik hat mit Beginn der 1990er Jahre ihre *„Alltagswende"* eingeleitet. Seit empirische Arbeiten aus der Unterrichtsforschung den Schluss zulassen, dass das Unterrichtsgeschehen weit weniger planbar ist, als dies die Theorien früherer Jahre glauben machten, bildet die Planungskompetenz nicht mehr unangefochten die Spitze der an eine Lehrkraft herangetragenen „Qualitätserwartungen". Zudem hat sich in diesem Punkt die Blickrichtung verändert: Tendierte man auf der Folie der „Feiertagsdidaktiken" dazu, den Ort der pädagogischen Planungsaktivitäten am häuslichen Schreibtisch zu sehen, rückt heute stärker in den Blick, dass ein flexibler Unterricht auch Ad-hoc-Planungen im Klassenzimmer erfordert. Man spricht von *situativer Unterrichtsplanung*[1] und unterscheidet unter diesem Aspekt zwischen der *vorausschauenden Planung* und der *Stegreif-Planung*. Letztere wird als die probate Reaktion der Lehrperson angesehen, wenn die Unterrichtssituation sich anders als vorausgeplant entwickelt und Modifikationen der ursprünglichen Planung erforderlich werden. Dieses Planungsverhalten entwickelt sich also im Unterrichtsverlauf, wird aber durch eine Vorplanung begünstigt, die sich nicht rigide auf einen Unterrichtsverlauf fixiert, sondern Abweichungsoptionen antizipiert und sich eine gewisse Offenheit erhält. Dies heißt, dass die *Planungskompetenz* durch eine *Handlungskompetenz* zur praktischen Geltung gebracht werden muss. Schlichter gesagt: Der am Schreibtisch entstandene Plan muss auch situationsgerecht ausgeführt werden. Dies geschieht beispielsweise nicht, wenn ein Lehrer seinerseits alle geplanten Schritte umsetzt, jedoch ignoriert, dass die Schüler einem ganz anderen Plan folgen bzw. die Situation abweichend beurteilen. Um dies zu verhindern, bedarf es offenkundig einer *Wahrnehmungskompetenz*. Gefragt ist hier nicht zuletzt die Fähigkeit zur raschen Interpretation des Schülerverhaltens.

[1] Vgl. MÜHLHAUSEN 1994.

Unzureichend wäre eine Wahrnehmung, die lediglich konstatiert, dass die Lernenden scheinbar nicht so wollen wie der Plan, und die hieraus folgert, die Schüler zu ihrem „Glück“, nämlich zu plangemäßem (Re-)Agieren zwingen zu müssen. Wir kennen solche Interpretationen und entsprechendes Lehrerverhalten aus dem parodistischen Resümee: *Der Plan war gut, aber die Schüler waren schlecht.*

Die gegen den technokratischen Aberwitz entwickelten und um Differenzierung bemühten Hinweise zum realen Planungsverhalten basieren auf der Beobachtung alltäglichen Unterrichts. Sie sind bemüht, ein realistischeres Bild dessen zu entwickeln, was Professionalität im Lehrerberuf heißt. Damit öffnen sie aber auch den Blick auf eine Schwierigkeit. Überlegt man sich, wie Professionalisierung abläuft und durch Ausbildung gefördert werden kann, stößt man unweigerlich auf das Problem, genauer zu formulieren, was eigentlich die Kompetenzen eines situativ angemessenen Professionshandelns ausmacht. Im Lehrerzimmer würde man sicher Antworten hören wie: *Das ist halt die Erfahrung.* Oder, noch unangenehmer für die Ohren von Ausbildern: *Das ist eine Frage des Talents.*

1.1.2 Pedagogical Content Knowledge

In der Unterrichtsforschung werden zur Kennzeichnung des Lehrervermögens kognitionspsychologische Wissensmodelle in Anschlag gebracht. So wird, ausgehend von US-amerikanischen Forschungen, von *pedagogical content knowledge* (PCK) gesprochen (Shulman 2004, 187 ff.).[2] Das Konstrukt beschreibt ein professionelles Erfahrungswissen und setzt dieses in Beziehung zu Fachwissen (content knowledge), curricularem Wissen (curricular knowledge) und anderen Wissenskonstrukten, wobei PCK ein spezielles Amalgam aus Fachlichem und Pädagogischem darstellen soll (Shulman 2004, 227).[3] Als Fachwissen gilt hierbei nicht nur ein Wissen, das die Inhalte und Strukturen der Disziplin erfasst, sondern auch ein syntaktisch genanntes Wissen, das analog einer Grammatik beschrieben wird, die die Spielregeln fachlichen Handelns umfasst. Als curriculares Wissen werden nicht allein Lehrplankenntnisse aufgefasst, sondern auch eine Versiertheit, was den Einsatz von Unterrichtsmaterialien betrifft.

In der Forschung wird PCK als eine kasuistische Wissensform beschrieben, also als solche, die bereits erfahrene Handlungsfälle in Form von Geschichten konserviert, welche in einer neuen Handlungssituation als Interpretations- und Aktionshilfe abgerufen werden können. Mit Blick auf die hohe Wertschätzung von didaktischen Planungen gibt Shulman zu bedenken:

---

[2] Shulman 2004 versammelt eine größere Anzahl von Aufsätzen, die Shulman in den zurückliegenden Jahren vorgelegt hat.

[3] Vgl. Bromme 1995, 205–216.

■ *But design is less than half the story. Teachers learn quickly that the heart of teaching is developing the capacity to respond to the unpredictable. Teaching begins in design, but unfolds through chance. And cases – as the narrative manifestations of chance – offer teachers the opportunities to contemplate the variety of ways in which the unpredictable happens* (SHULMAN 2004, 187 ff.). ■

Die Schlussfolgerungen, die aus solchen Betrachtungen gezogen werden, betreffen Forschung, Lehrerausbildung und Schulorganisation. In den als Verbindungsstück (*conduits*) von Theorie und Praxis angelegten Fallstudien spielen Lehrende nicht nur die Rolle von Forschungsobjekten, sondern sollen als Forschende in die Arbeit einbezogen werden. Sammlungen von Fallstudien und die Auseinandersetzung mit ihnen wird erhebliche Bedeutung für die Ausbildung zugesprochen. Regelmäßige Fallkonferenzen schließlich sollen die Kooperation innerhalb der Kollegien intensivieren und zur Reflexion von individuellen und kollektiven Handlungsroutinen führen. Bislang vorliegende Ergebnisse machen übrigens deutlich, dass für PCK Fachkompetenzen eine erhebliche Rolle spielen. Vergleichende Untersuchungen von fachlich und fachfremd erteiltem Unterricht zeigen, dass die Lehrperson, die über fachliche Expertise verfügt, in der Lage ist, spontan weit mehr veranschaulichende Beispiele für die Schüler zu generieren als fachfremd Unterrichtende.[4] Auch auf die Adaption von Unterrichtsmethoden hat das Fachwissen erheblichen Einfluss, wie ein interessanter Befund verdeutlicht. Nachdem in den 1970er Jahren eine Studie an der Stanford-Universität ergab, dass bei anspruchsvollen Lehrerfragen eine längere Reaktionszeit für die Schüler zu einer Steigerung des Antwortniveaus führt, organisierte man allerorts Workshops, in denen Lehrpersonen entsprechend trainiert wurden. Diese Maßnahme schien zunächst Erfolg zu haben. Dann aber zeigte sich, dass die Workshop-Teilnehmer, zurück in ihrer Praxis, wieder die alte Gewohnheit eines nur kurzen Abwartens aufnahmen. Natürlich wollten die Forscher herausfinden, was die Lehrpersonen dazu führte, in diese erwiesenermaßen suboptimale Routine zurückzufallen. Dabei stießen sie nicht nur auf das Phänomen, dass Schweigen im Klassenzimmer für alle Beteiligten etwas Unbehagliches zu haben scheint. Sie fanden auch heraus, dass die betreffenden Lehrpersonen mit dem höheren Niveau der Schülerantworten fachlich nicht fertig wurden (SHULMAN 2004, 507 f.). Für sie war die gesteigerte Komplexität in der Unterrichtskommunikation ein „kritischer Moment“:

■ *We will consider three categories of critical moment. The first occurs when a teacher asks the class a question he or she knows everyone can answer – and no one can! The second occurs when the teacher asks the class a question he or she is confident no one can answer – and many do! In each case the planned lesson or lesson segment has been disrupted be-*

[4] Vgl. allerdings die konträren Befunde im Projekt MARKUS (HELMKE 2003, 59). Vgl. auch MEYER 2004, 65 f.

cause the expected understanding (or ignorance) has not been demonstrated. The third kind of critical moment is the most discomfiting of all. Here the teacher asks a question with a range of expectable answers [...]. Instead, someone produces a response that falls beyond the pale, an idea or invention that simply doesn't fit with the teacher's expectations and is not immediately discernable as right or wrong. This kind of unpredictability produced some of the most painful critical moments of all. It placed the greatest strain on the subject-matter competence of the teacher [...]. Teachers and students can probably learn to engage in more complex forms of discourse involving longer wait-times and more complex and unpredictable student responses. But more careful preparation of teachers and of their classes may be needed to support such an effort. For one, a teacher may well have to develop deeper content knowledge and pedagogical content knowledge to respond adequately to higher frequencies of less predictable student contributions. (SHULMAN 2004, 263 f.) ■

1.1.3 Was dennoch für Feiertagsplanungen spricht

Wie auch MEYER einräumt, wird die Auseinandersetzung mit den besagten Feiertagsdidaktiken durch die Erkenntnisse und Vermutungen zum „tatsächlichen“ Handlungswissen von Lehrern selbst dann nicht obsolet, wenn es stimmt, dass sich empirisch kaum Anhaltspunkte dafür finden lassen, dass „wirkliche“ Lehrer bei ihren Unterrichtsplanungen in Kategorien didaktischer Theorien denken.[5] Ein Grund hierfür liegt darin, dass es schwerlich plausibel ist, Aussagen über erforderliche Lehrerkompetenzen zu machen, ohne sich – in Form von Theorien – darüber zu verständigen, was guter Unterricht oder sinnvolles Lernen heißen soll. Unter diesem Aspekt besitzen verschriftlichte Unterrichtsplanungen, wie sie in der Regel in der zweiten Phase der Lehrerausbildung oder während der Praktika an der Universität verlangt werden, eine Funktion: Sie verbinden allgemeine Zielvorstellungen mit konkreten Bildern fachlichen Unterrichtens und versuchen sich daran, hier stringente Beziehungen oder Ableitungen herzustellen.[6] In diesem Sinne sind sie Modelle für eine Auseinandersetzung über Qualitätsfragen, die für eine intersubjektive Reflexion der Praxis hilfreich sein dürften.[7] Nicht zu verkennen ist jedoch, dass die Konzentration auf schriftliche Stundenentwürfe auch falsche Signale setzen kann. Wie im ersten Kapitel dieses Buches zu zeigen versucht wurde, spricht nämlich viel dafür, dass längerfristigen curricularen Planungen eine erhebliche Bedeutung zukommt, da erst auf dieser Ebene das Prinzip eines kumulativen Lernens greift.

[5] Vgl. BROMME 1992. Zu berücksichtigen sind aber auch die Relativierungen dieses Befundes durch die empirischen Untersuchungen von TEBRÜGGE 2001.
[6] So auch MÜHLHAUSEN 1994, 76 f.
[7] Vgl. auch die Argumentation in PETERSSEN 2000, 296 ff.

Im Folgenden werden zentrale Punkte schriftlicher Stundenentwürfe aus fachdidaktischer Sicht angesprochen, ohne hiermit in Konkurrenz zu den Arbeiten von MEYER und anderen zu treten.

1.2 Sachanalyse – Didaktische Analyse

Das Verhältnis von Sachanalyse und didaktischer Analyse ist ein notorischer Streitpunkt in allgemeindidaktischen Modellen zur Unterrichtsplanung. Die dazu ausgetragenen Kontroversen müssen hier nicht noch einmal aufgerollt werden, da sie in den einschlägigen Leitfäden und Handbüchern zur Unterrichtsplanung nachzulesen sind.[8] Zudem: Die Auffassung, dass es in der Unterrichtsvorbereitung eine reine Analyse der Sache geben könne, wird heute kaum mehr vertreten. Stattdessen spricht man von Wechselwirkungen u.Ä. Auch wird der Begriff der Analyse vielfach zugunsten einer unverfänglicheren Bezeichnung wie „Überlegungen zur Sache“ (MEYER 2007, 114) u.a. zurückgenommen.

Gleichwohl ist es so, dass viele der schriftlichen Vorbereitungen von Unterrichtsstunden oder -reihen zunächst Ausführungen zum Thema enthalten, die sich eher fachwissenschaftlich geben, um dann didaktische Anmerkungen anzufügen. Dass es auf dem Papier zu einer solchen Abfolge kommt, ist darstellungslogisch erklärbar. Anzunehmen ist, dass in Wirklichkeit vernetzter geplant wird (MEYER 2007, 199), dies aber nur schwer in die Form von Unterrichtsentwürfen zu übertragen ist. Folgenreicher für den Unterricht dürfte im Übrigen ein anderes Problem solch ausgearbeiteter Entwürfe sein. Viel spricht nämlich dafür, dass die Entwurfsmuster mit ihrer Sequenz der zwei „Analysen“ dazu verführen, wichtige Teile des Unterrichtsgeschehens in der Vorbereitung zu vernachlässigen. In der Regel ist es so, dass die Sache oder der Inhalt als das *Thema* des Unterrichts verstanden wird. In einfachen Fällen wird das Unterrichtsthema mit dem Titel eines literarischen Textes oder – vor allem für eine einzelne Stunde – bestimmter Aspekte dieses Textes ausgedrückt. Zum Beispiel: *Der Schimmelreiter*. Oder: *Rahmenstruktur in der Novelle „Der Schimmelreiter“*. Die Ausführungen zur Sache tragen dann zusammen, was sich literaturwissenschaftlich über den Text oder seine Aspekte sagen lässt und was so auch in *Kindlers Literatur Lexikon* stehen könnte (oder steht). Die didaktischen Reflexionen erörtern ihrerseits vornehmlich, weshalb der soeben erklärte Text für die Kompetenzentwicklung der Lerngruppe bedeutsam ist, was sich an ihm im Einklang mit dem Lehrplan lernen lässt und welche zuvor beschriebenen Aspekte hierfür elementarisiert werden müssen. Falls diese nicht in die didaktischen Überlegungen integriert sind, folgen unterrichts-

8 Zum Beispiel: PETERSSEN 2000, 21 ff. und MEYER 2007, 197 ff.

methodische Erwägungen, die den geplanten Unterricht in seiner Schrittfolge skizzieren und plausibel machen sollen, weshalb die ausgewählten Unterrichtsschritte den richtigen Weg zum avisierten Unterrichtsziel darstellen. Das alles wirkt konsequent durchdacht (und das soll es ja auch). Ist man aber mit solcher Stundenplanung auch auf den Unterricht vorbereitet?

Eine Tücke erwähnte ich bereits: Im Unterschied zum wirklichen Unterricht suggeriert der Plan, dass es nur eine Sache gäbe, um die man sich in der Vorbereitung zu kümmern hätte. Realiter wird die geplante Stunde aber eine Reihe von Gegenständen enthalten, die Lehr- und Lernanforderungen darstellen, ohne im Stundenthema explizit genannt zu werden. So mag beispielsweise auf der Ebene der didaktisch-methodischen Reflexionen geplant werden, das Verständnis der Novelle Storms über das Verfassen einer Inhaltsangabe zu sichern. Mit diesem Schritt steht neben der Textsorte Novelle eine weitere zur Disposition: eben die Inhaltsangabe.[9] Da die Schüler eine solche schreiben und vortragen müssen (nicht aber eine Novelle), wird die ‚Sache' Inhaltsangabe für sie keine unwichtige sein, und der weniger erfahrene Lehrer wäre gut beraten, sich darauf einzustellen. Genau diese Vorbereitung erfolgt aber häufig nicht, ein Umstand, der unangenehme Folgen haben kann. Dies gilt besonders, wenn auch das Studium eine Beschäftigung mit der unter Didaktikern kontroversen Textsorte[10] nicht vorsah und wenn das Lehrbuch nur eine unzureichende Erklärung über das Prozedere von Inhaltsangaben bietet. Dass die Schüler das Schreiben von Inhaltsangaben schon beherrschten, weil diese als Thema in einer früheren Klasse „dran" war, ist im Übrigen eine Annahme, auf deren Zutreffen man sich lieber nicht verlassen sollte. Konsequenz: Wenn man am Grundmodell festhält, wären für eine Stundenplanung gleich mehrere Sachanalysen und didaktische Analysen anzuraten.

Unterhält man sich ganz allgemein über den Literaturunterricht, erfährt man viel Zustimmung, sobald man sagt, die Idee der einen richtigen Interpretation sei längst hinfällig. In der Tendenz widersprechen aber viele didaktische Analysen diesem Votum. Sie tun dies, weil sich zum Beispiel der Verfasser einer Unterrichtsplanung zu *Der Schimmelreiter* durch die ihm aufgetragene Orientierung an KLAFKI bzw. MEYER (2007, 200f.) bemüßigt sieht, den Gegenwartsbezug einer Lektüre der Novelle herauszustreichen. Fündig wird er hier bei einem Thema wie: *Naturbedrohungen sind Erfahrungen, die den Aberglauben vieler Menschen stützen.* In der Konsequenz wird der Planende seinen Unterricht so einrichten, dass diese thematische Schicht der Novelle besonders akzentuiert und entsprechend (miss-?)

[9] Zur Problematik der Inhaltsangabe vgl. den Beitrag von BARBARA SCHUBERT-FELMY sowie meine Anmerkungen zu schulinternen Lehrplänen im ersten Kapitel.

[10] Vgl. ABRAHAM 1994; FIX/MELENK 2000, ZABKA, THOMAS: Literarisches Verstehen durch Inhaltsangaben? Anmerkungen zu einer umstrittenen Form des Umgangs mit narrativen Texten. In: KÄMPER-VAN DEN BOOGAART 2004, 201–222.

verstanden wird. Dies muss nicht mit dem Credo von der einzig richtigen Interpretation einhergehen – die Vorentscheidung führt aber zu Festlegungen. Hiervon abweichende Textverständnisse und Interessen der Schüler werden vom Lehrenden dann schnell und unbeschadet ihrer Plausibilität als Störungen aufgefasst.

Gerade Lehrkräfte, die glauben, mit poetischen Texten pädagogische Ziele erreichen zu müssen und sich hier in der Planung festlegen, tun sich schwer mit einem offenen Spiel im Umgang mit polyvalenten Texten.[11] Ein solches Spiel setzte eine didaktische Analyse voraus, die weniger auf ein Zentrum – ein zentrales Verstehensziel – hin angelegt ist, sondern stattdessen unterschiedliche Verstehensmöglichkeiten antizipiert und mit den Verstehensmöglichkeiten[12] der Schüler in Verbindung bringt (s.u.). Sieht man indes keine Chance, dem „pädagogischen Wahn" zu entkommen,[13] sollte man wenigstens ehrlich sein und den Schülern im Interesse einer didaktischen Klarheit[14] vorab mitteilen, auf welche thematischen Aspekte man hinauswill.[15]

Was folgt aus solchen Hinweisen auf unerwünschte Nebenwirkungen konsekutiv aufgebauter Stundenentwürfe für die Unterrichtsvorbereitung? Zunächst einmal nimmt die Kritik auf, was zuvor über die Bedeutung situativer Planungen und professioneller Kompetenzen gesagt wurde. Die tatsächliche Unterrichtssituation ist höchst selten auf *einen* Unterrichtsinhalt konzentriert. Wird der Anspruch schülerorientierten Unterrichtens halbwegs umgesetzt, kommt es hingegen immer wieder zu Überraschungen oder kritischen Punkten. Diese gehen sehr häufig von Sachverständnissen aus, die der Unterrichtende für selbstverständlich gegeben oder für gesichert hält. Dies kann Vorstellungen wie die über die Inhaltsangabe betreffen, scheinbar alltägliche Tätigkeiten wie das Beschreiben oder Analysieren berühren. Und natürlich evoziert auch ein Text wie *Der Schimmelreiter* so manche Frage, die dem Autor einer didaktischen Analyse als nicht gerade zentral erschien.

Um gegen solche Irritationen vorausschauender Planungen gewappnet zu sein, rät MÜHLHAUSEN zum Aufbau eines *Überraschungsarchivs*. Dabei handelt es sich gewissermaßen um mentale Karteikarten für die Lösung einschlägiger Fälle.[16] Offensichtlich ist allerdings zum Aufbau solcher Archive bereits eine Reihe von Erfahrungen nötig. Für den Berufsanfänger mag eine praktikablere Alternative darin bestehen, sich während der Phase der Schreibtischplanung über die zentrale

---

[11] Siehe den Beitrag „Textnahes Lesen und Rezeptionsdidaktik" von ELISABETH PAEFGEN sowie KÄMPER-VAN DEN BOOGAART 2000a.

[12] Vgl. SPINNER 1995, 81–96.

[13] Vgl. FINGERHUT 1987, 3–19.

[14] Vgl. HELMKE 2003, 60; MEYER 2004, 55 ff.

[15] Dies geht natürlich auch in einer gemeinsamen Verständigung und kooperativen Planung.

[16] Vgl. MÜHLHAUSEN 1994, 204 ff.

„Sache" hinaus genauer mit all dem zu beschäftigen, was von den Schülern als Aktivität erwartet wird.[17] Hier nämlich kann man in erster Linie mit Nachfragen rechnen: Wie geht denn das?

Mit kritischen Punkten ist bei aller Planung natürlich nicht nur im Literaturunterricht zu rechnen. Ein kritischer Punkt kann beispielsweise auch in einer Unterrichtsstunde eintreten, wenn ein Lerner bei der Bestimmung von Wortarten darauf insistiert, dass ‚verloren' in dem Satzsegment „das hoch verlorene Pokalendspiel" ein Adjektiv sei, da ‚verloren' hier klar auf die passende Wie-Frage antworte: „Wie ist das Spiel? Verloren." Mag sein, dass hier die Lehrperson mit einer Antwort noch zögert, während eine andere Schülerin den Ball aufnimmt und erklärt, dass ‚verloren' als Verb einzustufen sei, und zwar in der Form des Partizips II. Hat man sich als Lehrender vorab nie für Partizipien in der Funktion von Adjektiven interessiert, wird man diese Diskussion vermutlich zu unterdrücken suchen. Ist man hingegen schon zuvor in die Nähe der passenden linguistischen Fachdebatte geraten und weiß immerhin, dass hier für beide Voten Argumente stark gemacht worden sind, wird aus dem kritischen Punkt leicht ein höchst weiterführender, wenn auch ungeplanter: Auch in der 5. oder 6. Klasse kann sich nämlich ein Blick hinter die linguistischen Kulissen lohnen.

Das linguistische Beispiel hält übrigens noch einen allgemeinen Hinweis für die fachliche Vorbereitung versteckt: Auch in anderen Domänen des Deutschunterrichts sind Begriffe oft nur relational zu entfalten. Soll heißen: Die Lehrperson, die das naturalistische Drama als Innovation ausgibt und von einem traditionellen Drama absetzt, sollte (sich) nicht nur erklären können, was sie unter „Sekundenstil" versteht, sondern auch, was „traditionell" heißen soll. Wer von einem „Motiv" spricht, sollte darauf gefasst sein, das Gemeinte von „Stoff" oder auch „Thema" abgrenzen zu können. In solchen Situationen merkt man übrigens, dass viele Begriffe der Germanistik leider reichlich unscharf sind. Unterrichtswerke und -hilfen weisen darauf selten hin, da sie darauf zielen, mit ihren Erklärungen das Gefühl von Sicherheit, nicht aber von Unsicherheit zu vermitteln. Das ist verständlich, lässt diese Werke aber zu einem riskanten Medium der Unterrichtsvorbereitung werden.

[17] Dies schließt als Minimalanforderung ein, sich in der Planung an allen von den Schülern im Unterricht erwarteten Arbeiten zunächst einmal selbst zu versuchen.

1.3 Kompetenzorientierung

Viel zwingender, als sich spekulativ über den Bildungswert des Unterrichtsgegenstands auszulassen, ist es, sich vorab zu verdeutlichen, welche kognitiven und psychischen Operationen eigentlich im avisierten Verstehensprozess erwartet werden. Hierzu ist es zunächst einmal unerlässlich, dass die Lehrperson selbst ein gründliches Verständnis aufbaut. Was heißt das? Für mein Beispiel *Der Schimmelreiter* heißt das nicht, sich mit möglichst viel Sekundärliteratur zu wappnen. Das sollte zwar nie schaden; doch wird es darauf ankommen, in der Auseinandersetzung mit Storms Novelle ein mentales Modell aufzubauen, das auf reflektierten Operationen am Text basiert. Grzesik nennt eine solche Klärung der Textverstehensanforderungen die *operative Analyse* eines Textes und führt das Gemeinte am Beispiel eines Brecht-Gedichts aus: Von der Identifikation der Buchstaben und Buchstabenkombination bis hin zur literarhistorischen Kontextualisierung führt er aus, welche Teilkompetenzen das Verstehen des Gedichts voraussetzt (Grzesik 2005, 134 ff.). Deutlich wird in solchen Analysen zum Beispiel, in welchem Maße Welt- und domänespezifisches Wissen zum Einsatz gebracht werden müssen, wo lokale Inferenzbildungen ambig bleiben und wie markiert Ironien und andere Indirektheiten (Zabka 2006) sind. Eine Textverstehensanalyse kann anders als eine Textanalyse durch die Benennung der textverstehenden Operationen auch Anhaltspunkte dafür bieten, an welcher Stelle sich im Unterricht metakognitive Überlegungen anbieten. Solche Überlegungen sollen anschlussfähig ins Bewusstsein heben, was man über das bloße Entziffern hinaus tut, wenn man einen Text wie *Der Schimmelreiter* zu verstehen sucht. Hierbei kann es auch darum gehen, alternative Operationen in den Blick zu nehmen: Zum Beispiel kann man *Der Schimmelreiter* mannigfaltig kontextualisieren, während andere Operationen alternativlos bleiben.

Konsequenzen sollten operative Analysen auch für die im Unterricht erfolgenden Aufgabenstellungen haben. Während klassische Eröffnungsfragen wie „Was fällt euch auf?“ dazu tendieren, ein eher diffus verlaufendes Ratespiel zu initiieren, sollte es auf der Basis einer Textverstehensanalyse möglich sein, Fragen zu formulieren, die es der Lehrperson

- *ermöglichen, den Leseprozess für alle Schüler/innen explizit zu machen, damit auch die schwachen Leser/innen nachvollziehen können, was es heißt, sich kompetent zu einem elaborierten Mentalen Modell hochlesen zu können* (Gailberger 2007, 36).[18] ■

---

[18] Vgl. z.B. Zabka 2006; Kämper-van den Boogaart 2006; Zabka 2007 und Kämper-van den Boogaart/Pieper 2008.

Statt von operativen Analysen spricht MEYER von einer Lernstrukturanalyse, fasst damit in allgemeiner Perspektive Ähnliches:

■ *Die Lernstrukturanalyse ist etwas anderes als die Klärung der Sachstruktur. Es geht darum, präzis und konkret zu durchdenken, welche Art von Handlungen (Operationen) der Schüler vollziehen muss, um zum Ziel zu kommen* (MEYER 2007, 55). ■

Konfrontiert wird in der Planung eine solche Analyse mit einer zweiten, die nun den Lernstand der Schüler betrifft. Dabei handelt es sich in der Regel eher um Einschätzungen, die empirisch zum Teil kräftig danebenliegen (HELMKE 2003, 84 ff.). Denkbar ist es aber auch, etwa vor Kursbeginn eine eigene Lernstandserhebung durchzuführen, um passgenauer unterrichten zu können. Für die Studieneingangsphase haben HUBER und STÜCKRATH (2007) mit entsprechenden Tests erfolgreich experimentiert.

Im Abgleich von Lernstruktur- und Lernstandsanalyse sollte deutlich werden, über welche der zum Erreichen des Unterrichtsziels erforderlichen Teilkompetenzen die Lernenden bereits verfügen dürften und wo mit Barrieren zu rechnen ist. Selbstverständlich wird solch ein Abgleich die Lerngruppe differenzieren und dabei helfen, den Unterricht an der passenden Stelle methodisch auf Differenzierung und Förderung einzustellen. Das hört sich komplizierter an, als es im routinierten Unterrichten ist, wenn die Lehrperson sich sehr wohl vorstellen kann, wer von ihren Lernenden beispielsweise kaum über das nötige Kontextwissen verfügen wird, um die Dämmungsprojekte Hauke Haiens textverstehend zu überblicken. Gleichwohl kann es sinnvoll sein, derartige Einschätzungen immer wieder einmal explizit zu überprüfen, um nicht den klassischen Tendenzen zu Diagnosefehlern zu erliegen (HELMKE 2003, 98 f.). Eine solche explorative Überprüfung kann in einem Test erfolgen, der Aufgaben enthält, die die unterschiedlichen Kompetenzstufen[19] ansprechen. Bastelanregungen für solche Tests liefern Beispielaufgaben, wie sie im Kontext zentraler Leistungsmessungen (PISA, DESI, IGLU usw.) veröffentlicht wurden oder in zentralen Aufgabenpools erhältlich sind. Traditionelle Klassen- oder Kursarbeiten sind für Diagnosezwecke hingegen ziemlich problematisch, da sie in der Regel holistisch angelegt sind, sodass in der Evaluation gerade schwächerer Arbeiten nur indirekt darauf geschlossen werden kann, welche rangniedrigeren Kompetenzstufen nicht erreicht werden.

[19] Hierbei handelt es sich notwendig um Konstrukte. Dass in der Fachdidaktik kein Konsens über gestufte Kompetenzmodelle vorliegt, sollte kein Hindernis sein, sich für seine Ziele etwas passend Anmutendes zu basteln. Stellt sich nachher heraus, dass die hierarchiehoch eingestuften Kompetenzstufen von mehr Schülern erreicht wurden als die hierarchieniedriger eingestuften, ist das auch eine wichtige Information, die produktive Umdenkprozesse einleiten kann. Zum Basteln vgl. MEYER 2007, 146 ff.

Eine weitere Konsequenz der Umstellung auf Kompetenzorientierung für die Stundenverlaufsplanung macht SPINNER klar, indem er darauf hinweist, dass es – zumal bei grundlegenden Kompetenzen – illusionär sei „zu meinen, man könne innerhalb einer Unterrichtslektion etwas vermitteln, was dann am Ende der 45 Minuten gesichert sein kann" (SPINNER 2004, 137).[20] Meines Erachtens war diese Fixierung auf die finale Ergebnissicherung übrigens noch nie völlig durchdacht und in ihrer Form oft nur eine Pseudoleistung. Dieselben Lehrenden, die Wert darauf legen, dass das offene Ende von Erzählungen zum Weiterdenken anstoße, mutieren nicht selten zu Fanatikern der geschlossenen Form, wenn es um didaktische Stundenarchitektonik geht. Ein Deutschlehrer muss nicht immer, darf aber doch wohl gelegentlich auch etwas aus der Wirkungsästhetik seiner Gegenstände auf sein eigenes Tun übertragen.

Zusammen hing die dramatische Finalisierung einer Unterrichtsstunde natürlich mit Usancen der Unterrichtsplanung, die von der Ausrichtung auf differenzierte Lernziele motiviert wurden. Gelegentlich wird heute der Eindruck erweckt, Lernziel- und Kompetenzorientierung seien sich ausschließende Gegensätze. Für eine solche Einschätzung gibt es wenig gute, allerdings rhetorische Gründe, soll doch unbedingt von einem Paradigmenwechsel, von einer grundlegend neuen Kultur des Lehrens und Lernens die Rede sein. Folgt man der Argumentation HELMKES (HELMKE 2003, 24) und negiert die vorübergehende Neigung, sogenannte Schlüsselkompetenzen zu priorisieren, sind die kompetenzorientierten Unterrichtsziele stärker als die klassischen Taxonomien von Lernzielen (v.a. VON BLOOM u.a.) auf die Strukturen der Unterrichtsfächer abzustimmen. Indes, es bleibt dabei: Der Unterricht folgt Zielen, größeren und kleineren …

[20] Auch fachspezifische (Groß-)Phasenmodelle, wie sie insbesondere für den Literaturunterricht entwickelt wurden (KREFT 1977, WALDMANN 1998), können unter dem Primat der Kompetenzorientierung, der Forderung nach Differenzierung und Förderung und angesichts des Gütekriteriums Methodenvielfalt kaum mehr überzeugende Lösungen bieten, auch wenn sich aus ihren Begründungen sicher immer noch Anregungen entnehmen lassen.

Literaturverzeichnis

A

ABRAHAM, ULF (1994): Lesarten – Schreibarten. Formen der Wiedergabe und Besprechung literarischer Texte. Stuttgart.

ABRAHAM, ULF (1998): Übergänge: Literatur, Sozialisation und Literarisches Lernen. Opladen/Wiesbaden.

ABRAHAM, ULF (1999): Vorstellungs-Bildung und Deutschunterricht. In: Praxis Deutsch 154/ 1999, 14–22.

ABRAHAM, ULF (2001): Der Bildungsauftrag des Faches Deutsch im Rahmen der BPV-Bildungsveranstaltung in Augsburg. Zukunft des Gymnasiums – Gymnasium der Zukunft. In: BPV (Zeitschrift des Bayerischen Philologenverbandes) 7/2001, 21–24.

ABRAHAM, ULF (2008): Sprechen als reflexive Praxis – mündlicher Sprachgebrauch in einem kompetenzorientierten Deutschunterricht. Freiburg i.Br.

ABRAHAM, ULF, u.a. (Hgg.) (1998, 2000): Praxis des Deutschunterrichts. Arbeitsfelder, Tätigkeiten, Methoden, Donauwörth.

ABRAHAM, ULF/LAUNER, CHRISTOPH (Hgg.) (2002): Weltwissen erlesen. Literarisches Lernen im fächerverbindenden Unterricht. Baltmannsweiler.

ABRAHAM, ULF, u.a. (2003): Deutschdidaktik und Deutschunterricht nach PISA. Freiburg i.Br.

ABRAHAM, ULF/KUPFER-SCHREINER, CLAUDIA/MAIWALD, KLAUS (Hgg.) (2005): Schreibförderung und Schreiberziehung. Eine Einführung für Schule und Hochschule. Donauwörth.

ABRAHAM, ULF/KEPSER, MATTHIS (2006): Literaturdidaktik Deutsch. Eine Einführung. Berlin.

ABRAHAM, ULF/BAURMANN, JÜRGEN/FEILKE, HELMUTH/KAMMLER, CLEMENS/MÜLLER, ASTRID (2007). In: Praxis Deutsch 203, 34. Jahrgang, 6–14.

ADAMZIK, KIRSTEN (2001): Sprache: Wege zum Verstehen. Tübingen/Basel.

ADL-AMINI, BIJAN/KÜNZLI, RUDOLF (Hgg.) (1991): Didaktische Modelle und Unterrichtsplanung. München.

AFFLERBACH, SABINE (1997): Zur Ontogenese der Kommasetzung vom 7. bis zum 17. Lebensjahr. Frankfurt a.M., u.a.

AFFLERBACH, SABINE (2001): Grammatikalisierungsprozesse bei der Entwicklung der Kommasetzungsfähigkeiten. In: FEILKE, u.a. (Hgg.), 155–166.

AHRENHOLZ, BERNT/OOMEN-WELKE, INGELORE (Hgg.) (ERSCHEINT 2008): Deutsch als Zweitsprache. Deutschunterricht in Theorie und Praxis 9. Baltmannsweiler.

ANDRESEN, HELGA (1985): Schriftsprache und die Entstehung von Sprachbewußtsein. Wiesbaden.

ANDRESEN, HELGA/FUNKE, REINHOLD (2003): Entwicklung sprachlichen Wissens und sprachlicher Bewusstheit. In: BREDEL, u.a. (Hgg.): Bd. 1, 438–451.

ANWEILER, OSKAR,,, u.a. (1996): Bildungssysteme in Europa. Weinheim.

ARENDT, DIETER (1974): Literaturdidaktik und Fachwissenschaft. In: BRACKERT, HELMUT/ RAITZ, WERNER (Hgg.) (1974): Reform des Literaturunterrichts. Frankfurt a.M., 228–266.

ARNOLD, HEINZ LUDWIG/DETERING, HEINRICH (Hgg.) (2001): Grundzüge der Literaturwissenschaft. München.

ARTELT, CORDULA/SCHLAGMÜLLER, MICHAEL (2004): Der Umgang mit literarischen Texten als Teilkompetenz im Lesen? Dimensionsanalysen und Ländervergleiche. In: SCHIEFELE,, u.a. (Hgg.), 169–196.

ASSMANN, ALEIDA (2002): Der väterliche Bücherschrank. In: WIESINGER (Hg.), 97–112.

ASSMANN, ALEIDA/ASSMANN, JAN (Hgg.) (1987): Kanon und Zensur. Archäologie der literarischen Kommunikation II. München.

ASSMANN, JAN (1992): Das kulturelle Gedächtnis. Schrift, Erinnerung und politische Identität in frühen Hochkulturen. München.

AUERNHEIMER, GEORG (1990): Einführung in die interkulturelle Erziehung. Darmstadt.

AUGST, GERHARD (2001): Kommasetzung und Grammatik(unterricht). In: Mitteilungen des Deutschen Germanistenverbandes 1/2001, 84–97.

AUGST, GERHARD/DISSELHOFF, KATRIN/HENRICH, ALEXANDRA/POHL, THORSTEN/VÖLZING, PAUL-LUDWIG (2007): Text-Sorten-Kompetenz. Eine echte Longitudinalstudie zur Entwicklung der Textkompetenz im Grundschulalter. Frankfurt a.M.

B

BADE, KLAUS J. (Hg.) (1992): Deutsche im Ausland – Fremde in Deutschland. Migration in Geschichte und Gegenwart. München.

BAGIV (Hg.) (1985): Muttersprachlicher Unterricht in der Bundesrepublik Deutschland. Sprach- und bildungspolitische Argumente für eine zweisprachige Erziehung von Kindern sprachlicher Minderheiten. Hamburg.

BARSCH, ACHIM, u.a. (Hgg.) (1994): Empirische Literaturwissenschaft in der Diskussion. Frankfurt am Main.

BARTHES, ROLAND (1987): S/Z. Frankfurt a.M. (1. Aufl. in frz. Spr. 1970).

BARTSCH, ELMAR/MARQUART, TOBIAS (1999): Grundwissen Kommunikation. Ausgangsfragen, Schlüsselthemen, Praxisfelder. Stuttgart.

BAUMANN, TILL (2001): Mehrsprachigkeit an deutschen Schulen – ein Länderüberblick. In: In der Diskussion Nr. 10. Berlin, Beauftragte der Bundesregierung für Ausländerfragen.

BAUR, RUPPRECHT S./MEDER, GREGOR (1990): Die Rolle der Muttersprache bei der schulischen Sozialisation ausländischer Kinder. In: Diskussion Deutsch 106/1990, 119–135.

BAUR, RUPPRECHT S., u.a. (Hgg.) (1992): Interkulturelle Erziehung und Zweisprachigkeit. Interkulturelle Erziehung in Praxis und Theorie 15. Baltmannsweiler.

BAURMANN, JÜRGEN (1980): Textrezeption und Schule. Grundlagen – Befunde – Unterrichtsmodelle. Stuttgart.

BAURMANN, JÜRGEN (2005): Schreiben lernen – beim Schreiben lernen. In: ABRAHAM/KUPFER-SCHREINER/MAIWALD (Hgg.), 48–56.

BAURMANN, JÜRGEN (^{2}2006): Schreiben, überarbeiten, beurteilen. Ein Arbeitsbuch zur Schreibdidaktik. Seelze.

BAURMANN, JÜRGEN/FEILKE, HELMUT (1997): Freies Arbeiten. Praxis Deutsch 141/1997, 18–27.

BAURMANN, JÜRGEN, u.a. (2000): Denkschrift Deutschdidaktik. In: Didaktik Deutsch 9/2000, 73–83.

BAURMANN, JÜRGEN/LUDWIG, OTTO (1985): Texte überarbeiten. Zur Theorie und Praxis von Revisionen. In: BOUEKE/HOPSTER (Hgg.): Schreiben – Schreibenlernen. Rolf Sanner zum 65. Geburtstag. Tübingen, 254–276.

BAURMANN, JÜRGEN/MÜLLER, ASTRID (1998): Zum Schreiben motivieren – das Schreiben unterstützen. Ermutigung zu einem schreiber-differenzierten Unterricht. Basisartikel. In: Praxis Deutsch 149/1998, 16–22.

BAYERISCHES STAATSMINISTERIUM FÜR UNTERRICHT UND KULTUS (Hg.) (2000): Dr. Usus rettet das Universum (CD-ROM). Unterbrunn.

BECK, JOHANNES (1994): Der Bildungswahn. Essay. Reinbek.

BECKER, TABEA/PESCHEL CORINNA (Hgg.) (2006): Gesteuerter und ungesteuerter Grammatikunterricht. Baltmannsweiler.

BECKER-MROTZEK, MICHAEL (1997): Zum Verhältnis von Sprachwissenschaft und Sprachdidaktik. In: Didaktik Deutsch 3/1997, 16–32.

BECKER-MROTZEK, MICHAEL (1997a): Schreibentwicklung und Textproduktion. Der Erwerb der Schreibfertigkeit am Beispiel der Bedienungsanleitung. Opladen.

BECKER-MROTZEK, MICHAEL (2002): Funktional-pragmatische Unterrichtsanalyse. In: KAMMLER/KNAPP (Hgg.), 58–78.

BECKER-MROTZEK, MICHAEL (2008): Gesprächskompetenz vermitteln und ermitteln. In: BREMERICH-VOS, u.a. (Hgg.), 52–77.

BECKER-MROTZEK, MICHAEL/BRÜNNER, GISELA (1997): Gesprächsanalyse und Gesprächsführung. In: RAAbits Deutsch/Sprache. Impulse und Materialien für die kreative Unterrichtsgestaltung. 13. Ergänzungslieferung. Heidelberg.

BECKER-MROTZEK, MICHAEL/BÖTTCHER, INGRID (Hgg.) (2006): Schreibkompetenz entwickeln und beurteilen. Praxishandbuch für die Sekundarstufe I und II. Berlin.

BEISBART, ORTWIN, u.a. (Hgg.) (1993): Leseförderung und Leseerziehung. Theorie und Praxis des Umgangs mit Büchern für junge Leser. Donauwörth

BEISBART, ORTWIN (1998): Vorlesen/Vortragen. In: ABRAHAM, u.a. (Hgg.) (230–232)

BELGRAD, JÜRGEN (1996): Analytische, ästhetische und mimetische Qualitäten. Kategorien einer Didaktik des Literaturunterrichts. In: BELGRAD/MELENK (Hgg.), 83–98.

BELGRAD, JÜRGEN/FINGERHUT, KARLHEINZ (Hgg.) (1998): Textnahes Lesen. Annäherungen an Literatur im Unterricht. Baltmannsweiler.

BELGRAD, JÜRGEN/MELENK, HARTMUT (Hgg.) (1996): Literarisches Verstehen – Literarisches Leben. Positionen und Modelle zur Literaturdidaktik. Baltmannsweiler.

BELKE, GERLIND, u.a. (1986): Planung mehrkultureller Erziehung. In: Diskussion Deutsch 90/1986, 424–438.

BELL, GORDON (Hg.) (1995): Educating European Citizens – Citizenship Values and the European Dimension. London.

BEREITER, CARL (1980): Development in Writing. In: GREGG, LEE W. /STEINBERG, ERWIN R. (Hgg.): Cognitive processes in writing. Hillsdale, 73–93.

BEREITER, CARL/SCARDAMALIA, MARLENE (1987): The Psychology of Written Composition. Hillsdale.

BERKEMEIER, ANNE (1999): Sprachbewusstheit bei Lernenden entdecken. In: KLOTZ/PEYER (Hgg.), 85–108.

BERKEMEIER, ANNE/HOPPE, ALMUT (2001a): Einleitung. In: BERKEMEIER/HOPPE (Hgg.) (2001b), 6–9.

BERKEMEIER, ANNE/HOPPE, ALMUT (Hgg.) (2001b): Grammatik und Grammatikunterricht. Mitteilungen des Deutschen Germanistenverbandes 1/2001.

BERTHOLD, SIEGWART (2000): Im Deutschunterricht Gespräche führen lernen. Unterrichtsanregungen für das 5.–13. Schuljahr. Essen.

BERTSCHI-KAUFMANN, ANDREA (Hg.) (2007): Lesekompetenz – Leseleistung – Leseförderung. Grundlagen, Modelle und Materialien. Zug.

BERTSCHI-KAUFMANN, ANDREA/KUNZ, MARCEL (1996): Wenn Pippi Langstrumpf Robin Hood begegnet. Junge Erwachsene lesen und verarbeiten die Bücher ihrer Kindheit. In: Praxis Deutsch 135/1996, 62–65.

BESTE, GISELA (Hg.) (2007): Deutsch-Methodik. Handbuch für die Sekundarstufe I und II. Berlin.

BILLIEZ, JACQUELINE (Hg.) (1998): De la didactique des langues à la didactique du plurilinguisme. Grenoble.

BLEICHER, JOAN KRISTIN (2006): „We love to entertain you" – Beabachtungen zur aktuellen Entwicklung von Fernsehformaten. (Hamburger Hefte zur Medienkultur, Nr. 8). Hamburg.

BLEISSEN, ISABELLA (1995): Satirische Texte. Stuttgart.

BÖNNIGHAUSEN, MARION/RÖSCH, HEIDI (Hgg.) (2004): Intermedialität im Deutschunterricht (Diskussionsforum Deutsch, Bd. 15). Hohengehren.

BOETTCHER, WOLFGANG/SITTA, HORST (1978): Der andere Grammatikunterricht. München.

BOETTCHER, WOLFGANG/FIRGES, JEAN/SITTA, HORST/TYMISTER, HANS-JOSEF (1973): Schulaufsätze – Texte für Leser. Düsseldorf.

BOGDAL, KLAUS-MICHAEL/KAMMLER, CLEMENS (2002): Dramendidaktik. In: BOGDAL, KLAUS-MICHAEL/KORTE, HERMANN (Hgg.): Grundzüge der Literaturdidaktik. München.

BOHL, THORSTEN ([2]2004): Prüfen und bewerten im offenen Unterricht. Weinheim und Basel.

BÖNSCH, MANFRED (2006): Allgemeine Didaktik. Ein Handbuch zur Wissenschaft vom Unterricht. Stuttgart.

BOOS-NÜNNING, URSULA (1981): Muttersprachliche Klassen für ausländische Kinder: Eine kritische Diskussion des bayerischen „Offenen Modells". In: Deutsch lernen 2/1981, 40–70.

BORN, WOLFGANG/OTTO, GUNTER (Hgg.) (1978): Didaktische Trends. München.

BOTERAM, NORBERT (Hg.) (1993): Interkulturelles Verstehen und Handeln. Beiträge aus Erziehungs-, Sozial- und Sprachwissenschaften. Pfaffenweiler.

BOURDIEU, PIERRE (1987): Die feinen Unterschiede. Kritik der gesellschaftlichen Urteilskraft. Frankfurt a. M.

BOURDIEU, PIERRE (2002): Gegenfeuer. Wortmeldungen im Dienste des Widerstands gegen die neoliberale Invasion. Konstanz: UVK 1998 oder ders.: Ein soziologischer Selbstversuch. Frankfurt a. M.

BÖTTCHER, INGRID/BECKER-MROTZEK, MICHAEL (Hgg.) (2003): Texte bearbeiten, bewerten und benoten. Schreibdidaktische Grundlagen und unterrichtspraktische Anregungen. Berlin.

BRAAK, I. (1972): Poetik in Stichworten. Literaturwissenschaftliche Grundbegriffe. Eine Einführung. Kiel.

BRÄUER, GERD (1998): Schreibend lernen. Grundlagen einer theoretischen und praktischen Schreibpädagogik. Innsbruck.

BRÄUER, GERD (Hg.) (2001): Pedagogy of Learning in Higher Education. An Introduction. London.

BRAUKMANN, WERNER (2001): Die Facharbeit. Berlin

BREDEL, URSULA, u. a. (Hgg.) (2003): Didaktik der deutschen Sprache – ein Handbuch. Paderborn.

BREDEL, URSULA (2007): Sprachbetrachtung und Grammatikunterricht. Paderborn, u. a.

BREMERICH-VOS, ALBERT (1993a): Grammatikunterricht – ein Plädoyer für das Backen kleinerer Brötchen. In: ders. (Hg.) (1993b), 102–129

Bremerich-Vos, Albert (Hg.) (1993b): Handlungsfeld Deutschunterricht im Kontext. Festschrift für Hubert Ivo. Frankfurt a.M.

Bremerich-Vos, Albert (1996): Hermeneutik, Dekonstruktivismus und produktionsorientierte Verfahren. Anmerkungen zu einer Kontroverse in der Literaturdidaktik. In: Belgrad/Melenk (Hgg.), 25–49.

Bremerich-Vos, Albert (1996): Aspekte des Schriftspracherwerbs – Stufentheorien, das ‚Neue' und die Lehrer-Schüler-Interaktion. In: Peyer, Ann/Portmann, Paul R. (Hgg.): Norm, Moral und Didaktik – Die Linguistik und ihre Schmuddelkinder. Eine Aufforderung zur Diskussion. Tübingen, 267–290.

Bremerich-Vos, Albert (2002): Empirisches Arbeiten in der Deutschdidaktik. In: Kammler/Knapp (Hgg.), 16–29.

Bremerich-Vos, Albert (2003): Bildungsstandards, Kompetenzstufen, Kernlehrpläne, Parallel- und Vergleichsarbeiten. In Deutschunterricht 10/2003, 4–10.

Bremerich-Vos, Albert/Granzer, Dietlinde/Köller, Olaf (Hgg.) (2008): Lernstandsbestimmung im Fach Deutsch. Gute Aufgaben für den Unterricht. Weinheim und Basel.

Brinker, Klaus (1992): Linguistische Textanalyse. Eine Einführung in Grundbegriffe und Methoden. Berlin.

Brinkmann, Günter (Hg.) (1994): Europa der Regionen. Herausforderung für Bildungspolitik und Bildungsforschung. Studien und Dokumentation zur vergleichenden Bildungsforschung Bd. 57. Köln.

Brock, Colin/Tulasiewicz, Witold (2000): Education in a Single Europe. London.

Bromme, Rainer (1992): Der Lehrer als Experte. Zur Psychologie des professionellen Wissens. Bern, u.a.

Bromme, Rainer (1995): What exactly is 'pedagogical content knowledge'? Critical remarks regarding a friutful research program. In: Hopmann, S./Riquarts, K. (Hgg.): Didaktik and/or curriculum. Kiel, 205–216.

Brüggemann Jörn (2008): Am Beispiel des Mittelalters. Frankfurt a.M.

Brumlik, Micha/Leggewie, Claus (1992): Konturen der Einwanderungsgesellschaft: Nationale Identität, Multikulturalismus und ‚Civil Society'. In: Bade (Hg.), 430–442.

Bruner, Jerome (1987): Wie das Kind sprechen lernt. Bern/Stuttgart/Toronto.

Budde, Monika (2000) Sprachsensibilisierung: eine Übertragung des Language-Awareness-Konzepts auf den Deutschunterricht multikultureller Klassen der Sekundarstufe I. Diss. CD-ROM, Univ. Kassel.

Bühler, Charlotte (1918): Das Märchen und die Phantasie des Kindes. In: dies./Hetzer, Hildegard: Das Märchen und die Phantasie des Kindes. München 1958, 17–71.

Buss, Angelika: Intertextualität als Herausforderung für den Literaturunterricht. Am Beispiel von Patrick Süskinds Das Parfum. Frankfurt a.M. 2006.

Bussmann, Hadumond (Hg.) (2002). Lexikon der Sprachwissenschaft. Stuttgart.

C

Candelier, Michel (2003): Evlang – l'éveil aux langues à l'école primaire – Bilan d'une innovation européenne. Bruxelles.

Chlosta, Christoph/Ostermann, Torsten (ersch. 2008): Grunddaten zur Mehrsprachigkeit im deutschen Bildungssystem. In: Ahrenholz/Oomen-Welke.

Christ, Hannelore, u.a. (1995): „Ja, aber es kann doch sein …" In der Schule literarische Gespräche führen. Frankfurt a.M.

Christ, Hannelore/Holzschuh, Horst/Merkelbach, Valentin/Raitz, Walter/Stückrath, Jörn (1974): Hessische Rahmenrichtlinien. Analyse und Dokumentation eines bildungspolitischen Konflikts. Düsseldorf.

Christ, Herbert, u.a. (Hgg.) (1980): Fremdsprachenunterricht in Europa. Homburger Empfehlungen für eine sprachenteilige Gesellschaft. Augsburg.

Christmann, Ursula/Groeben, Norbert (1999): Psychologie des Lesens. In: Franzmann, u.a. (Hgg.), 145–223.

Chrysakopoulos, Christos/Oomen-Welke, Ingelore (1986): Griechische und türkische Muttersprachenklassen. In: Diskussion Deutsch 90/1986, 389–401.

Cohen, Philip (1993): Verbotene Spiele. Theorie und Praxis antirassistischer Erziehung. Hamburg.

Cohn, Ruth C. (1992): Von der Psychoanalyse zur themenzentrierten Interaktion. Stuttgart.

Combe, Arno/Helsper, Werner (Hgg.) (1996): Pädagogische Professionalität. Untersuchungen zum Typus pädagogischen Handelns. Frankfurt a.M.

Conrady, Peter (Hg.) (1989): Literatur-Erwerb. Frankfurt a.M.

Costas i Costa, Mercè, u.a. (Hgg.) (2001): Student Teaching Practice in Europe/ Schulpraxis in Europa. Freiburg i. Br.

D

Dahlke, Birgit, u.a. (Hgg.) (2000): LiteraturGesellschaft DDR: Kanonkämpfe und ihre Geschichte(n). Stuttgart/Weimar.

Dahrendorf, Malte (1975): Literaturdidaktik im Umbruch. Aufsätze zur Literaturdidaktik, Trivialliteratur, Jugendliteratur. Düsseldorf.

Dainat, Holger/Kruckis, Martin (1995): Die Ordnungen der Literatur(wissenschaft). In: Fohrmann, Jürgen/Müller, Harro (Hgg.) (1995): Literaturwissenschaft. München., 146–151.

Daten und Fakten zur Ausländersituation (^{20}2002, ^{19}2000, ^{18}1999, ^{17}1998): Berlin, Beauftragte der Bundesregierung für Ausländerfragen.

Dehn, Mechthild (2000): Alphabetisierung als Leseförderung – Lesenlernen und Lesenlehren in der Schule. In: Stark, u.a. (Hgg.), 82–106.

Dehn, Wilhelm (1981): Das Interesse am Schreiben. In: Der Deutschunterricht 1/1981, 26–41.

Deissner, David: Im Land der 2000 Lehrpläne. Welt-Online v. 5.3.2006, http://www.welt.de/print-wams/article139512/Im_Land_der_2000_Lehrplaene.html.

Demmrich, Anke/Brunstein, Joachim C. (2004): Förderung sinnverstehenden Lesens durch „Reziprokes Lehren“. In: Lauth, Gerhard. W./Grünke, Matthias/Brunstein, Joachim C.: Interventionen bei Lernstörungen. Förderung, Training und Therapie in der Praxis. Göttingen, 279–287.

Der Deutschunterricht (1989): Fremdes verstehen. Themenheft 41, H. 4.

Der Deutschunterricht (1987): Muttersprachenunterricht anderswo. Themenheft 39, H. 2.

Deutschmagazin. Ideen und Materialien für den Unterricht. Matthiessen, Wilhelm/Zirbs, Wieland (Hgg.). München.

Deutsches PISA-Konsortium (Hg.) (2002): PISA 2000 – Die Länder der Bundesrepublik Deutschland im Vergleich. Opladen.

Deutsches PISA-Konsortium (Hg.) (2001): PISA 2000. Basiskompetenzen von Schülerinnen und Schülern im internationalen Vergleich. Opladen.

Die literarische Exkursion (1998). In: Staatsinstitut für Schulpädagogik und Bildungsforschung (Hg.): Literarisches Leben und Schule. Materialien und Modelle zum Literaturunterricht am Gymnasium. Donauwörth, 249–272.

DIEDERICH, JÜRGEN/TENORTH, HEINZ-ELMAR (1997): Theorie der Schule. Ein Studienbuch zu Geschichte, Funktionen und Gestaltung. Berlin.

DIETRICH, INGRID (1997): Voll integriert? Zuwanderer-Eltern berichten über Erfahrungen ihrer Kinder mit Schule in Deutschland. Interkulturelle Erziehung in Praxis und Theorie 20. Baltmannsweiler.

DISKUSSION DEUTSCH (1995): Literatur und Migration. Themenheft. 41, H. 4.

E

EGGERT, HARTMUT (2002): Literarische Texte und ihre Anforderungen an die Lesekompetenz. In: GROEBEN/HURRELMANN (Hgg.) (2002a), 186–194.

EGGERT, HARTMUT, u.a. (1975a): Schüler im Literaturunterricht. Ein Erfahrungsbericht. Köln.

EGGERT, HARTMUT, u.a. (1975b): Die im Text versteckten Schüler. Probleme einer Rezeptionsforschung in praktischer Absicht. In: GRIMM, GUNTER (Hg.): Literatur und Leser. Theorien und Modelle zur Rezeption literarischer Werke. Stuttgart, 272–294.

EGGERT, HARTMUT/GARBE, CHRISTINE (2003): Literarische Sozialisation. Stuttgart.

EGGERT, HARTMUT/RUTSCHKY, MICHAEL (1977): Rezeptionsforschung und Literaturdidaktik. Zu ihrem wechselseitigen Verhältnis. In: Der Deutschunterricht 2/1977, 13–25.

EGGERT, HARTMUT/RUTSCHKY, MICHAEL (Hgg.) (1978): Literarisches Rollenspiel in der Schule. Heidelberg.

EHLERS, SWANTJE (1998): Lesetheorie und fremdsprachliche Lesepraxis aus der Perspektive des Deutschen als Fremdsprache. Tübingen.

EHLERS, SWANTJE (2003): Das Lesebuch. Zur Theorie und Praxis des Lesebuchs im Deutschunterricht. Baltmannsweiler.

EHLICH, KONRAD (1991): Funktional-pragmatische Kommunikationsanalyse – Ziele und Verfahren. In: FLADER, DIETER (Hg.): Verbale Interaktion. Stuttgart., 127–143.

EHLICH, KONRAD (1994): Funktionale Etymologie. In: BRÜNNER, GISELA/GRAEFEN, GABriele (Hgg.): Texte und Diskurse. Methoden und Forschungsergebnisse der funktionalen Pragmatik. Opladen., 68–82.

EHLICH, KONRAD (1997): Sprachliches Feld und literarischer Fall: Eichendorffs Lockung. In: ders. (Hg.): Eichendorffs Incognito. Wiesbaden, 163–194.

EHLICH, KONRAD (1999): Alltägliche Wissenschaftssprache. In: Info Deutsch als Fremdsprache 26/1999, 3–24.

EHLICH, KONRAD (2000): Sprechhandlung. In: GLÜCK, HELMUT (Hg.): Metzler Lexikon Sprache. Stuttgart/Weimar, 682f.

EHLICH, KONRAD, u.a. (Hgg.) (2001): Hochsprachen in Europa. Entstehung, Geltung, Zukunft. Freiburg i. Br.

EHLICH, KONRAD/STEETS, ANGELIKA (2000): Schreiben im Studium. In: Einsichten 2/2000, 47–50.

EICHLER, WOLFGANG (2007): Sprachbewusstheit bei DESI. In: WILLENBERG (Hg.), 124–133.

EICHLER, WOLFGANG/HENZE, WALTER (1994): Sprachwissenschaft und Sprachdidaktik. In: LANGE/NEUMANN/ZIESENIS (Hgg.), Bd.1, 129–152.

EINHEITLICHE PRÜFUNGSANFORDERUNGEN IN DER ABITURPRÜFUNG DEUTSCH (EPA); BESCHLUSS DER KULTUSMINISTERKONFERENZ VOM 01.12.1989, in der Fassung vom 24.05.2002. http://www.kmk.org/doc/beschl/aschulw.htm (23.07.08)

EISENBEISS, ULRICH (1993): 12- bis 16-Jährige als Leser. In: BEISBART, u.a. (Hgg.), 92–99.

EISENBERG, PETER/FEILKE, HELMUTH (2001): Rechtschreiben erforschen. In: Praxis Deutsch 170/ 2001, 6–15.

EISENBERG, PETER/MENZEL, WOLFGANG (Hgg.) (1995): Grammatik-Werkstatt. In: Praxis Deutsch 129, 14–26.

EISENBERG, PETER (2004): Wieviel Grammatik braucht die Schule? In: Didaktik Deutsch 17/2004, 4–25.

ENNEMOSER, MARCO (2003): Der Einfluss des Fernsehens auf die Entwicklung von Lesekompetenz. Eine Längsschnittstudie vom Vorschulalter bis zur dritten Klasse. Hamburg.

ENZENSBERGER, HANS MAGNUS (1988): Bescheidener Vorschlag zum Schutze der Jugend vor den Erzeugnissen der Poesie. In: ders., Mittelmaß und Wahn. Gesammelte Zerstreuungen. Frankfurt a.M., 23–41 (11976).

EPA: s. Einheitliche Prüfungsanforderungen in der Abiturprüfung Deutsch.

ERLINGER, HANS-DIETER (2001): Medienerziehung im Deutschunterricht und hochschulcurriculare Konsequenzen. In: ERLINGER/MARCI-BOEHNCKE (Hgg.) (2001).

ERLINGER, HANS-DIETER/MARCI-BOEHNCKE, GUDRUN (Hgg.) (2001): Deutschdidaktik und Medienerziehung – Kulturtechnik Medienkompetenz in Unterricht und Studium. München.

ETXEBERRIA, FELIX (2000): Políticas educativas en la Unión Europea. Barcelona.

EWERS, HANS-HEINO (2004): Die Göttersagen der Gegenwart – Die Medienverbundangebote sind die großen Narrationen unserer Zeit. In: 1000 und 1 Buch. Das Magazin für Kinder- und Jugendliteratur Nr. 2/Mai 2004, 4–10.

F

FÄCKE, CHRISTIANE/WANGERIN, WOLFGANG (Hgg.) (2007): Neue Wege zu und mit literarischen Texten. Baltmannsweiler.

FEILKE, HELMUTH (1995): „Gedankengeleise“ zum Schreiben. Zum Beharrungsvermögen kulturell etablierter Konzepte des Schreibens und des Schreibenlernens – Eine Skizze. In: BRÜGELMANN, HANS/BALHORN, HEIKO/FÜSSENICH, IRIS (Hgg.): Am Rande der Schrift. Zwischen Sprachenvielfalt und Analphabetismus. Lengwil, 278–290.

FEILKE, HELMUTH (2000): Vom Sprechen zur Sprache. In: Der Deutschunterricht 3/2000, 3–8.

FEILKE, HELMUTH (2001): Über sprachdidaktische Grenzen: Von „Erfindern“, „Entdeckern“ und „Mentoren“. In: Didaktik Deutsch, 10/2001, 4–25.

FEILKE, HELMUTH, u.a. (Hgg.) (2001): Grammatikalisierung, Spracherwerb und Schriftlichkeit. Tübingen.

FIEHLER, REINHARD (1998): Bewertungen und Normen als Problem bei der Förderung von Gesprächsfähigkeit. In: Der Deutschunterricht 1/1998, 53–64.

FIGUEROA, PETER (1993): Europa, Vielfalt, Ungleichheit, Rassismus und die Folgen für die Erziehung. In: BOTERAM (Hg.), 136–143.

FINGERHUT, KARLHEINZ (1982): Umerzählen. Ein Lesebuch mit Anregungen für eigene Schreibversuche in der Sekundarstufe II. Frankfurt a.M.

FINGERHUT, KARLHEINZ (1987): Die folgenlose Literatur und der pädagogische Wahn. Deutschdidaktik, Literaturunterricht und Gegenwartsliteratur. In: OELLERS (Hg.), Bd. 3, 3–19

FINGERHUT, KARLHEINZ (1992): Arbeit am Kanon. Formen der Interferenz zwischen literarischem und pädagogischem Diskurs am Beispiel von Heines „Buch der Lieder“ und „Wintermärchen“. In: BREMERICH-VOS (Hg.) (1993b), 37–58.

FINGERHUT, KARLHEINZ (1993a): Textstruktur, Interpretation und produktive Aneignungen. Untersuchungen an Kafka-Texten und deren Lektüre. In: Deutschunterricht 4/1993, 26–47.

FINGERHUT, KARLHEINZ (1995): Das Verhältnis von Fachwissenschaft und Fachdidaktik in der Zeit von 1964 bis 1994. In: JÄGER (Hg.), 87–104.

FINGERHUT, KARLHEINZ (1995a): Kanon und kultursoziologisches Orientierungswissen im Literaturunterricht. Mit einem Blick auf Deutungen der „Emilia Galotti". In: Diskussion Deutsch H. 142, 86-96.

FINGERHUT, KARLHEINZ (1996a): Kafka für die Schule. Berlin.

FINGERHUT, KARLHEINZ (1996b): Literaturdidaktik – eine Kulturwissenschaft. In: BELGRAD/ MELENK (Hgg.), 50–72.

FINGERHUT, KARLHEINZ (1997): Kanon, Kommentar und Schullektüre. Didaktische Arbeit am Kanon unter den Bedingungen der Postmoderne. In: Deutschunterricht 4/1997, 180–190.

FINGERHUT, KARLHEINZ (1998): Man kann nicht alles ganz anders sehen. Über einen eigenen Weg der Literaturdidaktik. In: Didaktik Deutsch Sonderheft 1998, 53 –75.

FINGERHUT, KARLHEINZ (2002): Didaktik der Literaturgeschichte. In: BOGDAL/KORTE (Hgg.), 147–165.

FINGERHUT, KARLHEINZ (2004): Integrierte Unterrichtseinheiten als Kompetenzmodelle. In: KÄMPER-VAN DEN BOOGAART (2004), 117–142.

FINGERHUT, KARLHEINZ (2004a): Literarisches Wissen, kommunikative und philologische Kompetenzen im Deutschunterricht der Sekundarstufen. In: LECKE (Hg.) (2000), 263–284.

FINGERHUT, KARLHEINZ (2008): Die didaktische Funktionalisierung literarischer Texte in kompetenzorientierten Unterrichtseinheiten integrierter Deutschbücher. In: Didaktik Deutsch 24, H.1 2008, 5–23.

FIRGES, JEAN/MELENK, HARTMUT (1985): Landeskunde: Stereotypen – schädlich – unvermeidlich – nützlich? In: DONNERSTAG, JÜRGEN/KNAPP-POTTHOFF, ANNELIE (Hgg.): Kongressdokumentation der 10. Arbeitstagung der Fremdsprachendidaktiker, 97–114.

FISZER, BRIGITTE (1996): Réflexions sur une future citoyenneté européenne. In: FRIEBEL (Hg.), 41–48.

FITZGERALD, JILL (1987): Research on Revision in Writing. In: Review of Educational Research. 57/1987, 481–506.

FIX, MARTIN (2000): Textrevisionen in der Schule. Prozessorientierte Schreibdidaktik zwischen Instruktion und Selbststeuerung. Empirische Untersuchung in achten Klassen. Baltmannsweiler.

FIX, MARTIN (2006): Texte schreiben. Schreibprozesse im Deutschunterricht. Paderborn.

FIX, MARTIN/MELENK, HARTMUT (2000): Schreiben zu Texten. Schreiben zu Bildimpulsen. Das Ludwigsburger Aufsatzkorpus. Baltmannsweiler.

FLOWER, LINDA S./HAYES, JOHN R./CAREY, LINDA/SCHRIVER, KAREN/STRATMAN, JAMES: Detection, Diagnosis, and the Strategies of Revision. In: College Composition and Communication 37/1986, 16–55.

FRANK, HORST JOACHIM (1976): Dichtung, Sprache, Menschenbildung. Geschichte des Deutschunterrichts von den Anfängen bis 1945. 2 Bde. München.

FRANZMANN, BODO (2001): Die Deutschen als Leser und Nichtleser: Ein Überblick. In: Stiftung Lesen (Hg.). Leseverhalten in Deutschland im neuen Jahrtausend: Eine Studie der Stiftung Lesen. Mainz.

FRANZMANN, BODO, u. a. (Hgg.) (1999): Handbuch Lesen. Im Auftrag der Stiftung Lesen und der Deutschen Literaturkonferenz. München.

FREDERKING, VOLKER (1995): Umgang mit dem Fremden. Assoziative, produktive und imaginative Verfahren zu einem aktuellen Problem. In: SPINNER, KASPAR H. (Hg.): Imaginative und emotionale Lernprozesse im Deutschunterricht. Frankfurt a.M., 169–191.

FRIEBEL, WIM (Hg.) (1996): Education for European Citizenship. Freiburg i. Br.

FRIEDLÄNDER, KÄTE: Über Kinderbücher und ihre Funktion in Latenz und Vorpubertät. In: Internationale Zeitschrift für Psychoanalyse und Imago, 26/1941, 232–251.

FRITZSCHE, JOACHIM (1994): Zur Didaktik und Methodik des Deutschunterrichts. Bd. 2: Schriftliches Arbeiten. Stuttgart.

FRITZSCHE, JOACHIM (2003): „Haben die den Text eigentlich verstanden?“ Leseverständnis durch Multiple-Choice-Test und andere Verfahren – am Beispiel eines Tests für 5. Klassen. In: Deutschunterricht 5/2003, 11–18.

FRITZSCHE, JOACHIM/KREMPELMANN, ANITA/TOSUN, CLAUDIA/ZABROROWOSKI, KATRIN (2006): Literaturunterricht kontrastiv. Der handlungs- und produktionsorientierte Literaturunterricht auf dem Prüfstand. Baltmannsweiler.

FROMMER, HARALD (1981a): Statt einer Einführung: Zehn Thesen zum Literaturunterricht. In: Der Deutschunterricht 2/1981, 5–9.

FROMMER, HARALD (1981b): Verzögertes Lesen. Über Möglichkeiten, in die Erstrezeption von Schullektüren einzugreifen. In: Der Deutschunterricht 2/1981, 10–27.

FROMMER, HARALD (1984): Warum nicht Nacherzählen? Eine methodische Anregung für den Literaturunterricht auf allen Stufen. In: Der Deutschunterricht, 2/1984, 21–32.

FROMMER, HARALD (1988): Lesen im Unterricht. Von der Konkretisation zur Interpretation. Sekundarstufe I und II. Hannover.

FRÜHWALD, WOLFGANG, u.a. (HGG.) (1991): Geisteswissenschaften heute. Frankfurt a.M.

FTHENAKIS, WASSILIOS E. (Hg.) (1985): Bilingual-bikulturelle Entwicklung des Kindes. Ein Handbuch für Psychologen, Pädagogen und Linguisten. Staatsinstitut für Frühpädagogik. Ismaning.

FUHRMANN, HELMUT (1983): Zehn Thesen zum Kanon-Problem und ein Kanon-Vorschlag. In: Diskussion Deutsch 71/1983, 327–335.

FUNKE, REINHOLD (2000): Wann ist grammatisches Wissen in Funktion? In: Der Deutschunterricht 4/2000, 58–68.

G

GADAMER, HANS G. (1975): Wahrheit und Methode. Tübingen.

GAGNÉ, GILLES/PURVES, ALAN C. (Hgg.) (1993): Papers in Mother Tongue Education 1. Münster.

GAISER, GOTTLIEB (1993): Literaturgeschichte und literarische Institutionen. Zu einer Pragmatik der Literatur. Literatur und Wissenschaft. Meitingen.

GANSEL, CARSTEN (1997): Zwischen Einstiegsliteratur und literarischer Autonomie? Kinder- und Jugendliteratur und ihre Chancen im Literaturunterricht. In: Der Deutschunterricht, 3/1997, 80–86.

GARBE, CHRISTINE/HOLLE, KARL/ VON SALISCH, MARIA (2006): Entwicklung und Curriculum: Grundlagen einer Sequenzierung von Lehr-/Lernzielen im Bereich des (literarischen) Lesens. In: GROEBEN/HURRELMANN, 115–154.

GARBE, CHRISTINE (2007): Lesen – Sozialisation – Geschlecht. Geschlechterdifferenzierende Leseforschung und -förderung. In: BERTSCHI-KAUFMANN (Hg.), 66–82.

GDS SIEHE GRAMMATIK DER DEUTSCHEN SPRACHE (1997).

GAILBERGER, STEFFEN/KRELLE, MICHAEL (Hgg.) (2007): Wissen und Kompetenz. Entwicklungslinien und Kontinuitäten in Deutschdidaktik und Deutschunterricht. Baltmannsweiler.

GAILBERGER, STEFFEN (2007): Die Mentalen Modelle der Lehrer elaborieren. In: WILLENBERG (Hg.), 24–36.

GEISSLER, ROLF (1970): Prolegomena zu einer Theorie der Literaturdidaktik. Hannover.

GER, Gemeinsamer europäischer Referenzrahmen für Sprachen, hg. v. Goethe-Institut Inter Nationes, u.a. Berlin.

GERTH, KLAUS (1977): Satire. In: Praxis Deutsch, 22/1977, 8–11.

GERTH, KLAUS (1989): J.W. GOETHE: „Auf dem See". Zum Verhältnis von Kommunikation, Textanalyse und Interpretation. In: Praxis Deutsch 98/1989, 58–63.

GERTH, KLAUS (1992): Das Komische. In: Praxis Deutsch, 125/1992, 19–26.

GEWEHR, WOLF (1978): Zur Konzeption eines integrativen Grammatikunterrichts. In: BORN, u.a. (Hgg.) (1978): Didaktische Trends. München.

GLASERSFELD, ERNST VON (1997): Wege des Wissens – Konstruktivistische Erkundungen durch unser Denken. Heidelberg.

GLINZ, HANS (1952): Die innere Form des Deutschen. Bern.

GOGOLIN, INGRID (1994): Der monolinguale Habitus der multilingualen Schule. Münster.

GOLD, ANDREAS (2007): Lesen kann man lernen. Lesestrategien für das 5. und 6. Schuljahr. Göttingen.

GRAEFEN, GABRIELE (1999): Mündliche Kommunikation (wie und wozu?). Eine Auseinandersetzung mit Modellierungen des Lehrziels „mündliche Kommunikation". In: „Rhetorik". Mitteilungen des Deutschen Germanistenverbandes 3/1999, 374– 396.

GRAF, WERNER (2004): Der Sinn des Lesens. Modi der literarischen Rezeptionskompetenz. Münster.

GRAF, WERNER (2007): Lesegenese in Kindheit und Jugend. Einführung in die literarische Sozialisation. Baltmannsweiler.

GRAMMATIK DER DEUTSCHEN SPRACHE (1997), hg. v. Zifonun, Gisela, u.a., 3 Bde., Berlin.

GRANZOW-EMDEN, MATTHIAS (1999): Grammatik ist, wenn man trotzdem fragt. Vom „Elend der Grammatiker-Fragen" bei der Kasus-Ermittlung. In: KLOTZ, PETER/PEYER, ANN (Hgg.): Wege und Irrwege sprachlich-grammatischer Sozialisation. Baltmannsweiler, 169–181.

GRANZOW-EMDEN (2006): Wer oder was erschlägt man besser nicht mit einer Klappe? Kasus und Satzglieder im Deutschunterricht. In: BECKER/PESCHEL (Hgg.), 87–104.

GREINER, ULRICH (1997): Brauchen wir einen neuen Literatur-Kanon? In: Die Zeit 21/16.5.1997.

GRIPSRUD, JOSTEIN (1994): Guter und schlechter Geschmack – Gute und schlechte Kultur? Zur Frage der Qualität in der Kulturdebatte und in der Kulturarbeit. In: HENGST, HEINZ (Hg.): Von, für und mit Kids. Kinderkultur aus europäischer Perspektive. Hamburg.

GROEBEN, NORBERT/HURRELMANN, BETTINA (Hgg.) (2002a): Lesekompetenz. Bedingungen, Dimensionen, Funktionen. Weinheim, München.

GROEBEN, NORBERT/HURRELMANN, BETTINA (Hg.) (2002b): Medienkompetenz. Voraussetzungen, Dimensionen, Funktionen. Weinheim, München.

GROEBEN, NORBERT/HURRELMANN, BETTINA (Hgg.) (2004): Lesesozialisation in der Mediengesellschaft. Ein Forschungsüberblick. Weinheim, München.

GROEBEN, NORBERT/HURRELMANN, BETTINA (Hgg.) (2006): Empirische Unterrichtsforschung in der Literatur- und Lesedidaktik. Ein Weiterbildungsprogramm. Weinheim, München.

GROSS, MONIKA (2002): Einsteins Dreams von Alan Lightman im Deutsch- und Philosophieunterricht der Sekundarstufe II. In: ABRAHAM/LAUNER (Hgg.), 163–172.

GRÜBEL, RAINER (2001): Wert, Kanon und Zensur. In: ARNOLD/DETERING (Hgg.), 601–622.

GRÜNWALDT, HANS JOACHIM (1998): Zur Didaktik und Methodik mündlicher Kommunikations-Übungen. In: Der Deutschunterricht 1/1998, 65–73.

GRZESIK, JÜRGEN/FISCHER MICHAEL (1985): Was leisten Kriterien für die Aufsatzbeurteilung? Theoretische, empirische und praktische Aspekte des Gebrauchs von Kriterien und der Mehrfachbeurteilung nach globalem Ersteindruck. Opladen.

GRZESIK, JÜRGEN (2003): Was testet der PISA-Test des Lesens? In: ABRAHAM, u.a., 135–164.

GRZESIK, JÜRGEN (2005): Texte verstehen lernen. Neurobiologie und Psychologie der Entwicklung von Lesekompetenzen durch den Erwerb von textverstehenden Operationen. Münster.

GUMBRECHT, HANS ULRICH (2003): Die Macht der Philologie. Frankfurt a.M.

H

HAAS, GERHARD (1995): Lesen für die Schule, gegen die Schule, in der Schule: Spannende Verhältnisse. In: ROSEBROCK (Hg.), 211–228.

HAAS, GERHARD (1997): Handlungs- und produktionsorientierter Literaturunterricht. Theorie und Praxis eines „anderen" Literaturunterrichts für die Primar- und Sekundarstufe. Seelze.

HAAS, GERHARD (2001): Kinder- und Jugendliteratur im Unterricht. In: LANGE, u.a. (Hgg.), 721–737.

HAHN, ALOIS (1987): Kanonisierungsstile. In: ASSMANN/ASSMANN (1987), 28–37.

HALLET, WOLFGANG (2007): Hypertext und Literatur. Didaktische Implikationen der Literatur- und Texttheorie. In Fäcke/Wangerin (Hgg.), 89–109.

HANNS SEIDEL STIFTUNG (Hg.) (2002): Politische Studien. Schwerpunktthema: Die ästhetische Bildung. Zweimonatsschrift für Politik und Zeitgeschehen, 385, 53. Jg.

HÄRLE, GERHARD / STEINBRENNER, MARKUS (Hgg.) (2004): Kein endgültiges Wort. Die Wiederentdeckung des Gesprächs im Literaturunterricht. Baltmannsweiler.

HARMGARTH, FRIEDERIKE (1997): Lesegewohnheiten – Lesebarrieren: Schülerbefragung im Projekt „Öffentliche Bibliothek und Schule – neue Formen der Partnerschaft". Ergebnisse der Schülerbefragung 1995/1996. Gütersloh.

HARTUNG, REGINE/KUDLINSKA-STANKULOVA, KRYSTYNA (2001): Sprachen öfffnen Welten. Miteinander leben in Europa. Heft 7. Hamburg. Körber-Stiftung.

HASSENSTEIN, FRIEDRICH (1994): Literaturwissenschaft und Literaturdidaktik. In: LANGE, u.a. (Hgg.) (2001), Bd. 2, 447–465.

HAUEIS, EDUARD (1988): Didaktik im Spannungsfeld von „offiziellen" und „inoffiziellen" Formen von Sprachbewußtsein. In: Osnabrücker Beiträge zur Sprachtheorie 39/1988, 65–81.

HAUEIS, EDUARD (1996): Aspekte und Probleme des Schreibunterrichts: Aufsatzunterricht. In: GÜNTHER, HARTMUT/LUDWIG, OTTO (Hgg.): Schrift und Schriftlichkeit. Ein interdisziplinäres Handbuch internationaler Forschung. 2. Halbband. Berlin/New York, 1260–1268.

HAUEIS, EDUARD (1998): Wie einfach ist der einfache Satz? In: Didaktik Deutsch 4/1998, 33–42.

HAWKINS, ERIC (1984) (²1987): Awareness of Language: An Introduction. Cambridge.

HAWKINS, ERIC (Hg.) (1985 ff.): Series Awareness of Language. Cambridge.

HEGELE, WOLFGANG (1996): Literaturunterricht und literarisches Leben in Deutschland (1850–1990). Historische Darstellung – Systematische Erklärung. Würzburg.

HEIN, JÜRGEN (1990): Kanon-Diskussion in Literaturdidaktik und Öffentlichkeit. Eine Bestandsaufnahme. In: KOCHAN, DETLEF C. (Hg.) (1990): Literaturdidaktik – Lektürekanon – Literaturunterricht. Amsterdam/Atlanta, 311–346.

HEINEMANN, WOLFGANG (2006): Textdidaktik als angewandte Textlinguistik. In: SPIEGEL/VOGT (Hgg.), 19–32.

HEINZ, A. (1996): Schreiben als Therapie? – Psychische Funktionen des Schreibens, deren therapeutische Bewertung und Konsequenzen für den Unterricht. In: BELGRAD/MELENK (Hgg.), 116–133.

HELMERS, HERMANN (1979): Didaktik der deutschen Sprache. Stuttgart. HELMKE, ANDREAS (2003): Unterrichtsqualität erfassen, bewerten, verbessern. Seelze 2003.

HELMKE, ANDREAS (2003): Unterrichtsqualität erfassen, bewerten, verbessern. Seelze.

HENTIG, HARTMUT VON (1982): Die entmutigte Republik. Frankfurt a.M.

HERETH, HANS-JÜRGEN (1996): Die Rezeptions- und Wirkungsgeschichte von Kurt Schwitters, dargestellt anhand seines Gedichtes „An Anna Blume". Frankfurt a.M.

HERMAND, JOST (1994): Geschichte der Germanistik. Reinbek.

HEROLD, MARTIN/LANDHERR, BIRGIT (2001): SOL. Selbstorganisiertes Lernen. Ein systemischer Ansatz für Unterricht. Baltmannsweiler.

HERRLITZ, WOLFGANG (1987): Muttersprachenunterricht im europäischen Vergleich. In: Der Deutschunterricht 2/1987, 94–103.

HEYDEBRAND, RENATE (1998): Kanon Macht Kultur – Versuch einer Zusammenfassung. In: dies. (Hg.): Kanon Macht Kultur. Theoretische, historische und soziale Aspekte ästhetischer Kanonbildungen. Stuttgart/Weimar, 612–631.

HICKETHIER, KNUT (1999): Medienkultur und Medienwissenschaft im Germanistikstudium. In: LECKE (Hg.), 85–112.

HINTZ, INGRID (2000): „Andere Bücher habe ich nur gelesen, bei diesem muss ich nachdenken". Methoden lernen und anwenden mit dem Lesetagebuch. In: Praxis Deutsch, 164/2000, 33–39.

HOFFMANN, LUDGER (1993): Thema und Rhema in einer funktionalen Grammatik. In: EISENBERG, PETER/KLOTZ, PETER (Hgg.): Sprache gebrauchen – Sprachwissen erwerben. Stuttgart, u. a., 135–148.

HOFFMANN, LUDGER (1999): Reflexion über Sprache. In: Mitteilungen des Deutschen Germanistenverbandes. 2/1999, 235–237.

HOFFMANN, LUDGER (2006): Funktionaler Grammatikunterricht. In: BECKER/PESCHEL (Hgg.), 20–44.

HOHMANN, JOACHIM S. (Hg.) (1994): Deutschunterricht zwischen Reform und Modernismus. Blicke auf die Zeit 1968 bis heute. Frankfurt a.M.

HOHMANN, MANFRED (1983): Interkulturelle Erziehung – Versuch einer Bestandsaufnahme. In: Ausländerkinder in Schule und Kindergarten 4/1983, 4–8.

HOLLE, KARL (Hg.) (1997): Konstruktionen der Verständigung. Die Organisation von Schriftlichkeit als Gegenstand didaktischer Reflexion. Lüneburg.

HÖLSKEN, HANS-GEORG (1993): Leseverstehen als kognitive Textverarbeitung. In: BEISBART, u. a. (Hgg.), 47–54.

HOMBERGER, DIETRICH (1992): Zehn Jahre „Verzeichnis grundlegender grammatischer Fachausdrücke". Anmerkungen zu einem denkwürdigen Jubiläum. In: Diskussion Deutsch 126/1992, 398–403.

HOPPE, ALMUT/SCHÜTZ, SUSANNE (2001): Wie wird die Kommasetzung gelernt? In: BERKEMEIER/HOPPE (Hgg.), 98–107.

HOPPE, OTFRIED (1979): Theorie oder Praxis? Notwendige Unterscheidungen zwischen Hochschultheorie und schulischer Praxis. In: HOPSTER (Hg.) (1979b), 66–111.

Hopster, Norbert (1979a): Deutschdidaktik als Handlungswissenschaft? In: ders. (Hg.) (1979b), 51–65.

Hopster, Norbert (Hg.) (1979b): Hochschuldidaktik „Deutsch". Paderborn.

Huber, Ludwig/Stückrath, Jörn (2007): Was können Eingangsdiagnosen im Deutschstudium leisten? Zum Symbolverstehen von Studienanfängern am Beispiel von Wolfgang Borcherts Nachts schlafen die Ratten doch. In: Gailberger/Krelle (Hgg.), 74–96.

Hurrelmann, Bettina (1987): Textverstehen im Gesprächsprozess. Zur Empirie und Hermeneutik von Gesprächen über den Geschlechtertausch – Erzählungen. In: dies., u.a. (Hgg.), 57–82.

Hurrelmann, Bettina (1992): „Lesen ist Familiensache" – wirklich? In: Neue Sammlung, 2/1992, 235–250.

Hurrelmann, Bettina/Hammer, Michael/Niess, Ferdinand (1993): Leseklima in der Familie. Lesesozialisation, Bd.1. Gütersloh.

Hurrelmann, Bettina (1994): Leseförderung. In: Praxis Deutsch, 127/1994, 17–26.

Hurrelmann, Bettina (1995): Über die Hintergründe verhinderter Lesebereitschaft. Empirische Befunde. In: JuLit (Fachzeitschrift für Kinder- und Jugendliteratur) 1/1995, 24–36.

Hurrelmann, Bettina, u.a. (Hgg.) (1996): Familienmitglied Fernsehen. Fernsehgebrauch und Probleme der Fernseherziehung in verschiedenen Familienformen. Opladen.

Hurrelmann, Bettina, u.a. (Hgg.) (1987): Man müsste ein Mann sein...? Interpretationen u. Kontroversen zu Geschlechtertausch-Geschichten in der Frauenliteratur. Düsseldorf.

Heyting, Frieda (2004): Pragmatische Präsuppositionen als Indikatoren pädagogischer Reflexion. In: Lenzen, Dieter (Hg.): Irritationen des Erziehungssystems. Pädagogische Resonanzen auf Niklas Luhmann. Frankfurt a.M., 88–121;

I

Igl, Josef/Pollinger, Sabine (1999): Lesetagebuch. Ein Unterrichtsvorschlag zum Buch ‚Mensch Karnickel' von R. Herfurtner. In: Schulmagazin 5 bis 10, 12/1999, 29–36.

Ilkhan, Ibrahim/Oomen-Welke, Ingelore (1990): Türkische Hauptschüler im mittleren Neckarraum – Eine Studie zu Sprache und sozialer Situation von 156 türkischen Schülern. In: Lernen in Deutschland 3/1990, 87–94.

IMEN International Mother Tongue Education Network (Hg.) (1984ff.): Studies in Mother Tongue Education. Nijmegen.

IMEN International Mother Tongue Education Network (Hg.) (1993ff.): Mother Tongue Education Research Series. Münster.

Informationen zur Deutschdidaktik (2000): Kinderliteratur aus dem Süden. Themenheft. H. 4.

Ingendahl, Werner (1999): Sprachreflexion statt Grammatik. Ein didaktisches Konzept für alle Schulstufen. Tübingen.

ISB Staatsinstitut für Schulpädagogik und Bildungsforschung München (Hg.) (1997): Handreichungen. ‚Schriftlicher Sprachgebrauch' im Deutschunterricht am Gymnasium. Bd 2. Oberstufe. Donauwörth, 66f.

ISB Staatsinstitut für Schulpädagogik und Bildungsforschung München (Hg) (1998): Literarisches Leben und Schule. Materialien und Modelle zum Literaturunterricht am Gymnasium. Donauwörth.

Iser, Wolfgang (1970): Die Appellstruktur der Texte. Konstanz.

Iser, Wolfgang (1976): Der Akt des Lesens. Theorie ästhetischer Wirkung. München.

Iser, Wolfgang (1988): Die Appellstruktur der Texte. In: Warning (Hg.), 28–252.

IVO, HUBERT (1969): Kritischer Deutschunterricht. Frankfurt a.M.

IVO, HUBERT (1975): Handlungsfeld Deutschunterricht. Frankfurt a.M.

IVO, HUBERT (1994): Muttersprache – Identität – Nation. Sprachliche Bildung im Spannungsfeld zwischen einheimisch und fremd. Opladen.

IVO, HUBERT (1996): Über den Tag hinaus. Begriff einer allgemeinen Sprachdidaktik. In: Didaktik Deutsch 1/1996, 8–29.

IVO, HUBERT (2002): Nach 1945 Deutsch unterrichten. Ein Bericht lebens-, fach- und politikgeschichtlicher Verschränkungen. (=Beiträge zur Geschichte des Deutschunterrichts 51). Frankfurt a.M.

IVO, HUBERT/NEULAND, EVA (1991): Grammatisches Wissen. Skizze einer empirischen Untersuchung über Art, Umfang und Verteilung grammatischen Wissens (in der Bundesrepublik). In: Diskussion Deutsch, 121/1991, 437–493.

J

JÄGER, LUDWIG/SWITALLA, BERND (Hgg.) (1994): Germanistik in der Mediengesellschaft. München.

JAUSS, HANS ROBERT (1970): Literaturgeschichte als Provokation der Literaturwissenschaft. In: ders.: Literaturgeschichte als Provokation. Frankfurt a.M., 144–207.

JAUSS, HANS ROBERT (1984): Ästhetische Erfahrung und literarische Hermeneutik. Frankfurt a.M.

JOSTING, PETRA (2001): Medienverbund, Deutschunterricht und Medienkompetenz. In: Beiträge Jugendliteratur und Medien, 3/2001, 174–185.

JOSTING, PETRA (2006): Kompetenzorientierung im Kernlehrplan der Realschule. Zu Karlijn Stoffels ‚Mojsche und Rejsele' (7./8. Schuljahr). In: KAMMLER (2006a), S. 102–117.

JOSTING,PETRA/HOPPE,HEIDRUN(Hgg.)(2006):Mädchen,JungenundihreMedienkompetenzen. Aktuelle Diskurse und Praxisbeispiele für den (Deutsch-) Unterricht. München.

JOSTING PETRA/MAIWALD, KLAUS (Hgg.) (2007): Einführung: Kinder- und Jugendliteratur im Medienverbund: Grundlagen, Beispiele und Ansätze für den Deutschunterricht. München.(kjl&m 07, extra), 7–9.

K

KAFKA, FRANZ (1990): Briefe an Felice und andere Korrespondenz aus der Verlobungszeit. Hg. von ERICH HELLER und JÜRGEN BORN. Frankfurt a.M.

KAFKA, FRANZ (1994): Auf der Galerie. In: Ders: Schriften, Tagebücher Briefe. Kritische Ausgabe. Drucke zu Lebzeiten. Frankfurt a.M.

KAMMLER, CLEMENS (Hg.) (2006a): Literarische Kompetenzen – Standards im Literaturunterricht. Modelle für die Primar- und Sekundarstufe. Seelze: Friedrich.

KAMMLER, CLEMENS (2006b): Literarische Kompetenzen – Standards im Literaturunterricht. Anmerkungen zum Diskussionsstand. In: Kammler (Hg.) (2006a), 7–23.

KAMMLER, CLEMENS/KNAPP, WERNER (Hgg.) (2002): Empirische Unterrichtsforschung und Deutschdidaktik. Baltmannsweiler.

KAMMLER, CLEMENS/SWITALLA, BERND (2001): Qualität des Deutschunterrichts auf der gymnasialen Oberstufe – Kernkompetenzen. In: TENORTH (Hg.) (2001b), 103–123.

KÄMPER, HEIDRUN (2001): Jugendsprache um 1900 und die schöne Literatur. In: Der Deutschunterricht 1/2001, 47–58.

KÄMPER-VAN DEN BOOGAART, MICHAEL (1996): Mit Bourdieu durch die Literaturdidaktik spaziert. In: Didaktik Deutsch (1/1996), 30–52.

KÄMPER-VAN DEN BOOGAART, MICHAEL (1997a): Schönes schweres Lesen. Legitimität literarischer Lektüre aus kultursoziologischer Sicht. Wiesbaden.

KÄMPER-VAN DEN BOOGAART, MICHAEL (Hg.) (1997b): Das Literatursystem der Gegenwart und die Gegenwart der Schule. Baltmannsweiler.

KÄMPER-VAN DEN BOOGAART, MICHAEL (1998): Literaturkritik und ‚Literarisches Leben' im Oberstufenunterricht. Probleme und Anregungen. In: Deutschunterricht/Berlin 11/1998, 519–528.

KÄMPER-VAN DEN BOOGAART, MICHAEL (2000): Leseförderung oder Literaturunterricht: Zwei Kulturen in der Deutschdidaktik? Anmerkungen zu einem didaktischen Zielkonflikt. In: Didaktik Deutsch 9/2000, 4–22.

KÄMPER-VAN DEN BOOGAART, MICHAEL (2000a): Tonio Kröger. In: FÖRSTER, JÜRGEN (Hg.) (2000): „Schulklassiker" lesen in der Medienkultur. Stuttgart/ Leipzig, 8–40.

KÄMPER-VAN DEN BOOGAART, MICHAEL (2003): Lesekompetenzen – Hauptsache flexibel. Zu einer Parallele zwischen Literaturdidaktik und empirischer Lesepsychologie. In: ABRAHAM, u.a., 26–46.

KÄMPER-VAN DEN BOOGAART, MICHAEL (2003): Nach der kritischen Ära: Probleme mit der Geschichte. In: LECKE (Hg.) (2004), 121–153.

KÄMPER-VAN DEN BOOGAART, MICHAEL (2004): Fachwissenschaftliche Ausbildung aus geisteswissenschaftlicher Sicht. In: BLÖMEKE, SIGRID, u. a. (Hgg.): Handbuch Lehrerbildung. München 2004, 383–397.

KÄMPER-VAN DEN BOOGAART, MICHAEL (Hg.) (2004): Deutschunterricht nach der PISA-Studie. Reaktionen der Deutschdidaktik. Frankfurt a.M.

KÄMPER-VAN DEN BOOGAART, MICHAEL (2005): Lässt sich normieren, was als literarische Bildung gelten soll? In: RÖSCH, HEIDI (Hg.): Kompetenz im Deutschunterricht. Frankfurt a.M. (2005), 27–50.

KÄMPER-VAN DEN BOOGAART, MICHAEL (2005a): Kanon. In: SCHÜTZ, ERHARD, u.a. (Hgg.): Das BuchMarktBuch. Der Literaturbetrieb in Grundbegriffen. Reinbek, 165-169.

KÄMPER-VAN DEN BOOGAART, MICHAEL (2006): Kleinschrittiges Lesen als Kompetenz. Zu Johann Wolfgang Goethes ‚Das Göttliche' (Jahrgangsstufe 11–13). In: KAMMLER (2006a), 158–175.

KÄMPER-VAN DEN BOOGAART, MICHAEL (Hg.) (2007): Draußen und drinnen. Zur Rezeption neuer Literaturtheorien in Didaktik und Schule. In: CZECH, GABRIELE (Hg.): „Geteilter" deutscher Himmel? Zum Literaturunterricht in Deutschland in Ost und West von 1945 bis zur Gegenwart. Frankfurt a.M., 299–314.

KÄMPER-VAN DEN BOOGAART, MICHAEL (2008): Schulinterner Lehrplan. Fächerübergreide Vereinbarung zu Ressourcennutzung, Stoffverteilung und Leistungsüberprüfung. In: SACHER, WERNER, u. a. (Hgg.): Handbuch Schule. Bad Heilbrunn.

KÄMPER-VAN DEN BOOGAART, MICHAEL/PIEPER, IRENE (2008): Literarisches Lesen. In: Didaktik Deutsch. Sonderheft (im Druck).

KARG, INA (2003): ... the ability to read between the lines ... Einige Anmerkungen zum Leseverstehenstest der PISA-Studie, in: ABRAHAM, u.a. 2003, 106–120.

KARMILOFF-SMITH, ANNETTE (1992): Beyond modularity. Cambridge, Mass.

KEMMAN, ANSGAR (2000): Wie kann in Deutschland Rhetorik in Schule und Hochschule wieder eingeführt werden? Gutachten für die Gemeinnützige Hertie-Stiftung. Frankfurt a.M.

KEPSER, MATTHIS (2002): Stella Luna und Verdi von Janell Cannon im Deutsch- und Sachunterricht der Primarstufe. In: ABRAHAM/LAUNER (Hgg.), 82–92.

KESELING, GISBERT (1995): Pausen und Pausenorte in schriftlichen Wegebeschreibungen. In: BAURMANN, JÜRGEN/WEINGARTEN, RÜDIGER (Hgg.): Schreiben: Prozesse, Prozeduren und Produkte. Opladen, 201–219.

KIRCHNER, CONSTANZE/SCHIEFER FERRARI, MARKUS/SPINNER, KASPAR H. (Hgg.) (2006): Ästhetische Bildung und Identität. Fächerverbindende Vorschläge für die Sekundarstufe I und II. München.

KLAFKI, WOLFGANG (1991): Neue Studien zur Bildungstheorie und Didaktik. Zeitgemäße Allgemeinbildung und kritisch-konstruktive Didaktik. Weinheim und Basel.

KLIEME, ECKHARD, u.a. (2003): Zur Entwicklung nationaler Bildungsstandards. Siehe unter: http://www.bmbf.de/pub/zur_entwicklung_nationaler_bildungsstandards.pdf (14.07.08).

KLIEWER, HANS-JÜRGEN/POHL, INGE (Hgg.) (2006): Lexikon Deutschdidaktik. Baltmannsweiler.

KLIPPERT, HEINZ (1995): Kommunikationstraining. Übungsbausteine für den Unterricht. Weinheim/Basel.

KLOTZ, PETER (1983): Sprachliche Beobachtungen im Rahmen eines Unterrichtsversuches Deutsch-Erdkunde. In: BIRKENHAUER, JOSEF (Hg.): Sprache und Denken im Geographieunterricht. Paderborn.

KLOTZ, PETER (1991): Grammatisches Grundwissen und Schulgrammatik – am Beispiel des deutschen Modalsystems. In: Diskussion Deutsch 121/1991, 494–508.

KLOTZ, PETER (1996): Grammatische Wege der Textgestaltungskompetenz. Theorie und Empirie. Tübingen.

KLOTZ, PETER, u.a. (Hgg.) (1996): „Didaktik Deutsch“ – Ein Organ für eine wissenschaftliche Fachdidaktik. In: Didaktik Deutsch 1/1996, 4–7.

KLOTZ, PETER/SIEBER, PETER (Hgg.) (1993): Vielerlei Deutsch. Umgang mit Sprachvarietäten in der Schule. Stuttgart.

KMK (2002): PISA 2000 – Zentrale Handlungsfelder. Beschluss der 299. KMK vom 17./18.10.2002.

KMK (2003): Vereinbarung über Bildungsstandards für den Mittleren Schulabschluss (Jahrgangsstufe 10). Beschluss der KMK vom 04.12.2003. Siehe unter: http://www.kmk.org/schul/Bildungsstandards/Deutsch_MSA_BS_04-12-03.pdf (30.09.04).

KNOBLOCH, JÖRG (1992): Lesen und lesen lassen. Literaturunterricht bei Tag und Nacht, im Klassenzimmer und in einem Zug. Lichtenau.

KÖCHER, RENATE (1993): Lesekarrieren – Kontinuität und Brüche. In: BONFADELLI, HEINZ, u.a.: Leseerfahrungen und Lesekarrieren. (Lesesozialisation, e. Studie der Bertelsmann-Stiftung, Bd. 2) Gütersloh, 215–310.

KODRON, CHRISTOPH/OOMEN-WELKE, INGELORE (1995): Europa sind wir! Teaching Europe in multicultural society. Freiburg i. Br.

KÖLLER, WILHELM (1983): Funktionaler Grammatikunterricht. Hannover.

KÖPPERT, CHRISTINE (1997): Entfalten und Entdecken. Zur Verbindung von Imagination und Explikation im Literaturunterricht. München.

KÖPPERT, CHRISTINE (1999): Innere Bilder zu „laufenden Bildern“. Wahrnehmung, Vorstellungsbildung, vorstellungsgetragene Deutung am Beispiel von ‚Schindlers Liste‘. In: Praxis Deutsch 154/1999, 53–59.

KORTE, HERMANN (2002a): Historische Kanonforschung und Verfahren der Textauswahl. In: BOGDAL/KORTE (Hgg.) (2002), 61–77.

KORTE, HERMANN (2002b): ‚Das muss man gelesen haben!‘ Der Kanon der Empfehlungen. In: Text und Kritik. Sonderband Literarische Kanonbildung. München. 308–323.

KÖSTER, JULIANE (2003): Die Bedeutung des Vorwissens für die Lesekompetenz. In: ABRAHAM, u.a. 2003, 90–105.

KÖSTER, JULIANE (2004): Kompetenzorientierung im Deutschunterricht. In: KÄMPER-VAN DEN BOOGAART (2004), 99–116.

Köster, Juliane (2006): Von der Lebenswelt zur Literatur. Zu Erich Kästners ‚Fauler Zauber'. In: Kammler (2006a), 50–65.

Kraft, Volker (2004): Erziehung zwischen Funktion und Reflexion oder: die Erziehung der Erziehungswissenschaft. In: Lenzen, Dieter (Hg.): Irritationen des Erziehungssystems. Pädagogische Resonanzen auf Niklas Luhmann. Frankfurt a.M., 152–171.

Kreft, Jürgen (1977): Grundprobleme der Literaturdidaktik. Heidelberg.

Kreft, Jürgen (1982): Grundprobleme der Literaturdidaktik. 2. verb. Aufl. Heidelberg.

Krejci, Michael (1993): Lesen oder erfahren? In: Beisbart, u.a. (Hgg.), 65–71.

Krumm, Hans-Jürgen/Portmann-Tselikas, Paul (Hgg.) (2006): Begegnungssprache Deutsch. Innsbruck.

Krusche, Dietrich (2001): Zeigen im Text. Anschauliche Orientierung in literarischen Modellen von Welt. Würzburg.

Krywalsky, Dieter, u.a. (Hgg.) (1992): Kennwort. Ein literaturgeschichtliches Arbeitsbuch. 11 Grundkurs. Hannover.

Kübler, Hans-Dieter (1996): Kompetenz der Kompetenz. Eine Lieblingsmetapher der Medienpädagogik. In: Medien praktisch 798/1996, 11–15.

Kügler, Hans (1971): Literatur und Kommunikation. Ein Beitrag zur didaktischen Theorie und methodischen Praxis. Stuttgart.

Kügler, Hans (1996): Die bevormundete Literatur. Zur Entwicklung und Kritik der Literaturdidaktik. In: Belgrad/Melenk (Hgg.), 10–24.

Kuhs, Katharina (1989): Sozialpsychologische Faktoren im Zweitspracherwerb. Eine Untersuchung bei griechischen Migrantenkindern in der Bundesrepublik Deutschland. Language Development. Tübingen.

Kuhs, Katharina/Steinig, Wolfgang (Hgg.) (1998): Pfade durch Babylon. Konzepte und Beispiele für den Umgang mit sprachlicher Vielfalt. Freiburg i. Br.

Kultusministerium des Landes Nordrhein-Westfalen (Hg.) (1994): Lektüre von Ganzschriften im Fach Deutsch der Sekundarstufe I des Gymnasiums in NRW. Düsseldorf.

Kuntzsch, Lutz (2001): Wörter der Jahre, Unwörter, 100 Wörter des Jahrhunderts – Wörter, die Geschichte machten. Vorschläge zu ihrer Verwendung im Deutschunterricht. In: Der Deutschunterricht 4/2001, 16–29.

Kunze, Reiner (1976): Die wunderbaren Jahre. Prosa. Frankfurt a.M.

Künzli, Rudolf (1991): Didaktik zwischen Lehrplan und Unterricht. In: Adl-Amini / Künzli (Hgg.), 180–209.

Kupfer-Schreiner, Claudia (2005): Der Weg vom Gedanken zum geschriebenen Wort – die „innere Sprache" und ihre Bedeutung für den Schreibprozess. In: Abraham, Ulf/ Kupfer-Schreiner, Claudia/Maiwald, Klaus (Hgg.): Schreibförderung und Schreiberziehung. Eine Einführung für Schule und Hochschule. Donauwörth, 23–38.

Kurzrock, Tanja/Shmolke Sven (1998): Kinder haben Rechte. Erfahrungen aus einem Schreibwettbewerb. In: Praxis Deutsch, 1998/149, 36–40.

L

Lämmert, Eberhard (1991): Das überdachte Labyrinth. Ortsbestimmungen der Literaturwissenschaft 1960–1990. Stuttgart.

Landesinstitut für Erziehung und Unterricht (Hg.) (2000): Gestaltendes Interpretieren. Grundlagen, Texte, Aufgaben, Klausuren. Handreichungen für zentrale Klassenarbeit und schriftliche Abiturprüfung. Stuttgart.

Lange, Claudia/Bentlage, Ulrike (Hgg.) (2000): Das Lesebarometer – Lesen und Mediennutzung in Deutschland. Eine Bestandsaufnahme zum Leseverhalten. Gütersloh.

Lange, Günter, u.a. (Hgg.) (1986, 51994, 61998, 72001): Taschenbuch des Deutschunterrichts. 2 Bde. Baltmannsweiler.

Langemack, Liselotte (1989): Das Lesetagebuch. Ein Tip für den Deutschunterricht der Klassen 5–10. In: Pädagogik 3/1989, 12–20.

Lecke, Bodo (1974): Massenmedien – Massenkommunikation. In: Bremer Kollektiv: Grundriss einer Didaktik und Methodik des Deutschunterrichts für die Sekundarstufe I und II. Stuttgart.

Lecke, Bodo (1986): Wie lernt und wie lehrt man Literatur? – Zur aktuellen Diskussion über „Literarische Bildung" in der Literaturdidaktik der Bundesrepublik Deutschland. In: German Studies in India/Indo-German, 2–3/1986, 121–128.

Lecke, Bodo (1987): „Literarische Bildung": immer noch, nie mehr oder schon wieder? In: Oellers (Hg.), Bd. 3: Literatur und Literaturunterricht in der Moderne. Tübingen, 129–145.

Lecke, Bodo (1994): Die „curriculare Wende" der Didaktik und die Entstehung des kritisch-politischen Deutschunterrichts. In: Hohmann (Hg.), 44–68.

Lecke, Bodo (1996a): Literaturdidaktik vs. Medienpädagogik – kontrovers oder komplementär? In: Hohmann, Joachim S./Rubinich, Johann (Hgg.): Wovon der Schüler träumt: Leseförderung im Spannungsfeld von Literaturvermittlung und Medienpädagogik. Frankfurt a.M., 19–50.

Lecke, Bodo (1996b): Literaturdidaktik vs. Medienpädagogik – kontrovers oder komplementär? In: ders. (Hg.): Literaturstudium und Deutschunterricht auf neuen Wegen. Frankfurt a.M. u.a, 151–168.

Lecke, Bodo (1997): TV-Serien und ihre literarischen Erzählmuster – Ein Thema für den Deutschunterricht. In: Kämper–van den Boogaart (Hg.) (1997b), 166–183.

Lecke, Bodo (Hg.) (1999): Literatur und Medien in Studium und Deutschunterricht. Frankfurt a.M., u.a.

Lecke, Bodo (2000): „Geschäftsauslagen für Lebensmuster"? Die Lifestyle-Angebote der soap operas für Jugendliche am Beispiel „Verbotene Liebe", In: Schäfer, Eva (Hg.): Internet. Film. Fernsehen – Zur Nutzung aktueller Medien als Folie für Selbst- und Weltbilder. München, 135–147.

Lecke, Bodo (Hg.) (2004): Fazit Deutsch 2000. Ästhetische Bildung, moralische Entwicklung, kritische Aufklärung? Frankfurt a.M.

Lecke, Bodo (2007): Schule, Förderschwerpunkt Sprache und Neue Medien. In: Schöler, Hermann/Welling, Alfons (Hgg.): Sonderpädagogik der Sprache. (Handbuch der Sonderpädagogik, Bd. 1). Göttingen, 1104-1113

Lecke, Bodo (2008): Mediengeschichte, Intermedialität und Literaturdidaktik (Beiträge zur Literatur- und Mediendidaktik, Bd. 15) Frankfurt a.M., u.a.

Lecke, Bodo (ersch. 2009): Mediengeschichte – „missing link" zwischen Medienpädagogik und Literaturdidaktik. In: Medien im Deutschunterricht. Jahrbuch 2009.

Lenzen, Dieter (1991): Didaktische Theorie zwischen Routinisierung und Verwissenschaftlichung – Zum Programm einer Theorie alltäglichen pädagogischen Handelns. In: Adl-Amini/Künzli (Hgg.), 158–179.

Leonard, Hans-Walter, u.a. (Hgg.) (1995): Pädagogische Erkenntnis. Grundlagen pädagogischer Theoriebildung. Weinheim/München, 13–58.

Lessing, Gotthold Ephraim (1968): Sämtliche Schriften, hg. von Karl Lachmann, besorgt durch Franz Muncker, (Repr. von 1886–1924). Stuttgart/Leipzig/Berlin.

LiLi Zeitschrift für Literaturwissenschaft und Linguistik (1984): Gastarbeiterliteratur. Themenheft. Bd. 14.

Linke, Angelika (2000): Informalisierung? Familiarisierung? Sprach(gebrauchs)wandel als Indikator soziokultureller Entwicklungen. In: Der Deutschunterricht 3/2000, 66–77.

Lipóczi, Sarolta/Oomen-Welke, Ingelore (Hg.) (1999): Students East – West. Sprachen, Gesellschaften, Künste, Bildung. Arbeitsbuch. Freiburg i. Br.

Lippke, Wolfgang (1994): Erziehung und Ausbildung in Europa. Siegen.

Lischeid, Thomas (ersch. 2009): Lesen und Schreiben (non-)linear. Zur Texttheorie, Didaktik und Empirie diskontinuierlicher Darstellungsformen am Beispiel der Infografik im Deutschunterricht der Sekundarstufe.

Lochner, Markus (2002): Hallo Sam, hier bin ich! von Russell Stannard im Deutsch- und Religionsunterricht d. 7. Jahrgangsstufe. In: Abraham/Launer (Hgg.), 115–127.

Luchtenberg, Sigrid (1995): Interkulturelle sprachliche Bildung: Zur Bedeutung von Zwei- und Mehrsprachigkeit für Schule und Unterricht. Münster.

Luchtenberg, Sigrid (1999): Interkulturelle kommunikative Kompetenz: Kommunikationsfelder in Schule und Gesellschaft. Opladen.

Luchtenberg, Sigrid (2008): Language Awareness. In: Ahrenholz/Oomen-Welke (Hgg.), 107–117

Lüdecke, Julian/Luchtenberg, Sigrid (2003): PISA und die Folgen aus Sicht interkultureller Erziehung. In: Abraham, u. a., 309–329.

Ludwig, Otto (1983): Einige Gedanken zu einer Theorie des Schreibens. In: Grosse, Siegfried (Hg.): Schriftsprachlichkeit. Düsseldorf, 37–73

Ludwig, Otto (1988): Der Schulaufsatz. Seine Geschichte in Deutschland. Berlin / New York.

Ludwig, Otto (2002): PISA 2000 und der Deutschunterricht. In: Der Deutschunterricht 2/2000, 82–85.

Ludwig, Otto/Spinner, Kaspar H. (2000): Mündlich und schriftlich argumentieren. In: Praxis Deutsch 160/2000, 16–22.

Luhmann, Niklas (1992): Die Wissenschaft der Gesellschaft. Frankfurt a. M.

Luhmann, Niklas/Schorr, Eberhard (1979): Reflexionsprobleme im Erziehungssystem (Nachwort 1988), Frankfurt a. M.

Luhmann, Niklas (2002): Das Erziehungssystem der Gesellschaft. Hg. von Dieter Lenzen. Frankfurt a. M. 2002.

M

Maier, Hans (1979): Eindeutschung um jeden Preis? In: Süddeutsche Zeitung 230/5.10.1979, 10.

Marci-Boehncke, Gudrun/Gast, Wolfgang (1997): Zwischen ‚Faust' und der daily soap. Medienpädagogik im Fach Deutsch. In: medien + erziehung 5/1997, 293–302.

Matthiessen, Wilhelm (2006): Zum Thema (Ästhetische Bildung). In: Deutschmagazin, 04/06, 8.

Matthiessen, Wilhelm (2006): Zum Thema (Drama). In: Deutschmagazin, 04/06, 8.

Meckling, Ingeborg (1972): Kreativitätsübungen im Literaturunterricht der Oberstufe. München.

Meissner, Franz-Joseph/Reinfried, Marcus (Hg.) (1998): Mehrsprachigkeitsdidaktik. Tübingen.

Melenk, Hartmut (1996): Literarisches Verstehen – Literarisches Schreiben. In: Belgrad/Melenk (Hgg.), 193–216.

Melenk, Hartmut (1998): Aspekte der Kommasetzung in der 8. Klasse. Ergebnisse eines Forschungsprojekts. In: Didaktik Deutsch 4/1998, 10–21.

MELENK, HARTMUT (2001): Kommasetzung und Grammatikkenntnisse. In: MELENK, HARTMUT/KNAPP, WERNER (Hgg.): Inhaltsangabe – Kommasetzung. Schriftsprachliche Leistungen in Klasse 8. Baltmannsweiler, 169–188.

MELENK, HARTMUT / FIRGES, JEAN (1985): Landeskunde: Stereotypen – schädlich – unvermeidlich – nützlich? In: Donnerstag, JÜRGEN / KNAPP-POTTHOFF, ANNELIE (Hgg.): Kongreßdokumentation der 10. Arbeitstagung der Fremdsprachendidaktiker. Tübingen, 97–114.

MENZEL, WOLFGANG (1995): Die indirekte Rede. Grammatik und Textanalyse am Beispiel eines Textes von Thomas Bernhard. In: Praxis Deutsch 129/1995, 61–65.

MENZEL, WOLFGANG (Hg.) (2000a): Handlungsorientierter Literaturunterricht. Sonderheft Praxis Deutsch 2000.

MENZEL, WOLFGANG (2000b): Zur Beurteilung kreativer Leistungen. In: MENZEL (Hg.): 45–48.

MERZ-GRÖTSCH, JASMIN (2001): Schreiben als System. Bd. 2: Die Wirklichkeit aus Schülersicht. Eine empirische Analyse. Freiburg i. Br.

MEYER, HILBERT (1993): Leitfaden zur Unterrichtsvorbereitung. Berlin.

MEYER, HILBERT (1987): UnterrichtsMethoden, 2 Bde., Berlin.

MEYER, HILBERT (2001): Türklinkendidaktik. Aufsätze zur Didaktik, Methodik und Schulentwicklung. Berlin.

MEYER, HILBERT (2004): Was ist guter Unterricht? Berlin. (4. Auflage 2007)

MINISTERIUM FÜR BILDUNG, JUGEND UND SPORT DES LANDES BRANDENBURG (Hg.) (2002): Rahmenlehrplan Deutsch. Sekundarstufe I. Berlin, Potsdam.

MINISTERRAT DER DEUTSCHEN DEMOKRATISCHEN REPUBLIK, MINISTERIUM FÜR VOLKSBILDUNG (Hg.) (1987): Lehrplan Deutsche Sprache und Literatur, Teil Literaturunterricht, Kl. 5–10, Berlin.

MITTEILUNGEN DES DEUTSCHEN GERMANISTENVERBANDES (1997). Kompetenzen und Schlüsselqualifikationen 4/1997.

MÜHLHAUSEN, ULF (1994): Überraschungen im Unterricht. Situative Unterrichtsplanung. Weinheim/Basel.

MÜLLER, HANS-GEORG (2007): Zum „Komma nach Gefühl“. Implizite und explizite Kommakompetenz von Berliner Schülerinnen und Schülern im Vergleich. In: Theorie und Vermittlung der Sprache, Bd. 50. Frankfurt a.M.

MÜLLER-MICHAELS, HARRO (1972): Literaturdidaktik als normsetzende Handlungswissenschaft. In: VOGT, JOCHEN (Hg.) (1972): Literaturdidaktik. Düsseldorf, 17–21.

MÜLLER-MICHAELS, HARRO (1978): Literatur im Alltag und Unterricht. Ansätze zu einer Rezeptionspragmatik. Kronberg/Taunus.

MÜLLER-MICHAELS, HARRO (1982): „Wie lächerlich wollen wir denn aussehen?“ In: Diskussion Deutsch 68/1982, 598–602.

MÜLLER-MICHAELS, HARRO (1993): Was bleibt? Begründung eines Kanons in Denkbildern, In: Deutschunterricht 1/1993, 5–13.

MÜLLER-MICHAELS, HARRO (1994): Deutschkurse. Modell und Erprobung angewandter Germanistik in der gymnasialen Oberstufe. Weinheim.

MÜLLER-MICHAELS, HARRO (1999): Literarische Anthropologie in didaktischer Absicht. Begründung der Denkbilder aus Elementarerfahrungen. In: Deutschunterricht 3/1999, 164–174.

N

NECKER-ZEIHER, MARIANNE (2007): Formen des offenen Unterrichts verwenden. In: BESTE (Hg.), 228–248.

NEULAND, EVA (1993): Reflexion über Sprache. Reformansatz und ungelöstes Programm der Sprachdidaktik. In: BREMERICH-VOS (Hg.), 83–101.

NICHOLS, SHARON L./GLASS, GENE V./BERLINER, DAVID C. (2005): High-Stakes Testing and Student Achievement: Problems for the No Child Left Behind Act. Arizona State University: http://epsl.asu.edu/epru/documents/EPSL-0509-105-EPRU.pdf (14.07.2008)

NICHOLS, SHARON L./BERLINER, DAVID C. (2005): The Inevitable Corruption of Indicators and Educators Through High-Stakes Testing. Arizona State University: http://epsl.asu.edu/epru/documents/EPSL-0503-101-EPRU.pdf (14.07.2008)

NIEKRAWITZ, CLEMENS (1990): Interkulturelle Pädagogik im Überblick. Von der Sonderpädagogik für Ausländer zur interkulturellen Pädagogik für alle. Oldenburger Forschungsbeiträge zur interkulturellen Pädagogik Bd. 2. Oldenburg.

NÜNDEL, ERNST/SCHLOTTHAUS, WERNER (1978): Ausgerechnet Agamemnon. Wie Lehrer mit Texten umgehen. München/Wien.

NUTZ, MAXIMILIAN (1995): Grammatisches Verstehen, Sprachbewusstsein und literarisches Verstehen. In: Der Deutschunterricht 4/1995, 70–82.

NUTZ, MAXIMILIAN (1997): Schülerzentrierte Literatur-Gespräche – Gespräche über Literatur? In: Didaktik Deutsch 3/1997, 86–92.

NUTZ, MAXIMILIAN (1999): Literaturgeschichte? – Differenzerfahrung und kulturelles Gedächtnis. In: SPINNER (Hg.) (1999c), 21–32.

O

OBST-Redaktion (Hg.) (1988): Sprachwissenschaft und Sprachpraxis. Heft 39 (Osnabrücker Beiträge zur Sprachtheorie)

OECD (Hg.) (2001): OECD PISA. Programme for International Student Assessment. Schülerleistungen im internationalen Vergleich. Im Auftrag der Kultusminister der Länder in der Bundesrepublik Deutschland und in Zusammenarbeit mit dem Bundesministerium für Bildung und Forschung.

OELKERS, JÜRGEN (1999): Lehrpläne als Steuerungsinstrument? Vortrag in München. Zürich.

OELKERS, JÜRGEN (2001): Bildung, Kanon, Effizienz: Herausforderungen des Gymnasiums. Zürich.

OELKERS, JÜRGEN (2006): Lehrpläne als Steuerungsinstrument? In: CRIBLEZ, LUCIEN/GAUTSCHI, PETER/MONICO, PIA HIRT/MESSNER, HELMUT (Hgg.): Lehrpläne und Bildungsstandards. Was Schülerinnen und Schüler lernen sollen. Bern, 241–268, 255.

OELLERS, NORBERT (Hg.) (1987): Germanistik und Deutschunterricht im Zeitalter der Technologie – Selbstbestimmung und Anpassung, 4 Bde., Tübingen.

OERTER, ROLF (1999): Theorien der Lesesozialisation – Zur Ontogenese des Lesens. In: GROEBEN, NORBERT (Hg.): Lesesozialisation in der Mediengesellschaft. IASL (= Internationales Archiv für Sozialgeschichte der deutschen Literatur), 10. Sonderheft. Tübingen, 27–55.

OEVERMANN, ULRICH (1996): Theoretische Skizze einer revidierten Theorie professionalisierten Handelns. In: COMBE/HELSPER (Hgg.), 70–182.

OOMEN-WELKE, INGELORE (1985): Innenansicht einer Türkenklasse: Erfahrungen und Reflexionen aus der Arbeit in einem ‚nationalen Modell'. In: Deutsch lernen 2/1985, 3–45.

Oomen-Welke, Ingelore (Hg.) (1994): Brückenschlag. Von anderen lernen – miteinander handeln. Deutsch im Gespräch. Stuttgart.
Oomen-Welke, Ingelore (1999): Sprachen in der Klasse. In Praxis Deutsch 157/1999, 14–23.
Oomen-Welke, Ingelore (2001): „Aufgaben kriegen, die man auch schaffen kann!“ In: Pädagogik 12/2001, 28.
Oomen-Welke, Ingelore (2008): Didaktik der Vielsprachigkeit. In: Ahrenholz/Oomen-Welke (Hgg.)
Oomen-Welke, Ingelore/Sen, Zeki (1986): Modellversuch „türkische Grundschulklasse“ in Baden-Württemberg. In: Yakut, Attila/Steffen, Gabriele (Hg.) (1986): Projekt Ausländerkinder in der Schule – Fernstudienmaterialien für die Lehrerfortbildung. Tübingen, 171–175.
Ortner, Hanspeter (2000): Schreiben und Denken. Tübingen.
Oskamp, Irmtraud M. (1996): Jugendliteratur im Lehrerurteil. Historische Aspekte und didaktische Perspektiven. Würzburg.
Ossner, Jakob (1993): Praktische Wissenschaft. In: Bremerich-Vos (Hg.) (1993b), 186–199.
Ossner, Jakob (2006): Kompetenzen und Kompetenzmodelle im Deutschunterricht. In: Didaktik Deutsch, 2006/21, 5–19.
Ossner, Jakob (2007): Sprachbewusstheit: Anregung des inneren Monitors. In: Willenberg (Hg.) (2007), 134–147.
Ossner, Jakob (2008): Sprachdidaktik Deutsch. Paderborn, u. a., 2., überarb. Aufl.

P

Paefgen, Elisabeth K. (1996): Reicher Materialfundus. In: Praxis Deutsch 135/1996, 13–15.
Paefgen, Elisabeth K. (1996a): Verstehen Leser den Text oder (nur) sich selbst? Diskussion der ‚Lebensroman‘-These im rezeptionstheoretischen Kontext. In: Literatur für Leser 2/1996, 136–149.
Paefgen, Elisabeth K. (1998): Textnahes Lesen. Sechs Thesen aus didaktischer Perspektive. In: Belgrad/Fingerhut (Hgg.), 14–23.
Paefgen, Elisabeth K. (1999): Einführung in die Literaturdidaktik. Stuttgart/Weimar.
Paule, Gabriela (2002a): Der Zahlenteufel von Hans Magnus Enzensberger im Deutsch- und Mathematikunterricht der Orientierungsstufe. In: Abraham/Launer (Hgg.), 106–114.
Paule, Gabriela (2002b): Die Verwirrungen des Zöglings Törleß von Robert Musil im Deutsch- und Mathematikunterricht der 11. Jahrgangsstufe. In: Abraham/Launer (Hgg.), 153–162.
Paulsen, Gary (1995): Allein in der Wildnis. Hamburg.
Payrhuber, Franz-Josef (1999): Leseinteressen von Jugendlichen und Schullektüre in der Sekundarstufe. In: Franzmann, u. a. (Hgg.), 589–592.
Peschel, Corinna (2006): Vom Nutzen textgrammatischen Wissens für die Textproduktion – Eine Untersuchung schulishen Grammatikunterrichts am Beispiel kausaler Verknüpfungsmittel. In: Becker/Peschel (Hgg.) (2006), 105–127
Peterssen, Wilhelm H. (2000): Handbuch Unterrichtsplanung. 9. aktualisierte und überarbeitete Ausgabe. München.
Pfister, Manfred (1984): Das Drama. Theorie und Analyse. München.

Pieper, Irene/Rosebrock, Cornelia/Wirthwein, Heike/Volz, Steffen (2004): Lesesozialisation in schriftfernen Lebenswelten. Lektüre und Mediengebrauch von HauptschülerInnen. Weinheim, München.

Pinar, William F./Reynolds, William M./Slattery, Patrick/Taubman, Peter M. (1996): Understanding Curriculum. An Introduction to the Study of Historical and Contemporary Curriculum Discourses. (=Studies in the Postmodern Theory of Education 17). New York, u. a.

Plath, Ingrid/Bender-Szymanski, Dorothea/Kodron, Christoph (2002): Dokumentation zur Situation von Schülerinnen und Schülern mit Migrationserfahrungen an Frankfurter Schulen im Schuljahr 2000/2001. Stadt Frankfurt a.M. (DIPF = Deutsches Institut für Internationale Pädagogische Forschung)

Pohl, Inge (1995): Soziokultureller Hintergrund beim Lesen von Übersetzungstexten. In: Linke, Angelika/Oomen-Welke, Ingelore: Herkunft, Geschlecht und Deutschunterricht. Freiburg, 141–164.

Pohl, Thorsten (2008): Die Entwicklung der Text-Sorten-Kompetenz im Grundschulalter. In: Bremerich-Vos/Granzer /Köller (Hgg.), 88–116.

Pommerin, Gabriele (1998): „Wer alles schrie vor Freude, als das Blau geboren wurde?" Kreatives Schreiben und Literatur – ein Wechselspiel im interkulturellen Sprachunterricht. In: Kuhs/Steinig (Hgg.), 199–224.

Portmann, Paul R. (1991): Schreiben und Lernen. Grundlagen der fremdsprachlichen Schreibdidaktik. Tübingen.

Prenzel Manfred/Artelt, Cordula/Baumert, Jürgen/Blum, Werner/Hammann, Marcus/Klieme, Eckhard/Pekrun, Reinhard (Hgg.). (2007). PISA 2006. Die Ergebnisse der dritten internationalen Vergleichsstudie. Münster:

Pruys, Karl Hugo (2001): Die Bibliothek. 44 Bücher, die man gelesen haben muss. Berlin.

R

Rajewski, Irina (2002): Intermedialität. Tübingen und Basel.

Redder, Angelika (1994): Diskursanalysen in praktischer Absicht – Forschungszusammenhang und Zielsetzung. In: Osnabrücker Beiträge zur Sprachtheorie 49/1994, 5–15.

Redder, Angelika (1998): Sprachwissen als handlungspraktisches Bewußtsein – eine funktional-pragmatische Diskussion. In: Didaktik Deutsch 5/1998, 60–75.

Redder, Angelika (2000): Sprachliche Formen und literarische Texte – eine interdisziplinäre Aufgabe. In: Osnabrücker Beiträge zur Sprachtheorie 61/2000.

Redder, Angelika (2002): Deutsch: vertraut, fremd und verfremdet. In: Der Deutschunterricht 3/2002, 59–66.

Reich, Hans H. (1993): Die Entwicklung interkultureller Curricula. In: Sachunterricht und Mathematik in der Primarstufe 9/1993, 419–423.

Reich-Ranicki, Marcel (2001): Arche Noah der Bücher. In: Der Spiegel 25/18.6. 2001, 206–223.

Richter, Tobias/Christmann, Ursula (2002): Lesekompetenz: Prozessebene und interindividuelle Unterschiede. In: Groeben/Hurrelmann 2002a, 25–58.

Riedner, Ursula Renate (1996): Sprachliche Felder und literarische Wirkung. Exemplarische Analysen an Brigitte Kronauers Roman „Rita Münster". München.

Riehl, Claudia Maria (2001): Schreiben, Text und Mehrsprachigkeit. Zur Textproduktion in mehrsprachigen Gesellschaften am Beispiel der deutschsprachigen Minderheiten in Südtirol und Ostbelgien. Tübingen: Stauffenburg.

RINCK, MIKE (2000): Situationsmodelle und das Verstehen von Erzähltexten: Befunde und Probleme. In: Psychologische Rundschau 3/2000, 115–122.

RINGER, FRITZ K. (1987): Die Gelehrten. Der Niedergang der deutschen Mandarine 1890–1933. München.

ROBINSOHN, SAUL B. (1969): Bildungsreform als Revision des Curriculums. Neuwied.

RÖSCH, HEIDI (2007): Interkulturelle Literatur lesen – Literatur interkulturell lesen. In FÄCKE/WANGERIN (Hgg.), 51–62.

ROSEBROCK, CORNELIA (Hg.) (1995): Lesen im Medienzeitalter. Biografische und historische Aspekte literarischer Sozialisation. Weinheim/München.

ROSEBROCK, CORNELIA (1997): Kinder- und Jugendliteratur im Unterricht – aus der Perspektive der Lehrerbildung: In: RANK, BERNHARD/ROSEBROCK, CORNELIA (Hgg.): Kinderliteratur, literarische Sozialisation und Schule. Weinheim, 7–28.

ROSEBROCK, CORNELIA (2000): Literaturdidaktik und Lesekultur. In: dies.: Informationen zur Deutschdidaktik 2/2000, 35–48; [= Lesen in der Medienwelt. Hrsg. v. WERNER WINTERSTEINER. Innsbruck, Wien, München].

ROSEBROCK, CORNELIA (2001): Schritte des Literaturerwerbs. In: Lesezeichen. Mitteilungen des Lesezentrums der Pädagogischen Hochschule Heidelberg 10/2001, 5–36.

ROSEBROCK, CORNELIA/NIX, DANIEL (2006): Forschungsüberblick: Leseflüssigkeit (Fluency) in der amerikanischen Leseforschung und -didaktik. Didaktik Deutsch, 20, 90–112.

ROSEBROCK; CORNELIA (2007): Anforderungen von Sach- und Informationstexten, Anforderungen literarischer Texte. In: BERTSCHI-KAUFMANN (Hg.), 50–65.

ROSEBROCK, CORNELIA/ZITZELSBERGER, OLGA (2002): Der Begriff Medienkompetenz als Zielperspektive im Diskurs der Pädagogik und Didaktik. In: GROEBEN/HURRELMANN (Hgg.) (2002b), 148–160.

ROSEBROCK, CORNELIA/NIX, DANIEL (2008): Grundlagen der Lesedidaktik und der systematischen schulischen Leseförderung. Baltmannsweiler.

ROSENBUSCH, HEINZ S./SCHOBER, OTTO (Hgg.) (1986 , neu 2003): Körpersprache in der schulischen Erziehung. Pädagogische und fachdidaktische Aspekte nonverbaler Kommunikation. Baltmannsweiler.

RÖTTGER, BRIGITTE (1974): Literaturdidaktik und Literaturwissenschaft. Wandlungen fachdidaktischer Theoriebildungen. In: BOUEKE, DIETRICH (Hg.): Deutschunterricht in der Diskussion. Forschungsberichte. Paderborn, 36–55.

RUDOLPH, GÜNTER (2001): Kreativer und systematischer Umgang mit den Wortarten. In: Deutschunterricht 1/2001, 17–21.

RUNGE, GABRIELE (1997a): Lesesozialisation in der Schule. Untersuchungen zum Einsatz von Kinder- und Jugendliteratur im Unterricht. (Diss.) Würzburg.

RUNGE, GABRIELE (1997b): Nur keine Experimente! Was und wie häufig lassen Lehrer lesen? Ergebnisse einer empirischen Untersuchung. In: Praxis Deutsch 143/1997, 4–10.

RUNKEHL, JENS (2000): Literatur im Netz und Netzliteratur. In: Der Deutschunterricht 1/2000, 33–44.

RUPP, GERHARD (1987): Kulturelles Handeln mit Texten. Fallstudien aus dem Schulalltag. Paderborn.

RUPP, GERHARD (Hg.) (1997): Wozu Kultur? Frankfurt a.M.

S

SANDER, THEO, u.a. (1996): Teacher Education in Europe: Evaluation and Perspectives. National Reports prepared for a European Evaluation Conference 1995. Osnabrück.

SCANZIO, FABRIZIO (Hg.) (2001): Imaginer l'Europe. Thèmes et méthodes pour un stage de formation. Freiburg i. Br.

SCHEFFER, BERND (1992): Interpretation und Lebensroman. Zu einer konstruktivistischen Literaturtheorie. Frankfurt a.M.

SCHEFFER, BERND (1993): Interpretation und Blamage. Vor dem Gesetz – Präambeln aus konstruktivistischer Sicht. In: BOGDAL (Hg.), 140–158.

SCHEFFER, BERND (1995): Klischees und Routinen der Interpretation: Vorschläge für eine veränderte Literaturdidaktik. In: Der Deutschunterricht 3/1995, 74–83.

SCHELLER, INGO (1980): Erfahrungsbezogener Unterricht. Aneignung Verarbeitung Veröffentlichung. Oldenburg.

SCHELLER, INGO (1996): Szenische Interpretation. In: Praxis Deutsch 136/1996, 22–32.

SCHEUERL, HANS (1990): Das Spiel. Untersuchungen über sein Wesen, seine pädagogischen Möglichkeiten und Grenzen. Weinheim/Basel.

SCHIEFELE, ULRICH/ARTELT, CORDULA/SCHNEIDER, WOLFGANG/STANAT, PETRA (Hgg.) (2004): Struktur, Entwicklung und Förderung von Lesekompetenz. Vertiefende Analysen im Rahmen von PISA 2000 Wiesbaden

SCHLOBINSKI, PETER (2001): Einleitung. Deutschunterricht und Medienanalyse. In: Deutschunterricht 2/2001, 58–67.

SCHLOBINSKI, PETER/SIEVER, TORSTEN (2000): Kommunikationspraxen im Internet. In: Der Deutschunterricht 1/2000, 54–65.

SCHLOSSER, HORST DIETER (2000): Lexikon der Unwörter. Gütersloh.

SCHMIDT, SIEGFRIED J. (1975): Ist die Fiktionalität eine literarische oder texttheoretische Kategorie? In: GÜLICH, ELISABETH/RAIBLE, WOLFGANG (Hg.): Textsorten. Differenzierungskriterien aus linguistischer Sicht. Frankfurt a.M., 59–71

SCHMIDT, SIEGFRIED J. (1987): Abschied vom Kanon? Thesen zur Situation der gegenwärtigen Kunst. In: ASSMANN/ASSMANN (1987), 336–347.

SCHMIDT, SIEGFRIED J. (1999): Literaturwissenschaft als Medienkulturwissenschaft. Anmerkungen zur Integration von Literatur- und Medienwissenschaft(en). In: LECKE (Hg.), 64–83.

SCHMUDE, JÜRGEN (1979): Das Scheitern wird vorprogrammiert. In: Süddeutsche Zeitung 117/20.9.1979, 12.

SCHNEIDER, HANSJAKOB/BERTSCHI-KAUFMANN, ANDREA (2006): Lese- und Schreibkompetenzen fördern. Erste Ergebnisse einer Interventionsstudie. In: Didaktik Deutsch 20/2006, 30–51.

SCHOBER, OTTO (1998): Deutschunterricht für die Grundschule. Studientexte zur Grundschulpädagogik und -didaktik. Bad Heilbrunn.

SCHOBER, OTTO (2001): Lesebuch. In: LANGE, u.a. (Hgg.), Bd. 2, 484–506.

SCHOENTHAL, GISELA (1995): Anregungen aus der angewandten Gesprächsforschung für die schulische Gesprächserziehung. In: Der Deutschunterricht 1/1995, 25–29.

SCHÖN, ERICH (1990): Die Entwicklung literarischer Rezeptionskompetenz. Ergebnisse einer Untersuchung zum Lesen bei Kindern und Jugendlichen. In: Siegener Periodikum zur Internationalen Literaturwissenschaft 9, 2/1990, 229–276.

SCHÖN, ERICH (1996): Zur aktuellen Situation des Lesens und zur biografischen Entwicklung des Lesens bei Kindern und Jugendlichen. Oldenburg.

SCHÖN, ERICH (1999): Geschichte des Lesens. In: FRANZMANN, u.a. (Hgg.), 1–85.

Schönert, Jörg (1999): ‚Kultur' und ‚Medien' als Erweiterungen zum Gegenstandsbereich der Germanistik in den 90er Jahren. In: Lecke (Hg.), 43–64.

Schramm, Hilde (Hg.) (1981): Frauensprache – Männersprache. Ein Arbeitsbuch zur geschlechtsspezifischen Sprachverwendung. Frankfurt a.M.

Schubert-Felmy, Barbara (2001): Wege der Imagination – Lesewege. Augsburg.

Schubert-Felmy, Barbara (2006): Zur Mitarbeit der Jungen im Literaturunterricht – Wie kann man sie erreichen? In: Josting/Hoppe, 151–167.

Schubert-Felmy, Barbara/Schubert, Kristina (2005): Medienintegrativer Deutschunterricht am Beispiel von Astrid Lindgrens „Ronja Räubertochter". In: Frederking, Volker/Josting, Petra (Hgg.): Medienintegration und Medienverbund im Deutschunterricht. Baltmannsweiler, 104–1 22.

Schule ohne Rassismus (1995): Handbuch. Bundeskoordination c/o Aktion Courage – SOS Rassismus. Bonn.

Schule Spezial: „Das Puzzle-Spiel der Reformen". In: Die Zeit, Nr. 37 v. 02,09.2004, 30.

Schulz von Thun, Friedemann (1981): Miteinander reden. 3 Bde. Reinbek.

Schurf, Bernd (1995): Bewertung produktiver Schülerarbeiten im Deutschunterricht der Sekundarstufe I. In: Deutschunterricht 7, 8/1995, 338–347.

Schuster, Karl (1991): Einführung in die Fachdidaktik Deutsch. Baltmannsweiler.

Schuster, Karl (1998): Mündlicher Sprachgebrauch im Deutschunterricht. Denken – Sprechen – Handeln. Baltmannsweiler.

Schwenk, Helga (1988): Das Sprachvermögen zweisprachiger türkischer Schüler. Giessener Beiträge zur Fremdsprachendidaktik. Tübingen.

Schwitters, Kurt (1973): An Anna Blume. In: Das literarische Werk. Bd. 1. Lyrik, hg. v. Friedhelm Lach. Köln, 58f.

Seifert, Walter (1975): Literarische Prosaformen im Unterricht. In: Sowinski, Bernhard (Hg.) (1975): Fachdidaktik Deutsch. Köln/Wien, 232–253.

Sekretariat der KMK (2003): Entwicklung und Implementation von Bildungsstandards. Bonn.

Shulman, Lee S. (2004): The Wisdom of Practice. Essays on Teaching, Learning and Learning to Teach. San Francisco: Josey-Bass 2004.

Sieber, Peter (1994): Sprachfähigkeiten – besser als ihr Ruf und nötiger denn je. Aarau.

Sieber, Peter (2000): Neue Wege in der Lernkultur. In: Rastner, Eva Maria (Hg.) (2000): auf!brüche. Aktuelle Trends der Deutschdidaktik. Innsbruck, u.a., 57–70.

Siguan, Miquel (2001): Die Sprachen im Vereinten Europa. Tübingen.

Simanowski, Roberto (2001): Von der Lyrikmaschine zum Internetroman. In: Der Deutschunterricht 2/2001, 15–30.

Spiegel, Corinna/Vogt, Rüdiger (2006): Vom Nutzen der Textlinguistik für den Unterricht. Baltmannsweiler.

Spiewak, Martin (2008): Der undankbarste Job meines Lebens. In: Die Zeit Nr. 12 vom 13.03.2008, 33f.

Spinner, Elisabeth/Spinner, Kaspar H. (1984): Kinder und Jugendliteratur. In: Baurmann/Hoppe (1984), 362–373.

Spinner, Kaspar H. (1987): Interpretieren im Deutschunterricht. In: Praxis Deutsch, 81/1987, 17–23.

Spinner, Kaspar H. (1989a): Literaturunterricht und moralische Entwicklung. In: Praxis Deutsch 95/1989, 13–19.

SPINNER, KASPAR H. (1989b): Textanalyse im Unterricht. In: Praxis Deutsch 98/1989, 19–23.
SPINNER, KASPAR H. (1989c): Fremdverstehen und historisches Verstehen als Ergebnis kognitiver Entwicklung. In: Der Deutschunterricht 4/1989, 19–23.
SPINNER, KASPAR H. (1993): Entwicklung des literarischen Verstehens. In: BEISBART, u.a. (Hgg.), 55–64.
SPINNER, KASPAR H. (1994): Neue und alte Bilder von Lernenden. Deutschdidaktik im Zeichen der kognitiven Wende. In: Beiträge zur Lehrerbildung, 2/1994, 146–158.
SPINNER, KASPAR H. (1995): Die Entwicklung literarischer Kompetenz beim Kind. In: ROSEBROCK (Hg.), 81–96.
SPINNER, KASPAR H. (1997): Von Kants Einbildungskraft zu den imaginativen Verfahren im gegenwärtigen Literaturunterricht. In: RUPP (Hg.), 95–101.
SPINNER, KASPAR H. (1999a): Lese- und literaturdidaktische Konzepte. In: FRANZMANN, u.a. (Hgg.), 593–601.
SPINNER, KASPAR H. (1999b): Die eigenen Lernwege unterstützen. Die sogenannte kognitive Wende in der Deutschdidaktik. In: ders. (Hg.) (1999c), 5–9.
SPINNER, KASPAR H. (Hg.) (1999c): Neue Wege im Literaturunterricht. Informationen, Hintergründe, Arbeitsanregungen, Hannover.
SPINNER, KASPAR H. (2001a): Deutsch in der gymnasialen Oberstufe: Probleme und Perspektiven. In: TENORTH (Hg.) (2001b), 142–154.
SPINNER, KASPAR H. (2001b): Kreativer Deutschunterricht. Identität – Imagination – Kognition. Seelze.
SPINNER, KASPAR H. (2004): Lesekompetenz in der Schule. In: SCHIEFELE, u.a. (Hgg.), 125–138.
SPINNER, KASPAR H. (2005): Der standardisierte Schüler. Rede bei der Entgegennahme des Erhard-Friedrich-Preises am 27. September 2004. In: Didaktik Deutsch, H. 18, 4–13.
SPINNER, KASPAR H. (2006): Literarisches Lernen. In: Praxis Deutsch, 33. Jg, H. 200, 6–16.
SPINNER, KASPAR H. (2006a): Literarisches Schreiben zu einem Text. Zu franz Hohler ‚Das Huhn auf der Funkausstellung'. In: KAMMLER (Hg.) (2006a), 66–79.
SPINNER, KASPAR H. (2006b): Literarisches Lernen. In: Praxis Deutsch 33, H. 200, 6–16.
SPITTA, GUDRUN (2000): Sind Sprachbewusstheit und Sprachbewusstsein dasselbe. Oder: Gedanken zu einer vernachlässigten Differenzierung. In: Deutschdidaktische Perspektiven. Eine Schriftenreihe des Studiengangs Primarstufe an der Universität Bremen.
SPRACHBUCH „SPRACHSCHLÜSSEL" (1998): Schulalltag. In: Band 8, Stuttgart, Düsseldorf, Leipzig, 30–42.
STÄNDIGE KONFERENZ DER KULTUSMINISTER (2003): Bildungsstandards im Fach Deutsch für den Mittleren Schulabschluss (Jahrgangsstufe 10). In: http://www.kmk.org/schul/Bildungsstandards/Deutsch_MSA_BS_04-12-o3.pdf (18.07.08)
STÄNDIGE KONFERENZ DER KULTUSMINISTER (2004): Bildungsstandards im Fach Deutsch für den Hauptschulabschluss (Jahrgangsstufe 9). In: http://www.kmk.org/schul/Bildungsstandards/Hauptschule_Deutsch_BS_307KMK.pdf (18.07.08)
STÄNDIGE KONFERENZ DER KULTUSMINISTER (2005): Bildungsstandards der Kultusministerkonferenz. Erläuterungen zur Konzeption und Entwicklung. München/Neuwied.
STANAT, PETRA/SCHNEIDER, WOLFGANG (2004): Schwache Leser unter 15-jährigen Schülerinnen und Schülern in Deutschland: Beschreibung einer Risikogruppe. In: SCHIEFELE, u.a. (Hgg.), 243–274.

Stanzel, Franz K. (1997): Europäer. Ein imagologischer Essay. Heidelberg.
Stark, Werner, u.a. (Hgg.) (2000): Von der Alphabetisierung zur Leseförderung. Stuttgart.
Steets, Angelika (1999): Schreiben in der Oberstufe – Überlegungen zu einer wissenschaftspropädeutischen Schreibausbildung. In: Mitteilungen des Deutschen Germanistenverbandes 3/1999, 399–421.
Stein, Peter (2006): Schriftkultur. Eine Geschichte des Schreibens und Lesens. Darmstadt.
Steindl, Michael/Wimmer, Gertrud (1983): Bilinguale Materialien für ausländische Jugendliche: Berufliche Grundbildung. München.
Steinig, Wolfgang/Huneke, Hans-Werner (2002): Sprachdidaktik Deutsch. Eine Einführung. Berlin.
Stotzka, Wilfried (1998): Staatliche Europa-Schule Berlin – bilinguales Lernen vom Vorschulalter an. In: Kuhs/Steinig (Hgg.), 87–101.
Storrer, Angelika (1999): Kohärenz in Text und Hypertext. In: Lobin, Henning (Hg.): Text im digitalen Medium. Linguistische Aspekte von Textdesign, Texttechnologie und Hypertext Engineering. Opladen, 33–65.
Strecker, Bruno (2001): Grammatik in Forschung und Unterricht. In: Mitteilungen des Deutschen Germanistenverbandes 1/2001, 10–17.
Stuck, Elisabeth (2004): Kanon und Literaturstudium. Theoretische, historische und empirische Untersuchungen zum akademischen Umgang mit Lektüre-Empfehlungen. Paderborn.
Sucharowski, Wolfgang/Wachwitz, Elke (2001): Fachdidaktik Deutsch heute. Überlegungen zu einer Didaktik im Fach Deutsch auf der Basis konstruktivistischer Modelle (= Deutsch-Didaktik Rostock, 7/2001), 3–26.
Suter, Beat (2001): Hyperfiction: ein neues Genre. In: Der Deutschunterricht 2/2001, 4–14.
Suter, Beat/Auer, Johannes (2002): Kommentierte Liste zu Hypertext und Hyperfiction. In: Deutschunterricht 2/2002, 75–82.

T

Tannen, Deborah (1991): Du kannst mich einfach nicht verstehen. Warum Männer und Frauen aneinander vorbeireden. Hamburg.
Tannen, Deborah (1992): Das hab' ich nicht gesagt. Kommunikationsproblem im Alltag. München.
Tenorth, Heinz-Elmar (1986): „Lehrerberuf s. Dilettantismus". Wie die Lehrprofession ihr Geschäft verstand. In: Luhmann/Schorr (Hgg.), 275–322.
Tenorth, Heinz-Elmar (1994): „Alle alles zu lehren". Möglichkeiten und Perspektiven allgemeiner Bildung. Darmstadt.
Tenorth, Heinz-Elmar (2000): Geschichte der Erziehung. Einführung in die Grundzüge ihrer neuzeitlichen Entwicklung. Neuauflage. Weinheim/München.
Tenorth, Heinz-Elmar (2001a): Kerncurricula für die Oberstufe – Zur Einleitung. In: ders. (Hg.) (2001b), 10–20
Tenorth, Heinz-Elmar (Hg.) (2001b): Kerncurriculum Oberstufe. Mathematik – Deutsch – Englisch. Expertisen – im Auftrag der Ständigen Konferenz der Kultusminister. Weinheim/Basel.
Tenorth, Heinz-Elmar/Tippelt, Rudolf (2007): BELTZ Lexikon Pädagogik. Weinheim und Basel.

TEBRÜGGE, ANDREA (2001): Unterrichtsplanung zwischen didaktischen Ansprüchen und alltäglicher Berufsanforderung. Eine empirische Studie zum Planungshandeln von Lehrerinnen und Lehrern in den Fächern Deutsch, Mathematik und Chemie. Frankfurt a.M., u.a.

TERHART, EWALD (2000): Perspektiven der Lehrerbildung. Abschlussbericht der von der KMK eingesetzten Kommission. Weinheim.

THOMÉ, GÜNTHER (1999): Orthographieerwerb. Frankfurt a.M., u.a.

THOMÉ, GÜNTHER (2007): Rechtschreibung. In: WILLENBERG (Hg.) (2007), 168–175.

TULASIEWICZ, WITOLD/ADAMS, ANTHONY (Hg.) (1998): Teaching the Mother Tongue in a Multilingual Europe. London.

U

ULRICH, WINFRIED (2001a): Didaktik der deutschen Sprache. Ein Arbeits- und Studienbuch in drei Bänden. Texte – Materialien – Reflexionen. 3 Bde. Stuttgart.

ULRICH, WINFRIED (2001b): Wie und wozu Grammatikunterricht? In: Deutschunterricht 1/2001, 4–11.

UPDIKE, JOHN (1992): Vorwort. In: NABOKOV, VLADIMIR: Die Kunst des Lesens. Meisterwerke der europäischen Literatur. Jane Austen – Charles Dickens – Gustave Flaubert – James Joyce – Franz Kafka – Marcel Proust – Robert Louis Stevenson. Frankfurt a.M., 7–24. (1. engl. Aufl. 1980; 1. dt. Aufl. 1982)

V

VOGEL, HARALD (Hg.) (1980): Der Deutschunterricht in der Grundschule. Konzepte und Modelle zu seiner didaktischen Begründung und Praxis. Baltmannsweiler.

VOGEL, WALTER (2000): Charakteristika digitaler Texte. In: Computer und Unterricht. Anregungen und Materialien für das Lernen in der Informationsgesellschaft. 40/2000, 62–63.

VOIGT, GERHARD (2001): Schwierigkeiten beim Grammatikunterricht. In: Mitteilungen des Deutschen Germanistenverbandes 1/2001, 18–25.

VOLLSTÄDT, WITLOF, u.a. (Hgg.) (1999): Lehrpläne im Schulalltag. Eine empirische Studie zur Akzeptanz und Wirkung von Lehrplänen in der Sekundarstufe I. Opladen, 12.

VORST, CLAUDIA (2007): Textproduktive Methoden im Literaturunterricht. Eine fachdidaktische Studie zur Spiegelung fachdidaktischer Theorien und Konzepte in Lehrplänen, Lesebüchern und Unterrichtspraxis der Primarstufe. Frankfurt a.M.

VOSS, ANDREAS/BLATT, INGE/KOWALSKI, KERSTIN (2007): Zur Erfassung orthographischer Kompetenz in IGLU 2006. In: Didaktik Deutsch 23/2007, 15–32.

W

WAGNER, REINHOLD/PELSTER, THEODOR (Hgg.) (1992): bsv Colleg Deutsch 1. Arbeitstechniken, Sprachgebrauch, Literatur für die gymnasiale Oberstufe. München.

WAGNER, WOLF-RÜDIGER (2000): TextRaum Internet – Exkursionen in eine verändernde Medienlandschaft. In: Computer und Unterricht. Anregungen und Materialien für das Lernen in der Informationsgesellschaft. 40/2000, 6–11.

WALDMANN, GÜNTER (1980): Literatur zur Unterhaltung. 2 Bde. Reinbek bei Hamburg.

WALDMANN, GÜNTER (1984): Grundzüge von Theorie und Praxis eines produktionsorientierten Literaturunterrichts. In: HOPSTER, NORBERT (Hg.): Handbuch „Deutsch“. Paderborn, 98–141.

WALDMANN, GÜNTER (1992): Produktiver Umgang mit Lyrik. Eine systematische Einführung in die Lyrik, ihre produktive Erfahrung und ihr Schreiben. Für Schule und Hochschule sowie zum Selbststudium. Baltmannsweiler.

WALDMANN, GÜNTER (1998): Produktiver Umgang mit Literatur im Unterricht: Grundriss einer produktiven Hermeneutik. Baltmannsweiler.

WANGERIN, WOLFGANG (2007): Der Leser „macht eigentlich aus einem Buche, was er will" (Novalis). Konstruktivistische Begründungen produktiven Literaturunterrichts. In: FÄCKE/WANGERIN, 63–88.

WARNING, RAINER (HG.) (1975): Rezeptionsäthetik. München.

WATZLAWICK, PAUL, u. a. (1969): Menschliche Kommunikation. Formen, Störungen, Paradoxien. Bern, u. a.

WEBER, MAX (1991): Schriften zur Wissenschaftslehre. Stuttgart.

WEINERT, FRANZ. E. ([2]2002): Vergleichende Leistungsmessung in Schulen – eine umstrittene Selbstverständlichkeit. In: WEINERT, FRANZ E. (Hg.): Leistungsmessungen in Schulen. Weinheim/Basel, 17–31.

WEINRICH, HARALD (1983): Textgrammatik der deutschen Sprache. Mannheim.

WEINRICH, HARALD (2001a): Klammersprache Deutsch. In: ders. (2001b), 82–100.

WEINRICH, HARALD (2001b): Sprache, das heißt Sprachen. Tübingen.

WERLEN, ERIKA (1996): Theorie und Praxis eines integrativen Deutschunterrichts. In: Der Deutschunterricht 6/1996, 3–8.

WERMKE, JUTTA (1996): Medienpädagogik und Fachdidaktik Deutschunterricht. 9/1996, 440–450.

WERMKE, JUTTA (1997): Integrierte Medienerziehung im Fachunterricht: Schwerpunkt Deutsch. München.

WIELAND, REGINA/HUNEKE, HANS-WERNER (1998): Warum Deutschlehrer/innen nicht nur Deutsch können sollen. Eine Rückbesinnung auf die polyglotten Wurzeln des eigensprachlichen Unterrichts. In: FREDERKING, VOLKER (Hg.): Verbessern heißt verändern. Neue Wege, Inhalte und Ziele der Ausbildung von Deutschlehrer(inne)n in Studium und Referendariat. Baltmannsweiler, 125–146.

WIELER, PETRA (1989): Sprachliches Handeln im Literaturunterricht als didaktisches Problem. Bern/Frankfurt a. M.

WIELER, PETRA (1998): Gespräche über Literatur im Unterricht. Aktuelle Studien und ihre Perspektiven für eine verständigungsorientierte Unterrichtspraxis. In: Der Deutschunterricht 1/1998, 26–37.

WIELER, PETRA (2000): Mündlichkeit als Schnittpunkt von Sprach- und Literaturdidaktik. In: Didaktik Deutsch 8/2000, 18–32.

WIESINGER, PETER (Hg.) (2002): Akten des X. Internationalen Germanistenkongresses Wien 2000. Bern.

WILKENDING, GISELA (1972): Ansätze zur Didaktik des Literaturunterrichts. Darstellung – Analyse. Weinheim/Basel.

WILKENS, GABRIELE S./NEUMANN, URSULA (2002): Multikulturalität und Mehrsprachigkeit als Lernbedingungen im Literaturunterricht. In: BOGDAL/KORTE (Hgg.), 78–90

WILLENBERG, HEINER (1999): Lesen und Lernen: Eine Einführung in die Neuropsychologie des Textverstehens. Heidelberg/Berlin.

WILLENBERG, HEINER (2003): Unterrichtsgespräch versus Vergleichsarbeit. In: Deutschunterricht 5/2003, 26–31.

WILLENBERG, HEINER (2004): Lesestrategien. Vermittlung zwischen Eigenständigkeit und Wissen. In: Praxis Deutsch 31, H. 187, 6–15.

WILLENBERG, HEINER (2007): Kompetenzhandbuch für den Deutschunterricht. Auf der empirischen Basis des DESI-Projekts. Baltmannsweiler.

WILPERT, GERO VON (1969): Sachwörterbuch der Literatur. Stuttgart.

WINKLER, MICHAEL (1995): Die Schwierigkeiten des Zentaurus. Über Grundlagenforschung in der Pädagogik. In: LEONARD, u. a. (Hgg.), 13–58.

WINKO, SIMONE (2001): Literarische Wertung und Kanonbildung. In: ARNOLD/DETERING (Hgg.), 597f.

WINKO, SIMONE (2002): Literatur-Kanon als invisible hand-Phänomen. In: Text und Kritik. Sonderband Literarische Kanonbildung. München. 9–24.

WINNER, ELLEN (1988): The Point of Words. Children's Understanding of Metaphor and Irony. Cambridge/Massachusetts.

WINTERSTEINER, WERNER (Hg.) (2002): Portfolio. Themenheft von ide. Informationen zur Deutschdidaktik. Zeitschrift für den Deutschunterricht in Wissenschaft und Schule, Heft 1.

WINTERSTEINER, WERNER (1999): Pädagogik des Anderen. Bausteine für eine Friedenspädagogik in der Postmoderne. Münster.

WINTERSTEINER, WERNER (Hg.) (1994): Das neue Europa wächst von unten. Klagenfurt.

WITTE, HANSJÖRG, u. a. (Hgg.) (2000): Deutschunterricht zwischen Kompetenzerwerb und Persönlichkeitsentwicklung. Baltmannsweiler.

WITTENBERG, HILDEGARD (Hg.) (1991): Europäische Nachbarn. Ein Lesebuch für die Oberstufe. Stuttgart.

WROBEL, ARNE (1995): Schreiben als Handlung. Überlegungen und Untersuchungen zur Theorie der Textproduktion. Tübingen.

Z

ZABKA, THOMAS (2004): Literarisches Verstehen durch Inhaltsangaben? Anmerkungen zu einer umstrittenen Form des Umgangs mit narrativen Texten. In: KÄMPER-VAN DEN BOOGAART (Hg.) 2004, 201–222.

ZABKA, THOMAS (2006): Typische Operationen literarischen Verstehens. Zu Martin Luther ‚Vom Raben und Fuchs'. In: KAMMLER (2006a), 80–101.

ZABKA, THOMAS (2007): Diskursive und poetische Aufgaben zur Texterschließung. In: WILLENBERG, 199–209

ZANDER, SÖNKE (Hg.) (1977): Deutschunterricht in der Grundschule. Bad Heilbrunn.

ZEYRINGER, KLAUS (1999): Österreichische Literatur 1945–1998. Überblicke – Einschnitte – Wendemarken. Innsbruck.

ZIBERTZ, HANS-GEORG (2001): Religionsunterricht als Hilfe zur Identitätsbildung. In: HILGER, GEORG/LEIMGRUBER, STEPHAN/ZIBERTZ, HANS-GEORG (Hgg.): Religionsdidaktik. Ein Leitfaden für Studium, Ausbildung und Beruf. München, 123–135.

ZIEHE, THOMAS (1996): Vom Preis des selbstbezüglichen Wissens. In: COMBE/HELSPER (Hgg.), 924–942.

ZIESENIS, WERNER (1993): Drama. In: LANGE, u. a. (Hgg.) (1993), 22 – 30.

ZIFONUN, GISELA (2000): Grammatische Integration jugendsprachlicher Anglizismen. In: Der Deutschunterricht 4/2000, 69–79.

Register

A

Abitur
historische Aspekte 13, 14–15
Zentralabitur und Schulkanon 38, 159 - 161
siehe auch Einheitliche Prüfungsanforderungen in der Abiturprüfung
Abstraktionsfähigkeit 111
Adjektive 226–227, 246, 289
Adverbialsätze 69, 231, 232
Adverbien 226–227, 246
Allein in der Wildnis (Paulsen) 118–119
Allgemeine Didaktik *siehe* Didaktik
Altersspezifische Aspekte
Leseentwicklung 166–174
literarisches Verstehen 110–112
Amerika *siehe* USA
An Anna Blume (Schwitters) 65–67
Analoges Denken 186
Analoges Schreiben 192
Analysen, Gesprächs- 276–277
Analysen, Inhalts- 49
Analysen, Text- *siehe* Textanalysen
Analysen (Unterrichtsplanung)
Lernstandsanalyse 291
Lernstrukturanalyse 290
operative 290
Sach- und didaktische Analyse 286–289
Textverstehensanalyse 290
Anekdoten 150
Anglizismen 246, 248–249
Anteilnahme, am fiktionalen Geschehen 111–112
Antirassistischer Unterricht 81
Argumentierendes Schreiben 137–138, 139, 145–147
Artikel (Wortart) 225–226
Artikel (Zeitschrift) 34, 146, 249
Auf der Galerie (Kafka) 63–64
Aufgaben
Hörverstehen 280
in KMK-Standards 32–36
Lesetagebuch (Bsp.) 123–124
textnahes Lesen und Rezeptionsdidaktik (Bsp.) 201–204
siehe auch Schreibaufgaben; Tests
Aufsätze
historische Entwicklung 254
von Migrantenschülern 80
und sprachliche Kompetenz 61–62
Wilhelm II. über 15
siehe auch Schreibformen; einzelne Aufsatzarten
Ausbildungsdefizite, von Deutsch-Lehrern 107 Fn.
Ausländische Mitbürger *siehe* Migranten
Ausschmückende Nacherzählung 115–116
Äußerungskompetenz 62–63
Auswendiglernen 15–16
Auswerten, vergleichendes 142

B

Barthes' S/Z 205–207
Bayers Der Teufelskreis 123–124
Befragungen
Deutsch-Lehrer (1994) 21–22
Schüler 175, 266
Berliner Rahmenplan 12, 41
Berufswelt *siehe* Wirtschaft
Besinnungsaufsatz 145
Beurteilung *siehe* Leistungsbeurteilung
Bewerbungsgespräch 275
Bildliche Darstellung 250, 278
siehe auch Visuelle Verfahren
Bildungspolitik
in Hessen 17–18
Humanismus-Realismus-Streit 14–15
in USA 25, 26–27
siehe auch KMK-Bildungsstandards; Lehrpläne
Bildungsstandards *siehe* KMK-Bildungsstandards
Bildungswissenschaften, und Fachdidaktik Deutsch 88–92
Bilingualer Unterricht 76–78
Brechts Fahrend in einem bequemen Wagen 209–210
Bücher
Kinderbücher 120, 173–174
siehe auch Fachliteratur; Jugendbücher; Literarische Texte; Schulbücher
Bücherbox 121–122
Bund-Länder-Kommission 48–49
Bürgerliches Trauerspiel (Bsp.) 55

C

Call it Love (Enzensberger) 149–150
Chemie-Unterricht 22
Computergestütztes Schreiben 141, 196, 234
Curricula 25–26
siehe auch Kerncurricula

D

DDR, Kanon in 155 Fn.
Debatte 276
Defizitorientierter Unterricht 74
Deixis (Bsp.) 244
Denkbilder 160 Fn.
Determinativ 225–226
Deutsch-Didaktik *siehe* Fachdidaktik (Deutsch)
Deutsch-Französische Gymnasien 77 Fn.
Deutsch-Lehrer
  Ausbildungsdefizite 107 Fn.
  Befragung (1994) 21–22
  hermeneutische Haltung 197–198
  und Lesesozialisation der Schüler 174
  Missachtung der Schülerinteressen 106
  Rolle der 125, 152
  Umgang mit literarischen Texten 126
  Verunsicherung 79, 85
  siehe auch Lehrkräfte
Deutsch-Unterricht *siehe* Fachdidaktik (Deutsch); Integrativer Deutschunterricht; Stundenplan (Deutsch-Unterricht)
  Deutsche Oberschule 16
Didaktik
  Feiertagsdidaktik 281–282, 285
  historische Entwicklung 89
  und Medienpädagogik 50–51
  Wendepunkte 51
  siehe auch Fachdidaktik (allgemein); Fachdidaktik (Deutsch)
Didaktik Deutsch (Zeitschrift) 97–98
Didaktische und Sachanalyse 286–289
Differenztheorie 185–186, 194
Digitale Texte 141, 196
Diskurs, beim sprachlichen Handeln 252–253
Diskussion 152, 276
Dramatische Texte
  Aufgaben (Bsp.) 137
  bürgerliches Trauerspiel (Bsp.) 55
  Reihenbildung (Bsp.) 150
  Umgang mit 135

E

Ecos Der Name der Rose 149
Eigene Beurteilung 267
Einbildungskraft *siehe* Vorstellungsbilder
Einfache Sätze 227–228
Einheitliche Prüfungsanforderungen in der Abiturprüfung (EPA)
  Anforderungsbereiche 23, 32–33, 35
  Handlungs- und Produktionsorientierung 184
Emotionale Prozesse 112
Empathie 112
Entwicklungsorientiertes Beurteilen 268
Enzensbergers Call it Love 149–150
EPA *siehe* Einheitliche Prüfungsanforderungen in der Abiturprüfung
Epische Texte
  Anekdoten 150
  Erzählungen 63–64, 201–204
  Fabeln 214
  Parabeln 63–64, 111
  Reihenbildung (Bsp.) 150
  Satire und Ironie 111
  und textnahes Lesen 114
  Umgang mit 135
  siehe auch Romane
Epochen, literarische 43, 44–45, 133, 149–150
Ergänzungen (Schreibaufgabe) 191
Ergebnisorientierung *siehe* Handlungs- und Produktionsorientierung; Output-Orientierung; Produkt- und Prozessorientierung
Erörterungen 137–138, 139, 145–147
Erweiterter Textbegriff 243–244
Erweiterungen (Schreibaufgabe) 192
Erzählen, mündliches 279
Erzählungen 63–64, 201–204
Erziehungssystem 90, 91, 92
Essays 147–148
Europa, multikulturelle Schule in 80–83
Europäische Schulen 77
Evaluation *siehe* Leistungsbeurteilung
Expertisen
  KMK 24
  siehe auch Klieme-Expertise
Explizites Beurteilen 268–269

F

Fabeln 214
Facharbeit 148, 151
Fachdidaktik (allgemein)
  Erwartungen an 91–92
  und Kompetenzen 40
Fachdidaktik (Deutsch)
  und Bildungswissenschaften 88–92
  Erkenntnisdefizite 30, 36
  fachdidaktisches Wissen 103–104
  Fachliteratur 97–98
  Forschung 98–103
  und Germanistik 86–88
  und Kanonfrage 157
  und Medienpädagogik 50–51
  Praxisrelevanz 93–94
  Status als Disziplin 95–96
  Unterteilung bei Zweisprachigkeit 80
  Wendepunkte 51

Wissenschaftlichkeit und Praxis 96–98
siehe auch Literaturdidaktik; Sprachdidaktik
Fächer *siehe* Unterrichtsfächer
Fächerübergreifender Unterricht 40, 60, 67–70
Fachliteratur
über Fachdidaktik Deutsch 97–98
heimlicher Kanon 159 Fn.
über Migrantenschüler 75
über Unterrichtsplanung 281
Fachorientierung
von KMK-Standards 29–31
von Lehrplänen 13
Fachsprachliche Aspekte 249
Fachterminologie
KMK-Grammatik-Verzeichnis 21, 224
Rolle der 250
unscharfe 289
Fachwissen 30, 48, 283
Fähigkeiten *siehe* Kompetenzen
Fahrend in einem bequemen Wagen (Brecht) 209–210
Fallstudien 284
Fehler
Grammatik 226, 231
Rechtschreibung 226, 233 Fn., 234, 235, 236
Feiertagsdidaktik 281–282, 285
Fernsehen 53, 164–165
Fertigkeiten *siehe* Kompetenzen
Fiktionsbewusstsein 110
Filme 48, 195–196
Form- und Stilanalyse 194
Frommers Rezeptionskonzepte 208–212
Funktionaler Grammatikunterricht 221, 222–223

G

Gattungen (Texte) 50, 52–57, 134–136
Gebrauchstexte *siehe* Pragmatische Texte
Gedichte
Aufgaben (Bsp.) 137, 138
KMK-Standard-Anforderungen (Bsp.) 35–36
Lückenfüllungen (Bsp.) 209–210
Reihenbildung (Bsp.) 149–150
und Sprachwissen 64 Fn., 65–67
Umgang mit 135
siehe auch Liebesgedichte
Gelenktes Unterrichtsgespräch 151–152, 273
Genera dicendi 55
Geographie-Unterricht 68–69
Germanistik
Begriffe, unscharfe 289
und Fachdidaktik Deutsch 86–88
Verselbstständigung der Teildisziplinen 58–59
Geschichte *siehe* Historische Entwicklung; Literaturgeschichte; Sprachgeschichte
Geschlechtsspezifische Unterschiede 165, 277
Gesellschaftliche Schichten *siehe* Soziale Schichten
Gesprächsanalyse 276–277
Gesprächsformen
Arten 274–276
im Unterricht 151–152, 273–274, 275
siehe auch Redeformen
Gesprächskompetenz 272, 274
Gesprächsstile 277
Gesprächsverlauf 276
Gestaltende Interpretation 145
Gestalterisches Schreiben 140–141, 195
Goethes Nähe des Geliebten 149–150
Grammatik-Verzeichnis (KMK) 21, 224
Grammatik-Werkstatt 221
Grammatiker-Fragen 230
Grammatikunterricht (Sek I)
Ansätze und Konzeptionen 218, 220–224, 237
Dominanz 217
Integration mit Literaturdidaktik 63–67
kritischer Moment im 289
Legitimation 219–220
und Rechtschreibung 234, 235–236
Satz-Aspekte 227–232
Terminologie 224–225
Textgrammatik 232
Wortarten 225–227
Grammatikunterricht (Sek II)
indirekte Rede und Konjunktiv 240–243
Integration mit Literaturdidaktik 63–67
Satz-Aspekte 229
sprachtheoretische Sicht 253
Textgrammatik 243–244, 250
Ziele 239
Grammatische Kompetenzen 99, 219–220
Groß- und Kleinschreibung 226, 234–236
Grundschule 223 Fn., 258–259
Gutachten *siehe* Expertisen
Gymnasiale Oberstufe
Fachkerne 24
und Literaturgeschichte 42–45
Wochenstunden 21
Gymnasien
Deutsch-Französische 77 Fn.
historische Entwicklung 13–16

H

Handlungs- und Produktionsorientierung
Begriffserläuterung 184
Funktionen 193–195
Hintergründe 184–187
Kritik 190–191
Leistungsbeurteilung 197–198
mediendidaktische Aspekte 195–196
Methoden 190–193
und Rezeptionsästhetik 184–185
und Schreibunterricht 187–188
Stellenwert 134
Vertreter 188–190
siehe auch Produkt- und Prozessorientierung; Schülerorientierter Unterricht; Sprachliches Handeln
Handlungskompetenz 282
Harry-Potter-Romane 196
Haupt- und Nebensätze 69, 230–232
Hauptschüler 175, 179–180
Heimlicher Kanon 158–159
Heines Seraphine 35–36
Hermeneutische Aspekte 50, 131, 197–198
Hessischer Rahmenplan 17–18, 21–22, 23–24
Heuristisches Schreiben
Aufgaben (Bsp.) 137
Inhaltsangaben 41–42, 116–117, 287
schriftliche Nacherzählung 116
siehe auch Textinterpretationen
Historische Entwicklung
Aufsätze 254
Didaktik 89
Fachdidaktik Deutsch 93–94, 95–97
Gymnasien 13–16
Kanones 155
Lehrpläne 13–18, 25
Literaturdidaktik 131
Migrantenschüler, Deutschunterricht für 74–75
multikulturelle Gesellschaft 72, 73
Schreibdidaktik 254
Sprachdidaktik 220–221
zweisprachiger Unterricht 76–77
siehe auch Literaturgeschichte; Sprachgeschichte
Hochschulen, Pädagogische 96
Höhere Sozialschichten 155–156
Horaz 109
Hörbücher 196
Hörverstehen 280
Humanismus-Realismus-Streit 14–15
Hypertexte 141, 196

I

Identifikation, mit Protagonisten 111–112
Imagination *siehe* Vorstellungsbilder
Indikativ 64
Indirekte Rede 240–243
Indirekter Sprachgebrauch 111
Individualisierter Unterricht 187
Informierendes Schreiben 142–143
Inhaltsanalysen 49
siehe auch Textanalysen
Inhaltsangaben 41–42, 116–117, 287
Innere Bilder *siehe* Vorstellungsbilder
Inoffizielles Sprachbewusstsein 99
Institut für Qualitätsentwicklung im Bildungswesen (IQB) 28, 261
Institutionenkunde 49
Integrativer Deutschunterricht
Begriffsklärung 58–60
fächerübergreifend 67–70
Gefahren für 70–71
Literaturdidaktik und Medienpädagogik 47–49, 51–52, 57
Sprach- und Literaturdidaktik 63–67
Sprachangebotsunterricht 62–63
Sprachgebrauch 61–62
Vergleich zur Ära davor 60–61
Integrativer Grammatikunterricht 221
Interkulturelles Lernen 78–80, 248
Internetbezogenes Schreiben 141, 196
Interpretationen, szenische 190
Interpretationen, Text- *siehe* Textinterpretat.
IQB (Institut für Qualitätsentwicklung im Bildungswesen) 28, 261
Ironie 111

J

Jahrgangsstufen, und Lehrpläne 12
Johannisnacht (Timm) 149
John of Garland 55
Jugendbücher
Funktionen 173–174
Lesetagebuch (Bsp.) 123–124
Robinsonaden 118–119, 121–122
Jugendliche, Leseentwicklung von 166, 169–170, 173
Jugendsprache 246–247

K

Kafkas Auf der Galerie 63–64
Kafkas Das Urteil 201–204
Kanones
Bestandteile und Merkmale 154
Definition und Arten 153
Funktionen 155–156
siehe auch Schulkanon

Karriere, und Kanonwissen 156
Kasus 66–67, 230
Kerncurricula 26–27, 38
Kinder, Leseentwicklung von 166, 167–169, 170–171
Kinderbücher 120, 173–174
Klammerstrukturen (Satz) 228–229
Klassenarbeiten 291
Klassenstufen, und Lehrpläne 12
Klein- und Großschreibung 226, 234–236
Klieme-Expertise
  Erstellung 27
  Fachdidaktik und Germanistik 87 Fn.
  Fachwissen und Können 30
  KMK-Standards 28, 29–32
  Kompetenzen 28–29, 40
KMK
  Deutsch-Unterricht im Stundenplan 20–21
  Expertisen 24
  Grammatik-Verzeichnis 21, 224
KMK-Bildungsstandards
  Aufgaben zur Veranschaulichung der 32–36
  Entwicklung der 27–29
  und Gesprächskompetenz 272, 274
  und Kliemes Merkmale 29–32
  und Kompetenzen 30, 31, 32–34, 36–38, 40–41
  und Literaturunterricht 113
  und Schreibdidaktik 259–261
  und textnahes Lesen 213–214
Kommasetzung 233, 236–237
Kommunikationstheorie, kritische 50
Kommunikative Kompetenz 273, 275, 278, 279, 280
Kompetenzen (Lehrkräfte)
  integrative 59
  KMK-Standard-Anforderungen 88
  PCK 283, 284
  Unterrichtsplanung 282–283, 289–291
Kompetenzen (Schüler)
  Argumentation 146
  Äußerung über Texte 62–63
  fachsprachliche 249
  Funktionen von 130
  Gesprächskompetenz 272, 274
  grammatische 99, 219–220
  Hörverstehen 280
  integrative 59
  und Klieme-Gutachten 28–29
  und KMK-Standards 30, 31, 32–34, 36–38, 40–41
  kommunikative (mündlich) 273, 275, 278, 279, 280
  Lesekompetenz 106, 165–166, 179–180
  Leseverstehen 102, 113–114, 116 Fn., 175–179
  literarästhetische Rezeptionskompetenz 170–174
  literarische 108–111, 130, 166
  mediale 57
  Medienkompetenz 49–50
  Mehrsprachigkeit 76–78, 82–85, 249
  Redefähigkeit 277–278
  Schreibkompetenzen 219, 257–259, 264
  Schreibstrategien 255–257, 260, 264
  sprachliche 61–62
  Textauswertungen 142
  Textgestaltungskompetenz 232
  Textinterpretation 42
  Textverstehen 62–63, 103, 128–129
  wissenschaftliche 151
Kompetenzorientierung
  und Kanonverzicht 157
  Lesen 213–215
  Schreiben 264
  und Unterrichtsplanung 290–293
Kompetenzstufen 31–32, 37, 234, 291
Komposita 246
Konfliktgespräch 275
Konjunktiv 64, 240–243
Konkretisation 211
Konstanzer Schule *siehe* Rezeptionsästhetik
Korrekturprogramme (Computer) 234
Kreatives Schreiben 187–188
Kreativität (Textumgang) 186, 189
Kreisgespräch 275
Kritik, Sprach- 248
Kritische Kommunikationstheorie 50
Kritischer Moment 284–285, 288–289
Kultusministerkonferenz *siehe* KMK

L

Language Awareness 84–85
Lautleseverfahren 180
Leerstellen 102, 185, 208–210
Lehrerzentriertes Gespräch 151–152, 273
Lehrkräfte
  Fragen an Schüler 284–285
  Rolle der 98, 284
  Theorie-Praxis-Effekt 282
  siehe auch Deutsch-Lehrer; Kompetenzen (Lehrkräfte)
Lehrpläne
  Anzahl 20
  Arten und Unterschiede 12–13
  Erarbeitung 19–20
  historische Entwicklung 13–18, 25
  korrekturfähige 45
  und Öffentlichkeit 18–19
  schulinterne 38–40

Forts.

und Sprachreflexion 217
Umsetzung und Akzeptanz 21–24
siehe auch Curricula; Rahmenpläne
Leistungen *siehe* Schulleistungen und -erfolg
Leistungsbeurteilung
von Aufgaben gemäß KMK-Standards 33
von Handlungs- und Produktionsorientierung 197–198
mündliche Kommunikation 279–280
Schreiben 267–269
Leitmedien 46, 164–165
Lenkfeld 253
Lernbereich Sprache *siehe* Sprachdidaktik
Lernen
interkulturelles 78–80, 248
SOL 273
Lernergebnisse *siehe* Output-Orientierung
Lernerorientierte Lehrpläne 12–13
Lernstandsanalyse 291
Lernstandserhebung NRW 280
Lernstrukturanalyse 291
Lernziele 25, 50, 291–292
Lesealtersstufen 166–167, 172
Lesebücher 125–126
Leseentwicklung, altersspezifische 166–174
Leseflüssigkeit 179–180
Leseförderung
und Bewertung des Literaturunterrichts 174–175
handlungs- und produktionsorientierte 193–194
Mehrebenenmodell des Lesens 176–179
Problemgruppen und Verfahren 179–183
Leseformen *siehe* Textnahes Lesen
Lesekompetenz
Geschlechts- und ethnische Unterschiede 165–166
Leseflüssigkeit 179–180
nicht vorhandene 106
siehe auch Literarische Kompetenz
Lesemotivation 109 Fn., 113, 168–170, 173, 176
Lesen
emotionale Prozesse 112
und Kasus im Gedicht 66–67
Kompetenzorientierung 213–215
Laut- und Vielleseverfahren 180
Mehrebenenmodell 176–179
siehe auch Textnahes Lesen
Leseprozesse 112, 177–178, 180–181
Lesesozialisation
Bedingungen der 164–166
Erläuterung 163–164
Verlaufsformen der 166–170
siehe auch Literarische Sozialisation
Lesestunden 121 Fn.
Lesetagebuch 122–124, 125
Leseverstehen 102, 113–114, 116 Fn., 175–179
siehe auch Textverstehen
Liebesgedichte 35–36, 65–67, 149–150
Linguistische Aspekte *siehe* Sprachdidaktik
Literarästhetische Rezeptionskompetenz 170–174
Literarische Epochen 43, 44–45, 133, 149–150
Literarische Erörterung 147
Literarische Gattungen 52–57, 135
siehe auch einzelne Gattungen
Literarische Kompetenz 108–111, 130, 166
Literarische Pubertät 169
Literarische Sozialisation 163–164
Literarische Texte
aus anderen Kulturen 79
Integration mit anderen Fächern 69–70
Interpretation 34–37, 65, 108, 287–288
und Konjunktiv 242–243
und konkurrierende Medien 46–47
und Lehrpläne 15–16
und Mehrebenenmodell des Lesens 179
und Rezeptionsästhetik 184–185
und sprachliches Handeln 253
und Textgrammatik (Bsp.) 244
Umgang mit 107–108, 126
siehe auch Dramatische Texte; Epische Texte; Gedichte; Kanones
Literarische Texte (Sek I)
und Heterogenität der Schüler 105–106
und Lesebuch 125–126
Lesemotivation 169, 173
und Lesetagebuch 122–124, 125
im Medienverbund 107, 117, 120, 125
und Portfolio 122, 124–125
Reduzierung von 157–158
textnahes Lesen 113–117
Verstehen von 110–112, 116 Fn.
Vorstellungsbilder 117–122
Ziele des Umgangs mit 108–110, 121, 126
siehe auch Jugendbücher; Kinderbücher
Literarische Texte (Sek II)
Analyse 137, 143–144
Aufgaben (Bsp.) 137–138, 139
Interpretation 137
Sequenzen und Reihen (Bsp.) 149–150
Überblick 133
Umgang mit 135
Literarisches Gespräch 152, 273–274
Literarisches Schreiben 140–141, 195
Literarisches Verstehen 110–112
Literatur *siehe* Bücher; Fachliteratur; Literarische Texte
Literaturdidaktik

Dominanz der 218
Forschung 100–102
Gattungstheorie 55
historische Entwicklung 131
Integration mit Sprachdidaktik 63–67
KMK-Standard-Anforderungen 113
und literarästhetische Rezeptionskompetenz 170–174
Literaturwissenschaft als 94–95
und Medienpädagogik 47–49, 51–52, 57
siehe auch Handlungs- und Produktionsorientierung; Kanones; Leseförderung; Lesesozialisation; Literarische Texte; Rezeptionsdidaktik; Textnahes Lesen
Literaturdidaktik (Sek I)
Leseförderung 182
retrospektive Bewertung 174–175
siehe auch Literarische Texte (Sek I)
Literaturdidaktik (Sek II)
Literaturgeschichte 131–134, 149–150
Methoden 136
Ziele 129–130
siehe auch Literarische Texte (Sek II)
Literaturgeschichte 42–45, 131–134, 149–150
Literaturunterricht *siehe* Literaturdidaktik
Lückenfüllungen 102, 185, 208–210
Luthers Vom Raben und Fuchs 214
Lyrische Texte *siehe* Gedichte

M

Malfeld 253
Mediale Kompetenz 57
Medien
Fernsehen 53, 164–165
Filme 48, 195–196
Internet 141, 196
Leitmedien 46, 164–165
im Verbund 46–47, 56–57, 107, 117, 120, 125
siehe auch Bücher
Medienerziehung in der Schule (Bund-Länder-Kommission) 48–49
Medienkompetenz 49–50
Medienpädagogik/-didaktik
didaktische Positionen 50–51, 52
Entstehung 46
Fachwissen 48
Gattungen 50, 52–57
und Handlungs- und Produktionsorientierung 195–196
Literatur und konkurrierende Medien 46–47
und Literaturdidaktik 47–49, 51–52, 57
Medienkompetenz 49–50
Mehrebenenmodell des Lesens 176–179
Mehrsprachigkeit 76–78, 82–85, 249
Metakognition 181–182
Methoden
Handlungs- und Produktionsorientierung 190–193
Literaturdidaktik 136
textnahes Lesen 199
Migranten 72–73, 74, 76
Migrantenliteratur 79
Migrantenschüler
Anteil 75, 78
Gruppen und Anzahl 73
Leistungen und Schulerfolg 75–76, 77
literarische Sozialisation 165–166
Vorbereitungsklassen für 74
siehe auch Multikulturelle Schule
Mittelhochdeutsch 16
Mittelschicht 164–165, 168
Mittlerer Schulabschluss 260–261
Modalität (Bsp.) 242
Müller-Michaels' Schulkanon 157 Fn.
Multikulturelle Gesellschaft 72–74
Multikulturelle Schule
Allgemeines 73–74
Anpassung 74–76
in Europa 80–83
interkulturelles Lernen 78–80
Language Awareness 84–85
Zweisprachigkeit 76–78
siehe auch Migrantenschüler
Mündliche Kommunikation, Didaktik der
Besonderheit 270
Bewertung 279–280
Erzählen 279
Hörverstehen 280
Modelle 270–271
Nacherzählen 114–116
Redeformen 277–278
Rezitationen 279
Sprechhandlung 271–272
im Unterricht 273–274, 275, 279–280
Vorlesen 167, 278
Wirksamkeit 274
siehe auch Gesprächs...
Mündlicher Sprachgebrauch 61
siehe auch Textproduktion (mündlich)

N

Nacherzählungen 114–116
Nähe des Geliebten (Goethe) 149–150
Name der Rose, Der (Eco) 149
Natur, Vorstellungsbilder aus 118–119, 120 Fn.
Naturwissenschaftliche Fächer 22, 68
Neben- und Hauptsätze 69, 230–232

Nichtliterarische Texte *siehe* Pragmatische Texte
Nichtsprachliche Aspekte 276, 279
siehe auch Bildliche Darstellung
Niedrige Sozialschichten *siehe* Untere Sozialschichten
Nominalgruppen 235–236
Nonverbale Aspekte 276, 279
siehe auch Bildliche Darstellung
NRW-Lernstandserhebung 280

O

Oberrealschulen 14 Fn.
Oberschicht 155–156
Oberschule, Deutsche 16
Objektivität 267–268
Operative Analyse 290
Operatives Feld 253
Orthographie *siehe* Rechtschreib...
Österreich, multikulturelles 73
Output-Orientierung 26–27, 38, 39
siehe auch Schulleistungen und -erfolg

P

Pädagogische Hochschulen 96
Parabeln 63–64, 111
Parlando-Stil 227, 246
Paulsens Allein in der Wildnis 118–119
Pausen, Schreib- 269
Pedagogical Content Knowledge (PCK) 283–285
Personalpronomen 226
Pflichtaufgaben (Lesetagebuch) 123
Physik-Unterricht 68
PISA-Studien
deutsche Resultate 76, 102, 113, 165, 166, 175–176
und Schulkanon 157
Planung *siehe* Lehrpläne; Unterrichtsplanung
Pluralistische Gesellschaft 161
Poetische Texte *siehe* Literarische Texte
Poetisches Schreiben 140–141, 195
Politische Interessen 17
Portfolios 122, 124–125, 262
Poststrukturalistische Texttheorie 205–207
Pragmatische Texte
Analyse 137, 143–144
Aufgaben (Bsp.) 137, 138
Bedeutungsgewinn 157
Interpretation 137
Überblick 133
Umgang mit 135–136
Präsentationen 278
Praxisbezug
Erziehungswissenschaft 92
Fachdidaktik Deutsch 93–94, 96–98
Grammatik 230
Unterrichtsplanung 282
Précis 142–143
Prestige, von Kanonwissen 155–156
Preußen, Lehrpläne in 13–14, 15–16
Primarstufe 223 Fn., 258–259
Proben
zur Groß- und Kleinschreibung 236
Verschiebeprobe 229–230
Produkt- und Prozessorientierung 260, 261–262, 264, 268–269
siehe auch Handlungs- und Produktionsorientierung
Produktionsorientierung *siehe* Handlungs- und Produktionsorientierung
Produktive Fähigkeiten *siehe* Gesprächskompetenz; Schreibkompetenzen
Projektion 112
Pronomen 226
Propädeutisches Schreiben 142–143
siehe auch Wissenschaftspropädeutisches Schreiben
Prozeduren, beim sprachlichen Handeln 253
Prozesse, Lese- 112, 177–178, 180–181
Prozesse, Schreib- 255
Prozessorientiertes Beurteilen 268
Prozessorientierung *siehe* Produkt- und Prozessorientierung
Prüfungen *siehe* Tests
Prüfungsgespräch 275
Pubertät, literarische 169
Publikationen *siehe* Bücher; Fachliteratur

Q

Qualifikationsphase 21

R

Rahmenpläne
Berlin 12, 41
Erläuterung 13
Hessen 17–18, 21–22, 23–24
Rassismus 81
Realschulabschluss 260–261
Realschulen 14
Rechtschreibprogramme 234
Rechtschreibreform 234–235
Rechtschreibunterricht (Sek I)
Ansätze und Konzeptionen 233, 237
Aufwand 23–24
und Grammatik 234, 235–236
Groß- und Kleinschreibung 234–236
integrative Aspekte 62
Kommasetzung 233, 236–237
Kompetenzen 233, 234
und Öffentlichkeit 24, 232–233
Schwerpunkte 233

Rechtschreibwissen 233, 234
Redefähigkeit 277–278
Redeformen 277–278
siehe auch Gesprächsformen
Referate 278
Referatsanzeige 241
Reflexion, Sprach- 216–217, 218, 238
Reihenbildungen (Bsp.) 149–150
Rekurrenz (Bsp.) 244
Reliabilität 267–268
Rezeptionsästhetik 184–185, 207–208, 212
Rezeptionsdidaktik
Aufgabe und Auswertung (Bsp.) 201–204
Begriffserläuterung 199–201
Frommers Konzepte 208–212
und Interpretation 210–212
Leerstellen 102, 185, 208–210
und poststrukturalistische Texttheorie 205–207
Spinners Konzept 214–215
Rezeptionskompetenz, literarästhetische 170–174
Rezeptionspragmatik 189
Rezeptive Fähigkeiten
Hörverstehen 280
siehe auch Lesekompetenz
Reziprokes Lehren 181
Rezitationen 279
Rhetorik 277–278
Robinsonaden 118–119, 121
Romane
Aufgaben (Bsp.) 137, 138, 139
im Internet 141, 196
Lesetagebuch (Bsp.) 123–124
Reihenbildungen (Bsp.) 149
Rotkäppchen-Parodie (Bsp.) 247

S

Sach- und didaktische Analyse 286–289
Sachtexte *siehe* Pragmatische Texte
Satire 111
Satzbau 69, 227–232, 246
Satzglieder 229–230
Schichten *siehe* Soziale Schichten
Schreibaufgaben
handlungs- und produktionsorientierte 191–192, 197–198
in Sek II (Bsp.) 137–139
textnahes Lesen (Bsp.) 214
Vorgehensweise 262–264
Schreibdidaktik
Forschung 99, 255–259
Handlungs- und Produktionsorientierung 187–188
historische Entwicklung 254
und KMK-Standards 259–261
Leistungsbeurteilung 267–269
Produkt- und Prozessorientierung 260, 261–262, 264, 268–269
Schreibaufgaben 262–264
Schreibentwicklung 257–259, 268
Schreibprozesse 255
Schreibstrategien 255–257, 264
Überarbeiten 265–267
siehe auch Schreibformen
Schreiben
Teilprozesse 255
und Überarbeiten 265–267
siehe auch Schreibformen
Schreibentwicklung 257–259, 268
Schreibformen
analoges Schreiben 192
Erörterungen 137–138, 139, 145–147
Essays 147–148
gestalterisches Schreiben 140–141, 195
informierendes Schreiben 142–143
Internetbezogenes Schreiben 141, 196
kreatives Schreiben 187–188
Überblick 139–140
wissenschaftspropädeutisches Schreiben 148, 151
siehe auch Heuristisches Schreiben; Textanalysen
Schreibkompetenzen 219, 257–259, 264
Schreibmodi 257–258
siehe auch Heuristisches Schreiben
Schreibpausen 269
Schreibprozesse 255
Schreibstrategien 255–257, 260, 264
Schreibunterricht *siehe* Schreibdidaktik
Schreibwettbewerb 263–264
Schriftliche Nacherzählung 116
Schriftliche Stundenentwürfe 285–289
Schriftlicher Sprachgebrauch 61–62
siehe auch Aufsätze; Schreibformen
Schulabschlüsse
KMK-Standards für 27–28
von Migrantenschülern 75
mittlerer 260–261
siehe auch Abitur
Schulbücher
Lesebücher 125–126
Sprachbuch 231–232
Wirkung 23
Schüler
Befragungen von 175, 266
Fragen vom Lehrer 284–285
geschlechtsspezifische Unterschiede 165
Hauptschüler 175, 179–180
Heterogenität in Sek I 105–106
siehe auch Jugendliche; Kinder; Kompetenzen (Schüler); Migranten

Schülerorientierter Unterricht
Forderung nach 105 Fn.
Leseförderung 174, 182
literarische Texte 118, 232
Literaturdidaktik 136
Literaturgeschichte 131
siehe auch Handlungs- und Produktionsorientierung
Schulfächer *siehe* Unterrichtsfächer
Schulformen
Deutsche Oberschule 16
Europäische Schulen 77
Humanismus-Realismus-Streit 14–15
und Lehrpläne 12
Oberrealschulen 14 Fn.
Realschulen 14
Staatliche Europaschule Berlin 77–78
siehe auch Gymnasien
Schulinterne Lehrpläne 38–40
Schulisches Schreiben *siehe* Schreibdidaktik
Schulkanon
Bedeutungsverlust 17–18, 157–158
deskriptiver Art 158
heimlicher Kanon 158–159
Kinder- und Jugendliteratur 173
und Kompetenzstufen 37
Müller-Michaels' 157 Fn.
und Zentralabitur 38, 159–161
Zukunft des 161–162
Schulkonferenzen (19. Jahrhundert) 14–15
Schulkrieg 14–15
Schulleistungen und -erfolg
von Migrantenschülern 75–76, 77
siehe auch Output-Orientierung; Schulabschlüsse
Schweiz, multikulturelle 73
Schwitters' An Anna Blume 65–67
Sekundarstufe I
Berliner Rahmenplan 12, 41
Hessischer Rahmenplan 21–22
Heterogenität der Schüler 105–106
und Inhaltsangabe 41, 42
pragmatische Texte 157
Schreibentwicklung in 258, 259
Wochenstunden 21
siehe auch Literaturdidaktik (Sek I); Sprachdidaktik (Sek I)
Sekundarstufe II
Gespräche über Texte 151–152
Medientheorie 50
pragmatische Texte 133, 135–136, 137, 138, 143–144
Schreibformen 137–148, 151
schulinterne Lehrpläne 39
und Schulkanon 38
Umgang mit Texten 127–129, 134
siehe auch Gymnasiale Oberstufe; Literaturdidaktik (Sek II); Sprachdidaktik (Sek II)
Selbstbeurteilung 267
Selbstorganisiertes Lernen (SOL) 273
Selbstständiges Arbeiten 122–125
Sequenzbildungen (Bsp.) 149–150
Seraphine (Heine) 35–36
Situative Unterrichtsplanung 282–283
Soap Operas 53
SOL (Selbstorganisiertes Lernen) 273
Soziale Schichten
höhere 155–156
Mittelschicht 164–165, 168
Unterschiede zwischen 164–165, 170, 175
siehe auch Untere Sozialschichten
Soziales Prestige, von Kanonwissen 155–156
Sozialisation *siehe* Lesesozialisation
Spinners Rezeptionskonzept 214–215
Sprachangebotsunterricht 62
Sprachbewusstsein
inoffizielles 99
vs. Sprachbewusstheit 217
Sprachbuch 231–232
Sprachdidaktik
Forschung 99–100
historische Entwicklung 220–221
Integration mit Literaturdidaktik 63–67
siehe auch Mündliche Kommunikation; Schreibdidaktik
Sprachdidaktik (Sek I)
gegenläufige Positionen 216
Konzeptionen 216–219
Lücke im Curriculum 239
Sprachgeschichte 235
siehe auch Grammatikunterricht (Sek I); Rechtschreibunterricht (Sek I)
Sprachdidaktik (Sek II)
Aufwertung 238
Schwerpunkte 239
Sprachgeschichte 245–249
sprachliche Varietäten 249–251
Sprachtheorie 251–253
siehe auch Grammatikunterricht (Sek II)
Sprachgebrauch
indirekter 111
mündlicher 61
schriftlicher 61–62
uneigentlicher 114
Sprachgeschichte 235, 245–249
Sprachkritik 248
Sprachliche Felder 253

Sprachliche Kompetenz 61–62
Sprachliche Varietäten 249–251
Sprachliches Handeln 252–253
Sprachreflexion 216–217, 218, 238
Sprachtheorie 251–253
Sprachunterricht *siehe* Sprachdidaktik
Sprachwandel 245–247
Sprachwissen 64–65, 218
Sprechen *siehe* Gesprächs...
Sprechhandlung 271–272
Staatliche Europaschule Berlin 77–78
Staatliche Intervention 73 Fn.
Staatliche Steuerung *siehe* KMK-Bildungsstandards; Lehrpläne
Standards *siehe* KMK-Bildungsstandards
Stil- und Formanalyse 194
Stilhöhen 55
Stofforientierung *siehe* Fachorientierung
Strategien, Schreib- 255–257, 260, 264
Streitgespräch 275
Stunden, Lese- 121 Fn.
Stundenentwürfe, schriftliche 285–289
Stundenplan (Deutsch-Unterricht)
  historische Entwicklung 13–14, 15, 16
  internationaler Vergleich 20
  Wochenstunden 14, 20–21, 60
Substantive 226–227, 234–236, 251
Substitution 112
Summatives Beurteilen 268
Symbolfeld 253
Symbolisierungsformen 119
Symbolverständnis 111
Syntax 69, 227–232, 246
S/Z (Barthes) 205–207
Szenische Interpretation 190, 193

T

Tagebuch, Lese- 122–124, 125
Terminologie *siehe* Fachterminologie
Tests
  für Lernstandsanalyse 291
  Prüfungsgespräch 275
  siehe auch Aufgaben; Einheitliche Prüfungsanforderungen in der Abiturprüfung
Teufelskreis, Der (Bayer) 123–124
Textanalysen
  Form- und Stilanalyse 194
  integrative Perspektive 62
  Leistungsbeurteilung 198
  literarische 137, 143–144
  pragmatische 137, 143–144
  vergleichende 198
  siehe auch Inhaltsanalysen
Textauswertungen 142
Textbeschreibung 62
Texte
  und Äußerungskompetenz 62–63
  digitale 141, 196
  Erörterung von 146–147
  erweiterter Begriff 243–244
  Gattungen 50, 52–57, 134–136
  Gespräche über 151–152
  zur Medientheorie 50
  und Mehrebenenmodell des Lesens 178–179
  Organisation von Wissen in 250
  beim sprachlichen Handeln 252–253
  Umgang mit 127–129, 134
  siehe auch Literarische Texte; Pragmatische Texte; Lesen; Schreiben; einzelne Textsorten
Textgestaltungskompetenz 232
Textgrammatik 232, 243–244, 250
Textinterpretationen
  als heuristische Schreibform 144–145
  integrative Perspektive 62
  literarischer Texte 34–37, 65, 108, 137, 287–288
  als Medienkompetenz 49–50
  pragmatischer Texte 137
  und reine Inhaltsangabe 41–42
  und Rezeptionsdidaktik 210–212
Textnahes Lesen
  Aufgabe und Auswertung (Bsp.) 201–204
  Begriffserläuterung 199–201
  Erzählung (Bsp.) 63–64
  Inhaltsangaben 116–117
  zur Lesemotivation 113–114
  Nacherzählungen 114–116
  nach PISA 212–214, 215
  und poststrukturalistische Texttheorie 205–207
  Textgattungen 114, 199
Textproduktion (mündlich)
  Erzählen 279
  Nacherzählen 114–116
  siehe auch Gesprächsformen
Textproduktion (schriftlich) *siehe* Aufsätze; Schreibaufgaben; Schreibformen
Textsorten *siehe* einzelne Sorten
Textverstehen 62–63, 103, 110–112, 128–129
  siehe auch Leseverstehen; Rezeptionsdidaktik
Textverstehensanalyse 290
Timms Johannisnacht 149
Tragödien 55
TV-Konsum 53, 164–165

U

Überarbeiten von Texten 265–267
Überraschungsarchiv 288
Umgang mit Texten *siehe* Texte
Umgangssprachliche Tendenzen 227, 246
Umschreiben (Umformulieren) 192
Uneigentlicher Sprachgebrauch 114
Untere Sozialschichten
  Berücksichtigung 17
  und literarische Sozialisation 164, 165, 168–169
  und Schulerfolg 75–76
  siehe auch Hauptschüler; Migranten
Unterrichtsfächer
  fächerübergreifender Unterricht 40, 60, 67–70
  Geographie 68–69
  naturwissenschaftliche 22, 68
  siehe auch Fachdidaktik (Deutsch)
Unterrichtskommunikation
  Gesprächsformen 151–152, 273–274, 275
  kritischer Moment 284–285, 288–289
Unterrichtsplanung
  Fachliteratur über 281
  Feiertagsdidaktik 281–282, 285
  Kompetenzorientierung 289–292
  PCK 283–285
  Sach- und didaktische Analyse 286–289
  schriftliche Stundenentwürfe 285–289
  Sequenzen und Reihen (Bsp.) 149–150
  situative 282–283
Unvollständige Sätze 227
Unwörter des Jahres 247, 248
Urteil, Das (Kafka) 201–204
USA
  Bildungsforschung 99, 283–285
  Bildungspolitik 25, 26–27

V

Validität 267
Verallgemeinerungsfähigkeit 111
Verben 66, 226–227, 228, 246, 251
Verbklammer 228–229
Vereinigte Staaten *siehe* USA
Verfassen von Texten *siehe* Schreiben
Vergils Gattungen 55
Vergleichende Textanalyse 198
Vergleichendes Auswerten 142
Verschiebeprobe 229–230
Vielleseverfahren 180
Vielsprachigkeit 82–85, 249
Visuelle Verfahren 192–193
  siehe auch Bildliche Darstellung
Vom Raben und Fuchs (Luther) 214
Vorbereitungsklassen 74
Vorlesen 167, 278
Vorschulalter 167–168
Vorstellungsbilder 117–122, 185, 189, 193

W

Wahlaufgaben (Lesetagebuch) 123–124
Wahrnehmungskompetenz 282–283
Wilhelm II., Kaiser 15
Wirkungsästhetik *siehe* Rezeptionsästhetik
Wirtschaft
  Einfluss der 16–17
  und Kanonwissen 156
Wissen
  und Curriculum 25
  fachdidaktisches 103–104
  Fachwissen 30, 48, 283
  Kanonwissen 155–156
  und KMK-Standards 30
  Rechtschreibwissen 233, 234
  Sprachwissen 64–65, 218
  im Text 250
  Vermittlung von 22–23
  Wissenschaftswissen 91
  siehe auch Kompetenzen
Wissenschaftliche Kompetenzen 151
Wissenschaftspropädeutisches Schreiben 148, 151
Wissenschaftssprache 250–251
Wissenschaftswissen 91
Wochenstunden 14, 20–21, 60
Wortarten 225–227, 234–236, 250, 253
  siehe auch einzelne Wortarten
Wörter des Jahres 247, 248

Z

Zeigfeld 253
Zeitschrift Didaktik Deutsch 97–98
Zensur, und Kanon 154 Fn.
Zentralabitur, und Schulkanon 38, 159–161
Zuhören 271, 274
Zusammenfassungen 142
Zweisprachiger Unterricht 76–78

1

100 Wörter des Jahres 248